NORBERT RUF

DAS RECHT DER KATHOLISCHEN KIRCHE

NORBERT RUF

DAS RECHT DER KATHOLISCHEN KIRCHE

nach dem neuen
Codex Iuris Canonici

*für die Praxis
erläutert*

HERDER
FREIBURG · BASEL · WIEN

VORWORT

Mit der Verkündung des neuen Codex Iuris Canonici am 25. Januar 1983 hat die nachkonziliare Rechtsentwicklung der lateinischen Kirche und die damit verbundene Rechtsunsicherheit einen Abschluß gefunden; mit seinem Inkrafttreten am Ersten Adventssonntag 1983 beginnt die nicht minder wichtige Phase der Anwendung dieses Gesetzbuchs. Dazu möchte dieses Buch beitragen, weshalb es ganz auf die Praxis ausgerichtet ist.

Daher sind diese Ausführungen zuerst gedacht für die Seelsorger, die Pfarrer zumal, aber auch für alle übrigen Geistlichen und Laien im pastoralen Dienst, die sich nun mit dem neuen Gesetzbuch vertraut machen müssen. Den Studierenden der Theologie soll es das Verständnis des kanonischen Rechts erleichtern, wie es auch dem Juristen Grundzüge dieses Teils der Rechtswissenschaft vermitteln kann. Interessierte Laien, vor allem Mitglieder von Pastoralräten, werden darin die notwendigen Informationen finden.

Die übersichtliche Disposition und knappe Darstellung sollen einer sachgerechten Unterrichtung und einem raschen Zugriff dienen, die angeführten Beispiele die Materie veranschaulichen und der Verweis auf wichtige, leicht zugängliche Quellen eine vertiefende Lektüre ermöglichen. Wegen der Zielsetzung dieses Buches habe ich auf einen wissenschaftlichen Apparat verzichtet. Weiterführende Literatur zum neuen kirchlichen Recht konnte ich noch nicht angeben, sie wird dem kanonistisch Interessierten unentbehrlich sein und gewiß auch bald zur Verfügung stehen.

Beim Aufbau habe ich mich im wesentlichen am CIC orientiert; die Angabe der canones bei den einzelnen Abschnitten gestattet leicht den Rückgriff auf den Gesetzestext. Da bislang die approbierte deutsche Übersetzung des Codex nicht vorliegt, werden Unterschiede in der Terminologie da und dort nicht zu vermeiden sein. Durch die Anführung wichtiger lateinischer Termini sollten Mißverständnisse möglichst ausgeschlossen werden.

5

Der Titel des Buches ist von dem im Jahre 1934 erstmals und dann in sieben Auflagen erschienenen, geschätzten Werk von Anton Retzbach übernommen. Ich bin mir bewußt, daß man „Das Recht der katholischen Kirche" bei der vorgesehenen Konzeption und auf derart knappem Raum nicht in allem befriedigend darstellen kann. Dennoch habe ich diesen Titel gewählt; zum einen, um die bewährte Tradition mit dem „Retzbach" sichtbar zu machen, zum anderen aber besonders, um die Kontinuität des neuen Rechts mit dem des CIC von 1917 zu verdeutlichen.

Herzlichen Dank schulde ich Frau Angelika Meier und Frau Maria Witt, die mir bei der Herstellung des Manuskripts und beim Lesen der Korrekturen wertvolle Hilfe geleistet und dafür manche Stunden ihrer Freizeit geopfert haben.

Ich hoffe, daß dieses Buch wohlwollende Aufnahme findet und zum Aufbau der Gemeinden wie auch zur salus animarum seinen Beitrag leistet.

Horben über Freiburg i. Br., im August 1983

Norbert Ruf

INHALT

ERSTES BUCH
DIE ALLGEMEINEN NORMEN

ZWEITES BUCH
DAS VOLK GOTTES

DRITTES BUCH
DER VERKÜNDIGUNGSDIENST DER KIRCHE

VIERTES BUCH
DER HEILIGUNGSDIENST DER KIRCHE

FÜNFTES BUCH
DAS KIRCHLICHE VERMÖGENSRECHT

SECHSTES BUCH
DAS STRAFRECHT

ABKÜRZUNGSVERZEICHNIS

AAS	Acta Apostolicae Sedis, Romae 1909 ff.
ABl	Amtsblatt
AfkKR	Archiv für katholisches Kirchenrecht, Innsbruck 1857 ff.
Apost. Konst.	Apostolische Konstitution
BGB	Bürgerliches Gesetzbuch
can(n)	canon(es)
CIC	Codex Iuris Canonici
Communicationes	Communicationes. Hrsg. Pontificia Commissio Codici Iuris Canonici Recognoscendo, Typ. Pol. Vat. 1969 ff.
DBK	Deutsche Bischofskonferenz
Gemeinsame Synode, Gesamtausgabe	Gemeinsame Synode der Bistümer in der Bundesrepublik Deutschland. Beschlüsse der Vollversammlung. Offizielle Gesamtausgabe I, hrsg. im Auftrag des Präsidiums der Gemeinsamen Synode der Bistümer in der Bundesrepublik Deutschland und der Deutschen Bischofskonferenz von L. Bertsch, Ph. Boonen, R. Hammerschmidt, J. Homeyer, F. Kronenberg, K. Lehmann unter Mitarbeit von P. Imhof, Freiburg i. Br., Bd. I, ³1977, Bd. II 1978
GG	Grundgesetz für die Bundesrepublik Deutschland
GS	Zweites Vatikanisches Konzil, Pastoralkonstitution „Gaudium et spes" (über die Kirche in der Welt von heute)
LG	Zweites Vatikanisches Konzil, Dogmatische Konstitution „Lumen gentium" (über die Kirche)
LThK	Lexikon für Theologie und Kirche, 10 Bände, Freiburg i. Br. ²1957–1965
MP	Motu Proprio
NKD	Nachkonziliare Dokumentation, 58 Bände, Trier 1967–1977

14

PC	Zweites Vatikanisches Konzil, Dekret „Perfectae caritatis" (über die Erneuerung des Ordenslebens)
PCI	Pontificia Commissio ad Codicis Canones Authentice Interpretandos (Auslegungskommission für den CIC von 1917)
PO	Zweites Vatikanisches Konzil, Dekret „Presbyterorum ordinis" (über Dienst und Leben der Priester)
SC	Zweites Vatikanisches Konzil, Konstitution „Sacrosanctum Concilium" (über die heilige Liturgie)
StPO	Strafprozeßordnung
ZPO	Zivilprozeßordnung

EINFÜHRUNG

Mit der Promulgation des neuen Codex Juris Canonici am 25. Januar 1983 ist auch die Diskussion über das katholische Kirchenrecht, seine Begründung und Bedeutung wieder hörbarer geworden. Vorbehalte werden artikuliert und Fragen gestellt: Ob etwa durch Normen und Gesetze charismatische Aufbrüche, pastorale Spontaneität oder die Freiheit des Christen nicht zu sehr gebremst oder eingeschnürt würden; ob die Kirche überhaupt ein eigenes Recht brauche, da sie doch eine Gemeinschaft von Glaubenden ist, gestiftet von Jesus Christus, dem Sohn Gottes, also nicht auf einen gesellschaftlichen Zusammenschluß von Menschen zurückgeht. Noch grundsätzlicher wird gefragt, ob das Kirchenrecht überhaupt mit dem Wesen der Kirche vereinbar sei.

Zum rechten Verständnis und zur richtigen Anwendung der Kirchengesetze ist es unumgänglich, die Grundlegung des kanonischen Rechtes zu kennen.

In dem vom Zweiten Vatikanischen Konzil wiederentdeckten Begriff vom *Volk Gottes* für die Kirche wird deutlich, daß diese Gemeinschaft von Menschen nicht aus sich selbst, sondern von Gott als sein neues Volk erwählt und geheiligt ist (vgl. LG Art. 9). Die Kirche ist wesentlich göttlichen Ursprungs, nicht Menschenwerk, und gleichsam in Christus das Sakrament und als solches „Zeichen und Werkzeug für die innigste Vereinigung mit Gott wie für die Einheit der ganzen Menschheit" (LG Art. 1). Weil sie auf Jesus Christus zurückgeht und immer aus seiner Sendung lebt, nennt man die Kirche Ursakrament. Die „christozentrische Grundverfassung der Kirche" (M. Schmaus) ist für das Verständnis der Rechtsgestalt der Kirche von fundamentaler Bedeutung, weil sie allein von ihrem Stifter Jesus Christus die Mittel zur Heiligung und zum Heil der Menschen geschenkt und anvertraut bekommen hat: Die Verkündigung der Frohbotschaft und die Sakramente als wirksame Zeichenhandlungen. In Verkündigung und Zeichensetzung vermittelt sie den Menschen das Heilsangebot Gottes.

Im sakramentalen Wesen und im Sendungsauftrag der Kirche zu Wortverkündigung und Sakramentenspendung hat das Kirchenrecht seinen Grund. Ausdrücklich betont die Dogmatische Konstitution über die Kirche, daß die Kirche als „sichtbares Gefüge" verfaßt ist und in ihr göttliche und menschliche Elemente eine einzige komplexe Wirklichkeit (una realitas complexa) bilden: „Die mit hierarchischen Organen ausgestattete Gesellschaft und der geheimnisvolle Leib Christi, die sichtbare Versammlung und die geistliche Gemeinschaft, die irdische Kirche und die mit himmlischen Gaben beschenkte Kirche sind nicht als zwei verschiedene Größen zu betrachten, sondern bilden eine einzige komplexe Wirklichkeit, die aus menschlichen und göttlichen Elementen zusammenwächst" (LG Art. 8, Abs. 1). Insoweit hat das Kirchenrecht Anteil am sakramentalen Wesen der Kirche und dient der Verwirklichung ihres Sendungsauftrages.

Nicht nur hinsichtlich der Grundlegung des kanonischen Rechtes, sondern auch für seine konkrete Ausgestaltung hatte das Zweite Vatikanische Konzil große Bedeutung. Diese Kirchenversammlung war als pastorales Konzil konzipiert, was in den einzelnen Beschlüssen erkennbar ist, obgleich auch rechtlich verbindliche Entscheidungen nicht fehlen. Jedenfalls war es klar, daß das Recht des CIC von 1917 nach dem Konzil in vielen Teilen überholt oder nicht mehr anwendbar war, so daß eine Neufassung unumgänglich wurde.

Papst Johannes XXIII. (1958–1963) hatte zwar schon mit dem Allgemeinen Konzil auch die Revision des CIC angekündigt; die Arbeiten daran konnten aber mit Aussicht auf Erfolg erst nach Abschluß des Konzils begonnen werden.

Das nun verkündete neue Gesetzbuch der lateinischen (abendländischen) Kirche (die Revision des CIC für die Ostkirchen ist noch im Gange) enthält freilich nicht ein völlig neues Kirchenrecht. Neben den unwandelbaren haben auch die bewährten Normen des alten CIC Eingang gefunden. Insbesondere aber waren die Erkenntnisse und Anordnungen des Konzils und vor allem die nachkonziliare Gesetzgebung einzuarbeiten. Das Pontifikat Papst Pauls VI. (1963–1978) ist ja gekennzeichnet von der behutsamen und klugen Führung der Kirche in die nachkonziliare Situation, die auch in einer umfangreichen Gesetzgebung ihren Niederschlag gefunden hat. Diese im Laufe der Jahre in vielen Dokumenten verstreuten und daher nicht mehr leicht überschaubaren Gesetze sind nun in einem systematisch gegliederten Gesetzeswerk kodifiziert.

Schon zu Beginn der Arbeiten am neuen CIC wurde die Frage aufgeworfen und positiv entschieden, ob neben diesem Gesetzbuch auch eine eigene „Lex Fundamentalis seu Ecclesiae Constitutio" erarbeitet werden sollte. Die bekannt gewordenen Entwürfe dieser Lex Fundamentalis haben mancherlei Kritik erfahren, und so war es bis kurz vor der Promulgation des CIC nicht sicher, ob eine „Lex Ecclesiae Fundamentalis" (LEF) mit dem neuen Codex oder bald danach verkündet würde oder nicht. Papst Johannes Paul II. hat sich dafür entschieden, wichtige Aussagen des Entwurfs der LEF in den CIC von 1983 aufzunehmen (z. B. bei den Aussagen über die Struktur und den Aufbau der Kirche, über die Dienste des Leitens, Lehrens und Heiligens, über die Stellung und die Rechte der Christgläubigen). Daher ist, aufs Ganze gesehen, nun das neue Gesetzbuch auch eine Darstellung des Selbstverständnisses der Kirche, ihrer Grundlagen und Grundwerte, die Grundrechte miteinschließen. Darin sind neben anderem Wert und Bedeutung des CIC von 1983 zu sehen.

Zuallererst aber muß ein Gesetz dem Leben der Gemeinschaft dienen. Es ist für den praktischen Vollzug erlassen und muß sich in ihm bewähren.

Die *Seelsorge* wird umschrieben „als wesens- und zeitgemäße Verkündigung und Fortüberlieferung des Evangeliums, als Verwirklichung und Weiterführung des Heilswerkes ... als Inbegriff der Wirkformen der Kirche" (E. Feifel). Die kirchliche Rechtsordnung trägt bei diesem Selbstvollzug der Kirche zur Einheit bei, die für eine wirksame Erfüllung des Sendungsauftrages in der Leitung, Wortverkündigung und Sakramentenspendung von großer Bedeutung ist. Dabei geht es um einheitliches, das heißt dem kirchlichen Auftrag gemäßes Handeln sowohl auf weltkirchlicher Ebene als auch in den Teilkirchen und ihren Verbänden. Dieser doppelten Sicht der Einheit hat der neue CIC dadurch Rechnung getragen, daß er neben den für die Gesamtkirche verbindlichen Normen Raum läßt für partikularrechtliche Gesetzgebung durch die Bischofskonferenzen und die Diözesanbischöfe.

Mit Sicherheit garantiert die Einhaltung gesetzlicher Vorschriften allein nicht das Gelingen pastoralen Bemühens, wie sie auch nicht das persönliche Glaubenszeugnis aller Christgläubigen und die Erfüllung des Sendungsauftrages des Herrn der Kirche ersetzt. Auch hier kann der Buchstabe töten. Aber andererseits wird auch die Geringschätzung oder Mißachtung der kirchlichen Gesetze dem Aufbau des Reiches Gottes und seinem Volk zum Schaden sein, weil das Hören auf die Kirche auch den Gehorsam gegenüber ihren Gesetzen verlangt. Das gesetzte Recht ist, da es der Gerechtigkeit verpflichtet ist, eine Art Geländer für die Erfüllung des Liebesgebotes Jesu Christi. Der Gegensatz zur Liebeskirche ist nicht die Rechtskirche, sondern die Unrechtskirche (W. Kasper). Und auch die Freiheit kann in der menschlichen und damit auch in der kirchlichen Gemeinschaft nur verwirklicht werden, wo sie im Rahmen einer allgemein verbindlichen und anerkannten Ordnung von allen respektiert wird.

Die einzelnen Rechtsnormen ermöglichen darüber hinaus, das eigene Handeln und Unterlassen wie das der anderen in seinen Konsequenzen absehbar und berechenbar zu machen, Ansprüche und subjektive Rechte zu sichern oder durchzusetzen, Schutz vor Willkür und Unrecht zu erlangen. Die einzelnen Glieder und das gesamte Leben der Kirche können auf eine solche Ordnung nicht verzichten. Das Axiom „ubi societas ibi ius" gilt auch hier. Insofern hat das Kirchenrecht auch Ordnungs- und Organisationsfunktion. Die Kirche braucht „Normen, Gesetze, damit ihre hierarchische und organische Struktur sichtbar wird; damit die Ausübung der ihr von Gott übertragenen Ämter und Aufgaben, insbesondere die der kirchlichen Gewalt und der Verwaltung der Sakramente, ordnungsgemäß wahrgenommen wird; damit die gegenseitigen Beziehungen der Gläubigen in einer auf Liebe fußenden Gerechtigkeit gestaltet werden, wobei die Rechte der einzelnen gewährleistet und festgesetzt sind; damit schließlich die gemeinsamen Initiativen, die unternommen werden, um das christliche Leben immer vollkommener zu führen, durch die kanonischen Bestimmungen unterstützt, gestärkt und gefördert werden" (Johannes Paul II., Apost. Konst. „Sacrae disciplinae leges" vom 25. 1. 1983 zur Promulgation des neuen CIC).

Die CIC-Reformkommission hatte auszugehen von den Grundaussagen und Beschlüssen des Zweiten Vatikanischen Konzils und von den für die Reformarbeit von der Bischofssynode des Jahres 1967 am 4. 10. 1967 approbierten zehn Leitsätzen, die auf den gemeinsamen Nenner zurückgeführt werden können, daß der seelsorgerliche Aspekt des kanonischen Rechtes deutlicher in Erscheinung treten müsse, der Rechtscharakter aber keineswegs aufgegeben werden dürfe. Der letzte Canon des neuen

Gesetzbuches normiert denn auch eigens, daß für die Auslegung und Anwendung des katholischen Kirchenrechtes das Heil der Seelen immer oberstes Gesetz sein muß (can. 1752).

Geschichtlicher Überblick

Da auch die Geschichte des Kirchenrechtes zu seinem Verständnis beiträgt, sei hier die kirchenrechtliche Entwicklung in ihren Grundzügen dargelegt.

Vgl. zum Ganzen: W. M. Plöchl, Geschichte des Kirchenrechts, 5 Bde, Wien–München 1953–1969.

Man unterscheidet folgende Perioden: Das *ius antiquum,* das *ius novum,* das *ius novissimum* und die Perioden des *kodifizierten Rechtes.*

1. Das ius antiquum

Die Zeit des „Alten Rechts" reicht bis zur Mitte des 12. Jahrhunderts. Die Kirchengesetze dieser Epoche wurden frühzeitig, privatim und systemlos, in „Syllogae" (Sammlungen) zusammengefaßt. Hierher zählen z. B.:

die *Apostolischen Konstitutionen* (3. Jahrhundert);

die *Collectio Dionysiana* des Mönchs Dionysius Exiguus (6. Jahrhundert), die dadurch besondere Bedeutung erlangte, daß sie als proprius Romanae Ecclesiae codex Karl dem Großen von Papst Hadrian zum Geschenk gemacht und vom Kaiser auf dem Reichstag zu Aachen (802) als Liber canonum für das Frankenreich publiziert wurde;

die *Pseudoisidorische Dekretalensammlung,* eine die kirchliche Disziplin nicht wesentlich beeinflussende Fälschung (9. Jahrhundert).

2. Das ius novum

Die Periode des „Neuen Rechts" geht von der Mitte des 12. Jahrhunderts bis zum Tridentinum (1545 bis 1563). Um das Jahr 1140 veranstaltete der Kamaldulensermönch *Gratian,* Professor zu Bologna, eine neue, jedoch nicht lückenlose Sammlung der bisheri-

21

gen Kirchengesetze, welche für die Zukunft von größter Bedeutung wurde: das „*Decretum Gratiani*". Gratian war der erste, der das ius canonicum in fünf Büchern systematisch ordnete, als eigene Wissenschaft vortrug und so zum Vater der Wissenschaft des Kirchenrechts wurde.

Mit dem Fortschritt des kirchlichen Rechts entstanden bald neue Sammlungen. *Erstmals haben einige von ihnen amtlichen Charakter.* So entstanden zwischen 1190 und 1226 neben andern die fünf als Collectio prima, secunda etc. bezeichneten Sammlungen. Von ihnen sind zwei (die 3. und die 5.) sicher und eine (die 4.) wahrscheinlich amtlich, weil sie im Auftrag der Päpste Innozenz III. (1198–1216) und Honorius III. (1216–1227) zusammengestellt und von ihnen publiziert wurden.

Andere *offizielle* Sammlungen sind:

der *Liber Extra,* den der Dominikanermönch Raymund von Peñafort im Auftrag Gregors IX. (1227–1241) fertigte (auch als Dekretalen Gregors IX. zitiert);

der *Liber Sextus* (so benannt mit Rücksicht auf die fünf Bücher des Liber Extra), den Bonifaz VIII. (1294–1303) herstellen ließ, und

die *Clementinae Constitutiones,* Gesetze Clemens' V. (1304 bis 1314), die nach dessen Tod Johannes XXII. im Jahre 1317 gesammelt promulgierte.

Bis zur Verkündung des CIC im Jahre 1917, also sechs Jahrhunderte hindurch, erschien keine amtliche Sammlung der Kirchengesetze mehr; wohl aber gibt es noch mehrere private, unter denen hervorragen: die sog. *Extravagantes,* in denen der Franzose Johannes *Chappuis* im Jahre 1500 zu Paris die Dekretalen Johannes' XXII. und einiger anderer Päpste zusammenstellte und einer Ausgabe des Corpus Iuris Canonici beifügte.

Im *Corpus Iuris Canonici* (Parallele zum Corpus Iuris Civilis Justinians) faßte man das Dekret Gratians, den Liber Extra, den Liber Sextus, die Clementinae und die beiden Extravaganten zusammen. Obwohl es als Ganzes kein offizielles Gesetzbuch darstellt, sondern nur in den oben bezeichneten Teilen amtlichen Charakter trägt, bildete es doch die Hauptquelle des kanonischen Rechts.

Die beste Ausgabe besorgte *E. Friedberg* (2 Bde., Leipzig 1879 ff.; Photomech. Nachdruck Graz 1959).

3. Das ius novissimum

Die Periode des „Neuesten Rechts" erstreckt sich vom Tridentinum bis 1917. Es liegt in Bullarien, Konziliensammlungen, Akten der Päpste und der Kongregationen verstreut vor.

4. Der Codex Iuris Canonici von 1917

Mit ihm tritt die große Wende ein. Erstmals wird das gesamte Kirchenrecht kodifiziert, in einem amtlichen Gesetzbuch zusammengefaßt. Die Reform war ein dringendes Bedürfnis und seit langem von vielen Bischöfen verlangt. Manche der in den erwähnten Quellen stehenden Gesetze waren im Laufe der Zeit aufgehoben oder abgeändert worden, bezüglich anderer bestanden Zweifel an ihrer Gültigkeit, verschiedene waren veraltet und nicht mehr zeitgemäß. Infolgedessen war nicht bloß das Studium des Kirchenrechts außerordentlich schwierig, sondern es litten auch die Rechtsprechung und das kirchliche Leben darunter.

Nach verschiedenen fehlgeschlagenen Versuchen gab Papst Pius X. (1903–1914) kurz nach seinem Amtsantritt den Auftrag zu dem großen Werk (19. 3. 1904). Volle zwölf Jahre arbeitete die dafür eingesetzte Kommission unter der Leitung des Kardinals und hervorragenden Kanonisten *Pietro Gasparri* und unter Mitwirkung von Bischöfen und Kanonisten an der Herausgabe des Gesetzeswerkes. Am Pfingstfest 1917 konnte es Papst Benedikt XV. mit der Apostolischen Konstitution *„Providentissima Mater Ecclesia"* als *„Codex Iuris Canonici"* (CIC) feierlich promulgieren; es erhielt ein Jahr später (19. 5. 1918) Gesetzeskraft.

5. Der Codex Iuris Canonici von 1983

Am 25. 1. 1959 kündigte Papst Johannes XXIII. (1958–1963) eine Römische Diözesansynode, ein Ökumenisches Konzil und die Revision des CIC zur Anpassung des kanonischen Rechtes an die Erfordernisse der heutigen Zeit an. In der Enzyklika „Ad Petri cathedram" vom 29. 6. 1959 bestätigte er diese Ankündigung. Am 28. 3. 1963 setzte derselbe Papst die Kardinalskommission „Pontificia Commissio Codici Iuris Canonici recognoscendo" ein und berief dreißig Kardinäle zu ihren Mitgliedern. Papst Paul VI. (1963–1978) ernannte am 17. 4. 1964 erstmals Fachleute aus aller

Welt zu Konsultoren. Da vor Abschluß des Zweiten Vatikanischen Konzils (1962–1965) eine erfolgreiche Arbeit nicht sinnvoll erschien, wurden die Arbeiten an der Reform des Kirchenrechtes formell mit einer richtungweisenden Ansprache Papst Pauls VI. am 20. 11. 1965 eröffnet. Am 4. 10. 1967 approbierte die Bischofssynode zehn Leitsätze, die für die CIC-Reformkommission maßgebend waren. Sie hatte neben den Grundaussagen und den Gesetzesbeschlüssen des Konzils die nachkonziliare Gesetzgebung, die mit den Jahren sehr umfangreich und damit auch unübersichtlich geworden war, zu berücksichtigen, und, soweit möglich, in das geplante Gesetzbuch einzuarbeiten.

Über die Arbeiten der Kommission unterrichteten seit 1969 die „Communicationes".

Im Herbst 1980 wurde der erste Gesamtentwurf des neuen CIC bekannt, in dem Vorschläge von Behörden der Römischen Kurie, Bischofskonferenzen, Bischöfen, Universitäten, Fakultäten, Ordensverbänden und sonstigen Beratungsorganen Eingang gefunden hatten. Dieser Entwurf war dann noch einmal Gegenstand eingehender Beratungen, merklicher Überarbeitung und nicht unwesentlicher Änderungen.

Mit der Apostolischen Konstitution *„Sacrae disciplinae leges"* promulgierte Papst Johannes Paul II. das neue kirchliche Gesetzbuch am 25. 1. 1983 und setzte es mit dem ersten Adventssonntag 1983 (27. 11. 1983) in Kraft. Es trägt den offiziellen Titel: *„Codex Iuris Canonici auctoritate Joannis Pauli PP. II promulgatus"*.

Über den Aufbau s. § 1, 3.

Dieses Gesetzbuch ist nach dem Zweiten Vatikanischen Konzil ein wichtiges Ereignis am Ausgang des 20. Jahrhunderts der Kirchengeschichte und stellt einen gewissen Abschluß der nachkonziliaren Rechtsentwicklung dar. Dieser Abschluß bedeutet freilich nicht, daß diese Gesetze, soweit sie positives Recht normieren, unabänderlich wären; vielmehr sind sie an den Gegebenheiten und Erfordernissen der jeweiligen Zeit zu messen und diesen gegebenenfalls vom Gesetzgeber anzupassen. „Nunc autem lex amplius ignorari nequit" (Praefatio zum neuen CIC).

ERSTES BUCH
DIE ALLGEMEINEN NORMEN

(cann. 1–203)

§ 1. Einleitung
(cann. 1–6)

1. Der Begriff des Kirchenrechts

Im *objektiven* Sinne bedeutet Kirchenrecht die Gesamtheit der von Gott und von der Kirche gesetzten Rechtsvorschriften, die das Zusammenleben des neuen Gottesvolkes regeln (Rechtsordnung).

Im *subjektiven* Sinne versteht man darunter die sich aus der Rechtsordnung für die Kirche und ihre Glieder ergebenden Befugnisse.

Nach katholischer Auffassung hat alles Recht sein Fundament in Gott; dies gilt in besonderer Weise für das Recht der Kirche, das vor allem auf Anordnungen ihres Stifters und Hauptes Jesus Christus beruht.

2. Einteilung

Man unterscheidet:

a) *Göttliches* und *rein kirchliches* Recht (ius divinum – ius mere ecclesiasticum), je nachdem, ob es von Gott selbst (Offenbarungsrecht oder Naturrecht) oder vom kirchlichen Gesetzgeber stammt. Das göttliche Recht ist unwandelbar; das rein kirchliche ist veränderlich.

b) *Gesetzes-* und *Gewohnheitsrecht,* je nachdem, ob es durch ein positives Gesetz der Kirche oder durch rechtmäßige Gewohnheit zustande gekommen ist.

c) *Allgemeines, partikuläres* und *Sonderrecht,* je nachdem, ob es für die Gesamtkirche, für bestimmte Teilkirchen (Diözesen) oder bestimmte Personengruppen (Geistliche, Ordensleute) gilt.

27

3. Die Bedeutung des CIC (cann. 1, 2)

Der CIC ist das einzige geltende Gesetzbuch der lateinischen (abendländischen) Kirche.

Die *Ostkirche* hat ihr eigenes Recht. Folgende Teile eines Gesetzescodex für die Ostkirche sind bislang promulgiert: das Eherecht, das Prozeßrecht, das Ordensrecht, das Vermögensrecht, De significatione verborum, das Riten- und Personenrecht. Am 10. 6. 1972 hat Paul VI. eine Päpstliche Kommission zur Revision des ostkirchlichen CIC eingesetzt.

Der *Codex Iuris Canonici der lateinischen Kirche* ist in folgende sieben Bücher eingeteilt:

De normis generalibus (cann. 1–203)
De Populo Dei (cann. 204–746)
De Ecclesiae munere docendi (cann. 747–833)
De Ecclesiae munere sanctificandi (cann. 834–1253)
De bonis Ecclesiae temporalibus (cann. 1254–1310)
De sanctionibus in Ecclesia (cann. 1311–1399)
De processibus (cann. 1400–1752).

Der CIC normiert in der Regel nicht die in der Liturgie einzuhaltenden Riten. Die Vorschriften in den liturgischen Büchern bleiben weiterhin verbindlich, sofern sie den Normen des CIC nicht widersprechen.

4. Das Verhältnis zum alten Recht (cann. 3–6)

Der CIC übernimmt einen Teil des bisher geltenden Rechtes. Manche Rechtsmaterien sind neu in das Gesetzbuch aufgenommen worden (z. B. Bischofssynode, Bischofskonferenzen, Räte auf diözesaner und pfarrlicher Ebene) oder entsprechend den Entscheidungen und Anordnungen des Zweiten Vatikanischen Konzils bzw. der nachkonziliaren Theologie und Rechtsentwicklung verändert oder neu gestaltet worden. Die Stellung des Ortsbischofs oder die Änderungen im Eherecht sind hierfür beredte Beispiele.

Canones, die das alte Recht wiedergeben, sind unter Beachtung der kirchenrechtlichen Tradition zu würdigen (s. § 2, 7).

Aufgehoben sind:
a) der bisherige CIC;

b) die anderen allgemeinen und partikulären Normen, die dem CIC entgegenstehen, falls für die letzten nicht ausdrücklich etwas anderes vorgesehen ist;

c) alle vom Apostolischen Stuhl erlassenen allgemeinen und partikulären *Strafgesetze*, sofern sie in den neuen CIC nicht übernommen sind;

d) die übrigen Rechtsnormen (leges disciplinares), die eine im neuen CIC vollständig geregelte Materie betreffen;

e) die allgemeinen und partikulären, den Canones des CIC entgegenstehenden *Gewohnheiten* (consuetudines contra legem), die vom CIC verworfen werden. Außerdem die übrigen gesetzeswidrigen Gewohnheiten *ohne* hundertjährige oder unvordenkliche Dauer (consuetudines centenariae vel immemorabiles). Ausnahmen von Gesetzes wegen sind möglich;

f) gesetzeswidrige Gewohnheiten *mit hundertjähriger* oder *unvordenklicher Dauer,* die aber geduldet werden, falls die Ordinarien sie in Anbetracht der Umstände nicht abschaffen können.

Keine Änderung erfahren:

a) die vor dem Inkrafttreten des Codex abgeschlossenen *Konkordate.*

Unter *Konkordaten* versteht man zweiseitige völkerrechtliche Verträge zwischen dem Apostolischen Stuhl und einzelnen Staaten, die beide Vertragspartner berührende und interessierende Materien auf Dauer regeln und das friedliche Zusammenwirken von Kirche und Staat sichern sollen. Hauptsächliche Sachbereiche dieser Staatskirchenverträge sind: Freiheit der Religionsausübung im weitesten Sinne, Schule, Ausbildung des Klerus, Besetzung der Kirchenämter, Verwaltung des Kirchenvermögens, Besteuerungsrecht, Anstalts- und Militärseelsorge usw. Eines der ältesten Konkordate ist das Wormser Konkordat von 1122, durch das der Investiturstreit zwischen Papst Calixtus II. und Kaiser Heinrich V. beendet wurde.

Die Kirche hat auf dem Zweiten Vatikanischen Konzil in der Pastoralkonstitution über die Kirche in der Welt von heute „Gaudium et spes" ihre von Christus übertragene „eigene Sendung" betont, die sich „nicht auf den politischen, wirtschaftlichen oder sozialen Bereich" beziehe, deren Ziel vielmehr „der religiösen Ordnung" angehöre (Art. 42). Sie dürfe „in keiner Weise hinsichtlich ihrer Aufgabe und Zuständigkeit mit der politischen Gemeinschaft verwechselt werden" noch „an irgendein politisches System gebunden" sein (Art. 76). Es gibt demnach eine wesentliche Verschiedenheit zwischen Staat und Kirche, die freilich die Kirche nicht hindern darf, zu Fragen der öffentlichen Sittlichkeit im Lichte des

Evangeliums Stellung zu nehmen (vgl. etwa Tötung des ungeborenen Lebens, Euthanasie, Krieg und Frieden usw.). Da es aber Staat wie Kirche mit ein und demselben Menschen zu tun haben, der gleichzeitig Bürger und Christ ist, müssen beide in den sie gemeinsam, aber je eigen berührenden Angelegenheiten zu einem vertraglichen Ausgleich zum Nutzen des Gemeinwohls finden. Hierzu sollen die Konkordate (wie auch andere Vereinbarungen und Abmachungen) beitragen.

Schwierigkeiten bei der Interpretation von Konkordatsartikeln sollen durch die sogenannten Schlichtungsklauseln behoben werden, in denen sich die Vertragsschließenden verpflichten, im gemeinsamen Einverständnis zu einer friedlichen Lösung zu kommen. Zur Veränderung des Vertragstextes müssen neue Verhandlungen geführt werden. Einseitige Änderungen oder Nichteinhaltung eines Konkordates verstoßen gegen den Naturrechtsgrundsatz „pacta sunt servanda". Der Bruch eines Konkordates befreit den Vertragspartner von der Pflicht zur Erfüllung und begründet ein Rücktrittsrecht, bewirkt aber allein nicht die Beendigung des Vertrages.

Die Beendigung kann herbeigeführt werden durch gegenseitiges Einvernehmen oder durch Fristablauf; zudem ist eine Rücktrittsmöglichkeit gegeben, wenn die Voraussetzungen für die Anwendung der „clausula rebus sic stantibus" vorliegen, das heißt, wenn die Umstände sich derart entscheidend geändert haben, daß das Festhalten am Vertrag einem Partner nicht mehr zugemutet werden kann.

b) Die *wohlerworbenen Rechte* natürlicher und juristischer Personen.

c) Die vom Apostolischen Stuhl bisher gewährten und noch geltenden *Privilegien,* falls sie vom CIC nicht ausdrücklich widerrufen sind.

d) Die allgemeinen und partikulären *Gewohnheiten praeter ius,* das heißt solche, die dem Kirchenrecht nicht widersprechen, sondern es eher ergänzen.

Demnach enthält der CIC, obwohl einziges Gesetzbuch der lateinischen Kirche, nicht das gesamte geltende Recht.

§ 2. Die Kirchengesetze

(cann. 7–22)

Das allgemeine wie das partikuläre Recht haben zwei Quellen: *Gesetz* und *Gewohnheit*. Singuläres Recht setzen der Befehl, das Reskript, das Privileg und in gewissem Sinne auch die Dispens.

Das *Gesetz* ist eine von der zuständigen Autorität für eine Gemeinschaft zur Verwirklichung des Gemeinwohls formell erlassene allgemeine Norm. Sofern es göttliches Recht enthält (z. B. Unauflösbarkeit der Ehe; Primat des Papstes), ist es allgemein verbindlich und unabänderlich. Das rein kirchliche Gesetz (lex mere ecclesiastica) kann geändert werden und unterliegt folgenden Grundsätzen:

1. Verkündung – Promulgation (cann. 7, 8)

Das Gesetz bedarf zu seiner Gültigkeit der Verkündung. Die Gesetze des Apostolischen Stuhles werden in der Regel in den „Acta Apostolicae Sedis" (AAS, Rom 1909 ff) veröffentlicht und treten drei Monate nach dem Zeitpunkt in Kraft, der als Ausgabetag der betreffenden Nummer der AAS angegeben ist. Die Natur der Sache kann auch eine sofortige Gesetzeskraft erforderlich machen; das Gesetz selbst kann auch ausdrücklich eine längere oder kürzere Schwebezeit (vacatio legis) festsetzen. Die Art der Verkündung der Partikulargesetze setzt der Gesetzgeber fest (üblicherweise in den Amtsblättern der Bistümer); sie treten einen Monat nach der Veröffentlichung in Kraft, falls das Gesetz nicht einen anderen Termin bestimmt.

2. Die Normadressaten (can. 11)

a) Das *göttliche Recht* verpflichtet alle Menschen, auch die Ungetauften. Daher sind Kirchengesetze, die göttliches Recht zum Inhalt haben, für alle Menschen verbindlich.

b) Rein *kirchliche Gesetze* dagegen verpflichten nur die in der katholischen Kirche Getauften oder in sie Aufgenommenen, sofern sie den Vernunftgebrauch erlangt und das 7. Lebensjahr vollendet haben. Von der katholischen Kirche Abgefallene bleiben an die Kirchengesetze gebunden; Ausnahmen sind möglich, z. B. Befreiung von der kanonischen Eheschließungsform (can. 1117).

c) Glieder anderer von der katholischen Kirche getrennter Kirchen und kirchlicher Gemeinschaften unterstehen den Kirchengesetzen nicht. Der bisherige CIC verpflichtete grundsätzlich alle Getauften.

3. Geltungsbereich (cann. 12, 13)

Die Gesetze haben in der Regel territorialen Charakter, gelten also in einem bestimmten Gebiet. Gesetze mit personalem Verpflichtungscharakter sind die Ausnahme.

a) *Allgemeine Gesetze* verpflichten überall, es sei denn, ein bestimmtes Territorium sei davon ausgenommen. Dann sind die sich in diesem Gebiet Aufhaltenden befreit.

b) *Partikuläre Gesetze* verpflichten nur im betreffenden Gebiet (z. B. Bistum) und unter folgenden zwei Voraussetzungen:

aa) man muß im betreffenden Gebiet Wohnsitz oder Quasiwohnsitz haben;

bb) man muß sich tatsächlich darin aufhalten.

Demnach sind:

Fremde (peregrini), d. h. solche, die zwar einen Wohnsitz oder Quasiwohnsitz haben, sich aber vorübergehend andernorts aufhalten, weder an die *partikulären* Gesetze ihres *Aufenthaltsortes* noch ihres *Wohnsitzes oder Quasiwohnsitzes* gebunden.

Ausnahmen: Der Fremde muß aber die Gesetze seines Aufenthaltsortes beachten, wenn sie die öffentliche Ordnung betreffen, bestimmte Rechtsförmlichkeiten vorschreiben oder sich auf in diesem Gebiet liegende unbewegliche Sachen beziehen. Zudem muß er die Gesetze seines Wohnsitz-Territoriums einhalten, falls die Nichtbefolgung Schaden verursachen würde.

Wohnsitzlose (vagi), d. h. Personen ohne Wohnsitz oder Quasiwohnsitz, sind an die allgemeinen und partikulären Gesetze des jeweiligen Aufenthaltsortes gebunden.

c) *Personale Gesetze* verpflichten überall, z. B. die Verpflichtungen der Kleriker.

4. Der Zweifel an der Gesetzesverpflichtung (can. 14)

Bei einem *Rechtszweifel* (dubium iuris), ob das Gesetz überhaupt besteht, ob es verbindlich ist oder ein bestimmter Sachverhalt darunterfällt, verpflichtet es nicht.

Bei einem *Tatsachenzweifel* (dubium facti), ob ein bestimmter Sachverhalt den gesetzlichen Tatbestand erfüllt (z. B. Vorliegen des Ehehindernisses des crimen, can. 1043 i. V. m. can. 1031 § 2 n. 2), verpflichtet das Gesetz, kann aber vom Ordinarius dispensiert werden, falls es sich um eine reservierte Dispens handelt und die an sich zuständige Autorität zu dispensieren pflegt.

5. Unkenntnis oder Irrtum (can. 15)

Unkenntnis und Irrtum sind unbeachtlich bezüglich Gesetzen, die ausdrücklich einen Akt für nichtig oder eine Person für rechtsunfähig erklären (leges irritantes – inhabilitantes; – vgl. can. 10).

Beispiel: Eine Ehe ist auch dann ungültig, wenn die Nupturienten nicht wußten, daß die Religionsverschiedenheit ein trennendes Ehehindernis darstellt.

Unkenntnis oder Irrtum über ein Gesetz, eine eigene Tat, eine fremde notorische Tat werden nicht vermutet, aber über eine fremde nicht notorische Tat bis zum Erweis des Gegenteils.

6. Rückwirkende Kraft (can. 9)

Gesetze haben keine rückwirkende Kraft, falls dieselbe nicht ausdrücklich festgestellt wird.

Die Gültigkeit der vor Inkrafttreten des neuen CIC geschlossenen Ehen ist nach den Vorschriften des bisherigen Codex zu beurteilen.

7. Auslegung der Gesetze (cann. 16–19, 22)

Man unterscheidet die authentische und die wissenschaftliche Interpretation.

Allein der Gesetzgeber und der von ihm Bevollmächtigte kann die Gesetze authentisch auslegen. Eine promulgierte authentische Interpretation hat Gesetzeskraft.

Für die Auslegung stellt der CIC unter anderem folgende *Regeln* auf:

Streng (stricte) auszulegen sind Gesetze, die eine Strafe androhen oder die freie Rechtsausübung beschränken oder Ausnahmen vom Gesetz enthalten. Im übrigen sind zu beachten die allgemeinen Grundsätze von Recht und Billigkeit, der genaue Gesetzeswortlaut, die Absicht des Gesetzgebers, die kirchliche Rechtsprechung, Praxis und Stil der Römischen Kurie sowie die ständige und einhellige Ansicht der Fachgelehrten (vgl. § 1, 4).

Staatliche Gesetze, die die Kirche übernimmt (leges canonizatae), werden im kanonischen Recht nach weltlichem Recht angewandt, sofern sie nicht dem göttlichen Recht widersprechen oder das Kirchenrecht nichts anderes bestimmt.

33

8. Außerkrafttreten (cann. 20, 21)

Befristete Gesetze treten außer Kraft mit Ablauf der Frist, unbefristete erlöschen ganz oder teilweise durch Aufhebung oder Abänderung seitens der zuständigen Autorität sowie durch eine entsprechende rechtmäßige Gewohnheit (vgl. § 3).

Die Aufhebung (Änderung) kann direkt oder indirekt geschehen, je nachdem, ob der Gesetzgeber das Gesetz ausdrücklich außer Kraft setzt (vgl. can. 6) oder ein neues, ihm widersprechendes Gesetz erläßt oder die Materie neu regelt.

Man unterscheidet *abrogatio* = gänzliche Aufhebung; *derogatio* = teilweise Aufhebung; *obrogatio* = Änderung eines Teils bzw. stillschweigende Aufhebung durch ein Gesetz entgegenstehenden Inhaltes.

Ein allgemeines Gesetz hebt die partikulären Gesetze und Satzungen nur auf, wenn dies ausdrücklich festgestellt wird.

§ 3. Die Gewohnheit

(cann. 23–28)

Die Gewohnheit (consuetudo) gilt in der Kirche neben dem Gesetz als zweite Rechtsquelle und wird im CIC als beste Gesetzesinterpretin (optima legum interpres) bezeichnet (can. 27).

1. Begriff (cann. 23, 25)

Aus der ständigen und einheitlichen Übung einer Gemeinschaft von Gläubigen bildet sich das Gewohnheitsrecht als ungeschriebene, verpflichtende Norm.

Damit eine Gewohnheit Rechtsverbindlichkeit erlangt, sind zwei Voraussetzungen erforderlich:

a) Die *Zustimmung des Gesetzgebers,* die ausdrücklich oder stillschweigend geschehen kann, vor allem aber durch den sog. Legalkonsens, das heißt, wenn im Gesetzbuch ausdrücklich die Bildung von Gewohnheitsrecht vorgesehen ist.

b) Die *Absicht* der gewohnheitsbildenden Gemeinschaft, *neues Recht zu setzen* (animus iuris inducendi). Hierzu ist die passive Gesetzesfähigkeit erforderlich (z. B. Gesamtkirche, Bistum, Domkapitel). Eine Einzelperson kann Gewohnheitsrecht nicht bilden.

2. Arten

Man unterscheidet die *gesetzesgemäße* (secundum legem), die *gesetzeswidrige* (contra legem), die *außergesetzliche* (praeter legem) Gewohnheit, je nachdem, ob sie dem Gesetz gemäß ist oder ihm zuwiderläuft oder sich dort entwickelt, wo eine Gesetzeslücke besteht.

3. Entstehung (cann. 24, 26)

a) Dem *göttlichen Recht* entgegenstehendes Gewohnheitsrecht kann niemals entstehen.

b) Eine gesetzeswidrige oder außergesetzliche Gewohnheit kann Rechtsverbindlichkeit nur erlangen, wenn sie *vernünftig* (rationabilis) ist. Eine vom Gesetz ausdrücklich verworfene Gewohnheit ist nicht vernünftig. Unvernünftig sind zudem Gewohnheiten, die gegen die guten Sitten, das Wesen der Kirchenverfassung, das Fundament der Kirchendisziplin gerichtet sind.

c) Eine nicht ausdrücklich verworfene gesetzeswidrige oder außergesetzliche Gewohnheit muß 30 Jahre (nach bisherigem Recht 40) ununterbrochen und tatsächlich geübt werden, um rechtsverbindlich zu werden.

d) Eine rechtsverbindliche Gewohnheit, die sich gegen ein Gesetz entwickelt, das künftige Gewohnheiten verbietet, entsteht nur aus hundertjähriger oder unvordenklicher Übung.

4. Außerkrafttreten (can. 28)

Gesetzeswidrige oder außergesetzliche Gewohnheiten treten durch gegenteiliges Gewohnheitsrecht oder durch ein entgegenstehendes Gesetz außer Kraft. Hundertjährige oder unvordenkliche Gewohnheiten werden durch ein Gesetz nur aufgehoben, wenn es ausdrücklich vermerkt ist (vgl. can. 5). Ein allgemeines Gesetz hebt eine partikuläre Gewohnheit nicht auf.

§ 4. Verordnungen und Ausführungsbestimmungen
(cann. 29–34)

1. Rechtsverordnungen – decreta generalia (cann. 29, 30)

Eine Rechtsverordnung ist eine vom *Gesetzgeber* für eine passiv rechtsfähige Gemeinschaft erlassene verbindliche Anordnung. Sie hat *Gesetzescharakter* und ist nach den Bestimmungen über die Kirchengesetze anzuwenden (vgl. § 2). Die vollziehende Gewalt kann Rechtsverordnungen nur ausnahmsweise aufgrund einer Bevollmächtigung durch den Gesetzgeber und ausschließlich im Rahmen dieser Bevollmächtigung erlassen.

2. Durchführungsverordnungen – decreta generalia exsecutoria (cann. 31–33)

Diese regeln die *Anwendung* und *Beobachtung* von Gesetzen. Sie haben keinen Gesetzescharakter und können von der vollziehenden Gewalt in den Grenzen ihrer Zuständigkeit erlassen werden. Bezüglich Verkündung und Schwebezeit gilt can. 8 (vgl. § 2, 1). Sie verlieren ihre Rechtsverbindlichkeit durch Widerruf oder durch Außerkrafttreten des Gesetzes, zu dessen Durchführung sie erlassen sind. Sie binden alle, die den Gesetzen unterstellt sind, deren Durchführung sie regeln.

3. Ausführungsbestimmungen – instructiones (can. 34)

Die Ausführungsbestimmungen erläutern Gesetze und regeln deren Anwendung. Sie sind für die Durchführung von Gesetzen verbindlich. Falls sie mit dem entsprechenden Gesetz unvereinbar sind, entbehren sie jeder Verpflichtungskraft. Ihre Geltung endet durch Widerruf oder mit Außerkrafttreten des Gesetzes, dessen Durchführung sie regeln.

§ 5. Allgemeine Bestimmungen für den Verwaltungsakt
(cann. 35–47)

1. Begriff (can. 35)

Der *Verwaltungsakt* (actus administrativus) ist eine Maßnahme der vollziehenden Gewalt zur *zweckmäßigen Durchsetzung des materiellen Rechtes.* Er kann in Form eines Dekretes oder eines Befehls oder eines Reskriptes ergehen.

2. Verbindlichkeit (cann. 37–39)

a) Ein den äußeren Bereich betreffender Verwaltungsakt muß *schriftlich* ergehen; das gilt auch bezüglich der Beauftragung für den Vollzug.

b) Der Verwaltungsakt ist unwirksam, wenn er wohlerworbene Rechte Dritter verletzt oder einem Gesetz bzw. einer rechtmäßigen Gewohnheit entgegensteht, falls nicht eine ausdrückliche Derogationsklausel hinzugefügt ist.

c) Bedingungen berühren die Gültigkeit eines Verwaltungsaktes nur, wenn sie mit den Vokabeln „si", „nisi", „dummodo" ausgedrückt sind.

3. Interpretation (can. 36)

a) Verwaltungsakte sind nach ihrem *Wortlaut* und dem allgemeinen *Sprachgebrauch* zu interpretieren und dürfen auf andere Fälle nicht ausgedehnt werden.

b) Eine *strenge Auslegung* ist vorgeschrieben bei Verwaltungsakten,
– die sich auf *Rechtsstreite* bzw. *Strafandrohungen* bzw. *-verhängungen* beziehen;
– die Rechte Dritter einschränken oder wohlerworbene Rechte verletzen;
– die einem Gesetz widerstreiten oder dem Nutzen einer privaten Person dienen.
Alle übrigen sind weit zu interpretieren.

4. Vollzug (cann. 40–46)

a) Wer zum Vollzug eines Verwaltungsaktes beauftragt ist, kann dies *nicht ablehnen,* es sei denn, die Nichtigkeit steht offensichtlich fest, oder er kann aus gewichtigen Gründen den Auftrag nicht übernehmen, oder die hinzugefügten Bedingungen sind nicht erfüllt. Falls der Vollzug inopportun erscheint, kann er ausgesetzt werden, wovon die Verwaltungsbehörde sofort zu unterrichten wäre.

b) Der Vollzieher kann nur rechtswirksam tätig werden nach Erhalt der *schriftlichen Beauftragung,* deren Authentizität und Vollständigkeit zu prüfen sind.

c) Der Vollzieher muß sich bei sonstiger Nichtigkeit an die

Vorschriften seines Auftrages halten und die gesetzten Bedingungen erfüllen.

d) Der mit dem Vollzug Beauftragte kann einen Stellvertreter bestimmen, falls das nicht untersagt oder er wegen seiner besonderen Eignung beauftragt worden ist. Der Amtsnachfolger eines Beauftragten übernimmt in der Regel auch den Auftrag zum Vollzug.

5. Erlöschen (can. 47)

Der *Widerruf* eines Verwaltungsaktes durch einen anderen wird erst wirksam mit der rechtmäßigen Bekanntgabe an den Betroffenen. Die Bestandskraft eines Verwaltungsaktes bleibt vom Verlust des Rechtes dessen, der ihn gesetzt hat, unberührt.

§ 6. Das Verwaltungsdekret und der Verwaltungsbefehl
(cann. 48–58)

1. Begriff (cann. 48, 49)

a) Das *besondere Dekret* (decretum singulare) ist ein vom zuständigen Vollzugsorgan erlassener Verwaltungsakt, durch den gemäß den Rechtsnormen im Einzelfall eine Sache entschieden oder eine Amtsverleihung ausgesprochen wird. Eine Antragsstellung ist nicht erforderlich.

b) Der *Verwaltungsbefehl* (praeceptum singulare) ist ein Dekret, wodurch eine Person oder Personengruppe zu einem bestimmten Tun oder Unterlassen, insbesondere zur Durchsetzung einer Gesetzesnorm, direkt und rechtmäßig verpflichtet werden. Er ist eine Sonderform des Verwaltungsdekretes. Daher gelten die folgenden Bestimmungen über das Dekret auch für das Präzept entsprechend.

2. Verfahrensweise (cann. 50, 51, 57)

a) Das Dekret ist wenigstens allgemein zu *begründen;* die Schriftform ist vorgeschrieben (vgl. can. 37). Bevor ein Dekret erlassen wird, sind die notwendigen Erhebungen anzustellen und möglichst diejenigen zu hören, deren Rechte beeinträchtigt werden könnten.

b) Ist ein Dekret vom *Gesetz* vorgeschrieben oder die *Bitte* bzw. *Beschwerde* bezüglich des Erlasses eines solchen rechtmäßig vorgetragen, muß die zuständige Behörde innerhalb von drei Monaten nach Eingang der Bitte oder Beschwerde tätig werden, falls das Gesetz eine andere Frist nicht vorsieht. Ergeht ein Dekret in dieser Frist nicht, wird eine negative Entscheidung vermutet. Beschwerde dagegen ist möglich. Diese Rechtsvermutung enthebt die zuständige Behörde nicht der Pflicht, das Dekret zu erlassen und insbesondere eventuellen Schaden wiedergutzumachen.

3. Rechtswirksamkeit (cann. 52–56, 58)

a) Das Verwaltungsdekret ist für die Sache oder Person verbindlich, wofür es ergangen ist, und verpflichtet in der Regel überall.

b) Das Verwaltungsdekret wird erst wirksam mit der *Eröffnung* bzw. dem *Vollzug,* die dokumentiert werden müssen. Es wird auch wirksam, wenn der Betroffene trotz Ladung zur Eröffnung ohne Angabe eines gerechten Grundes nicht erscheint oder die schriftliche Empfangsbestätigung verweigert. Falls der Aushändigung des Dekretes wichtige Gründe entgegenstehen, muß es dem Betroffenen vor einem Notar und zwei Zeugen verlesen werden; hierüber ist ein von allen Anwesenden zu unterzeichnendes Protokoll zu fertigen.

c) Das Verwaltungsdekret *verliert* seine Wirksamkeit durch Widerruf oder durch Außerkrafttreten des Gesetzes, zu dessen Durchsetzung es erlassen ist. Nur der *formlose* Verwaltungsakt erlischt mit dem Recht des Befehlsgebers.

§ 7. Das Reskript
(cann. 59–75)

1. Begriff (cann. 59–61, 71)

Unter Reskript versteht man einen von der zuständigen Vollzugsbehörde (auctoritas exsecutiva) auf ein Gesuch hin schriftlich erlassenen Verwaltungsakt, durch den ein Privileg, eine Dispens oder ein sonstiger Gunsterweis gewährt werden. Die Vorschriften über Reskripte gelten auch für Erlaubniserteilungen.

Empfänger von Reskripten kann jeder sein, der nicht ausdrücklich davon ausgeschlossen ist (vgl. can. 1336 § 1 n. 2). Ein

Gunsterweis kann auch für einen anderen, sogar ohne dessen Wissen und Willen erbeten werden (z. B. päpstliche Auszeichnung; sanatio in radice, can. 1164). Von einem Gunsterweis braucht man keinen Gebrauch zu machen, falls nicht eine rechtliche Verpflichtung besteht.

2. Gültigkeit (cann. 63–65)

Die Gültigkeit der Reskripte hängt von der Erfüllung bestimmter Voraussetzungen ab.

a) Das Gesuch muß *wahr* sein. Freilich macht nicht jede *subreptio* (Verschweigung von etwas Wahrem) oder *obreptio* (Angabe von etwas Falschem) das Reskript ungültig. Bei subreptio ist es gültig, wenn wenigstens die nach dem Gesetz, dem kurialen Gebrauch (stylus curiae) und der kanonischen Praxis erforderlichen Angaben gemacht sind. Für die *motu proprio* ergangenen Reskripte gelten allerdings strengere Maßstäbe. Bei obreptio ist das Reskript gültig, wenn wenigstens die ein ausschlaggebendes Motiv begründende Angabe wahr ist.

b) Wenn ein Gesuch von einer Behörde abschlägig beschieden worden ist, kann eine andere, sonst zuständige Behörde das Gesuch nicht ohne weiteres gültig bewilligen.

aa) Ein von einem Römischen Dikasterium abgelehntes Gesuch kann von einem anderen Dikasterium oder einer nachgeordneten zuständigen Autorität (Bischof, Generalvikar, Bischofsvikar) nicht gewährt werden, wenn die zuerst angegangene Stelle nicht zustimmt (ausgenommen die S. Poenitentiaria pro foro interno).

bb) Niemand soll ein vom eigenen Ordinarius abgelehntes Gesuch einem anderen Ordinarius ohne Erwähnung der früheren Ablehnung unterbreiten. Der zuletzt angegangene und über die Ablehnung unterrichtete Ordinarius soll die Bitte nicht erfüllen ohne Kenntnis der Ablehnungsgründe des ersten Ordinarius.

cc) Ein vom Generalvikar oder Bischofsvikar abgelehnter Gunsterweis kann von einem anderen General- oder Bischofsvikar gültigerweise nicht gewährt werden, auch wenn die Ablehnungsgründe bekannt sind.

dd) Ein vom General- oder Bischofsvikar abgelehnter Gunsterweis kann vom Diözesanbischof gültig nur gewährt werden, wenn er über die frühere Ablehnung unterrichtet ist.

ee) Ein vom Diözesanbischof abgelehnter Gunsterweis kann vom General- oder Bischofsvikar gültigerweise nicht gewährt werden, auch wenn er von der oberhirtlichen Ablehnung weiß, es sei denn, der Ortsbischof stimmt zu.

3. Irrtum (can. 66)

Ein Irrtum im Namen der Person des Ausstellers oder des Empfängers und bezüglich des Ortes oder der Sache macht das Reskript nicht ungültig, wenn nach dem Urteil des Ordinarius Person und Sache außer Zweifel stehen.

4. Wirksamwerden von Reskripten (cann. 68–70)

a) Reskripte des Apostolischen Stuhles werden, falls nicht ein Vollzieher bestellt ist, unmittelbar wirksam (forma gratiosa). Sie müssen aber dem Ordinarius, der sie erbeten hat, vorgelegt werden.

aa) wenn es im Bescheid eigens vorgeschrieben ist;

bb) wenn es sich um eine öffentliche Angelegenheit handelt (z. B. Dispens von der nichtvollzogenen Ehe);

cc) wenn zunächst die Erfüllung bestimmter Bedingungen geprüft werden muß.

b) Wurde im Reskript dem Vollzieher die Gewährung der Gunst übertragen (forma commissoria), kann er nach seinem gewissenhaften Ermessen entscheiden, ob sie gewährt oder verweigert werden soll. Ist der Vollzug nicht in das Ermessen des Vollziehers gestellt, gelten die Regeln über den Vollzug von Verwaltungsakten (vgl. § 5, 4).

5. Verlängerung (cann. 72, 75)

Befristete Reskripte des Apostolischen Stuhls kann der Ordinarius nach Ablauf der Frist aus einem gerechten Grund einmalig um höchstens drei Monate verlängern.

Falls ein Reskript ein Privileg oder eine Dispens enthält, gelten zudem die entsprechenden Normen (s. §§ 8 und 9).

§ 8. Das Privileg
(cann. 76-84)

1. Begriff (can. 76 § 1)

Das Privileg ist ein durch besonderen Akt des Gesetzgebers oder eines durch ihn bevollmächtigten Vollzugsorgans bestimmten natürlichen oder juristischen Personen erwiesener Gunsterweis.

2. Arten

Man unterscheidet insbesondere:

a) *gesetzeswidrige* und *außergesetzliche* Privilegien (contra – praeter ius);

b) *persönliche* und *dingliche* Privilegien (personalia – realia), die einer Person (Kleriker) oder einer Sache (Altar, Kirche) verliehen werden;

c) *begünstigende* und Dritte *belastende* Privilegien (favorabilia – onerosa).

3. Erwerb (can. 76)

Das Privileg wird erworben:

a) durch rechtmäßige *Verleihung;*

b) der hundertjährige oder unvordenkliche Besitz eines Privilegs begründet die Vermutung der rechtmäßigen Verleihung.

4. Auslegung (can. 77)

Privilegien sind nach den Auslegungsregeln des can. 36 § 1 zu interpretieren (s. § 5, 3), aber immer so, daß für den Privilegierten eine Vergünstigung (gratia) bleibt.

5. Beendigung (cann. 78-84)

Für immer verliehene Privilegien verlieren in der Regel ihre Kraft:

a) durch Widerruf seitens des Verleihers (vgl. aber cann. 46 und 47);

b) durch Verzicht seitens des Privilegierten nach Annahme durch den Verleiher (eine Einzelperson kann auf das einer juristischen Person verliehene Privileg nicht verzichten);

c) durch Tod des Privilegierten und Untergang der Sache oder des Ortes (z. B. völlige Zerstörung einer Kirche);

d) durch Nichtgebrauch oder gegenteiligen Gebrauch, falls es sich nicht um ein privilegium onerosum handelt (s. oben 2, c);

e) durch Zeitablauf, falls das Privileg befristet ist;

f) durch Gebrauch aller bewilligten Fälle;

g) durch Änderung der Verhältnisse, die den Gebrauch schädlich oder unerlaubt macht;

h) durch Entzug wegen Mißbrauchs.

§ 9. Die Dispens
(cann. 85–93)

1. Begriff (can. 85)

Unter Dispens versteht man die von der ausführenden Gewalt oder einem dazu rechtmäßig Bevollmächtigten durch Verwaltungsakt vorgenommene Aufhebung der Verpflichtungskraft eines rein kirchlichen Gesetzes für den Einzelfall. Die Dispens läßt das Gesetz bestehen, befreit aber im Einzelfall von dessen Verpflichtung, um besonderen Bedürfnissen Rechnung zu tragen. Sie ist ein Akt der freiwilligen Gerichtsbarkeit und hat vor allem im Eherecht große Bedeutung.

2. Dispensvollmacht (cann. 85–89)

Dispensvollmacht haben:

a) Die mit *Vollzugsgewalt* (potestas exsecutiva) ausgestatteten Organe im Rahmen ihrer Zuständigkeit und die ausdrücklich oder einschlußweise von Rechts wegen oder kraft Delegation dazu *Bevollmächtigten.*

b) Der *Papst* kann von sämtlichen rein kirchlichen Gesetzen, den allgemeinen und partikulären, dispensieren.

c) Der *Diözesanbischof* kann seine Diözesanen und für sein Territorium kraft *eigenen Rechtes* von allen gemeinkirchlichen Gesetzen dispensieren, ausgenommen die dem Heiligen Stuhl vorbehaltenen (z. B. Ehehindernis der heiligen Weihen, des crimen; can. 1078 § 2 n. 1 und 2). Von Prozeßnormen und Strafgesetzen kann er nicht dispensieren.

Das Dispenswesen ist demnach gegenüber bisher neu geordnet. Der Gesetzgeber ist vom *Konzessions-* zum *Reservationssystem* übergegangen. Das heißt, der Diözesanbischof hat kraft Amtes umfassende Dispensvollmacht, ausgenommen die vom Apostolischen Stuhl reservierten Tatbestände. Nach dem Recht des CIC von 1917 hatten die Bischöfe Dispensvollmacht von allgemeinen Gesetzen nur, insoweit sie ihnen von der höchsten Autorität durch Einzel- oder Allgemeinfakultäten konzediert waren.

Falls der Rekurs an den Apostolischen Stuhl schwierig ist und zugleich schwerer Schaden droht, können die Ordinarien auch von reservierten Fällen dispensieren, falls der Heilige Stuhl zu dispensieren pflegt; ausgenommen ist die Zölibatspflicht.

Dem Rekurs an den Apostolischen Stuhl ist jener an den päpstlichen Gesandten gleichzuachten. Die außerordentliche Dispensvollmacht der Ordinarien ist daher nicht gegeben, wenn es zwar schwierig ist, den Apostolischen Stuhl zu erreichen, aber möglich, den päpstlichen Gesandten (Nuntius, Delegaten) anzugehen (PCI 26. 6. 1947 zu can. 81 CIC von 1917, in: AAS 39, 1947, 374).

d) Die *Ortsordinarien* können dispensieren von den Diözesangesetzen und, falls es das Wohl der Gläubigen erfordert, von Gesetzen eines Regional- oder Provinzialkonzils und der Bischofskonferenz.

e) *Pfarrer, andere Priester und Diakone* können nur mit ausdrücklicher Bevollmächtigung dispensieren.

Nach can. 1245 kann der Pfarrer aus gerechtem Grund von den Verpflichtungen bezüglich der *Fest- und Bußtage* dispensieren. In Todesgefahr und im Verlegenheitsfalle haben die Pfarrer und die trauungsberechtigten Geistlichen besondere Dispensvollmachten für die Eheschließung (cann. 1079 § 2, 1080 § 1; vgl. § 84, 2).

3. Dispensgrund (can. 90)

Eine Dispens darf nur aus einem wichtigen und vernünftigen Grund unter Beachtung der Umstände und der Bedeutung der zu dispensierenden Gesetzesverpflichtung erteilt werden. Dabei ist das geistliche Wohl der Gläubigen (bonum spirituale) von großer Bedeutung.

Die kraft delegierter Vollmacht erteilte Dispens ist beim Fehlen eines echten Grundes nicht nur unerlaubt, sondern *ungültig*. Wenn beispielsweise der Pfarrer ohne jeden oder ohne hinreichenden Grund von der Verpflichtung zur Mitfeier der Sonntagsmesse befreit, ist diese Dispens unerlaubt und ungültig. Bei einem Zweifel über die Hinlänglichkeit des Dispensgrundes kann die Dispens erlaubterweise und gültig erteilt werden.

4. Auslegung (can. 92)

Sowohl die Dispens selbst als auch die für einen bestimmten Fall gewährte Dispensvollmacht sind gemäß can. 36 § 1 (s. § 5,3) streng zu interpretieren. Allgemeine Dispensvollmachten sind im Zweifel weit auszulegen.

5. Erlöschen (can. 93)

Die Dispens von wiederkehrenden Verpflichtungen (z. B. vom Feiertagsgebot) erlischt wie das Privileg (s. § 8,5) sowie durch sicheren und vollständigen Wegfall des Dispensgrundes (Krankheit, Armut). Steht der vollständige Wegfall nicht sicher fest, erlischt die Dispens nicht.

§ 10. Satzungen und Ordnungen
(cann. 94, 95)

1. Satzung – statutum (can. 94)

Darunter versteht man die rechtmäßig aufgestellte *Grundordnung* (ordinatio – Verfassung) eines rechtlichen Zusammenschlusses von Personen (Personengesamtheit) oder Sachen und vermögenswerten Gütern (universitas personarum – rerum; Sachengesamtheit), durch die deren Zweck, Errichtung, Leitung und Tätigkeit umschrieben werden. Das Recht zum Erlaß von Satzungen ist Ausfluß des Selbstverwaltungsrechtes (Autonomie). Sie sind Recht im materiellen Sinne für die Betroffenen.

Allein die rechtmäßigen Mitglieder einer Personengesamtheit und die Verantwortlichen (Vorstand, Verwaltung) für die Sachengesamtheit sind an die jeweilige Satzung gebunden.

Für Satzungen, die kraft der Gesetzgebungsgewalt aufgestellt und promulgiert sind, gelten die Bestimmungen über die Kirchengesetze.

2. Ordnungen – ordines (can. 95)

Diese regeln die Einberufung, die Leitung und die Verhandlungs-
gegenstände bei Sitzungen und anderen (feierlichen) Anlässen
(Geschäftsordnung; Tagesordnung). Die Teilnehmer sind daran
gebunden.

§ 11. Die natürlichen Personen
(cann. 96–112)

1. Rechtsfähigkeit (can. 96)

Jeder Mensch besitzt als Person grundsätzliche *Rechtsfähigkeit*
und ist damit Träger unveräußerlicher Rechte. Die kirchliche
Rechtsfähigkeit wird durch die *gültige Taufe* erworben, durch die
der Mensch der Kirche Christi einverleibt wird (incorporatur)
und Rechtspersönlichkeit erlangt. Mit diesem *Personsein* in der
Kirche sind entsprechend der jeweiligen Stellung grundlegende
Pflichten und Rechte verbunden, insoweit der einzelne Träger
dieser Pflichten und Rechte in uneingeschränkter Gemeinschaft
mit der Kirche steht. Die volle Gemeinschaft (plena communio)
mit der Kirche wird durch das dreifache Band des *Bekenntnisses
des wahren Glaubens,* der *gemeinsamen Sakramente* und *der Unterordnung unter die kirchliche Leitung* begründet (vinculum sym-
bolicum, liturgicum, hierarchicum; vgl. can. 205).

Diese jedem Menschen eigene Rechtsfähigkeit kann von der
Rechtsordnung niemandem völlig entzogen werden. Jedoch sieht
das Kirchenrecht in Hinblick auf das Gemeinwohl in bestimmten
Fällen eine Einschränkung der Ausübung des Rechtes (exerci-
tium iuris) vor. Das kann geschehen durch gewisse Eigenschaften, die in der an sich rechtsfähigen Person liegen. Ausgeschlossen wird die Rechtsausübung durch Gesetze, die einen Rechtsakt
für nichtig oder eine Person zu bestimmten Rechtshandlungen
für unfähig erklären (leges irritantes – inhabilitantes).

Eine Einschränkung der Rechtsausübung kann zudem erfolgen durch eine von der Kirche rechtmäßig verhängte Strafe. Entsprechend den jeweiligen Strafwirkungen hat diese Rechtsminde-
rung unterschiedliche Qualität.

Die durch die Taufe grundgelegte Zugehörigkeit zur Kirche
wird aber durch keinerlei Strafe berührt. Die gültig gespendete

Taufe kann niemals rückgängig gemacht werden (semel baptizatus – semper baptizatus). Insoweit kann man aus der Kirche auch
nicht „austreten".

Wegen der Gewährleistung des Grundrechtes der (negativen)
Religionsfreiheit (Art. 4 Abs. 1 GG) muß der Staat die Möglichkeit eines „Kirchenaustritts" sicherstellen, der aber nur mit „bür-
gerlicher Wirkung" erfolgt und die theologische Unmöglichkeit
eines „Kirchenaustritts" nicht berührt. Inwieweit ein solcher
„Kirchenaustritt" den Straftatbestand der Apostasie erfüllt (vgl.
can. 1364 § 1 i. V. m. 751), kann nur im Einzelfall beurteilt werden.

Auch die „Erklärung der Diözesanbischöfe der Bundesrepublik vom Dezember 1969 zu Fragen des kirchlichen Finanzwe-
sens" (AfkKR 138, 1969, 557–559) hat hierzu nicht eindeutig
Stellung genommen, obgleich darin der Kirchenaustritt als
„schwere Verfehlung" bezeichnet und mit dem Entzug von
kirchlichen Rechten bedroht wird: „Wenn also ein Katholik seinen Austritt aus der Kirche erklärt aus welchen Gründen auch
immer – so stellt dies eine schwere Verfehlung gegenüber der
kirchlichen Gemeinschaft dar. Er kann daher am sakramentalen Leben erst wieder teilnehmen, wenn er bereit ist, seine Aus-
trittserklärung rückgängig zu machen und seinen Pflichten auch
in bezug auf die Kirchensteuer wieder nachzukommen"
(S. 558).

Ein sogenannter modifizierter Kirchenaustritt allein aus der
Körperschaft des öffentlichen Rechts oder des Kirchensteuerver-
bandes, nicht aber aus der Glaubensgemeinschaft, ändert an der
Gemeinschaftswidrigkeit dieses Verhaltens nichts, da, wer zur
Kirche gehört oder gehören möchte, auch der Abgabenpflicht un-
terliegt (vgl. cann. 222 § 1, 1260). Auch die höchstrichterliche
Rechtsprechung in Deutschland hat solche modifizierenden Zu-
sätze für unzulässig erklärt.

2. Handlungsfähigkeit

Die grundsätzliche Rechtsfähigkeit jeder natürlichen Person ist
zu unterscheiden von der *Handlungsfähigkeit,* die durch *eigene*
Handlungen, nicht mittels eines gesetzlichen Vertreters, Rechts-
folgen herbeiführt. Die Handlungsfähigkeit umfaßt *Geschäfts-*
und *Deliktsfähigkeit.*

Für die Geschäftsfähigkeit sind bestimmte Eigenschaften und Umstände rechtlich von Bedeutung.

3. Alter (cann. 97, 98)

Das kanonische Recht unterscheidet:

a) *Volljährige* (maiores) nach Vollendung des 18. Lebensjahres sind voll handlungsfähig;

b) *Minderjährige* (minores) bis zur Vollendung des 18. Lebensjahres unterstehen bei der Rechtsausübung der Gewalt der Eltern oder Vormünder, wenn nicht göttliches oder kirchliches Recht sie davon befreit. Bezüglich der Bestellung und Rechte der Vormünder gilt in der Regel das staatliche Gesetz.

c) *Kinder* (infantes) vor Vollendung des 7. Lebensjahres sind rechtsfähig, aber nicht rechtserheblich handlungsfähig (non sui compos).

Geisteskranke sind Kindern gleichgestellt.

4. Heimat (can. 101)

Der „locus originis" ist nicht der Geburtsort, sondern der Wohnsitz, bei dessen Fehlen der Quasiwohnsitz der Eltern; haben die Eltern keinen gemeinsamen Wohnsitz oder Quasiwohnsitz, ist der der Mutter maßgebend. Bei *Wohnsitzlosen* (vagi) gilt der Geburtsort, bei *Findlingen* der Fundort.

5. Wohnsitz – domicilium (cann. 102–107)

Es ist zu unterscheiden zwischen Wohnsitz und Quasiwohnsitz.

a) *Begründet* wird

aa) der *Wohnsitz* im Gebiet einer Pfarrei oder Diözese auf zweierlei Weise:

entweder *sofort* durch die Niederlassung mit der Absicht, ständig zu bleiben, falls ein Wohnsitzwechsel nicht notwendig wird,

oder *später* durch den Aufenthalt von fünf vollen Jahren;

bb) der *Quasiwohnsitz* ebenfalls auf zwei Arten:

entweder *sofort* durch die Niederlassung mit der Absicht, wenigstens drei Monate zu bleiben,

oder *später,* wenn sich der Aufenthalt tatsächlich auf drei Monate ausgedehnt hat.

b) *Verloren* werden beide Wohnsitze durch den Wegzug, ohne Absicht zurückzukehren.

Mitglieder von Orden oder Gesellschaften des apostolischen Lebens erwerben Wohnsitz in der Niederlassung, der sie angehören; Quasiwohnsitz, wo sie sich mit der Absicht, drei Monate zu bleiben, oder tatsächlich drei Monate aufhalten.

Die *Ehegatten* haben gemeinsamen Wohnsitz oder Quasiwohnsitz; nach rechtmäßiger Trennung oder aus einem gerechten Grunde können sie je eigene Wohnsitze haben.

Der *Minderjährige* teilt den Wohnsitz der Eltern oder des sorgeberechtigten Elternteils oder des Vormundes. Nach Vollendung des siebten Lebensjahres kann er einen eigenen Quasiwohnsitz begründen; der nach staatlichem Recht für volljährig Erklärte sogar einen Wohnsitz.

Wohnsitz oder Quasiwohnsitz sind rechtlich bedeutsam; denn durch ihn erhält jeder seinen *Pfarrer* (parochus proprius) und *Ordinarius* (ordinarius proprius).

Bei den *Wohnsitzlosen* und bei denen, die nur einen Diözesan-Wohnsitz haben, entscheidet über den ordinarius bzw. parochus proprius der jeweilige Aufenthaltsort.

6. Verwandtschaft (can. 108)

Die *Blutsverwandtschaft* wird nach Linien (gerade und Seitenlinie) und nach Graden gezählt. In der *geraden* Linie (Eltern-Kind-Verhältnis) sind so viele Grade als Zeugungen (Generationen) bzw. Personen ohne Mitzählung des Stammes (tot gradus quot generationes; tot gradus quot personae, stipite dempto).

In der *Seitenlinie* (Geschwister, Vettern, Cousinen) sind so viele Grade als auf beiden Seiten zusammmen Personen ohne Mitzählung des Stammes (tot gradus quot personae in utraque simul linea, stipite dempto).

Es ist zu beachten: Der neue CIC berechnet die Verwandtschaftsgrade nach der römischen Zählweise, während der bisherige die germanische zugrunde gelegt hatte. Da also bei der Seitenlinie nicht mehr nur die Zeugungen einer (der längeren) Linie, sondern beider Linien gerechnet werden, ergeben sich mehr Grade als früher für gleiche Verwandtschaftsverhältnisse (z. B. Geschwister sind im zweiten Grad, früher im ersten der Seitenlinie miteinander verwandt; Onkel und Nichte im dritten Grad, früher im zweiten den ersten berührend).

7. Schwägerschaft (cann. 109, 110)

Die Schwägerschaft entsteht nur aus einer kirchenrechtlich gültigen, wenn auch nichtvollzogenen Ehe. Sie besteht nur entweder zwischen dem Mann und den Blutsverwandten seiner Frau oder zwischen der Frau und den Blutsverwandten ihres Mannes. Der eine Ehegatte ist mit den Blutsverwandten des anderen in der gleichen Linie und im gleichen Grad verschwägert, wie dieser blutsverwandt ist.

Adoptivkinder sind natürlichen Kindern gleichgestellt.

8. Rituszugehörigkeit (can. 111)

a) Ein Kind gilt als in der lateinischen Kirche getauft, wenn beide Eltern diesem Ritus angehören. Falls ein Elternteil der lateinischen Kirche nicht angehört, entscheidet der gemeinsame Wille der Eltern. Kann eine Einigung nicht erzielt werden, gilt das Kind als im Ritus des Vaters getauft.

b) Nach Vollendung des 14. Lebensjahres kann der Täufling selbst entscheiden, ob er im lateinischen oder in einem anderen eigenberechtigten Ritus getauft werden möchte.

Hinsichtlich Rituswechsel vgl. can. 112.

§ 12. Die juristischen Personen
(cann. 113–123)

1. Begriff (cann. 113, 114)

Die *juristische Person* ist der von der Rechtsordnung anerkannte Träger von Rechten und Pflichten, die der Natur dieses Rechtssubjektes entsprechen und dem Sendungsauftrag der Kirche (Werke der Frömmigkeit, des Apostolates, der Caritas) dienen.

Die katholische Kirche und der Apostolische Stuhl sind kraft göttlicher Einrichtung juristische Personen.

Die Rechtspersönlichkeit wird Personen- oder Sachengesamtheiten entweder von Rechts wegen oder durch Spezialdekret der zuständigen kirchlichen Autorität verliehen. Erlaubterweise darf das nur geschehen, wenn der angestrebte Zweck für die Kirche von Nutzen ist und die dafür erforderlichen Mittel vorhanden sind.

2. Arten (cann. 115–118)

Man unterscheidet:

a) Personen- und Sachengesamtheiten (universitas personarum – rerum).

aa) Die *Personengesamtheit* muß bei der Gründung aus mindestens drei natürlichen Personen bestehen, sie erlischt aber nicht, wenn sich die Mitgliederzahl verringert. Es gibt *kollegiale* und *nicht-kollegiale* Vereinigungen, je nachdem, ob der Gemeinschaftswille ihrer Mitglieder beim Handeln maßgeblich ist.

bb) Die *Sachengesamtheit* ist eine aus Sachen und vermögenswerten Gütern bestehende Einrichtung (selbständige Stiftung), die entsprechend dem geltenden Recht und der Satzung von einer oder mehreren natürlichen Personen (kollegial) verwaltet wird.

b) Öffentliche und private juristische Personen.

aa) *Öffentliche* juristische Personen sind solche Personen- oder Sachengesamtheiten, die von Rechts wegen oder durch Spezialdekret autoritativ errichtet sind und dann entsprechend ihrer Zwecksetzung im Namen der Kirche handeln. Im Namen der öffentlichen juristischen Person mit Wirkung für und gegen sie können nur jene Organe handeln, die entweder durch das allgemeine oder partikuläre Recht oder durch die Satzung dazu befugt sind.

bb) *Private* juristische Personen werden ausschließlich durch Spezialdekret autoritativ errichtet und handeln nicht im Namen der Kirche und allein nach Maßgabe der Satzungen.

Jegliche Art von Rechtspersönlichkeit darf erst nach Prüfung der Satzung verliehen werden.

3. *Willensbildung (can. 119)*

Für das *kollegiale* Handeln gilt, falls die Satzung nichts anderes vorsieht:

a) Bei *Wahlen* entscheidet die absolute Mehrheit der anwesenden Mitglieder; allerdings muß die Mehrheit der Stimmberechtigten zugegen sein. Nach zwei ergebnislosen Wahlgängen wird im dritten nur noch über die beiden Kandidaten mit den meisten Stimmen bzw. die beiden ältesten abgestimmt; dann genügt die relative Mehrheit. Bei Stimmengleichheit im dritten Wahlgang gilt der ältere Kandidat als gewählt (s. auch cann. 164–179; § 15, I, 4, c).

b) Bei allen *übrigen Entscheidungen* ist die absolute Mehrheit der Anwesenden (die Mehrheit der Stimmberechtigten muß teilnehmen) erforderlich. Bei Stimmengleichheit auch nach der zweiten Abstimmung kann der Vorsitzende entscheiden.

c) Bei Angelegenheiten, die jedes einzelne Mitglied betreffen, ist Einstimmigkeit erforderlich. (Bezüglich der Wahl des Papstes s. § 30, I, 2.)

4. Dauer (cann. 120–123)

Die juristische Person besteht ihrer Natur nach in perpetuum. Ihre Existenz endet nur durch rechtmäßige autoritative *Aufhebung* oder wenn sie *tatsächlich* 100 Jahre lang nicht mehr bestanden hat.

Eine *private* juristische Person kann sich zudem entsprechend ihrer Satzung selber auflösen oder aufgelöst werden, wenn die zuständige Autorität ihren Untergang feststellt. Ist nur mehr eine natürliche Person einer Personengesamtheit am Leben, geht die gesamte Rechtsausübung auf sie über.

Bei *Vereinigung* mehrerer öffentlicher juristischer Personen zu einer einzigen tritt die neue in sämtliche Rechte und Pflichten der früheren ein. Bei *Trennung* einer öffentlichen juristischen Person hat die zuständige Autorität für eine gerechte Verteilung der Güter und Lasten zu sorgen. Bei *Erlöschen* einer öffentlichen juristischen Person regelt sich die Verteilung des Vermögens nach dem allgemeinen Recht und der Satzung. Falls diese keine Bestimmung enthalten, fällt das Vermögen unmittelbar an die übergeordnete juristische Person. Über das Vermögen einer erloschenen *privaten* juristischen Person wird nach deren Satzung entschieden.

§ 13. Der Rechtsakt
(cann. 124–128)

1. Gültigkeit (can. 124)

Zur Gültigkeit eines Rechtsaktes ist dreierlei erforderlich:
a) er muß von einer dazu fähigen und zuständigen Person gesetzt sein (persona habilis et competens);
b) alle für seine Wirksamkeit wesentlichen Erfordernisse müssen vorliegen;
c) die zwingend vorgeschriebenen Form- und Rechtsvorschriften müssen eingehalten sein (can. 124 § 1).
Ein rechtmäßig im äußeren Bereich gesetzter Rechtsakt hat die Gültigkeitsvermutung für sich.

2. Mängel (cann. 125, 126)

Natürliche und juristische Personen können in ihrem rechtserheblichen Handeln behindert sein: durch äußeren Zwang, durch Furcht, arglistige Täuschung, Irrtum und Unkenntnis.

a) *Äußerer Zwang* (vis ab extrinseco illata). Der durch Gewalt erzwungene Rechtsakt einer natürlichen oder juristischen Person, der Widerstand nicht geleistet werden konnte, gilt (naturrechtlich) als ungeschehen, weil die erforderliche Handlungsfreiheit völlig fehlt.

b) *Furcht und arglistige Täuschung* (metus, dolus). Ein infolge schwerer und widerrechtlich eingeflößter Furcht (Nötigung) oder arglistiger Täuschung gesetzter Rechtsakt ist *an sich gültig,* da die freie Zustimmung zwar erheblich eingeschränkt, aber nicht völlig aufgehoben ist. Solche Akte können aber auf Ansuchen der in ihren Rechten verletzten Partei oder von Amts wegen durch richterliches Urteil aufgehoben werden.

Zu beachten ist: Das angedrohte Übel muß absolut oder relativ schwer und die Furcht widerrechtlich eingeflößt sein. Eine berechtigte oder gerechtfertigte Drohung und die Drohung mit nicht schweren Übeln begründen die Anfechtbarkeit von Rechtsakten nicht.

Ausnahmen von der grundsätzlichen Gültigkeit erzwungener oder arglistig herbeigeführter Rechtsakte sieht das kanonische Recht z. B. bei der Ehe vor. Unter Zwang und Furcht oder infolge arglistiger Täuschung über wesentliche Personeneigenschaften geschlossene Ehen sind nichtig (cann. 1098, 1103). Ebenso ist ein unter Zwang, infolge arglistiger Täuschung oder wesentlichen Irrtums erfolgter Amtsverzicht nichtig (can. 188).

c) *Irrtum oder Unkenntnis* haben die Ungültigkeit des Rechtsaktes nur dann zur Folge, wenn sie sich auf wesentliche Bestandteile des Rechtsgeschäftes beziehen oder einer condicio sine qua non gleichkommen. Sind sie unwesentlich, kann Aufhebungsklage (actio rescissoria) erhoben werden.

Bezüglich des Irrtums und der Unkenntnis bei der Eheschließung s. cann. 1096, 1097, 1099.

3. Beispruchs- und Mitwirkungsrechte (cann. 127, 128)

Hierunter versteht man die einem Kollegium oder einer Personengruppe gesetzlich zustehende Befugnis, bei Rechtshandlungen eines Oberen durch *Zustimmung* (consensus) oder *Rat* (consilium) mitzuwirken. Falls das Recht Zustimmung fordert, ist die Handlung des Oberen nichtig, wenn er dieselbe nicht einholt bzw. dagegen entscheidet. Ist nur der Rat der betreffenden Personen verlangt, genügt zur Gültigkeit des Rechtsaktes deren Anhörung. Bei der Willensbildung einer beispruchsberechtigten Personengruppe bedarf es der absoluten Mehrheit der Anwesenden.

Obwohl der Obere nicht verpflichtet ist, dem Rat zu folgen, soll er doch, besonders bei einstimmigem Votum, nicht ohne wichtigen Grund davon abweichen. Die mitwirkungsberechtigten Personen sind gehalten, ihre Ansicht aufrichtig zu bekunden und bei wichtigen Anlässen Stillschweigen zu bewahren.

Durch rechtswidrige Rechtsakte angerichteter Schaden muß wiedergutgemacht werden.

§ 14. Die Leitungsvollmacht

(cann. 129–144)

Die Leitungsvollmacht, auch Hirtengewalt genannt (potestas regiminis seu iurisdictionis), ist „das Ordnungsprinzip der Kirche" (K. Mörsdorf) und betrifft die Leitung des Gottesvolkes. Sie beruht auf göttlicher Einsetzung (ex divina institutione).
Fähig (habilis) zu ihrer rechtskonformen Übernahme sind allein solche, die das Weihesakrament empfangen haben (Geistliche). Bei der *Ausübung* einer Vollmacht können Laien mit den Geistlichen zusammenarbeiten (in exercitio eiusdem potestatis cooperari possunt; can. 129).
Diese Norm ist deshalb von besonderer Bedeutung, weil die Einheit von Weihe- und Hirtengewalt eindeutig ausgesprochen und die vom Herrn der Kirche übertragene apostolische Vollmacht klar umschrieben wird. Andererseits wird aber auch gesagt, daß den Laien eine *Mitwirkung* bei der *Ausübung* der Leitungsvollmacht zukommt, die freilich nur im Rahmen des Rechtes geschehen kann.

Dieser Norm entspricht beispielsweise die Bestimmung, daß unter gewissen Voraussetzungen ein Laie Mitglied eines Richterkollegiums sein kann (can. 1421 § 2), die aber insofern problematisch ist, als ein erkennendes kirchliches Gericht mit Sicherheit Jurisdiktionsgewalt besitzt. Jedenfalls wird es nicht immer leicht sein, zwischen der Trägerschaft von Leitungsvollmacht und der Mitwirkung bei deren Ausübung klar zu trennen. S. auch § 133, I, 3.

Erst durch den Empfang des Weihesakramentes werden also einzelne Glieder des Gottesvolkes zur Leitungsvollmacht in der Kirche befähigt (habilis). Für bestimmte Aufgaben derselben ist die Teilhabe am Weihesakrament unabdingbare Voraussetzung (z. B. Feier der heiligen Eucharistie, des Bußsakramentes, Spendung der heiligen Weihen), so daß diese niemals von Laien ausgeübt werden können. Die jeweilige Weihestufe und die Aufgabenbestimmung durch die kirchenamtliche Sendung (missio canonica) bestimmen die Fähigkeit zur Übernahme und Ausübung des je konkreten geistlichen Dienstes.

Die cann. 131, 137, 141–144 sind auch auf die hausherrliche Gewalt (potestas dominativa) der klösterlichen Oberen und Kapitel anzuwenden (PCI 26. 3. 1952 zu cann. 197, 199, 206–209 CIC von 1917, in: AAS 44, 1952, 497).

Die Leitungsvollmacht wird an sich nur im äußeren Bereich (forum externum) ausgeübt, die aber auch im inneren wirksam ist. Bei der Ausübung allein für den inneren Bereich werden die Wirkungen im äußeren nicht anerkannt, obgleich sie sich auch dort entfalten müßten; das Recht kann freilich auch die Wirkung im forum externum festlegen.

1. Arten der Leitungsvollmacht (cann. 131, 135)

a) *Ordentliche* und *delegierte* Gewalt (potestas ordinaria – delegata). Die ordentliche Gewalt ist ipso iure mit einem Kirchenamt verbunden (Papst, Bischof, Pfarrer). Sie kann sein eine *eigenberechtigte* (potestas ordinaria propria) kraft Amtes aus eigenem Recht (Papst, Bischof) oder eine *stellvertretende* (potestas ordinaria vicaria) wohl kraft Amtes, aber in Vertretung, im Namen eines anderen (Generalvikar, Bischofsvikar, Offizial usw.). Die ordentliche Gewalt haben vor allem die Ordinarien.

b) *Gesetzgebende, vollziehende, richterliche* Gewalt (potestas legislativa – exsecutiva – iudicialis). Die gesetzgebende Gewalt muß nach den Normen des Rechts ausgeübt werden und kann von einem Gesetzgeber unterhalb der höchsten Gewalt nicht delegiert werden. Die richterliche Gewalt kann vom Richter oder einem Richterkollegium ebenfalls nicht delegiert werden, höchstens zu Akten, die ein Dekret oder Urteil vorbereiten.

Die hier zu behandelnden Bestimmungen betreffen nur die verwaltende oder vollziehende Leitungsvollmacht.

2. Die Ordinarien (can. 134)

Hierzu zählen:

a) für die *Gesamtkirche* der Papst;

b) für die *Partikularkirchen* und entsprechende Gemeinschaften die Diözesanbischöfe, die Territorialäbte und -prälaten, die Apostolischen Vikare, Präfekten und Administratoren sowie die jeweiligen General- und Bischofsvikare. Auch die interimistischen Leiter einer Partikularkirche sind Ordinarien.

c) Die höheren Oberen *klerikaler Orden* und der *Gesellschaften des apostolischen Lebens päpstlichen Rechtes.*

Mit Ausnahme der höheren Oberen heißen die Genannten „ordinarii loci“. Ist im Gesetz vom „Diözesanbischof“ oder von dem ihm Gleichgestellten im Zusammenhang mit der Leitungsvollmacht die Rede, können General- oder Bischofsvikar nur mit Spezialmandat tätig werden.

3. Ausübung der Leitungsvollmacht (cann. 136–138, 133)

a) Die vollziehende Gewalt kann den Untergebenen gegenüber ausgeübt werden, falls sich aus der Natur der Sache oder dem Gesetz nichts anderes ergibt. Zum Beispiel kann der Bischof des Trauortes von Ehehindernissen dispensieren, wenn nicht beide Brautleute zu seinem Bistum gehören oder ein Partner nicht katholisch ist. Auch Fremden (peregrini) gegenüber, die sich im Territorium aufhalten, kann unter bestimmten Voraussetzungen die Leitungsvollmacht ausgeübt werden.

b) Der Inhaber ordentlicher Leitungsgewalt kann diese für den Einzelfall oder allgemein (ad universitatem casuum) delegieren, falls nicht ausdrücklich verboten. Pfarrer oder Bußkanoniker können beispielsweise die ordentliche Beichtvollmacht nicht delegieren (vgl. can. 968 § 1 i. V. m. 969 § 1).

c) Der *Delegierte* kann subdelegieren:

aa) bei Delegationen durch den *Apostolischen Stuhl* für den Einzelfall oder allgemein, falls die Delegation wegen der besonderen Eignung nicht höchst persönlich erfolgt oder die Subdelegation nicht ausdrücklich verboten ist;

bb) bei *allgemeiner* Delegation durch einen Inhaber der ordentlichen vollziehenden Leitungsvollmacht (Bischof, Generalvikar) in *Einzelfällen*. Eine für einen einzigen Fall oder für genau bestimmte Fälle delegierte Vollmacht kann in der Regel nicht subdelegiert werden; ebenso nicht eine subdelegierte Vollmacht. Der mit allgemeiner Trauungsvollmacht ausgestattete vicarius paroecialis (cooperator) kann einen anderen Geistlichen (Priester oder Diakon), der diese Vollmacht nicht besitzt, *für eine bestimmte Eheassistenz,* nicht allgemein, im Territorium, dem er zugewiesen ist, subdelegieren. Die Beichtvollmacht ist nicht delegierbar.

d) Die ordentliche und die allgemein delegierte vollziehende Leitungsvollmacht ist *weit,* jede andere *streng* zu interpretieren.

Die Delegation schließt alle Vollmachten ein, ohne die die delegierte Vollmacht nicht ausgeübt werden kann. Wer eine Delegation behauptet, hat, falls diese bestritten wird, den Beweis dafür anzutreten.

e) Falls der Delegierte die Grenzen seiner Vollmacht überschreitet, ist die Handlung nichtig. Wird nur die vorgeschriebene Art und Weise (modus) der Ausführung nicht eingehalten, ist die Handlung gültig, wenn der modus nicht Gültigkeitsvoraussetzung war.

4. Verlust der Leitungsgewalt (cann. 142, 143)

a) Die *ordentliche* Vollmacht erlischt mit dem Verlust des Amtes. Sie ist suspendiert, falls gegen Amtsentsetzung oder -enthebung rechtmäßig Berufung oder Beschwerde eingelegt worden ist.

Der Pfarrer verliert z. B. seine ordentliche Vollmacht mit dem Verlust des Pfarramtes.

Legt ein auf dem Verwaltungsweg amovierter Pfarrer beim Apostolischen Stuhl Rekurs gegen die Amtsenthebung ein, kann er von der ordentlichen Vollmacht gültigerweise nicht Gebrauch machen, bevor über die Beschwerde entschieden ist.

b) Die *delegierte* Vollmacht erlischt mit der Erfüllung des Auftrages, dem Ablauf der bestimmten Zeit, der Erschöpfung der Zahl der genehmigten Fälle, dem Wegfall des Zwecks der Delegation, durch Widerruf des Delegierenden und durch den angenommenen Verzicht des Delegierten. Sie erlischt *nicht* mit dem Recht des Delegierenden.

Ausnahme bei delegierter Vollmacht ausschließlich für den inneren Bereich: Solche Handlungen sind auch dann gültig, wenn sie aus Unachtsamkeit nach dem Ablauf der bestimmten Zeit getätigt wurden.

5. Die ständigen Fakultäten – facultates habituales (can. 132)

Darunter versteht man Befugnisse, die ein höherer Oberer auf dem Wege der Delegation ihm Untergebenen überträgt. Solche Befugnisse der Ordinarien erlöschen nicht mit deren Tod oder Amtsverlust, sondern gehen auf den Nachfolger über, falls sie nicht persönlich verliehen sind oder ausdrücklich etwas anderes vorgesehen ist.

Die rechtliche Behandlung der Fakultäten erfolgt nach den Vorschriften über die delegierte Gewalt.

6. „Supplet Ecclesia" (can. 144)

Bei Vorliegen eines *allgemeinen Irrtums* oder eines *positiven, wohl begründeten Zweifels* ergänzt die Kirche die fehlende vollziehende Leitungsvollmacht sowohl im äußeren als auch im inneren Bereich, gleichgültig ob es sich um einen Irrtum oder Zweifel rechtlicher oder tatsächlicher Natur handelt.

Diese Ergänzung durch die Kirche wird unter den genannten Voraussetzungen auch angewandt bei Firmung durch Nichtbischöfe, fei fehlender Beicht- oder Trauungsvollmacht (vgl. cann. 883, 966, 1111 § 1).

Die Kirche kann aber nur bei heilbaren Amtshandlungen die fehlende Jurisdiktion ergänzen. Die Absolution eines nicht zum Priester Geweihten kann nicht suppliert werden. Hält man allgemein einen Priester für den rechtmäßigen Pfarrer, obwohl er es tatsächlich nicht ist, so suppliert die Kirche seine an sich unwirksamen Amtshandlungen.

§ 15. Das Kirchenamt

(cann. 145–196)

Unter *Kirchenamt* (officium ecclesiasticum) versteht man jedwedes kraft göttlicher oder kirchlicher Anordnung auf Dauer eingerichtete Dienstamt (munus), das einem geistlichen Zweck dient (can. 145 § 1).

„Auf Dauer" (stabiliter) eingerichtet heißt, daß es von der Person des Amtsinhabers unabhängig ist. Auf göttlicher Anordnung beruhen der Primat und das Bischofsamt, auf kirchlicher beispielsweise Metropolit, Kanoniker, Pfarrer. Die mit dem Kirchenamt verbundenen Pflichten und Rechte werden entweder durch das Gesetz selbst oder durch das Dekret, das das Amt errichtet und überträgt, umschrieben (can. 145 § 2).

I. Verleihung der Kirchenämter

(cann. 146–183)

Ein Kirchenamt kann ohne *kanonische Verleihung* (provisio canonica) rechtswirksam nicht erlangt werden (can. 146).

Die Verleihung durch die zuständige kirchliche Autorität, die schriftlich erfolgen muß (can. 156), kann auf vierfache Weise geschehen (can. 147):
– durch freie Verleihung (collatio libera),
– durch Einsetzung (institutio),
– durch Bestätigung (confirmatio) oder Zulassung (admissio),
– durch Wahl und Annahme seitens des Gewählten (electio et electi acceptatio).

Die Verleihung von der Seelsorge dienenden Ämtern darf ohne wichtigen Grund nicht verzögert werden (can. 151).

1. Erfordernisse (cann. 149, 150)

Wer ein Kirchenamt übertragen bekommen soll, muß bestimmte *Erfordernisse* erfüllen: Er muß in Gemeinschaft mit der Kirche stehen und *geeignet* sein, das heißt jene Eigenschaften besitzen, die zur Amtsausübung von Rechts wegen verlangt werden. Sind diese gesetzlichen Eigenschaften Gültigkeitsvoraussetzung, ist die Amtsübertragung bei Fehlen derselben ungültig; andernfalls ist sie zwar wirksam, kann aber durch Verwaltungsakt oder Gerichtsurteil aufgehoben werden.

Ein Amt mit voller Seelsorge, zu dem die Priesterweihe erforderlich ist, kann gültig nur Priestern übertragen werden.

2. Gültigkeit (cann. 149 § 3, 152–154)

Eine simonistische Amtsverleihung ist ipso iure nichtig.

Die Verleihung eines rechtlich noch nicht erledigten Kirchenamtes ist ohne weiteres nichtig und wird auch durch nachfolgende Erledigung nicht gültig.

Ein befristet verliehenes Kirchenamt kann sechs Monate vor Ablauf der Frist übertragen werden, allerdings erst mit Wirkung bei der tatsächlichen Erledigung.

Ein rechtlich vakantes Amt, das jemand unrechtmäßig innehat, kann verliehen werden, wenn der illegitime Besitz festgestellt und in der Verleihungsurkunde erwähnt ist.

Amterhäufung, das heißt die Verleihung mehrerer miteinander unvereinbarer Ämter, ist untersagt.

Das Versprechen, ein Amt zu verleihen, ist rechtlich unwirksam.

3. Die freie Verleihung (can. 157)

Der Diözesanbischof hat in der Regel das Recht, in seiner Teilkirche Kirchenämter *frei* zu verleihen. Der Generalvikar bedarf hierzu eines Spezialmandates. Dem Diözesanbischof kommt es demnach zu, die Kandidaten für ein Amt auszusuchen und das Vorliegen der kanonischen Erfordernisse und Eigenschaften zu prüfen.

4. Die gebundene Verleihung (cann. 158–183)

a) Es gibt Fälle, in denen der Diözesanbischof die freie Ämterverleihung nicht ausüben kann, weil Dritte ein Recht auf Designation haben. Dem Diözesanbischof steht dann nur die eigentliche Amtsübertragung zu.

Besteht ein Präsentationsrecht (Patronatsrecht bei Pfarreien), heißt die bischöfliche Amtsübertragung *Einsetzung* (institutio), bei vorausgegangener Wahl oder Postulation nennt man sie *Bestätigung* (confirmatio) oder *Zulassung* (admissio).

b) Die Präsentation (cann. 158–163)
Unter Präsentation versteht man das verbindliche Ansuchen an die zur Einsetzung berechtigte Autorität, einer geeigneten Person ein erledigtes Kirchenamt zu übertragen. Die Präsentation hat *innerhalb von drei Monaten* (tempus utile) nach Erlangung der Kenntnis von der Erledigung des Amtes zu erfolgen. Wird diese Frist nicht eingehalten, geht für diesen Fall das Präsentationsrecht verloren; die kirchliche Autorität ist dann in der Verleihung frei.

60

Es können ein oder mehrere Kandidaten – freilich nicht ohne deren Wissen – gleichzeitig oder nacheinander präsentiert werden.

Der zur Einsetzung berechtigten Autorität steht die Prüfung der Eignung der *Präsentierten* zu. Falls mehrere Geeignete präsentiert werden, kann sie einem davon das Amt übertragen. Wird die Eignung des Präsentierten verneint, kann innerhalb eines Monats noch einmal ein Kandidat präsentiert werden. Danach erlischt für diesen Fall das Präsentationsrecht.

Stirbt der präsentierte Kandidat oder lehnt er die Amtsübernahme ab, kann das Präsentationsrecht innerhalb eines Monats erneut wahrgenommen werden.

Niemand kann sich selbst präsentieren.

c) Die Wahl (cann. 164–179)

Sie hat spätestens *drei Monate* (tempus utile) nach Erlangung der Kenntnis von der Amtserledigung zu erfolgen. Bei ungenutzter Frist erhält die kirchliche Autorität das Recht der freien Verleihung. Die Wahl muß frei, geheim, sicher (genaue Bezeichnung des Gewählten), bedingungslos und bestimmt (nicht entweder der oder jener) sein.

Zur Stimmabgabe unfähig sind:
– die eines actus humanus Unfähigen;
– die Minderjährigen;
– die nicht aktiv Stimmberechtigten;
– die Exkommunizierten (nach einem Gerichtsurteil oder Feststellungsdekret);
– die von der kirchlichen Gemeinschaft offensichtlich Getrennten.

Die Stimmabgabe von Wahlunfähigen ist ungültig; die Wahl selbst aber ist gültig, falls nicht feststeht, daß der Gewählte die erforderliche Mehrheit ohne diese Stimmen nicht erreicht hätte.

Der *Vorsitzende* hat das Wahlkollegium einzuberufen. Versäumt er, den einen oder anderen einzuladen, der deswegen nicht anwesend ist, ist die Wahl gültig, aber anfechtbar. Ist mehr als ein Drittel der Wahlberechtigten übergangen worden, ist die Wahl nichtig.

Die Wahl hat in der Regel *geheim* und *schriftlich* zu erfolgen. Briefwahl oder Wahl durch einen Stellvertreter sind normalerweise ausgeschlossen.

Vor der Wahl sind wenigstens zwei *Stimmenzähler* (scrutatores) zu bestimmen. Über den Verlauf der Wahl ist vom Aktuar ein Protokoll abzufassen, das wenigstens von ihm, dem Vorsitzenden und den Scrutatoren zu unterzeichnen und sorgsam aufzubewahren ist.

Die Wahl kann auch durch *Auftrag* (per compromissum) erfolgen, das heißt, die Wahlberechtigten können durch einstimmige und schriftliche Übereinkunft ihr Wahlrecht auf eine oder mehrere Personen, die nicht notwendig dem Wahlgremium angehören müssen, übertragen. Die so Beauftragten haben bei der Wahl das geltende Recht und eventuelle von den Auftraggebern gestellte Bedingungen zu beachten. Gegen das Recht verstoßende Bedingungen gelten als nicht beigefügt. Gewählt ist, wer die nach can. 119 n. 1 erforderliche Stimmenzahl erreicht hat (s. § 12, 3 a).

Die Wahl ist dem Gewählten sogleich mitzuteilen. Innerhalb von acht Tagen (tempus utile) muß er das Wahlgremium von seiner *Annahme* oder *Ablehnung* der Wahl unterrichten. Bei *Ablehnung* verliert er jeden Rechtsanspruch aus der Wahl, und das Wahlgremium muß innerhalb eines Monates erneut wählen.

Bei *Annahme* der Wahl, die keiner Bestätigung bedarf, erlangt der Gewählte sofort das volle Amtsrecht (officium pleno iure), andernfalls nur einen Rechtsanspruch auf Verleihung des Amtes (ius ad rem). In diesem Falle muß der Gewählte innerhalb von acht Tagen die zuständige Autorität um die Bestätigung bitten, ansonsten würde er seines Rechtes verlustig. Bei Eignung des Gewählten und Rechtmäßigkeit der Wahl darf diese Bestätigung nicht versagt werden.

Diese Wahlbestimmungen gelten auch für andere Wahlen, z. B. für die Wahl von Klosteroberen.

Für die Papstwahl gilt die Konstitution „Romano Pontifici eligendo" vom 1. 10. 1975 (vgl. § 30, I, 2).

d) Die Postulation (cann. 180–183)

Wenn das Wahlgremium einen Kandidaten für geeignet hält, dieser aber wegen eines gesetzlichen Hindernisses nicht wählbar ist, kann unter Einhaltung bestimmter Vorschriften von der zuständigen Autorität die Zulassung des Betreffenden zu dem Kirchenamt erbeten werden (postulare), falls das Hindernis dispensierbar ist und davon dispensiert zu werden pflegt. Der Postulierte erhält durch die Bitte kein Recht auf das Amt. Die kirchliche Autorität kann seine Zulassung (admissio) gewähren oder verweigern. Bei Verweigerung hat das Gremium erneut das Recht der Wahl eines anderen.

II. Der Amtsverlust

(cann. 184–196)

Ein Kirchenamt wird auf sechsfache Weise erledigt (can. 184):
– durch Ablauf der Amtszeit;

– durch Erreichen der Altersgrenze;
– durch Verzicht (renuntiatio);
– durch Versetzung (translatio);
– durch Amtsenthebung (amotio);
– durch Amtsentzug (privatio).

1. Ablauf der Amtszeit (can. 186)

Ein für eine bestimmte Zeit übertragenes Amt endet mit Ablauf der festgesetzten Frist, die Wirkung tritt aber erst ein, wenn dies dem Betroffenen von der zuständigen Autorität eröffnet wird.

Das Amt des Bischofsvikars, der nicht Hilfsbischof ist, und des Offizials, Vizeoffizials und der anderen Richter wird beispielsweise auf (im Gesetz nicht näher bestimmte) Zeit übertragen (cann. 477 § 1, 1422). Der Vorsitzende der DBK wird auf sechs Jahre gewählt. Kardinäle und Bischöfe werden zu Mitgliedern der Römischen Kurie auf fünf Jahre ernannt.

2. Erreichen der Altersgrenze (can. 186)

Ist für die Verwaltung eines Kirchenamtes eine Altersgrenze festgesetzt, endet das Amt mit Vollendung des vorgesehenen Lebensjahres, aber erst mit Wirkung durch die Mitteilung seitens der zuständigen Autorität.

Kardinäle verlieren mit Vollendung des 80. Lebensjahres das Papstwahlrecht und die Mitgliedschaft in den Römischen Dikasterien; sind sie Leiter einer Römischen Behörde, sollen sie nach vollendetem 75. Lebensjahr dem Papst ihren Rücktritt anbieten (can. 354). Dasselbe gilt für die Diözesan- und Weihbischöfe (cann. 401 § 1, 411). Die Diözesen haben die Pensionierung der Pfarrer unterschiedlich geregelt; spätestens nach Vollendung des 75. Lebensjahres sollen die Pfarrer dem Diözesanbischof den Amtsverzicht anbieten (can. 538 § 3).

3. Der Verzicht (cann. 187–189)

Jeder Geschäftsfähige (sui compos) kann auf sein Amt verzichten.

Hinsichtlich der Wirksamkeit des Verzichtes gilt folgendes:

a) Er muß *freiwillig* sein. Geisteskranke können wirksam nicht verzichten. Ebenso ist ein durch physische Gewalt erzwungener Verzicht naturrechtlich ungültig (vgl. can. 125 § 1). Ist ein Verzicht erklärt worden infolge schwerer, von außen und widerrechtlich eingeflößter Furcht oder arglistiger Täuschung oder eines

63

wesentlichen Irrtums, ist er kraft Gesetzes unwirksam. Ein simonistisch zustande gekommener Verzicht ist ebenfalls ungültig.

b) Er ist *formbedürftig*, das heißt, er muß schriftlich oder mündlich vor zwei Zeugen gegenüber der Autorität erklärt werden, der die Amtsverleihung zusteht.

c) Ein *annahmebedürftiger* Verzicht, der nicht innerhalb von drei Monaten angenommen ist, verliert seine Rechtswirksamkeit. Der *nichtannahmebedürftige* Verzicht wird mit der rechtmäßigen Kundgabe wirksam.

d) Der Verzicht kann zurückgenommen werden, solange er noch nicht wirksam geworden ist. Die Bewerbung um ein anderes Amt ist möglich.

Die Annahme des Verzichtes soll nur aus gerechtem und angemessenem Grund erfolgen.

4. Die Versetzung (cann. 190, 191)

Zur Versetzung ist nur berechtigt, wer das Verleihungsrecht sowohl für das frei werdende als auch für das zu besetzende Amt besitzt. Geschieht die Versetzung gegen den Willen des Amtsinhabers, muß ein gewichtiger Grund vorliegen, der dem Widerstrebenden von Rechts wegen mitgeteilt werden muß. Zudem sind in diesem Falle die im Gesetz vorgesehenen Verfahrensvorschriften einzuhalten (bei der Versetzung von Pfarrern s. cann. 1748–1752; vgl. § 158).

Das bisherige Amt wird erst durch die kanonische Besitzergreifung des anderen Amtes vakant, es sei denn, das Gesetz oder die zuständige Autorität hätten einen anderen Zeitpunkt bestimmt. Deshalb erhält der Versetzte die Vergütung für das frühere Amt bis zum neuen Amtsantritt.

5. Die Amtsenthebung (cann. 192–195)

Die frühere Unterscheidung von amoviblen und inamoviblen Ämtern ist abgeschafft. Es gibt nur noch das *auf bestimmte Zeit* (ad definitum tempus; z. B. der Bischofsvikar ohne Bischofsweihe, can. 477 § 1; Offizial und Vizeoffizial, can. 1422) und das auf *unbestimmte Zeit* (ad tempus indefinitum; z. B. der Pfarrer, can. 522) verliehene Amt.

Die Amtsenthebung geschieht entweder durch ein rechtmäßiges *Dekret der zuständigen Autorität* oder *kraft Gesetzes*.

a) Bei der Amtsenthebung auf dem *Verwaltungswege* sind die wohlerworbenen Rechte, insbesondere die aus einem Vertrag, zu beachten. Wer ein Amt nach den Rechtsvorschriften aufgrund der vernünftigen Entscheidung der zuständigen Autorität verliehen bekommen hat, kann aus einem gerechten, von derselben Autorität anerkannten Grund von diesem Amt auch amoviert werden.

Wer ein Amt auf unbestimmte Zeit verliehen bekommen hat, kann nur aus schweren Gründen und unter Wahrung der Verfahrensnormen amtsenthoben werden (vgl. für die Amtsenthebung eines Pfarrers cann. 1740–1747; § 157). Dasselbe gilt für solche, die ein auf bestimmte Zeit befristetes Amt innehaben, deren Amtszeit aber noch nicht abgelaufen ist.

Das Amotionsdekret muß schriftlich ausgefertigt und zugestellt werden. Hiergegen steht dem Betroffenen die Beschwerde an den Apostolischen Stuhl offen. Solange darüber nicht entschieden ist, kann eine Pfarrei nicht endgültig neu besetzt werden (vgl. can. 1747 § 3).

b) *Kraft Gesetzes* wird von einem Kirchenamt amoviert:

aa) wer den Status eines Klerikers verloren hat;

bb) wer öffentlich vom katholischen Glauben abgefallen ist oder die Gemeinschaft der Kirche verlassen hat;

cc) ein Kleriker, der, wenn auch nur zivilrechtlich, heiratet.

Der Amtsverlust wegen Abfalls von Glauben und Kirche oder wegen Verheiratung eines Klerikers kann nur geltend gemacht werden, nachdem die Tatbestände kirchenamtlich festgestellt sind.

6. Der Amtsentzug (can. 196)

Der Amtsentzug als Strafe darf nur nach den Normen des Strafrechts erfolgen und wird nach dessen Vorschriften wirksam.

§ 16. Die Verjährung
(cann. 197–199)

Der Begriff „praescriptio" bedeutet im CIC die Art und Weise, wie man Recht im subjektiven Sinne *erwerben* (Ersitzung) oder *verlieren* bzw. von einer Verpflichtung befreit werden kann (Verjährung).

a) Für Ersitzung und Verjährung erkennt der CIC der staatlichen Gesetzgebung auch im kirchlichen Bereich Rechtsverbindlichkeit zu (sog. leges canonizatae), sofern nicht ein kanonischer Vorbehalt entgegensteht.

Das BGB regelt die Ersitzung in den §§ 937–945 und die Verjährung in den §§ 194–225. Durch *zehnjährigen* Besitz einer beweglichen Sache wird man Eigentümer, falls man sie im guten Glauben besessen hat. Die regelmäßige Verjährungsfrist beträgt dreißig Jahre. Eine Reihe von Rechtsansprüchen verjährt in zwei, andere in vier Jahren. Die Fristen für Ersitzung und Verjährung werden in bestimmten Fällen unterbrochen.

b) Von der Ersitzung bzw. Verjährung sind nach dem CIC ausgeschlossen:

aa) Rechte und Pflichten des natürlichen und positiven göttlichen Rechtes;

bb) Rechte, die nur aus Apostolischem Privileg erlangt werden können;

cc) Rechte und Pflichten, die direkt das geistliche Leben der Gläubigen berühren;

dd) die sichere und unzweifelhafte Umschreibung kirchlicher Grenzen;

ee) Meßstipendien und Meßverpflichtungen;

ff) die Verleihung eines Kirchenamtes, für das von Rechts wegen die Ausübung der Weihen verlangt wird;

gg) das Visitationsrecht und die Gehorsamsverpflichtung, wenn die Präskription zur Folge hat, daß die Gläubigen von keiner kirchlichen Autorität mehr visitiert werden können und keiner solchen mehr unterstehen.

Vgl. außerdem §§ 112, 3 und 123, 7.

§ 17. Die Zeitberechnung

(cann. 200–203)

1. Tempus continuum und tempus utile (can. 201)

a) Das tempus *continuum* bedeutet eine Frist, die keinerlei Unterbrechung duldet. Sie läuft trotz Unkenntnis oder Verhinderung des Betroffenen. Wenn eine Unterbrechung eintritt, muß die Frist von neuem zu laufen beginnen.

b) Das tempus *utile* ist eine Frist, die jemandem zur Ausübung oder Verfolgung eines Rechtes derart eingeräumt wird, daß sie nicht läuft, wenn der Rechtsanspruch unbekannt oder die Geltendmachung behindert ist.

Die Frist läuft erst, wenn der Betroffene von seinem Anspruch erfährt und er in der Lage ist, ihn zu verfolgen. Sie kann während des Laufes unterbrochen werden, wenn eine Behinderung der Wahrnehmung des Rechts eintritt. Das tempus utile ist also zum Nutzen des Berechtigten (Nutzfrist).

2. Die Berechnung von Tag, Monat und Jahr (can. 202)

Der *Tag* umfaßt einen ununterbrochenen Zeitraum von 24 Stunden und beginnt zur Mitternacht.

Die *Woche* umfaßt einen Zeitraum von sieben Tagen, der *Monat* von 30 Tagen, das *Jahr* von 365 Tagen, falls Monat und Jahr nicht ausdrücklich nach dem Kalender zu berechnen sind.

Für das tempus continuum gilt immer die Kalenderberechnung, also im Februar 28 (29), sonst 30 oder 31 Tage und im Schaltjahr 366 Tage.

3. Anfangs- und Endtermin (can. 203)

Der erste Tag (dies a quo) wird bei der Terminberechnung nicht mitgezählt, wenn nicht der Beginn der Frist mit dem Tagesbeginn zusammenfällt oder das Gesetz eine andere Regelung getroffen hat.

Beispiel: Der Patron hat am 1. Juni um 11.00 Uhr die Erledigung seiner Patronatspfarrei erfahren, die Dreimonatsfrist für die Präsentation beginnt erst am 2. Juni zu laufen.

Der *letzte Tag* (dies ad quem) wird bei Wochen-, Monats- und Jahresterminen berechnet nach Ablauf des Tages mit derselben Zahl. Hat der letzte Tag des Monats nicht dieselbe Zahl, gilt der letzte Tag des Monats als Endtermin.

Beispiel: Beginnt die Dreimonatsfrist des Patrons am 1. Juni, so endet sie am 1. September; beginnt sie am 30. November, so endet sie am 28. Februar. A ist am 1. Juni 1970 geboren, er vollendet mit Ablauf des 1. Juni 1986 das 16. Lebensjahr; er kann am 2. Juni heiraten (vgl. can. 1083 § 1).

ZWEITES BUCH
DAS VOLK GOTTES

(cann. 204–746)

ERSTER TEIL
DIE CHRISTGLÄUBIGEN
(cann. 204–329)

Erster Abschnitt: Laien und Geistliche

§ 18. Die Kirchenglieder
(cann. 204–207)

1. Die Kirche (can. 204)

Die *Christgläubigen,* durch die Taufe Christus einverleibt, sind
zum Volk Gottes konstituiert und haben auf ihre Weise Anteil am
priesterlichen, prophetischen und königlichen Amt Christi. Deswegen sind sie entsprechend ihren besonderen Voraussetzungen
zur Ausübung jener Sendung berufen, die Gott der Kirche in dieser Welt aufgetragen hat. „Diese Kirche, in dieser Welt als Gesellschaft verfaßt und geordnet, ist verwirklicht in der katholischen
Kirche (subsistit in Ecclesia catholica), die vom Nachfolger Petri
und von den Bischöfen in Gemeinschaft mit ihm geleitet wird"
(vgl. LG Art. 8, Abs. 2).
Der Sendungsauftrag der Kirche ist also nicht allein den Geistlichen gegeben, sondern alle Gläubigen haben bei dessen Erfüllung mitzuwirken. „Das gemeinsame Priestertum der Gläubigen
aber und das Priestertum des Dienstes, das heißt das hierarchische Priestertum, unterscheidet sich zwar dem Wesen und nicht
bloß dem Grade nach. Dennoch sind sie einander zugeordnet:
Das eine wie das andere nämlich nimmt je auf besondere Weise
am Priestertum Christi teil" (LG Art. 10, Abs. 2).

2. Die Kirchenzugehörigkeit (cann. 205, 206)

a) Unabdingbare Voraussetzung für die Zugehörigkeit zur Kirche Jesu Christi in dieser Welt ist die *Taufe,* wodurch die Getauften im sichtbaren Verband mit Christus verbunden werden. Die
Taufe kann nur einmal und unwiderruflich empfangen werden;
diese im Sakrament grundgelegte Kirchengliedschaft ist nicht
rückgängig zu machen.

Die *volle Gemeinschaft* mit der Kirche (plena communio) wird durch ein dreifaches Band begründet:
– das Bekenntnis des Glaubens;
– die Gemeinschaft der Sakramente;
– die Anerkennung der kirchlichen Leitung.

Demnach fehlt den Angehörigen nichtkatholischer Kirchen oder kirchlicher Gemeinschaften die volle Gemeinschaft mit der sichtbaren Kirche Jesu Christi, die abgestuft ist entsprechend dem Vorhandensein des dreifachen Bandes. Die Konsequenz aus dieser „abgestuften" Gliedschaft ist die Bestimmung des CIC, daß nur Katholiken an die rein kirchlichen Gesetze gebunden sind (can. 11).

Kirchenstrafen mindern zwar die Rechtsausübung des betroffenen Kirchengliedes, berühren aber die in der Taufe grundgelegte Zugehörigkeit zur Kirche nicht.

b) In einem besonderen Sinne stehen auch die *Katechumenen* in einem Zusammenhang mit der Kirche, weil sie unter dem Antrieb des Heiligen Geistes den ausdrücklichen Willen zur Eingliederung haben und durch dieses Verlangen (votum) wie auch durch die Lebensführung in Glaube, Hoffnung und Liebe schon mit der Kirche verbunden sind.

3. Kleriker und Laien (can. 207 § 1)

Trotz des gemeinsamen Priestertums und der fundamentalen Gleichheit aller Kirchenglieder sind kraft *göttlicher Einsetzung* (ex divina institutione) die geistlichen Diener, die auch *Geistliche* (clerici, Kleriker) heißen, von den anderen Gläubigen, die auch *Laien* (laici) genannt werden, unterschieden. Die Aufnahme in den Klerikerstand erfolgt durch die Diakonenweihe und befähigt die Geweihten zu einem besonderen Dienst, den die anderen Kirchenglieder nicht leisten können. Da *alle Gläubigen* am dreifachen Amt Christi und damit am Heilsauftrag der Kirche teilhaben, handelt es sich bei der Unterscheidung von Geistlichen und Laien um eine dem *Wesen nach anders geartete Teilhabe*. Das Weihesakrament „zeichnet die Priester durch die Salbung des Heiligen Geistes mit einem besonderen Prägemal (character specialis) und macht sie auf diese Weise dem Priester Christus gleichförmig, so daß sie in der Person des Hauptes Christus handeln können (in persona Christi Capitis agere)" (PO

Art. 2, Abs. 3). Die Andersartigkeit der Teilhabe besteht also darin, daß die Geistlichen aufgrund der Weihe in persona Christi, die Laien aufgrund der Taufe und Firmung als Glieder des Leibes Christi (Volkes Gottes) handeln. Diese Unterscheidung wird in der Eucharistiefeier besonders deutlich: „Der Amtspriester ... vollzieht in der Person Christi das eucharistische Opfer und bringt es im Namen des ganzen Volkes Gottes dar; die Gläubigen hingegen wirken kraft ihres königlichen Priestertums an der eucharistischen Darbringung mit" (LG Art. 10, Abs. 2).

4. Der Rätestand (can. 207 § 2)

Es gibt Gläubige, die sich durch Gelübde oder andere heilige Bindungen auf die Evangelischen Räte verpflichten und sich dadurch Gott besonders weihen und dem Heilsauftrag der Kirche nützen. „Ein derartiger Stand ist, in bezug auf die göttliche, hierarchische Verfassung der Kirche, kein Zwischenstand zwischen dem der Kleriker und dem der Laien" (LG Art. 43, Abs. 2). Geistliche wie Laien können also Mitglieder der Institute des gottgeweihten Lebens sein, wozu nicht nur die klösterlichen Institute, sondern auch die Säkularinstitute gehören.

§ 19. Die Pflichten und Rechte aller Christgläubigen
(cann. 208–223)

1. Die Gleichheit aller Getauften (can. 208)

Zwischen sämtlichen Gläubigen besteht aufgrund der Wiedergeburt in Christus eine fundamentale Gleichheit in der Würde und im gemeinsamen Handeln, in dem alle entsprechend den persönlichen Voraussetzungen und dem jeweiligen Auftrag zur Auferbauung des Leibes Christi zusammenwirken müssen. Diese fundamentale Gleichheit aller Getauften berührt die Unterscheidung von Geistlichen und Laien nicht, vielmehr ist sie die Voraussetzung für ein fruchtbares Wirken der Kirche in dieser Welt (vgl. § 18, 3).

Die Gleichheit und die daraus erwachsenden Rechte und Pflichten der Christen ergeben sich aus der in der Taufe begründeten Teilhabe am dreifachen Amt Christi.

73

2. Die Pflichten (cann. 209–212 § 1, 222)

Die Getauften sind verpflichtet,
- die Einheit mit der Kirche zu wahren;
- die übertragenen Ämter mit Eifer und Sorgfalt auszuüben;
- ein heiliges Leben zu führen und nach Kräften das Wachstum und die Heiligung der Kirche zu fördern;
- bei der Verkündigung der göttlichen Heilsbotschaft mitzuwirken;
- den Lehräußerungen und Leitungsvorschriften der geistlichen Hirten christlichen Gehorsam entgegenzubringen;
- zum Finanzbedarf der Kirche beizutragen;
- die soziale Gerechtigkeit zu fördern und die Armen zu unterstützen.

3. Die Rechte (cann. 212 §§ 2,3–221)

Die im CIC genannten Rechte der Christen kommen den Gläubigen aufgrund ihrer einmaligen Würde als Kinder Gottes zu. Die Aufzählung stellt einen spezifisch kirchlichen Grundrechtskatalog dar. Es ist selbstverständlich, daß darüber hinaus die allgemeinen Menschenrechte auch in der Kirche zu beachten sind. Sie brauchen aber im kirchlichen Gesetzbuch nicht eigens aufgezählt zu werden.

Im einzelnen nennt der CIC folgende Rechte, denen freilich die jeweiligen Pflichten korrespondieren:

a) das Recht, den Hirten gegenüber besonders die geistlichen Bedürfnisse und Wünsche zu eröffnen und entsprechend dem Wissen und der Kompetenz die Meinung zu kirchlichen Angelegenheiten zu bekunden. Dieses Recht kann zuweilen sogar zur Pflicht werden (can. 212 §§ 2 und 3);

b) das Recht, von den Hirten geistliche Güter, besonders das Wort Gottes und die Sakramente, zu empfangen (can. 213);

c) das Recht, den Gottesdienst nach dem eigenen Ritus zu feiern und der eigenen, mit der Lehre der Kirche übereinstimmenden Form des geistlichen Lebens zu folgen (can. 214);

d) das Recht auf Vereinigungs- und Versammlungsfreiheit zur Pflege der Caritas und der Frömmigkeit (can. 215);

e) das Recht, als Teilhaber am Sendungsauftrag der Kirche entsprechend den persönlichen Voraussetzungen durch eigene Unternehmungen das Apostolat zu fördern und zu unterstützen.

„Katholisch" darf sich eine solche Unternehmung allerdings nur
mit kirchlicher Zustimmung nennen (can. 216);
f) das Recht auf eine der Taufe entsprechende christliche Erziehung (can. 217; Elternrecht und -pflicht: vgl. can. 226 § 2);
g) das Recht auf rechtmäßige freie Forschung in der Theologie
und auf kluge Veröffentlichung der Forschungsergebnisse unter
Wahrung des dem Lehramt geschuldeten Gehorsams (can. 218);
h) das Recht auf freie Wahl des Lebensstandes (can. 219);
i) das Recht auf Unverletzlichkeit des guten Rufes und der In-
timsphäre (can. 220);
k) der Anspruch auf Rechtsschutz, näherhin auf Geltendmachung und Verteidigung zustehender Rechte, auf einen den gesetzlichen Vorschriften unter Wahrung der kanonischen Billigkeit entsprechenden Prozeß und bei Strafverhängung auf
Beachtung des gesetzlichen Strafrahmens (can. 221).

4. Grenzen (can. 223)

Die Ausübung der Rechte einzelner Gläubiger wie auch der
kirchlichen Vereinigungen findet ihre Grenzen am Gemeinwohl
der Kirche, an den Rechten Dritter und an den eigenen Pflichten
anderen gegenüber. Der kirchlichen Autorität steht es zu, die
Ausübung der den Gläubigen eigenen Rechte im Hinblick auf
das Gemeinwohl zu regeln.

§ 20. Die Pflichten und Rechte der Laien
(cann. 224–231)

1. Begriff

Der CIC enthält keine Legaldefinition des Begriffs „Laie"; vielmehr ist nach can. 207 § 1 nur eine negative Umschreibung möglich, daß Laien jene Gläubigen sind, die nicht die Weihe
empfangen haben, also nicht Kleriker sind. In LG (Art. 31) findet
sich eine Definition des Laien, wobei freilich zu beachten ist, daß
hier der Begriff für *diesen Kontext* beschrieben wird: „Unter der
Bezeichnung Laien sind hier alle Christgläubigen verstanden mit
Ausnahme der Glieder des Weihestandes und des in der Kirche
anerkannten Ordensstandes, das heißt die Christgläubigen, die,
durch die Taufe Christus einverleibt, zum Volk Gottes gemacht

und des priesterlichen, prophetischen und königlichen Amtes
Christi auf ihre Weise teilhaftig, zu ihrem Teil die Sendung des
ganzen christlichen Volkes in der Kirche und in der Welt ausüben."

2. Sendungsauftrag (cann. 224, 225, 229)

a) Der neue CIC betont ausdrücklich, daß die Laien zur Teilhabe
an der Heilssendung der Kirche (Apostolat) durch Taufe und Firmung beauftragt sind und die Pflicht wie auch das Recht haben,
als einzelne oder in Vereinigungen in Kirche und Welt an der
Verkündigung der göttlichen Heilsbotschaft mitzuwirken. Daher
haben die Laien die gleichen Freiheitsrechte im Staate zu bean-
spruchen wie alle Bürger.

Um diesen besonderen Weltauftrag erfüllen zu können, haben
die Laien ein *Recht*
– auf allgemeine *Unterweisung in der kirchlichen Lehre,* dem
die entsprechende Verpflichtung korrespondiert;
– auf das *Theologiestudium* an kirchlichen Universitäten und
Fakultäten sowie den Erwerb von *akademischen Graden.*

Sie sind befähigt (habilis), die kanonische Eignung vorausgesetzt, von der kirchlichen Autorität die Lehrbefugnis für Theologie (missio docendi scientias sacras) zu erhalten. Den *Verheirate-*
ten werden entsprechend der ihnen eigenen Berufung als Ort des
Apostolates Ehe und Familie zugewiesen, wo die Eltern die
strenge Pflicht und das Recht zur Erziehung ihrer Kinder haben,
die insbesondere die christliche Erziehung nach der Lehre der
Kirche einschließen.

3. Mitwirkung beim Hirtendienst (can. 228)

Laien sind befähigt (habilis), nach rechtmäßiger Beauftragung
kirchliche Ämter und Dienste zu übernehmen und im Rahmen
des geltenden Rechtes auszuüben (z. B. im Notfall als Richter in
Kollegialgerichten, can. 1421 § 2; als beratende Beisitzer,
can. 1424; als Vernehmungsrichter, can. 1428 § 2; als Kirchenanwalt und Bandverteidiger, can. 1435).

4. Liturgische Dienste (can. 230)

a) *Männer* (viri laici) können, falls sie die von der Bischofskonferenz vorgeschriebenen Voraussetzungen erfüllen, in der eigens dafür vorgesehenen liturgischen Feier mit dem Dienst des *Lektors und Akolythen auf Dauer* beauftragt werden. *Frauen* kann allein das *Lektorenamt* (nicht in der liturgischen Feier und nur auf Zeit) übertragen werden.

„Der Akolyth ist zum Dienst am Altar und zur Unterstützung von Priester und Diakon beauftragt. Im besonderen ist es seine Aufgabe, den Altar und die liturgischen Gefäße zu bereiten sowie als außerordentlicher Spender den Gläubigen die Eucharistie zu reichen."

„Der Lektor ist beauftragt, die Lesungen der Heiligen Schrift mit Ausnahme des Evangeliums vorzutragen. Er kann auch die einzelnen Bitten des Fürbittgebetes und den Psalm zwischen den Lesungen vortragen, falls kein Psalmsänger da ist" (Allgemeine Einführung zum Römischen Meßbuch Nr. 65, 66).

Die Dienste des Kommentators, Sängers und ähnliches können alle ausüben.

b) Im *Notfall*, wenn geweihte Amtsträger oder liturgisch beauftragte Lektoren bzw. Akolythen fehlen, können Laien (auch Frauen) folgende Ämter gemäß den geltenden Vorschriften stellvertretend übernehmen:

– den Dienst des Wortes (vgl. aber § 62, I, 1);
– den Vorsitz bei den liturgischen Fürbitten;
– die Taufspendung;
– die Kommunionspendung.

Der Dienst des Akolythen wird nicht genannt.

Für den sogenannten *priesterlosen Gottesdienst an Sonn- und Feiertagen* haben die Diözesanbischöfe eigene Vorschriften erlassen: unter welchen Voraussetzungen solche Gottesdienste gefeiert werden dürfen, wem die Leitung übertragen werden kann und wer zur Beauftragung befugt ist (vgl. can. 1248 § 2; § 109, 2).

5. Vergütung (cann. 231 § 2, 230 § 1)

Laien, die dauernd oder auf Zeit im kirchlichen Dienst tätig sind, haben Anspruch auf eine angemessene, familiengerechte Vergütung und Versorgung in Krankheit bzw. Alter. Ein solcher Anspruch entsteht freilich nicht aus der Übernahme liturgischer Dienste.

§ 21. Die Ausbildung der Geistlichen
(cann. 232–264)

Die Kirche hat die Pflicht und das ausschließliche Recht, ihre Amtsträger selbst auszubilden. Alle Christen haben die Verpflichtung, die geistlichen Berufe zu fördern, damit die gesamte Kirche ihren Dienstauftrag zureichend erfüllen kann. Dabei kommt den christlichen Familien und Erziehern eine große Bedeutung zu. Insbesondere sollen aber Priester und Bischöfe dieser Frage vorrangig ihre Sorge widmen, die auch auf die Unterstützung sogenannter Spätberufener gerichtet sein muß (cann. 232, 234).

Bei der religiösen und schulischen Vorbereitung der Jugendlichen auf den geistlichen Beruf können die sogenannten kleinen Seminare (Studienheime Konvikte) eine Hilfe sein. Die Ausbildung der Priesteramtskandidaten hat im *Priesterseminar* wenigstens vier Jahre lang zu erfolgen (cann. 234, 235).

Von besonderer Bedeutung für die Priesterausbildung sind folgende Dokumente:

Das Dekret des Zweiten Vatikanischen Konzils über die Ausbildung der Priester „Optatam totius" (AAS 58, 1966, 713–727).

Die „Ratio fundamentalis institutionis sacerdotalis" (Grundordnung für die Ausbildung der Priester) der Kongregation für das katholische Bildungswesen vom 6. 1. 1970 (AAS 62, 1970, 321–384; lateinisch und deutsch NKD 25, 69–263).

Leitlinien für die Priesterausbildung, verabschiedet von der Vollversammlung der DBK vom 16.–19. 2. 1970, approbiert von der Kongregation für das katholische Bildungswesen für fünf Jahre (NKD 25, 265–277).

„Rahmenordnung für die Priesterbildung", verabschiedet von der DBK in der Vollversammlung vom 13.–16. 2. 1978, approbiert von der Kongregation für das katholische Bildungswesen am 9. 3. 1978 (in der Reihe: „Die deutschen Bischöfe", Heft 15, hrsg. vom Sekretariat der DBK, Bonn 1978).

1. Errichtung der Seminare (cann. 237, 238, 262)

Jede Diözese sollte ihr eigenes Priesterseminar haben. Ist das nicht möglich, besuchen die Alumnen das Seminar eines anderen Bistums. Nach Approbation durch den Apostolischen Stuhl kann auch ein interdiözesanes Seminar (Regionalseminar) errichtet werden.

Alle rechtmäßig errichteten Seminare haben den Status einer juristischen Person. Sie sind befreit (exemt) von der Pfarrei, bilden also eine eigene pfarrliche Gemeinschaft.

2. Leitung (cann. 239, 240, 243, 261, 262)

a) Die Leitung des Seminars obliegt dem *Rektor* (Regens), der vor allem für die Disziplin zuständig ist, die täglichen Geschäfte verantwortlich zu führen und auch über die Lehrveranstaltungen zu wachen hat. Er hat die Rechte und Pflichten eines Pfarrers bezüglich der Insassen des Seminars, ausgenommen Ehesachen.

Dem Rektor stehen, falls erforderlich, ein *Vizerektor* (Subregens), ein *Ökonom* (oeconomus) und möglicherweise *Lehrer* oder *Dozenten* zur Seite, die entsprechend ihrem Auftrag auch Leitungsaufgaben innehaben können.

Zudem hat für die geistliche Führung ein *Spiritual* (spiritus director) zur Verfügung zu stehen. Den Alumnen muß es freilich freistehen, sich auch anderen vom Bischof bestimmten Priestern anzuvertrauen und zum Empfang des Bußsakramentes außer die ordentlichen Beichtväter auch andere, gegebenenfalls außerhalb des Seminars, anzugehen. Der Rektor soll die Beichte der Alumnen nicht hören, wenn sie nicht eigens darum bitten (can. 985).

b) In den Seminarstatuten sind die Funktionen der Hausleitung wie der Alumnen zu umschreiben.

Die Hausordnung ist nach der „Ratio fundamentalis" unter Berücksichtigung der örtlichen Gegebenheiten aufzustellen. Dem Diözesanbischof obliegt es, über Fragen der Leitung und Verwaltung des Seminars zu entscheiden und über die gesamte Ausbildung der Priesteramtskandidaten zu wachen.

3. Aufnahme und Ausscheiden (can. 241)

a) Der Diözesanbischof hat vor der Aufnahme die menschlichen, sittlichen, geistlichen und intellektuellen Qualitäten der Bewerber zu prüfen und sich unter Beachtung ihrer physischen und psychischen Gesundheit wie insbesondere ihrer aufrichtigen Absicht ein Urteil darüber zu bilden, ob sie sich für den priesterlichen Dienst auf Dauer entscheiden und eignen. Diese Prüfung ist ein wesentlicher Zweck der Priesterseminare. Zudem müssen Taufe und Firmung der Bewerber nachgewiesen sein.

Bei der Aufnahme von Bewerbern, die aus einem anderen Seminar oder einem Ordensverband entlassen wurden bzw. ausgetreten sind, ist außerdem ein Zeugnis des Oberen über die Gründe der Entlassung oder des Austritts anzufordern.

b) „Das Ausscheiden aus dem Seminar aufgrund persönlicher Entscheidung ist jederzeit möglich. Aus schwerwiegenden Gründen kann eine Entlassung aus dem Seminar erfolgen. Bei einer Entlassung hat der Student das Recht, von seinem Bischof gehört zu werden. Die Entlassung wird durch den Bischof nach Anhörung der Seminarleitung ausgesprochen bzw. bestätigt" (Rahmenordnung der DBK Nr. 60).

In Fragen der Aufnahme oder Entlassung dürfen der Spiritual oder die Beichtväter niemals um eine Stellungnahme angegangen werden (can. 240 § 2).

4. Die geistliche Bildung (cann. 244–247)

Durch die geistliche Bildung (formatio spiritualis) sollen die Alumnen zu einem fruchtbaren pastoralen Dienst hingeführt und im missionarischen Geist geschult werden, damit sie in persönlicher Heiligung und erfüllt von lebendigem Glauben und echter Liebe ihren Dienst auszuüben vermögen. Dazu zählen auch die Einübung der in demütiger Liebe geübten Treue zum Heiligen Vater und zum Diözesanbischof als deren künftige Mitarbeiter der Wahrheit wie auch das Erlernen brüderlicher Gemeinschaft. Durch das gemeinsame Leben im Seminar und die freundschaftliche Verbundenheit untereinander sollen die Priesteramtskandidaten sich auf das Presbyterium der Diözese vorbereiten, dem sie bei ihrem späteren priesterlichen Dienst einmal angehören werden.

Zur geistlichen Bildung gehören:
– die tägliche Eucharistiefeier als Mitte des Seminarlebens;
– die Hinführung zum Stundengebet der Kirche (liturgia horarum);
– die Verehrung der Gottesmutter.
– das innere Gebet (oratio mentalis) und andere fromme Übungen;
– der häufige Empfang des Bußsakramentes;
– die geistliche Führung durch einen frei gewählten „moderator vitae spiritualis";
– jährliche Exerzitien.

Die Alumnen sind ferner auf ein sinnvolles und erfülltes Leben im Zölibat vorzubereiten und sollen zudem unterrichtet werden über die Pflichten und Lasten des geistlichen Dienstes, wobei auch die Schwierigkeiten des priesterlichen Lebens nicht verschwiegen werden dürfen.

Siehe zum Ganzen: „Rundschreiben der Kongregation für das katholische Bildungswesen über die Einführung der Priesteramtskandidaten in das geistliche Leben" vom 6. 1. 1980 (in der Reihe „Verlautbarungen des Apostolischen Stuhls", Heft 19, hrsg. vom Sekretariat der DBK, Bonn 1980).

5. Die theologische Ausbildung (cann. 248–258)

a) Die „Grundordnung" (s. S. 78, Kleindruck) sieht vor, daß die Alumnen nicht nur ihre Muttersprache beherrschen, sondern auch Latein gut verstehen und in anderen für den pastoralen Dienst notwendigen oder nützlichen Sprachen angemessene Kenntnisse besitzen.

Die Studienzeit dauert wenigstens *sechs Jahre,* zwei davon sind den philosophischen, vier den theologischen Disziplinen gewidmet.

Die *philosophische Ausbildung* muß sich auf das stets gültige philosophische Erbe stützen, wobei auch die philosophischen Forschungen der neueren Zeit zur Geltung kommen sollen. Sie dient der Schulung des Denkens und als Vorbereitung auf die theologischen Studien.

Die *theologische Ausbildung* soll im Lichte des Glaubens und unter der Führung des Lehramtes erfolgen, damit die Studierenden die gesamte katholische, auf der göttlichen Offenbarung beruhende Lehre kennenlernen zum Nutzen ihres eigenen geistlichen Lebens und ihres späteren priesterlichen Dienstes. Insbesondere umfaßt die theologische Ausbildung: Exegese des Alten und Neuen Testamentes, Dogmatik, Moraltheologie, Pastoraltheologie, Kirchenrecht, Kirchengeschichte sowie Sozialwissenschaft und andere Hilfswissenschaften. In der „Ratio fundamentalis" werden Bedeutung und Inhalt der philosophischen und theologischen Ausbildung der Priesteramtskandidaten ausführlich dargestellt (Nr. 59–81).

b) Mit dem Amt eines *Dozenten* in der Priesterausbildung sollen die Bischöfe nur solche betrauen, die durch ein vorbildliches

Leben Beispiel geben und an einer anerkannten Universität oder Fakultät den Grad eines Doktors oder Lizentiaten erworben haben. Für jede Disziplin sollen möglichst je besonders ausgebildete Fachkräfte berufen werden. In den einzelnen Fächern ist freilich immer die Einheit der Glaubenslehre im Auge zu behalten. Die Studierenden sollen die wissenschaftlichen Methoden lernen und befähigt werden, durch eigene Forschungen Fragen zu lösen und unter Anleitung des Lehrers selbständig die Studien zu persolvieren.

Ein Dozent, der sein Amt schwer vernachlässigt, ist vom Bischof zu entlassen.

c) Obgleich die gesamte Priesterausbildung unter dem Gesichtspunkt der Seelsorge erfolgen soll, ist eine eigene pastorale Ausbildung im engeren Sinn vorzusehen, wodurch die Studierenden unter Beachtung der Notwendigkeiten des jeweiligen Ortes und der Zeitläufe auf ihren priesterlichen Dienst im Volk Gottes vorbereitet werden. Daher sollen sie besonders unterwiesen werden in Katechetik, Homiletik, Liturgik und ebenso im richtigen Umgang mit den Menschen und in der Pfarrverwaltung, wie ihnen auch der Blick für die Bedürfnisse der Weltkirche geöffnet werden soll, damit sie gegebenenfalls bereit und fähig sind, auch außerhalb ihres Heimatbistums tätig zu werden.

Vgl. hierzu: „Instruktion der Kongregation für das katholische Bildungswesen über die liturgische Ausbildung der Priesteramtskandidaten" vom 3. 6. 1979 (in: „Verlautbarungen des Apostolischen Stuhls", Heft 14, hrsg. vom Sekretariat der DBK, Bonn 1979).

Für die pastorale Ausbildung sind innerhalb der Studienzeit während der Ferien pastorale Praktika unter der Anleitung eines erfahrenen Priesters vorgesehen.

6. Unterhalt (can. 264)

Der Unterhalt der Seminarien wird aus eigenen Einkünften, Kollekten und Diözesanabgaben bestritten.

Der Diözesanbischof kann auch von den im Bistum ansässigen juristischen Personen, mit bestimmten Ausnahmen, entsprechend den Erfordernissen des Seminars eine allgemeine und angemessene *Seminarsteuer* erheben.

7. Die Ausbildung des Ständigen Diakons (can. 236)

Diese dauert in der Regel drei Jahre nach den Vorschriften der zuständigen Bischofskonferenz.

Einige grundlegende Anweisungen hierzu stehen im MP Pauls VI. „Sacrum Diaconatus Ordinem" vom 18. 6. 1967 (AAS 59, 1967, 697–704; NKD 9, 26–45).

In Deutschland gilt die „Rahmenordnung für ständige Diakone in den Bistümern der Bundesrepublik Deutschland" vom 22. 1. 1979 (in: „Die deutschen Bischöfe", Heft 22, hrsg. vom Sekretariat der DBK, Bonn 1978/79). Sie sieht für den hauptberuflichen Ständigen Diakon und den mit Zivilberuf verschiedene Wege vor.

a) Die Bildung des *hauptberuflichen* Diakons gliedert sich in drei Phasen: die *Ausbildung* vom Beginn des Studiums bis zu dessen erfolgreichem Abschluß (1. Dienstprüfung); *Berufseinführung* im einjährigen Vorbereitungsdienst bei Hochschulabsolventen oder während der beiden ersten Dienstjahre (Abschluß: 2. Dienstprüfung); die *Fortbildung* ist verpflichtend.

b) Die Bildung des Diakons *mit Zivilberuf* findet meist berufsbegleitend statt und umfaßt zwei Phasen: *Ausbildung* (Fachschule, Fachhochschule, Hochschule, Universität, Diakonatskreis, zusätzliche Kurse) *mit Berufseinführung* durch einjähriges Praktikum unter Begleitung eines Pfarrers, möglichst in der zweiten Hälfte der Ausbildung. Auch hier ist die zweite Phase „Fortbildung" verpflichtend.

c) Die wesentlichen Elemente der Bildung aller Ständigen Diakone sind: Förderung und Entfaltung der Spiritualität, die Grundlegung und fortlaufende Ergänzung des theologischen Wissens sowie die Vermittlung, Einübung und Weiterentwicklung pastoral-praktischer Befähigungen.

§ 22. Die Regelung in Deutschland

1. Staatliche Ausbildungsstätten

In Deutschland und anderen deutschsprachigen Ländern bestehen vielfach keine Seminarien in dem in § 21 dargetanen Sinne. Vielmehr erhalten die Priesteramtskandidaten mit Zustimmung des Apostolischen Stuhls ihre Ausbildung an den staatlichen Gymnasien und an den theologischen Fakultäten der staatlichen

Universitäten und Hochschulen. Die Theologenkonvikte und Priesterseminare widmen sich daher hauptsächlich der geistlichen Bildung, der Vertiefung des Studiums und der pastoralpraktischen Ausbildung der Alumnen.

In der Bundesrepublik Deutschland bestehen an zwölf Universitäten katholisch-theologische Fakultäten bzw. Fachbereiche (Augsburg, Bamberg, Bochum, Bonn, Freiburg i. Br., Mainz, München, Münster, Passau, Regensburg, Tübingen und Würzburg). Daneben gibt es die kirchlich theologischen Hochschulen in Paderborn, Trier und Fulda sowie die „Katholische Universität Eichstätt" mit einer katholisch-theologischen Fakultät. Die vom Apostolischen Stuhl approbierten theologischen Fakultäten an staatlichen Universitäten werden zu den kirchlichen Fakultäten gerechnet.

In der Deutschen Demokratischen Republik besteht seit 1952 das „Philosophisch-Theologische Studium" in Erfurt.

In Österreich bestehen Katholisch-Theologische Fakultäten an den Universitäten Graz, Innsbruck, Salzburg und Wien.

In der Schweiz gibt es Katholisch-Theologische Fakultäten an den Universitäten Fribourg und Luzern.

Außer diesen Fakultäten an staatlichen Universitäten haben verschiedene Orden eigene Philosophisch-Theologische Hochschulen: Die Gesellschaft Jesu in Frankfurt am Main (St. Georgen), die Pallottiner in Vallendar, die Salesianer in Benediktbeuern, die Gesellschaft des Göttlichen Wortes in St. Augustin bei Siegburg.

2. Konkordatäre Regelungen

Bei dieser Interdependenz zwischen dem erklärten Recht der Kirche, ihre Amtsträger selbständig und unabhängig auszubilden, und dem staatlichen Hochschulwesen ist es notwendig, daß Kirche und Staat sich über wichtige Fragen der akademischen Ausbildung der Geistlichen vereinbaren. Das ist in den *Konkordaten* geschehen (Bayerisches K. 1924; Preußisches K. 1929; Badisches K. 1932; Reichskonkordat 1933). Darin sind der Kirche weitgehende Mitwirkungsrechte bei der Anstellung und eventuellen Abberufung akademischer Hochschullehrer der katholischen Theologie an den staatlichen Universitäten eingeräumt.

Im wesentlichen gilt folgende gemeinsame Regelung:

Die theologischen Fakultäten bzw. Fachbreiche schlagen bei der Besetzung eines Lehrstuhles dem zuständigen Kultusminister Kandidaten vor. Dieser wählt den zu Berufenden aus und gibt dem zuständigen Diözesanbischof Gelegenheit, *begründete Ein-*

wendungen gegen dessen *Lehre und Lebenswandel* zu erheben.
Entgegen solchen vom Bischof bekundeten Bedenken kann der
Staat einen Professor nicht ernennen. Bei anderen im akademischen Unterricht tätigen Personen wird das Nihil obstat des Diözesanbischofs durch die Fakultät eingeholt.

Das Badische Konkordat hat insoweit Sondergut, als der Erz-
bischof von Freiburg begründete Einwendungen nicht nur gegen
Lehre und Lebenswandel, sondern auch gegen die *Lehrbefähi-
gung* des Vorgeschlagenen geltend machen kann (Art. X, Abs. 1).
Werden Lehre oder Lebenswandel eines im Amt befindlichen
Hochschullehrers aus triftigen Gründen beanstandet, muß der
Staat Abhilfe schaffen und für entsprechenden Ersatz sorgen.

Nach dem Reichskonkordat (Art. 14) müssen *Priester, die ein geistliches Amt bekleiden oder eine seelsorgerliche oder eine Lehrtätigkeit ausüben,*

a) deutsche Staatsangehörige sein;

b) ein zum Studium an einer deutschen höheren Lehranstalt (=
Hochschule) berechtigendes Reifezeugnis erworben haben;

c) auf einer deutschen staatlichen Hochschule, einer deutschen
kirchlichen akademischen Lehranstalt oder einer päpstlichen Hochschule in Rom ein wenigstens dreijähriges philosophisch-theologisches
Studium abgelegt haben. Von diesen Erfordernissen kann bei kirchlichem und staatlichem Einverständnis abgesehen werden. Die Länder-
konkordate haben entsprechende Regelungen.

3. Die Priesterbildung

Nach der *Rahmenordnung für die Priesterbildung* der DBK umfaßt die Aus- und Fortbildung drei Phasen:

– Ausbildung;

– Hinführung zur Priesterweihe und Einführung in Leben und
Dienst des Priesters;

– Fortbildung.

In jeder Bildungsphase sind drei Dimensionen zu beachten:
Geistliches Leben und menschliche Reifung – theologische Bildung – pastorale Befähigung.

Die *erste Phase* beginnt mit der Aufnahme des Studenten in
das Theologenkonvikt (Priesterseminar) und mit dem ersten Se-
mester an einer katholisch-theologischen Fakultät (Fachbereich,
Hochschule). Sie dauert fünf Jahre und endet mit dem theologischen Abschlußexamen.

Die *zweite Phase* beginnt mit der Aufnahme in das Pastoralseminar bzw. in den Pastoralkurs. Sie ist in zwei Stufen gegliedert: Vorbereitung und Empfang der Diakonen- und Priesterweihe sowie Einübung in den diakonalen und priesterlichen Dienst; und die Berufseinführung von der Priesterweihe bis zum Pfarrexamen.

Die *dritte Phase* beginnt nach dem Pfarrexamen und umfaßt das ganze weitere Leben des Priesters.

§ 23. Die Inkardination
(cann. 265–272)

1. Die Inkardination – Adskription (cann. 265, 266)

Jeder Geistliche muß einem *geistlichen Heimatverband* (Diözese, Personalprälatur, Ordensverband) angehören. Clerici acephali seu vagi, das heißt Geistliche, die keinen Heimatverband haben, darf es nicht geben.

Die *Inkardination* (Eingliederung) von Weltgeistlichen erfolgt durch die Aufnahme in den Klerus, das heißt durch die Diakonenweihe, und zwar in diejenige Teilkirche (Diözese) oder Personalprälatur, für deren Dienst der Kandidat geweiht wird.

Wer durch die ewige Profeß einem Ordensinstitut oder durch eine entsprechende Bindung einer klerikalen Gesellschaft des apostolischen Lebens endgültig angehört, wird durch die Diakonenweihe dem Verband oder der Gesellschaft als Kleriker „adskribiert", falls die jeweiligen Konstitutionen nichts anderes vorsehen.

Das Mitglied eines Säkularinstitutes wird durch die Diakonenweihe jener Teilkirche inkardiniert, zu deren Dienst es geweiht wird. Eine Inkardination in das Institut selber ist nur kraft apostolischer Genehmigung möglich.

Durch die Inkardination bzw. Adskription erhält der Geistliche seinen Ordinarius (proprius).

2. Die Umkardination (cann. 267, 268)

Es besteht die Möglichkeit, daß ein Geistlicher von einem geistlichen Heimatverband in einen anderen überwechselt. Zur Rechtswirksamkeit einer solchen Umkardination ist zweierlei vorgeschrieben:

a) Vom Diözesanbischof muß er die *litterae excardinationis* besitzen, das heißt die dauernde und bedingungslose, schriftlich gegebene Entlassung aus seiner Teilkirche;

b) vom Diözesanbischof der anderen Teilkirche gleichermaßen die *litterae incardinationis,* das heißt die schriftlich gegebene, dauernde und bedingungslose Aufnahmeerklärung.

Eine *gesetzliche Umkardination* tritt ein, wenn ein Geistlicher von seinem geistlichen Heimatverband in eine andere Teilkirche *rechtmäßig* übergesiedelt ist und nach fünf Jahren sowohl dem eigenen Diözesanbischof wie dem der Gastdiözese schriftlich den Willen zur Umkardination bekundet, falls die beiden betroffenen Ortsbischöfe innerhalb von vier Monaten nicht schriftlich widersprechen.

Ebenso wird ein Geistlicher, der in ein Institut des gottgeweihten Lebens oder eine Gesellschaft des apostolischen Lebens für dauernd bzw. endgültig eintritt, von Gesetzes wegen aus seiner Teilkirche exkardiniert und dort inkardiniert.

Der Angehörige eines Institutes des gottgeweihten Lebens kann als Geistlicher das Indult der Entlassung aus seinem Institut nur erhalten, wenn ihn ein Bischof in seine Diözese inkardiniert oder wenigstens auf Probe aufnimmt. Nach Ablauf einer *fünfjährigen Probezeit* ist der Betreffende ipso iure inkardiniert, wenn der Bischof ihn nicht abweist (can. 693).

3. Vorschriften für Inkardination und Exkardination (cann. 269, 270)

a) Der Diözesanbischof darf einer *Inkardination* nur zustimmen
aa) wenn Notwendigkeit (Priestermangel) oder Nutzen seiner Teilkirche es verlangen und der Unterhaltsanspruch des Geistlichen gesichert ist;

bb) wenn die rechtmäßige Exkardination nachgewiesen ist und zudem ein Zeugnis des entlassenden Diözesanbischofs (gegebenenfalls sub secreto) über Leben, Sitten und Studien des aufzunehmenden Geistlichen vorliegt;

cc) wenn der Geistliche dem künftigen Diözesanbischof schriftlich erklärt, der neuen Teilkirche entsprechend den rechtlichen Bestimmungen dienen zu wollen.

b) Die *Exkardination* kann erlaubterweise nur aus gerechten Gründen (Nutzen der Kirche; Wohl des Geistlichen) gestattet, darf aber auch nur aus schwerwiegenden Gründen verweigert werden. Gegen einen Ablehnungsbescheid hat der Geistliche das Rechtsmittel der Beschwerde an die zuständige Kongregation.

4. Aushilfe zwischen den Teilkirchen (cann. 271, 272)

Im Interesse des allgemeinen Sendungsauftrages der Gesamtkirche sollen die Bischöfe und die Geistlichen Verantwortung und Sorge auch für fremde Teilkirchen tragen (vgl. „Richtlinien der Kongregation für den Klerus für die Zusammenarbeit der Teilkirchen untereinander und insbesondere für eine bessere Verteilung des Klerus in der Welt" vom 25. 3. 1980, in: „Verlautbarungen des Apostolischen Stuhls", Heft 31, hrsg. vom Sekretariat der DBK, Bonn 1980).

Daher soll der Diözesanbischof außer bei eigenem echtem Notstand seinem (dafür geeigneten) Geistlichen die Erlaubnis nicht verweigern, in einer anderen, an Priestermangel leidenden Gegend den priesterlichen Dienst leisten zu dürfen. In einer *schriftlichen Vereinbarung* mit dem dortigen Diözesanbischof soll er freilich die Rechte und Pflichten des Geistlichen festlegen.

Die Erlaubnis zur Aushilfe kann auf bestimmte Zeit erteilt werden; diese Frist kann mehrmals verlängert werden. Der aushelfende Geistliche bleibt aber mit allen Rechten seinem Heimatverband inkardiniert.

Ein in einer anderen Teilkirche aushelfender Geistlicher kann unter Beachtung der getroffenen Übereinkunft und der Billigkeit aus gerechten Gründen von seinem eigenen Diözesanbischof zurückgerufen werden. Ebenso kann auch der Gastbischof die weitere Aufenthaltserlaubnis verweigern.

Der Administrator einer Diözese kann die Inkardination, die Exkardination und die Erlaubnis zur Aushilfe in einer fremden Teilkirche nicht erteilen, es sei denn, der Bischofsstuhl ist schon mehr als ein Jahr erledigt und dann nur mit Zustimmung des Kollegiums der Konsultoren.

§ 24. Die Pflichten und Rechte der Geistlichen

(cann. 273–289)

Die Geistlichen haben grundsätzlich dieselben Pflichten und Rechte wie die Laien, soweit sie nicht eingeschränkt oder erweitert sind entsprechend des ihnen durch die heiligen Weihen übertragenen besonderen Dienstes im Volke Gottes. Nur die Geistlichen können solche Ämter in der Kirche übernehmen, zu deren Ausübung die Weihegewalt oder die kirchliche Leitungsvollmacht erforderlich sind (can. 274 § 1).

I. Die Pflichten

Die Geistlichen sind in besonderer Weise zu Ehrfurcht und Gehorsam (reverentia et oboedientia) dem Papst und ihrem Ordinarius gegenüber verpflichtet (can. 273).

Die besonderen Klerikerpflichten betreffen die persönliche Heiligung, den sittlichen Lebenswandel, die wissenschaftliche Bildung und die standesgemäße Lebensführung.

1. Die persönliche Heiligung (cann. 274–276, 283 § 1)

Die Geistlichen sind als Ausspender der Geheimnisse Gottes zum Streben nach Heiligkeit besonders verpflichtet.

Zur Erlangung der Vollkommenheit sollen beitragen:

a) Die getreue und uneingeschränkte *Ausübung des seelsorgerlichen Dienstes.*

Ein Geistlicher muß, wenn er nicht rechtmäßig verhindert ist, eine vom Ordinarius übertragene Aufgabe übernehmen und getreu erfüllen. Er darf ohne (wenigstens mutmaßliche) Genehmigung des Ordinarius proprius die Diözese für einen längeren Zeitraum nicht verlassen, auch wenn er keine Residenzpflicht hat.

b) Die Stärkung des geistlichen Lebens durch die *Heilige Schrift* und die *Eucharistie.* Daher sollen die Priester möglichst täglich das eucharistische Opfer darbringen und die Diakone es mitfeiern.

c) Die Verpflichtung der Priester und der Diakone, die sich auf das Priestertum vorbereiten, zum *täglichen amtlichen Stundengebet.* Die Ständigen Diakone sollen den von der Bischofskonferenz ausgewähltenTeil des Heiligen Offiziums beten (in der Regel Laudes und Vesper). Das Stundengebet soll möglichst zur entsprechenden Tagzeit persolviert werden (can. 1175).

d) Die Einhaltung der Zeiten *geistlicher Zurückgezogenheit* nach den partikulären Vorschriften.

e) Die Pflege des *inneren Gebetes,* der häufige Empfang des *Bußsakramentes,* die *Verehrung der Gottesmutter* und die Anwendung der übrigen Mittel der Heiligung (vgl. PO Art. 12–18).

2. Der sittliche Lebenswandel (cann. 277, 275 § 1, 280)

a) Die Geistlichen sind zur *vollkommenen und dauernden Enthaltsamkeit* um des Himmelreiches willen verpflichtet (Zölibat).

b) Falls der Umgang mit bestimmten Personen die Verpflichtung zur Enthaltsamkeit in Mißkredit bringt oder bei den Gläubigen Ärgernis erregt, sollen sie kluge Zurückhaltung üben.

c) Da alle Geistlichen dem einen Werk, der Auferbauung des Leibes Christi, dienen, sollen sie verbunden in Brüderlichkeit und Gebet die Zusammenarbeit fördern, wozu auch die vita communis beitragen kann. Auch Auftrag und Sendung der Laien sollen gefördert und gepflegt werden.

3. Die wissenschaftliche Bildung (can. 279)

Die Geistlichen sollen sich auch nach der Priesterweihe theologisch fortbilden unter besonderer Beachtung der Verlautbarungen der Konzilien und der Päpste, vor allem sollen sie die angebotenen und vom partikulären Recht vorgeschriebenen Pastoralkurse und theologischen Konferenzen besuchen, um das theologische Wissen zu vertiefen und sich geeignete pastorale Methoden anzueignen. Auch die Humanwissenschaften sollen bei der Fortbildung nicht vernachlässigt werden.

4. Die standesgemäße Lebensführung (cann. 282, 284–289)

Die Geistlichen sollen ein einfaches Leben führen und geziemende kirchliche Kleidung tragen nach den Vorschriften der Bischofskonferenz und den rechtmäßigen Gewohnheiten.

Darüber hinaus sollen sie sich von allem enthalten, was für ihren Stand ungeziemend oder damit unvereinbar ist. Im einzelnen gilt:

a) Die Übernahme öffentlicher Ämter mit weltlicher Hoheitsgewalt ist verboten.

b) Für die Verwaltung des Vermögens von Laien und für die Übernahme weltlicher Ämter mit der Pflicht der Rechenschaftslegung ist die Erlaubnis des Ordinarius erforderlich.

c) Vor der Übernahme von Bürgschaften, auch auf das eigene Vermögen, ist der Ordinarius proprius zu konsultieren.

d) Von der Übernahme dauernder finanzieller Leistungen ist Abstand zu nehmen.

e) Handelsgeschäfte zu eigenem oder fremdem Vorteil sind nur mit Genehmigung der zuständigen kirchlichen Autorität gestattet.

f) Die aktive parteipolitische Betätigung und die Übernahme von Leitungsfunktionen in Gewerkschaften sind nur mit kirchlicher Genehmigung gestattet, wenn sie dem Schutz der Rechte der Kirche oder dem Gemeinwohl förderlich sind.

g) Die freiwillige Meldung zum Militärdienst muß vom Ordinarius proprius genehmigt werden.

Von den Vorschriften unter a) bis f) und von der Pflicht zum Tragen einer kirchlichen Kleidung sind die *Ständigen Diakone* befreit.

Die Geistlichen sollen alle durch staatliches Recht gewährten Möglichkeiten nutzen, um sich von öffentlichen Ämtern und Aufgaben befreien zu lassen, und nach Kräften zum Frieden und zur Einigkeit unter den Menschen beitragen.

II. Die Rechte

1. Vereinigungsfreiheit (can. 278)

Die Weltgeistlichen haben das Recht, sich zusammenzuschließen, wenn der Zweck der Vereinigung mit ihrem Stand vereinbar ist. Besonderen Vorzug verdienen dabei solche Gemeinschaften, die dem Leben und Dienst der Geistlichen förderlich sind.

Verboten ist die Gründung oder Mitgliedschaft in Vereinigungen, deren Zweck und Aktivitäten mit den Pflichten der Geistlichen unvereinbar sind.

Die Kongregation für den Klerus hat am 8. 3. 1982 eine „Declaratio de quibusdam associationibus vel coadunationibus quae omnibus clericis prohibentur" erlassen, die den Geistlichen die Mitgliedschaft verbietet in „Vereinigungen, die nicht wie politische Parteien im eigentlichen Sinn agieren, sondern als Organisation zur Stützung einer bestimmten Ideologie oder eines bestimmten politischen Systems" wie auch in „sogenannten beruflichen Priestervereinigungen mit gewerkschaftlichem Charakter" (AAS 74, 1982, 642–645; vgl. ABl. für die Erzdiözese Freiburg 1982, 365 f.).

2. Die wirtschaftliche Versorgung (can. 281)

Die Geistlichen haben Anspruch auf ein angemessenes, dem Dienst, der Zeit und dem Ort entsprechendes Gehalt, um ihren eigenen Lebensunterhalt zu bestreiten und diejenigen, die für sie sorgen, entlohnen zu können. Für die soziale Unterstützung bei Krankheit, Invalidität und im Alter ist Vorsorge zu treffen. Den hauptberuflichen verheirateten Ständigen Diakonen steht eine familiengerechte Vergütung zu. Die Ständigen Diakone mit Zivilberuf bestreiten ihren Unterhalt aus ihren persönlichen Einkünften. Eine Aufwandsentschädigung von seiten der Kirche ist vorgesehen.

Was die Geistlichen erübrigen können, sollen sie zum Wohl der Kirche und für caritative Zwecke verwenden.

3. Urlaub (can. 283 § 2)

Jeder Geistliche hat Anspruch auf einen angemessenen und ausreichenden Jahresurlaub (vgl. auch can. 533 § 2).

§ 25. Das Ausscheiden aus dem Klerikerstand

(cann. 290–293)

Die einmal gültig empfangene Weihe ist unverlierbar und kann nicht rückgängig gemacht werden (can. 290).

1. Verlust der Zugehörigkeit zum geistlichen Stand (can. 290)

Ein Geistlicher verliert seine Zugehörigkeit zum Klerikerstand:
    a) durch ein Gerichtsurteil oder ein Verwaltungsdekret, wodurch die Ungültigkeit der Weihe festgestellt wird;
    b) durch die rechtmäßig verhängte Strafe der Entlassung;
    c) durch Reskript des Apostolischen Stuhles, das Diakonen nur aus schwerwiegenden, Priestern nur aus schwersten Gründen (ob gravissimas causas) gewährt wird.

2. Wirkungen (cann. 292, 293)

Das Ausscheiden aus dem geistlichen Stand hat folgende Wirkungen:
    a) Verlust sämtlicher Sonderrechte eines Geistlichen, der kirchlichen Ämter und jeder delegierten Vollmacht;
    b) Verbot der Ausübung des Weihedienstes;
    c) Befreiung von allen Standespflichten mit Ausnahme des Zölibates;

d) Unmöglichkeit der Wiederaufnahme in den Klerikerstand ohne Sondergenehmigung des Apostolischen Stuhles.

3. Die Befreiung von der Zölibatsverpflichtung (can. 291)

Allein bei Ungültigkeitserklärung der Weihe (s. oben, 1. a) erfolgt auch die Freistellung von der Zölibatsverpflichtung. In allen übrigen Fällen kann *nur der Papst* von dieser Verpflichtung dispensieren. Dieses Dispensverfahren ist geordnet in den Litterae der Glaubenskongregation vom 14. 10. 1980 „An alle Ortsordinarien und Generaloberen klerikaler klösterlicher Verbände" (AAS 72, 1980, 1132–1137).

Darin werden drei Fälle als für einen Laisierungsantrag „beachtlich" genannt:

a) Priester, die ihren Dienst schon lange (iamdiu) aufgegeben haben und ihren Stand (status), den sie nicht mehr rückgängig machen können, ordnen wollen.

b) Priester, die die Weihe nicht hätten empfangen dürfen wegen Fehlens des erforderlichen Maßes an Freiheit oder Verantwortlichkeit (debitus libertatis vel responsabilitatis respectus).

c) Priester, die die Weihe nicht hätten empfangen dürfen und nur geweiht wurden, weil die zuständigen Oberen zu gegebener Zeit nicht in der Lage waren, in kluger und angemessener Weise zu beurteilen, ob der Kandidat tatsächlich zu einem gottgeweihten Leben im Zölibat geeignet war.

In den „Normae procedurales" wird dem Heimatordinarius (Ordinarius loci incardinationis) oder dem höheren Ordensoberen, hilfsweise dem Ordinarius des gewöhnlichen Wohnsitzes des Bittstellers die Zuständigkeit für das Erhebungsverfahren zugewiesen. Dabei müssen vom Ordinarius selbst oder einem geeigneten Priester alle das Gesuch stützenden Tatsachen und Argumente zusammengetragen werden (vom Bittsteller, von Zeugen, aus Dokumenten, Sachverständigengutachten u. a.).

Nach Durchführung der Erhebungen sind die Akten mit einem Votum des Ordinarius „de rei veritate et de non timendo scandalo" an die Glaubenskongregation zu übersenden, die das Gesuch nach angemessener Prüfung gegebenenfalls befürwortend an den Papst weiterleitet.

§ 26. Die Personalprälaturen
(cann. 294-297)

1. Begriff (cann. 294, 296)

Personalprälaturen bestehen aus *Weltgeistlichen* (Diakone und Priester) und dienen der geeigneten Verteilung der Priester oder zur Durchführung bestimmter apostolischer bzw. missionarischer Aufgaben für verschiedene Gebiete oder einzelne Gesellschaftsgruppen. Die Errichtung erfolgt durch den Apostolischen Stuhl nach Anhörung der betroffenen Bischofskonferenz. Sie sind keine Teilkirchen (vgl. can. 368).

Laien können durch besondere Vereinbarungen in den Dienst einer Personalprälatur genommen werden. Die Organisation der Zusammenarbeit, insbesondere Rechte und Pflichten werden in den vom Apostolischen Stuhl erlassenen Statuten geregelt.

2. Leitung (can. 295)

Die Personalprälatur wird von einem *Prälaten* gemäß den vom Apostolischen Stuhl erlassenen Statuten geleitet. Er ist Ordinarius proprius und hat das Recht:
– ein nationales oder internationales Seminar zu errichten;
– die Alumnen zu inkardinieren und sie auf den Titel des Prälaturdienstes zu weihen. Damit übernimmt er die Pflicht zur geistlichen Bildung und zum ausreichenden Unterhalt.

3. Tätigkeit (can. 297)

Die Ordnung der Tätigkeit einer Personalprälatur innerhalb einzelner Teilkirchen wird in den Statuten umschrieben; sie bedarf der Zustimmung des jeweiligen Diözesanbischofs.

Zweiter Abschnitt:
Die Vereinigungen der Gläubigen

§ 27. Allgemeine Vorschriften
(cann. 298–311)

Aufgrund der den Christen garantierten Vereinigungs- und Versammlungsfreiheit (vgl. cann. 215, 278) steht es ihnen frei, Vereinigungen mit kanonisch anerkanntem Zweck zu gründen oder solchen beizutreten, insbesondere wenn sie kirchenamtlich errichtet, belobigt oder empfohlen sind (cann. 298 § 2, 299 § 1). „Katholisch" darf sich eine Vereinigung nur mit Zustimmung der zuständigen kirchlichen Autorität nennen (can. 300).

1. Begriff (can. 298)

Die *kirchlichen Vereinigungen* (consociationes) sind von den Instituten des gottgeweihten Lebens und den Gesellschaften des apostolischen Lebens zu unterscheiden. Sie dienen folgenden Zwecken:

    a) der Pflege eines vollkommeneren Lebens;

    b) der Förderung des öffentlichen Gottesdienstes und der christlichen Lehre;

    c) dem Apostolat (Evangelisation, Werke der Frömmigkeit und Caritas, Durchdringung des öffentlichen Lebens mit christlichem Geist).

2. Einteilung (cann. 299, 301–303)

Man unterscheidet:

    a) *klerikale* und *laikale* Vereinigungen, in denen Geistliche wie Laien Mitglieder sein können.

    aa) *Klerikale* Vereinigungen sind solche, die von Geistlichen geleitet werden, sich die Ausübung des Weihedienstes zu eigen machen und als solche kirchenamtlich anerkannt sind.

    bb) Die übrigen sind Laienvereinigungen im Sinne des Gesetzes. Diesen sollen die Laien möglichst beitreten, um die Verbindung von Glaube und Leben zu unterstützen. Die Leiter sollen mit anderen Vereinigungen und christlichen Werken zusammen-

95

arbeiten und die Mitglieder in der Ausübung des Laienapostolates schulen (cann. 327–329).

b) *Öffentliche* (amtliche) und *private* Vereinigungen.

aa) Öffentlich sind solche, die von der zuständigen kirchlichen Autorität errichtet sind (vgl. § 28).

bb) Privat sind solche, die von den Gläubigen gegründet werden, auch wenn sie von der kirchlichen Autorität das decretum laudis vel commendationis erhalten haben. Eine private Vereinigung kann kirchlich nur nach Prüfung der Statuten anerkannt werden (vgl. § 29).

c) Vereinigungen mit oder ohne *Rechtspersönlichkeit*.

aa) Öffentliche Vereinigungen sind mit ihrer Errichtung immer auch eine juristische Person (can. 313).

bb) Einer privaten Vereinigung kann die Rechtspersönlichkeit durch formellen Entscheid verliehen werden (can. 322 § 1).

d) Unter einem *Dritten Orden* versteht man eine Vereinigung, deren Mitglieder im Geiste eines Ordensinstitutes und unter dessen höherer Leitung in der Welt ein apostolisches Leben führen und die christliche Vollkommenheit erstreben.

3. Errichtung und Überwachung (cann. 301, 305)

a) Eine Vereinigung, die die Verbreitung der christlichen Lehre im Namen der Kirche, die Förderung des öffentlichen Gottesdienstes oder ein sonstiges seiner Natur nach der kirchlichen Autorität vorbehaltenes Werk zum Ziel hat, kann nur von der zuständigen kirchlichen Autorität errichtet werden.

b) Der kirchlichen Autorität steht die Überwachung aller Vereinigungen von Christgläubigen zu, damit die Reinheit des Glaubens und der Sitten gewahrt und eventuelle Mißbräuche abgestellt werden. Dazu gehört auch die Prüfung der Statuten.

4. Statuten (can. 304)

Sämtliche Vereinigungen müssen Statuten haben, in denen Ziel und Zweck, Sitz, Leitung, Mitgliedschaft, Geschäftsordnung entsprechend den jeweiligen Bedürfnissen geregelt sind.

5. Aufnahme und Entlassung (cann. 306–308)

a) Die Aufnahme erfolgt entsprechend dem allgemeinen Recht und den jeweiligen Statuten. Eine Person kann Mitglied mehrerer

Vereinigungen sein. Ordensleute können mit Zustimmung ihres Oberen eintreten.

Mit der Aufnahme kommt das Mitglied in den Genuß der der Vereinigung gewährten Rechte, Privilegien, Ablässe und sonstigen geistlichen Gnaden.

b) Die Entlassung darf nur aus gerechtem Grund und nach den Vorschriften des Rechtes und der Statuten erfolgen.

§ 28. Die öffentlichen Vereinigungen

(cann. 312–320)

1. Errichtung und Auflösung (cann. 312, 313, 319, 320)

Für die Errichtung öffentlicher Vereinigungen ist zuständig:

a) der *Heilige Stuhl* bei universalen und internationalen Vereinigungen;

b) die *Bischofskonferenz* bei nationalen Vereinigungen, die im gesamten Gebiet tätig werden sollen;

c) der *Diözesanbischof* (nicht der Diözesanadministrator) bei diözesanen Vereinigungen, falls nicht kraft apostolischen Privilegs andere dieses Recht besitzen.

Für die gültige Errichtung (auch kraft apostolischen Privilegs) einer Vereinigung oder der Sektion einer solchen in einer Diözese ist die schriftliche Zustimmung des Diözesanbischofs erforderlich. Die bischöfliche Zustimmung zu einer Ordensniederlassung enthält immer auch die Erlaubnis zur Errichtung einer mit der Niederlassung oder Kirche verbundenen und dem Orden eigentümlichen Vereinigung.

Mit der amtlichen Errichtung sind immer die Rechtspersönlichkeit und das Recht zum Erwerb, Besitz und zur Verwaltung von Vermögen verbunden.

Die für die Errichtung von Vereinigungen zuständige Kirchenautorität kann aus triftigen Gründen nach Anhörung des Leiters und der übrigen höheren Amtsträger die Auflösung verfügen.

2. Statuten (cann. 314, 315)

Die Statuten öffentlicher Vereinigungen müssen von der kirchlichen Autorität approbiert werden, die für die amtliche Errichtung zuständig ist. Änderungen bedürfen ebenfalls der

Approbation. Die Statuten sind für das Vereinsleben verbindlich. Die Oberaufsicht hat immer die kirchliche Autorität.

3. Aufnahme und Entlassung (can. 316)

Jeder Katholik kann Mitglied einer öffentlichen kirchlichen Vereinigung werden. *Gültigerweise kann nicht aufgenommen werden,*
- wer vom katholischen Glauben abgefallen ist;
- wer sich von der kirchlichen Gemeinschaft getrennt hat;
- wer mit Exkommunikation bestraft ist.

Diese Tatbestände sind auch Entlassungsgründe. Gegen die Entlassung ist Rekurs möglich.

4. Organe (cann. 317, 318)

a) Der für die Errichtung zuständigen Autorität steht es zu, den von der Vereinigung gewählten Leiter zu *bestätigen,* den Präsentierten *einzusetzen* oder ihn aus eigenem Recht *frei zu ernennen.* Der Kaplan oder geistliche Beistand wird (ggf. nach Anhörung der höheren Amtsträger) von der Kirchenautorität ernannt.

In den nichtklerikalen Vereinigungen können Laien das Amt des Leiters übernehmen. Dem Kaplan oder kirchlichen Beistand soll in der Regel eine Leitungsfunktion nicht übertragen werden. Die Leiter von Apostolatsvereinigungen sollen nicht gleichzeitig führende Stellungen in politischen Parteien innehaben.

b) Wer einen Vereinsvorstand ernannt oder bestätigt hat, kann ihn aus gerechtem Grund auch absetzen; allerdings müssen dieser und die höheren Amtsträger gemäß den Statuten vorher gehört werden.

Die zuständige Autorität kann in besonderen Fällen und aus triftigen Gründen auf Zeit einen kommissarischen Leiter bestimmen.

§ 29. Die privaten Vereinigungen

(cann. 321–326)

1. Gründung (cann. 322, 323, 325)

Private Vereinigungen mit kanonischer Zielsetzung (vgl. can. 298 § 1; oben § 27, 1) können von den Gläubigen gegründet werden (can. 299 § 1). Sie sind keine juristischen Personen, es sei denn, die Rechtspersönlichkeit wird nach kirchenamtlicher Prüfung der Statuten formell verliehen. Der Privatcharakter wird davon nicht berührt.

Die privaten Vereinigungen besitzen Autonomie, unterstehen allerdings der Überwachung durch die kirchliche Autorität, auch bezüglich der Vermögensverwaltung, falls sie juristische Personen sind. Vereinigungen ohne Rechtspersönlichkeit vermögen nicht Träger von Rechten und Pflichten zu sein. Es ist aber möglich, daß die Mitglieder gemeinschaftlich Verpflichtungen übernehmen und als Miteigentümer Rechte und Güter erwerben, die sie gegebenenfalls durch einen Beauftragten oder Stellvertreter wahrnehmen bzw. verwalten (can. 310).

2. Organe (can. 324)

Die privaten Vereinigungen bestellen den Leiter und die Amtsträger frei entsprechend den Statuten. Den geistlichen Beirat können sie frei aus dem Diözesanklerus wählen; er muß vom Ortsordinarius bestätigt werden.

3. Untergang (can. 326)

Eine private Vereinigung hört auf zu bestehen in den in den Statuten vorgesehenen Fällen.

Sie kann von der zuständigen kirchlichen Autorität auch *aufgelöst* werden, wenn ihr Wirken zum Schaden der kirchlichen Lehre und Disziplin oder zum Ärgernis der Gläubigen wird. Eventuelles Vermögen muß nach der Auflösung entsprechend den Statuten und unter Wahrung der Rechte Dritter und des Stifterwillens verwendet werden.

ZWEITER TEIL
DIE HIERARCHISCHE VERFASSUNG DER KIRCHE
(cann. 330–572)

Erster Abschnitt: Die oberste kirchliche Autorität

Der CIC normiert im zweiten Teil des zweiten Buches die hierarchische Verfassung der Kirche. Der erste Abschnitt enthält die Normen über die oberste kirchliche Autorität, unterteilt in fünf Kapitel über den Papst und das Kollegium der Bischöfe, die Bischofssynode, die Kardinäle, die Römische Kurie, die päpstlichen Legaten. Der zweite Abschnitt handelt von den Strukturen der Teilkirche.

Das Kollegium der Bischöfe nimmt kraft göttlichen Rechts an der höchsten Leitungsgewalt der Kirche teil, weil seine Mitglieder nach der Verfügung des Herrn als Nachfolger der Apostel mit dem Papst als dem Nachfolger des heiligen Petrus verbunden sind wie Petrus und die Apostel (can. 330).

§ 30. Der Papst und das Bischofskollegium
(cann. 331–341)

I. Der Papst
(cann. 331–335)

1. Die Primatialgewalt (cann. 331, 333)

Der Bischof der Kirche von Rom, in dem das vom Herrn dem Petrus, als dem Ersten der Apostel, einzigartig übertragene Amt fortdauert, ist das Haupt des Bischofskollegiums (Collegii Episcoporum caput), der Stellvertreter Christi (Vicarius Christi) und der Hirte der gesamten sichtbaren Kirche (universae Ecclesiae his in terris Pastor). Daher besitzt er kraft Amtes die oberste, volle, unmittelbare und allgemeine ordentliche Gewalt in der Kirche, die er stets frei ausüben kann.

Diese *oberste Gewalt* hat der Papst *kraft Amtes*, sie ist göttlichen Rechtes, wird ihm also nicht von menschlichen Gremien, etwa der Gesamtheit der Gläubigen oder der Bischöfe, übertragen. Er steht über dem Allgemeinen Konzil oder dem Bischofskollegium, seine Entscheidungen bedürfen keiner Bestätigung, wie es auch dagegen keine Berufung an eine andere Instanz gibt. „Prima Sedes a nemine iudicatur" (can. 1404).

Der Papst besitzt die *volle* Gewalt, die erforderlich ist zur Ausübung des dreifachen Dienstes des *Leitens,* des *Lehrens* und des *Heiligens*.

a) Den Dienst des *Leitens* übt er aus als:

– *oberster Gesetzgeber,* der die ganze Kirche und jeden einzelnen Gläubigen verpflichtende Gesetze erlassen oder, soweit sie nicht göttlichen Rechtes sind, ändern kann;

– *oberster Richter,* der persönlich oder durch einen Beauftragten alle Streitfälle rechtskräftig entscheiden kann und selber keinem Gericht unterliegt (vgl. can. 1404). Jeder Gläubige hat das Recht, sich unmittelbar an den Papst zu wenden;

– *Inhaber der obersten Exekutivgewalt,* der die Möglichkeit hat, Verwaltungsangelegenheiten selbst oder durch die Behörden der Römischen Kurie zu entscheiden. Dabei gilt freilich immer das Subsidiaritätsprinzip. Besonders wichtige Angelegenheiten sind dem Papst vorbehalten (Bischofsernennungen, Errichtung oder Änderung von Diözesangrenzen, Dispens von bestimmten Gesetzen etc.).

b) Im Dienst des *Lehrens* hat der Papst die höchste Autorität in Glaubens- und Sittenfragen. Entscheidungen „ex cathedra" sind unfehlbar und verpflichten die gesamte Kirche, bedürfen aber nicht deren Zustimmung.

c) Im Dienst des *Heiligens* ist er als Bischof Hoherpriester, der die Geheimnisse Gottes ausspendet und das gesamte liturgische Leben leitet, fördert und hütet.

Die päpstliche Gewalt ist *universal,* das heißt, sie erstreckt sich auf die ganze Kirche und betrifft alle Teilkirchen wie auch jeden Gläubigen.

Die Bischofskirche des Papstes ist die Laterankirche in Rom. Er führt zudem die Titel Patriarch des Abendlandes, Primas von Italien, Metropolit der Römischen Kirchenprovinz. Staatsrechtlich ist er Souverän des Staates der Vatikanstadt (Lateranverträge vom 11. 2. 1929).

Titel und Anreden: Beatissimus Pater, Sanctissimus Pater, Sanctitas Vestra, Beatitudo Vestra, Dominus Apostolicus. In vielen päpstlichen Dokumenten wird die klassische, auf Papst Gregor den Großen zurückgehende Formel „Servus Servorum Dei" („Diener der Diener Gottes") verwendet.

Insignien: Thron, gerader Hirtenstab, Fischerring, Mitra.

Kleidung: weißer Talar, roter Mantel, roter Hut.

Zur Neuordnung des Päpstlichen Hauses siehe MP „Pontificalis domus" Pauls VI. vom 28. 5. 1969 (in: NKD 10, 252–273).

2. Der Erwerb der päpstlichen Gewalt (cann. 332 § 1, 334)

Die Bestimmung der Person des Papstes geschieht durch Wahl. Der Gewählte erhält die volle Primatialgewalt durch die Annahme der rechtmäßigen Wahl, und zwar iure divino, nicht durch Übertragung seitens der Wähler. Ist der Gewählte noch nicht Bischof, muß er umgehend, in der Regel durch den Kardinaldekan (can. 355 § 1) die Bischofsweihe empfangen und kommt mit dieser in den Vollbesitz der Leitungsgewalt.

Die Papstwahl erfolgt nach der Apostolischen Konstitution „Romano Pontifici eligendo" Pauls VI. vom 1. 10. 1975 (AAS 67, 1975, 609–645).

Das aktive Wahlrecht besitzen nur die Kardinäle, die das 80. Lebensjahr noch nicht vollendet haben. Das passive Wahlrecht ist nicht beschränkt, das heißt, es kann jede Person gewählt werden, die durch göttliches oder kirchliches Recht nicht ausgeschlossen ist. Es müssen also jene Voraussetzungen erfüllt sein, die für die Übernahme des Bischofsamtes gefordert werden. Seit Ausgang des 14. Jahrhunderts wurden nur mehr Kardinäle zu Päpsten gewählt. Die Wahl des Papstes erfolgt im Konklave. Das Konklave beginnt frühestens 15, spätestens 20 Tage nach dem Tod des Papstes bzw. dem Eintritt der Sedisvakanz. Täglich haben zwei Wahlgänge stattzufinden, bis ein Kandidat zwei Drittel der Stimmen der anwesenden Wähler plus eine auf sich vereinigt. Nach 13 Wahlgängen kann das Wahlgremium sich einstimmig darauf einigen, daß die absolute Mehrheit der Stimmen der Anwesenden plus eine für die rechtmäßige Wahl genügt. Mit Annahme der Wahl durch den Gewählten ist das Wahlrecht der Kardinäle für diesen Fall beendet. Der Gewählte gibt seinen neuen Namen bekannt und wird von der Loggia der Peterskirche aus durch den Kardinalprotodiakon (can. 355 § 2) dem Volk verkündet. Kurze Zeit danach findet in einem feierlichen Gottesdienst die öffentliche Amtsübernahme des neuen Papstes statt.

Bei der Ausübung der höchsten Kirchengewalt helfen dem Papst und dem Bischofskollegium die Bischofssynode, das Kardinalskollegium sowie andere Personen und Institutionen (Römische Kurie) nach den Normen des geltenden Rechts. Diese

Einrichtungen sind kirchlichen Rechts und haben an der Vollgewalt keinen Anteil.

3. Der Verlust der päpstlichen Gewalt (cann. 332 § 2, 335)

In der Regel tritt die Sedisvakanz durch den Tod des Papstes ein. Er kann aber auch auf sein Amt *verzichten.* Der Amtsverzicht bedarf keiner Annahme durch irgendeine Person oder Instanz, muß aber freiwillig und rechtmäßig geschehen. Während der Sedisvakanz *ruht* die päpstliche Vollmacht, sie geht nicht auf das Bischofs- oder Kardinalskollegium über. „Sede romano vacante aut prorsus impedita, nihil innovetur in Ecclesiae universae regimine" (can. 335). Die mit der Leitung der Kirche verbundenen laufenden Geschäfte erledigt das Kardinalskollegium (can. 359). Eine Absetzung des Papstes ist nicht möglich.

II. Die Kollegialität des Episkopats
(cann. 336–341)

1. Das Bischofskollegium (cann. 336, 337 § 2)

Das Bischofskollegium ist Subjekt der höchsten und vollen Gewalt in der Gesamtkirche. Sein Haupt ist der Papst, die Mitglieder sind die Bischöfe kraft der sakramentalen Konsekration und der hierarchischen Gemeinschaft mit dem Haupt und den Gliedern. Diese kollegiale Leitungsvollmacht kann nur *zusammen mit dem Haupt,* niemals ohne es ausgeübt werden.

Während der Papst Nachfolger des Apostels Petrus ist, sind die Bischöfe nicht Nachfolger der einzelnen Apostel, sondern als Kollegium des gesamten Apostelkollegiums. Der Papst „ist das immerwährende, sichtbare Prinzip und Fundament für die Einheit der Vielheit von Bischöfen und Gläubigen. Die Einzelbischöfe hinwiederum sind sichtbares Prinzip und Fundament der Einheit in ihren Teilkirchen" (LG Art. 23, Abs. 1). Das Bischofskollegium ist Träger der vollen Leitungsvollmacht über die ganze Kirche, die aber nur in Einheit mit dem Papst ausgeübt werden kann. Die Körperschaft der Bischöfe hat diese Autorität in Gemeinschaft mit dem Bischof von Rom und „unbeschadet dessen primatialer Gewalt über alle Hirten und Gläubigen" (LG Art. 22, Abs. 2).

Die Gewalt des Papstes unterscheidet sich nach Wesen und Inhalt nicht von der des Bischofskollegiums, wohl aber grundle-

gend in der Art der Ausübung. Der Papst handelt kraft seines
Amtes unabhängig von jeder anderen Person oder Personengruppe, das Bischofskollegium kann nur zusammen mit dem
Papst und unter seiner Leitung die oberste Leitungsgewalt ausüben.

Die kollegiale Gewalt kann außer auf einem Ökumenischen
Konzil von den in aller Welt lebenden Bischöfen gemeinsam mit
dem Papst ausgeübt werden, sofern der Papst eine gemeinsame
Handlung der Bischöfe anregt oder frei annimmt, so daß ein ei-
gentlich kollegialer Akt zustande kommt. Derartig gefaßte Beschlüsse bedürfen zur Rechtsverbindlichkeit der Bestätigung und
Publikation durch den Papst (can. 341 § 2).

2. Das Ökumenische Konzil (cann. 337–341)

Die universale Kirchengewalt wird vom Bischofskollegium auf
dem *Ökumenischen* oder *Allgemeinen Konzil* in feierlicher Weise
ausgeübt.

a) *Allein dem Papst steht es zu,* ein Ökumenisches Konzil einzuberufen, selbst oder durch einen Beauftragten zu leiten, zu verlegen, zu vertagen und aufzulösen. Zudem hat er die
Beratungsgegenstände festzulegen (die Konzilsväter können mit
seiner Billigung andere anfügen) und die Geschäftsordnung zu
erlassen.

Bei Eintritt der Sedisvakanz während eines Allgemeinen Konzils wird dasselbe ipso iure unterbrochen, bis der neue Papst
seine Fortsetzung oder Auflösung anordnet.

Die Konzilsbeschlüsse erhalten Verpflichtungskraft nur, wenn
sie zusammen mit den Konzilsvätern vom Papst approbiert, von
ihm bestätigt und auf seine Anordnung hin promulgiert sind.

b) Zur *Teilnahme* an einem Ökumenischen Konzil mit beschließender Stimme sind allein die Bischöfe berechtigt und verpflichtet, soweit sie in Gemeinschaft mit dem Bischofskollegium
stehen.

Die höchste kirchliche Autorität kann auch Nichtbischöfe einladen
und deren Funktion bestimmen.

§ 31. Die Bischofssynode
(cann. 342–348)

1. Begriff (cann. 342, 344, 345)

Die Bischofssynode ist die direkt dem Papst untersiehende Versammlung von Bischöfen aus allen Teilen des Erdkreises. Sie ist wesentlich eine ständige Einrichtung, jedoch in der jeweiligen Zusammensetzung zeitlich befristet zur Erfüllung der je konkret gestellten Aufgaben. Sie tritt als *ordentliche Generalversammlung* zusammen, wenn sie über Fragen zu beraten hat, die die Gesamtkirche betreffen, oder als *außerordentliche Generalversammlung,* wenn die die Gesamtkirche betreffenden Fragen eine rasche Erledigung erfordern. Zudem sieht das Recht noch eine *Sonderversammlung* vor bei Beratungsgegenständen, die für eine oder mehrere Regionen direkt von Bedeutung sind.

2. Aufgaben (can. 343)

Die Bischofssynode soll die enge Verbindung zwischen Papst und Bischöfen fördern, dem Papst in Fragen des Glaubens, der Sittenlehre und der kirchlichen Disziplin Rat und Hilfe geben und allgemeine Fragen hinsichtlich des Wirkens der Kirche in der Welt von heute behandeln. Sie ist grundsätzlich nur beratendes Organ und kann keine Entscheidungen treffen, es sei denn, der Papst gebe ihr ausdrücklich dieses Recht; in diesem Falle bedürfen die Beschlüsse seiner Bestätigung.

3. Einberufung und Leitung (cann. 344, 347 § 2)

Dem Papst obliegt es:
   a) die Bischofssynode einzuberufen und den Tagungsort zu bestimmen;
   b) die gewählten Mitglieder zu bestätigen und andere zu berufen;
   c) die Beratungsgegenstände in angemessener Frist vor Zusammentritt der Versammlung festzusetzen;
   d) die Tagesordnung zu bestimmen;
   e) den Vorsitz selbst oder durch Beauftragte zu führen;
   f) die Synode zu schließen, zu verlegen, zu suspendieren und aufzuheben.

Bei Eintritt der Sedisvakanz werden die Synode und die Befugnisse ihrer Mitglieder von Rechts wegen suspendiert, bis der neue Papst sie entweder aufhebt oder fortsetzt.

4. Mitglieder (cann. 346, 348 § 2)

a) Die *ordentliche Generalversammlung* besteht überwiegend aus den von den einzelnen Bischofskonferenzen gewählten Bischöfen, den kraft Rechtes geborenen Mitgliedern (zum Beispiel die den Ämtern der Römischen Kurie vorstehenden Kardinäle), den vom Papst direkt ernannten Synodalen, den gewählten Vertretern der klerikalen Ordensinstitute.

b) Der *außerordentlichen Generalversammlung* gehören jene Bischöfe an, die kraft Amtes nach den Statuten der Synode dazu bestimmt sind (z. B. die Vorsitzenden der nationalen Bischofskonferenzen), die vom Papst direkt ernannten Synodalen, die gewählten Vertreter klerikaler Ordensinstitute.

c) Der *Sonderversammlung* gehören insbesondere Mitglieder aus jenen Gebieten an, deren Angelegenheiten zu beraten die Synode einberufen wurde, und die Kardinäle als Leiter jener Kurialbehörden, die zum Beratungsgegenstand einen sachlichen Bezug haben.

Jede Bischofssynode hat mehrere vom Papst ernannte besondere Sekretäre, deren Amt wie auch das sämtlicher Mitglieder mit Abschluß der jeweiligen Versammlung erlischt.

5. Verwaltung (can. 348 § 1)

Die Bischofssynode hat ein *ständiges Generalsekretariat,* dem der vom Papst ernannte Generalsekretär vorsteht, und zwischen den Versammlungen einen *Sekretariatsrat,* dem sowohl von der Synode gewählte als auch vom Papst ernannte Bischöfe angehören. Der Auftrag dieses Sekretariatsrats endet mit der Konstituierung der nächsten Bischofssynode.

(Zum Ganzen s. MP „Apostolica Sollicitudo" vom 15. 9. 1965, in: AAS 57, 1965, 775–780; deutsch: NKD 12, 50–61).

§ 32. Die Kardinäle
(cann. 349–359)

1. Begriff (cann. 349, 350, 352 § 1)

Die Kardinäle sind Mitglieder des *Kardinalskollegiums,* die entweder kollegialiter oder als einzelne in den ihnen zugewiesenen Ämtern dem Papst in der Sorge für die Gesamtkirche als Helfer und Berater zur Seite stehen.

Das „Heilige Kollegium", mit einem Dekan (Titularbischof von Ostia) als primus inter pares an der Spitze, besteht aus *drei Klassen* (ordines):
Kardinalbischöfe: die Titularbischöfe der suburbikarischen Diözesen und die Patriarchen der (unierten) Ostkirchen, falls sie das Kardinalat erhalten (der Patriarchensitz ist ihre Titelkirche);
Kardinalpriester mit einer römischen Titelkirche;
Kardinaldiakone mit einer römischen Diakonie.

Nur der geringere Teil der Kardinäle residiert in Rom (Kurienkardinäle); die meisten sind Diözesanbischöfe. Alle Kardinäle sind Bischöfe. Falls ein Priester zum Kardinal promoviert wird, muß er die Bischofsweihe empfangen (can. 351 § 1).

2. Ernennung (can. 351)

Die Ernennung der Kardinäle erfolgt durch den Papst frei und unabhängig vor dem Kardinalskollegium. Die Ausgewählten müssen wenigstens Priester und besonders geeignet sein.

Bisweilen kündigt der Papst die Ernennung eines Kardinals an, verschweigt aber den Namen des Erwählten (reservatio in pectore). Der Betreffende genießt dadurch noch nicht die Rechte eines Kardinals; diese erwirbt er erst mit der Publikation seines Namens.

3. Tätigkeit (cann. 353–355, 359)

Als Kollegium werden die Kardinäle insbesondere im (ordentlichen oder außerordentlichen) Konsistorium tätig. Am ordentlichen Konsistorium nehmen wenigstens die in Rom anwesenden Kardinäle teil; zum außerordentlichen Konsistorium, in dem drängende und wichtige Einzelfragen behandelt werden, werden die Kardinäle der gesamten Welt einberufen. Außerdem wirken die Kardinäle als Leiter (Präfekten) oder Mitglieder in den Organen der Römischen Kurie an der Leitung der Weltkriche mit; die Präfekten der Kongregationen sind Mitglieder der Bischofssynode.

Das vornehmste Recht des Kardinalskollegiums ist die *Wahl des Papstes*. Bei Sedisvakanz geht die päpstliche Primatialgewalt nicht auf das Kollegium über; es hat vielmehr nur die laufenden Geschäfte zu erledigen, vor allem die Wahl des Papstes vorzubereiten.

Mit Vollendung des 80. Lebensjahres verlieren die Kardinäle das aktive Papstwahlrecht und die Mitgliedschaft in den Dikasterien der Römischen Kurie. Die Rechte als Mitglieder des Kardinalskollegiums werden hiervon nicht berührt.

Kardinäle in leitender Position an der Römischen Kurie sind nach Vollendung des 75. Lebensjahres gehalten, dem Papst ihren Rücktritt anzubieten.

§ 33. Die Römische Kurie

(cann. 360, 361)

Die Römische Kurie, deren sich der Papst bei der Ausübung seines obersten Hirtenamtes bedient und die in seinem Namen und seiner Autorität ihren Dienst ausübt, besteht aus:
1. dem Staatssekretariat (Secretaria Status seu Papalis);
2. dem Rat für die öffentlichen Angelegenheiten der Kirche (Consilium pro publicis Ecclesiae negotiis);
3. den Kongregationen;
4. den Gerichtshöfen;
5. anderen Behörden.

Ihre Aufgabenbereiche, Geschäftsordnungen und Zuständigkeiten sind durch besondere Normen geregelt (vgl. insbesondere die Apost. Konst. Pauls VI. vom 15. 8. 1967 „Regimini Ecclesiae", in: AAS 59, 1967, 885–928; deutsch in: NKD 10, 62–151).

Wenn im CIC der Begriff „Apostolischer oder Heiliger Stuhl" verwendet wird, meint er nicht nur den Papst, sondern auch die verschiedenen Behörden, wenn sich aus der Natur der Sache oder aus dem Textzusammenhang nichts anderes ergibt (can. 361).

I. Das Staatssekretariat und der Rat
für die öffentlichen Angelegenheiten der Kirche

1. Das Staatssekretariat

Es nimmt eine Vorrangstellung ein und wird vom Kardinalstaatssekretär geleitet. Er hat den Papst in seiner Sorge für die Gesamtkirche und in den Beziehungen zu den Kurialbehörden zu unterstützen. Hinzu kommen alle Angelegenheiten, die ihm vom Papst übertragen werden, und die Pflege des Kontaktes zu den Bischöfen, Legaten, Staatsregierungen und deren Gesandten wie auch zu Privatpersonen.

2. Der Rat für die öffentlichen Angelegenheiten der Kirche

Dieser wird vom Kardinalstaatssekretär in Personalunion geleitet und führt Verhandlungen mit den Staatsregierungen, insbesondere in politischen Fragen.

II. Die Kongregationen

Die Kongregationen sind primär Verwaltungsorgane, können aber Gesetzgebungsbefugnis haben und üben in Sonderfällen sogar Gerichtsbarkeit aus. Die Mitglieder (Kardinäle und Bischöfe) werden vom Papst ernannt. An ihrer Spitze steht jeweils der *Kardinalpräfekt.*
Es bestehen folgende Kongregationen:

1. S. Congregatio pro Doctrina Fidei.

Die Kongregation für die Glaubenslehre hat die Glaubens- und Sittenlehre zu schützen und zu fördern sowie neue Lehrmeinungen zu prüfen und gegebenenfalls zu verurteilen.
  a) Sie ist zuständig für die Entscheidung in Fragen des privilegium fidei und für die Dispens von der Zölibatsverpflichtung.
  b) Die Verfahren zum Schutz des Bußsakramentes werden hier durchgeführt; sie wird als Gericht tätig in Verfahren wegen sollicitatio.

2. S. Congregatio pro Ecclesiis Orientalibus.

Die Kongregation für die Ostkirchen ist zuständig für alles, was mit Personen, Disziplin und Ritus der (unierten) orientalischen Kirchen zu tun hat.

3. S. Congregatio pro Episcopis.

Der Kongregation für die Bischöfe obliegen:
a) die Errichtung und Neueinteilung von Diözesen, Provinzen und Regionen, vorbehaltlich der Kompetenz der Kongregationen für die Ostkirchen und für die Evangelisation der Völker;
b) die Ernennung von Bischöfen, Apostolischen Administratoren, Koadjutoren, Weihbischöfen, Militärvikaren und sonstigen Vikaren und Prälaten mit personaler Jurisdiktion;
c) die Aufsicht über die Bischöfe und Diözesen und alles, was mit Partikularkonzilien, Bischofsversammlungen und -konferenzen zu tun hat;
d) die Vorbereitung von Konsistorien.

4. S. Congregatio pro Sacramentis divinoque cultu.

Die Kongregation für die Sakramente und den Gottesdienst ist in zwei Sektionen gegliedert.
a) Die *erste Sektion* ist zuständig für die Disziplin der Sakramente und für die Erteilung von Dispensen (z. B. de matrimonio rato non consummato; Nüchternheitsgebot) und untersucht die Frage der Gültigkeit einer Weihe, sofern nicht das zuständige Gericht tätig werden muß.
b) Die *zweite Sektion* ist für alles zuständig, was den Gottesdienst des römischen Ritus und der übrigen lateinischen Riten betrifft.

5. S. Congregatio pro Clericis.

Die Kongregation für den Klerus ist zuständig für alles, was Person, Amt und pastoralen Dienst der in den Diözesen tätigen Geistlichen angeht. Sie ist in drei Ämter gegliedert:
a) für die geistliche, wissenschaftliche und theologische Fortbildung der Geistlichen; für Dienst und Disziplin des Diözesanklerus, für die Pastoralräte und Priesterräte;
b) für die Wortverkündigung und die katechetische Unterwei-

sung (in Verbindung mit der Kongregation für das katholische Bildungswesen);

c) für Erhaltung und Verwaltung des Kirchenvermögens und für Unterhalt und Versorgung der Geistlichen.

6. S. Congregatio pro Religiosis et Institutis saecularibus.

Die Kongregation für die Ordensleute und Säkularinstitute befaßt sich:

a) in der *ersten Sektion* mit den Angelegenheiten der Ordensinstitute des lateinischen Ritus und deren Angehörigen. Dazu gehören Errichtung, Leitung, Aufhebung der Institute;

b) in der *zweiten Sektion* mit den Säkularinstituten im gleichen Umfang wie die erste Sektion.

7. S. Congregatio pro Institutione catholica.

Die Kongregation für das katholische Bildungswesen hat drei Ämter:

a) für die Leitung, Disziplin und zeitliche Verwaltung der Priesterseminare; für Erziehung des Diözesanklerus und wissenschaftliche Ausbildung der Ordensleute und Säkularinstitute;

b) für kirchliche Universitäten, Fakultäten und Hochschulen;

c) für die übrigen Erziehungs- und Bildungseinrichtungen.

8. S. Congregatio pro Gentium Evangelizatione seu de Propaganda Fide.

Die Kongregation für die Evangelisation der Völker oder die Glaubensverbreitung hat die oberste Leitung des gesamten Missionswesens.

9. S. Congregatio pro Causis Sanctorum.

Die Kongregation für die Heiligsprechungen ist zuständig für die Durchführung von Selig- und Heiligsprechungen und für die Aufbewahrung der Reliquien.

III. Die Gerichtshöfe

1. S. Paenitentiaria Apostolica.

Die Apostolische Pönitentiarie wird geleitet vom Kardinalgroß-pönitentiar und ist zuständig für alles, was den inneren Bereich betrifft (forum internum etiam non sacramentale). In diesem Bereich verleiht sie Gnaden, Absolutionen, Dispensen, Umwandlungen von Verpflichtungen, Sanationen (Ehe) und Kondonationen. Außerdem gehört zu ihrem Aufgabenbereich das *Ablaßwesen* (die dogmatische Seite steht der Kongregation für die Glaubenslehre zu).

2. Supremum Signaturae Apostolicae Tribunal.

Die Apostolische Signatur ist der oberste Gerichtshof der Kirche und oberste Behörde der Gerichtsverwaltung. Sie besteht aus zwei Sektionen.

3. Sacra Romana Rota.

Die Römische Rota ist vornehmlich Berufungsgericht und für bestimmte Fälle auch erste Instanz.

Näheres über die Apostolische Signatur und die Römische Rota s. § 135.

IV. Die Sekretariate

Die Sekretariate sind nicht oberste Verwaltungsbehörden, sondern Organe zur Pflege des Kontaktes und des Studiums mit besonderem Auftrag.

1. Secretariatus ad Christianorum unitatem fovendam.

Das Sekretariat zur Förderung der Einheit der Christen hat die Beziehungen zu anderen Kirchen und kirchlichen Gemeinschaften zu pflegen und die ökumenischen Bemühungen zu fördern.

2. Secretariatus pro non Christianis.

Das Sekretariat für die Nichtchristen sucht die Begegnung mit Nichtchristen, die aber eine Religion bekennen oder eine religiöse Gesinnung haben.

3. Secretariatus pro non credentibus

Das Sekretariat für die Nichtglaubenden widmet sich dem Studium des Atheismus und nach Möglichkeit dem Gespräch mit den Nichtglaubenden.

V. Ämter

Die Ämter sind reine Verwaltungsbehörden. Die wichtigsten sind:

1. *Die Apostolische Kanzlei* mit dem Kardinalkanzler an der Spitze hat zur Aufgabe, päpstliche Dekretalschreiben, Apostolische Schreiben in Form der Bulle oder des Breve abzufassen.

2. *Die Präfektur für die Wirtschaftsangelegenheiten* des Apostolischen Stuhles wird von einer Kommission von drei Kardinälen geleitet und überwacht die Verwaltung der Güter des Apostolischen Stuhls.

3. *Die Apostolische Kammer* mit dem Kardinalkämmerer an der Spitze verwaltet während der Sedisvakanz die zeitlichen Güter und Rechte des Apostolischen Stuhls.

4. *Die Vermögensverwaltung des Apostolischen Stuhls* wird von einem Kardinalpräses geleitet, dem ein Rat von Kardinälen zur Seite steht, und hat je eine Sektion für ordentliche und außerordentliche Angelegenheiten.

5. *Die Präfektur des Apostolischen Palastes* hat die Leitung des Apostolischen Palastes (Audienzen, päpstliche Zeremonien) und die Assistenz des Papstes, wenn er sich außerhalb des Vatikans aufhält.

6. *Das Amt für das Personal des Apostolischen Stuhls.*

7. *Das statistische Amt.*

§ 34. Die päpstlichen Gesandten
(cann. 362–367)

Der Papst hat das angeborene und unabhängige Recht, seine Gesandten (legati) zu ernennen, zu entsenden und zurückzurufen. Dieses aktive Gesandtschaftsrecht, dem das passive korrespondiert, dient der Pflege der Verbindung mit den Ortskirchen und der Beziehungen zu den Staaten oder internationalen Organisationen (can. 362).

1. Gesandte und Delegierte (can. 363)

Der CIC unterscheidet päpstliche Gesandte und Delegierte bzw. Beobachter.

a) Die *päpstlichen Gesandten* sind zu den Teilkirchen und (gleichzeitig) zu den Staaten bzw. öffentlichen Autoritäten entsandt und vertreten ständig (stabili modo) den Papst.

b) *Delegierte und Beobachter* vertreten den Apostolischen Stuhl bei internationalen Organisationen und Konferenzen.

c) Der „Legatus a latere" ist ein Kardinal, den der Papst mit einem genau bestimmten besonderen Auftrag als sein „alter ego" entsendet (can. 358).

2. Aufgaben (cann. 364, 365)

Die hauptsächlichen Aufgaben der päpstlichen Gesandten sind: die Stärkung der Einheit zwischen dem Apostolischen Stuhl und den Teilkirchen; Beobachtung und Berichterstattung an den Heiligen Stuhl über das kirchliche Leben in den Ortskirchen; Unterstützung der Bischöfe bei ihrem Hirtendienst unter Wahrung ihrer eigenständigen Rechte; Kontakte zu den Bischofskonferenzen; Einleitung des Informativprozesses über Kandidaten für das Bischofsamt; Mitwirkung an der Sicherung des Friedens, des Fortschritts und der Zusammenarbeit der Völker; Förderung des Ökumenismus und des Kontaktes mit den nichtchristlichen Religionen; die Pflege freundschaftlicher Zusammenarbeit mit den Staatsregierungen (Konkordate und Kirchenverträge).

3. Das Verhältnis zum Ortsordinarius (can. 366)

Der Sitz der päpstlichen Gesandtschaft ist von der Leitungsvollmacht des Ortsordinarius exemt, ausgenommen sind Eheschließungen.

Der päpstliche Gesandte hat das Recht, in seinem gesamten Amtsbereich liturgische (auch bischöfliche) Funktionen vorzunehmen, allerdings sollte er vorher möglichst den Ortsordinarius unterrichten.

4. Beendigung des Amtes (can. 367)

Bei Sedisvakanz endet das Amt des päpstlichen Gesandten in der Regel nicht; wohl aber:
– mit Beendigung seines Auftrages;
– durch seine Rückberufung;
– durch seinen vom Papst angenommenen Amtsverzicht.

Zweiter Abschnitt: Die Teilkirchen und ihre Verbände (cann. 368–572)

§ 35. Die einzelnen Teilkirchen
(cann. 368–374)

Unter Teilkirchen versteht man bestimmte Teile des Gottesvolkes, in und aus denen die eine und einzige Kirche Jesu Christi existiert (can. 368). In der Regel gehören dazu ein fest umschriebenes Territorium und die darin wohnenden Gläubigen (can. 372 § 1). Die rechtmäßige Errichtung von Teilkirchen, die ipso iure die Rechtspersönlichkeit begründet, steht allein der höchsten kirchlichen Autorität zu (can. 373).
Teilkirche ist vor allem die Diözese. Es gibt aber noch andere Organisationsformen der Teilkirche, die der Diözese in der Regel rechtlich gleichgestaltet sind (s. unten 2–4).

1. Die Diözese (can. 369)

„Die Diözese ist der Teil des Gottesvolkes, der dem Bischof in Zusammenarbeit mit dem Presbyterium zu weiden anvertraut ist. Indem sie ihrem Hirten anhängt und von ihm durch das Evangelium und die Eucharistie im Heiligen Geist zusammengeführt wird, bildet sie eine Teilkirche, in der die eine, heilige, katholische und apostolische Kirche Christi wahrhaft wirkt und gegenwärtig ist."

2. Die Territorialprälatur oder Territorialabtei (can. 370)

Die Praelatura aut Abbatia territorialis bezeichnet einen (zahlen-mäßig kleineren) Teil des Gottesvolkes in einem fest umschriebe-nen Territorium. Der Territorialprälat oder -abt hat die Rechte eines Diözesanbischofs.

Die Militärvikariate sind personal umschriebene Verbände mit eigener Jurisdiktion (s. auch § 48, II).

3. Das Apostolische Vikariat oder die Apostolische Präfektur (can. 371 § 1)

Sie sind Teilkirchen in den Missionsgebieten, wo eine Diözese wegen besonderer Umstände noch nicht errichtet werden kann. Der Apostolische Vikar oder Präfekt üben die Leitungsgewalt im Namen des Papstes aus.

4. Die Apostolische Administratur (can. 371 § 2)

Für sie gilt das unter 3. Gesagte, allerdings außerhalb der Mis-sionsgebiete.

5. Aufteilung der Teilkirchen (can. 374)

Die Teilkirchen werden in Pfarreien untergliedert. Zur Förde-rung der pfarrübergreifenden Seelsorge können mehrere benach-barte Pfarreien zu Dekanaten zusammengefaßt werden (vgl. §§ 46, 47).

§ 36. Der Bischof
(cann. 375–402)

I. Das bischöfliche Amt
(cann. 375–380)

1. Die rechtliche Stellung des Bischofs (cann. 375, 376)

Die Bischöfe sind als Nachfolger der Apostel kraft göttlicher An-ordnung die ordentlichen Hirten der Kirche. Durch die Bischofs-konsekration erhalten sie mit dem Amt der Heiligung auch die

Ämter der Lehre und der Leitung, die sie freilich nur unter dem
Haupt und zusammen mit den Gliedern des Bischofskollegiums
ausüben können. Das bischöfliche Amt ist göttlichen Rechtes
und kann selbst vom Papst nicht aufgehoben werden (zum Verhältnis des Papstes zum Bischofskollegium s. § 30).
Diözesanbischöfe sind alle Bischöfe, denen die Leitung eines
Bistums übertragen ist; *Titularbischöfe* haben entweder früher
eine Diözese geleitet oder sind als Koadjutoren bzw. Auxiliarbischöfe einem bestimmten Bistum zugewiesen oder üben sonst
ein Amt in der Kirche aus.

2. *Ernennung (can. 377)*

Dem Papst steht die freie Ernennung der Bischöfe bzw. die Bestätigung eines rechtmäßig Gewählten zu.

Die Bischöfe einer Kirchenprovinz oder die Bischofskonferenz sollen
dem Apostolischen Stuhl alle drei Jahre eine gemeinsame Liste mit für
das Bischofsamt geeigneten Kandidaten aus dem Welt- oder Ordenskle-
rus vorlegen. Das Recht des Diözesanbischofs, von sich aus geeignete
Kandidaten zu benennen, bleibt hiervon unberührt.

Ist ein Bischofsstuhl zu besetzen oder ein Koadjutor zu ernennen, ist
es Sache des päpstlichen Legaten, die Vorschläge des Metropoliten und
der Suffraganbischöfe, zu deren Provinz der vakante Stuhl gehört, sowie
den Vorschlag des Vorsitzenden der Bischofskonferenz zusammen mit
seinem eigenen Votum dem Apostolischen Stuhl mitzuteilen. Der Legat
muß außerdem einzelne Mitglieder des Kollegiums der Konsultoren und
des Domkapitels der vakanten Diözese geheim hören und, falls es vorteilhaft erscheint, andere Geistliche und Laien.

Diese allgemeine Norm gilt nur, wenn nicht etwas anderes, etwa aufgrund von Konkordaten, gilt.

Die Bitte eines Diözesanbischofs um einen Weihbischof soll zugleich
mit dem Vorschlag von wenigstens drei für dieses Amt geeigneten Priestern verbunden sein.

Durch die

Konkordate

mit einzelnen deutschen Ländern (Bayern, Preußen, Baden) und mit dem
Deutschen Reich ist die *Besetzung der deutschen Bischofsstühle* wie folgt
geregelt:

a) *Bayern:* Der Heilige Stuhl hat volle Freiheit in der Ernennung der
Erzbischöfe und Bischöfe. Jedoch hat ihm bei Erledigung eines Stuhles
das beteiligte Domkapitel eine Liste von geeigneten Kandidaten zu unterbreiten, und der Apostolische Stuhl behält sich unter diesen wie unter

den alle drei Jahre von den Bischöfen und Kapiteln zu bezeichnenden Kandidaten freie Auswahl vor, setzt sich aber vor der Publikation der Ernennungsbulle mit der Regierung in Verbindung, um sich zu vergewissern, ob gegen den Kandidaten Bedenken politischer Art (Politische Klausel) bestehen,

b) *Preußen:* Nach Erledigung eines Bischofsstuhles reichen sowohl das betreffende Domkapitel wie alle Diözesanbischöfe dem Papst Listen von geeigneten Kandidaten ein. Unter Würdigung dieser Listen benennt der Heilige Vater dem Kapitel drei Personen, aus denen es den Bischof zu wählen hat. Der Heilige Stuhl ernennt niemand zum Bischof, von dem nicht das Domkapitel nach der Wahl durch Anfrage bei der Regierung festgestellt hat, daß politische Bedenken nicht bestehen. Unter Umständen kann der Papst auch Personen, die nicht auf den Listen stehen, auswählen.

c) *Baden:* Nach Erledigung des Erzbischöflichen Stuhles von Freiburg reicht das Domkapitel (ergänzt durch vier nichtresidierende Ehrendomkapitulare) dem Heiligen Stuhl eine Liste von geeigneten Kandidaten ein. Unter Würdigung dieser und der vom Erzbischof jährlich einzureichenden Liste benennt der Papst dem Domkapitel drei Kandidaten zur freien Auswahl. Unter den drei Benannten wird mindestens einer Angehöriger der Erzdiözese Freiburg sein. Vor der Ernennung des Gewählten wird sich der Heilige Stuhl bei der Regierung vergewissern, ob gegen ihn nicht Bedenken allgemein politischer Art bestehen.

d) Für die Diözesen *Mainz, Meißen* und *Rottenburg* gelten zufolge des Reichskonkordats die Bestimmungen für Baden.

In *Österreich* legen die Diözesanbischöfe bei Vakanz eines Bistums dem Apostolischen Stuhl Listen geeigneter Kandidaten vor, an die dieser aber nicht gebunden ist. Bei Erledigung des Erzbischöflichen Stuhls von *Salzburg* wählt das Metropolitankapitel aus einem Dreiervorschlag des Apostolischen Stuhls den neuen Erzbischof. Vor der Ernennung eines Diözesanbischofs fragt der Apostolische Stuhl die Österreichische Bundesregierung an, ob sie gegen den zu Ernennenden Gründe allgemeinpolitischer Natur geltend machen kann.

Schweiz: Der Bischof von *Basel* wird frei durch das Domkapitel gewählt; das gleiche Recht steht dem Domkapitel von *St. Gallen* zu, wobei jeweils gewisse Beispruchsrechte kantonaler Gremien zu berücksichtigen sind. In *Chur* wählt das Domkapitel aus einem Dreiervorschlag des Apostolischen Stuhles. In den übrigen Bistümern gilt das freie Ernennungsrecht des Papstes.

3. Die kanonische Eignung (can. 378)

Folgende Eigenschaften werden für die Eignung zur Übernahme des Bischofsamtes verlangt:

a) Glaubenstreue, gute Sitten, Frömmigkeit, Seeleneifer, Klugheit, menschliche Tugenden und die übrigen für das vorgesehene Amt erforderlichen Gaben;
b) guter Ruf;
c) Vollendung des 35. Lebensjahres;
d) Vollendung des ersten Jahrfünfts seit der Priesterweihe;
e) Doktorat oder wenigstens Lizentiat in den Bibelwissenschaften, der Theologie oder dem kanonischen Recht oder wenigstens eine ausreichende Erfahrung in diesen Disziplinen.

Das endgültige Urteil über die Eignung eines Kandidaten steht allein dem Apostolischen Stuhl zu, der sich darüber im sogenannten Informativprozeß vergewissert.

4. Die Weihe (can. 379)

Wenn eine rechtmäßige Behinderung nicht vorliegt, muß der Ernannte innerhalb von drei Monaten nach Empfang der Ernennungsurkunde noch vor Übernahme seines Amtes die Bischofskonsekration empfangen. Die Bischofsweihe darf von einem Bischof nur mit päpstlichem Auftrag gespendet werden (can. 1013).

5. Der Amtsantritt (can. 380)

Vor der Amtsübernahme (canonica possessio officii) muß der Kandidat das Glaubensbekenntnis ablegen und den Treueid gegenüber dem Apostolischen Stuhl nach dem vorgeschriebenen Formular leisten.

II. Der Diözesanbischof
(cann. 381–402)

1. Die rechtliche Stellung (cann. 381, 391)

Der Diözesanbischof hat *ordentliche, eigenberechtigte* und *unmittelbare Gewalt* (potestas ordinaria, propria et immediata) zur Ausübung seines Hirtenamtes innerhalb der ihm anvertrauten Diözese mit Ausnahme dessen, was von Rechts wegen oder durch päpstlichen Entscheid der höchsten kirchlichen Autorität vorbehalten ist. Er hat demnach das Recht und die Pflicht, sein Bistum mit der gesetzgebenden, verwaltenden und richterlichen Gewalt gemäß den Normen des Rechtes zu leiten.

Den Diözesanbischöfen sind die Leiter der nichtdiözesanen Teilkirchen gleichgestellt.

a) Die *Gesetzgebungsgewalt* übt ausschließlich der Diözesanbischof selber aus. Er kann Diözesangesetze erlassen, aufheben, ändern, authentisch interpretieren und davon dispensieren. Von den allgemeinen Kirchengesetzen kann er dispensieren, wenn es das Wohl der Gläubigen erfordert und ein Vorbehalt der höchsten Autorität nicht besteht.

b) Die *Verwaltung* der Diözese übt er selbst oder durch den General- bzw. Bischofsvikar aus. Bei manchen Verwaltungsakten hat der Diözesanbischof das Anhörungs- oder Zustimmungsrecht Dritter (Priesterrat; Kollegium der Konsultoren) zu beachten. In allen diözesanen Rechtsgeschäften vertritt er das Bistum (can. 393).

c) Die *Rechtsprechung* überträgt der Diözesanbischof in der Regel dem Offizial (vicarius iudicialis; vgl. can. 1420), dem es (zusammen mit den Diözesanrichtern) zukommt, die Diözesangerichtsbarkeit auszuüben.

2. *Amtsübernahme und Verzicht (cann. 382, 401)*

a) Vor der *Besitzergreifung* der Diözese (canonica possessio) kann der ernannte Bischof sein Amt nicht ausüben. Hatte er vorher in derselben Diözese ein Amt inne (z. B. Diözesanadministrator, General-, Bischofsvikar), behält er bis zur Besitzergreifung die entsprechenden Vollmachten.

Die Besitzergreifung muß innerhalb von *vier Monaten* nach Erhalt des Apostolischen Ernennungsschreibens erfolgen, falls der Ernannte noch nicht Bischof ist, sonst innerhalb von *zwei Monaten*.

Die Besitzergreifung erfolgt möglichst während eines Gottesdienstes in der Kathedrale durch die Vorlage des Apostolischen Ernennungsschreibens (persönlich oder durch einen Stellvertreter) vor dem Kollegium der Konsultoren in Anwesenheit des Kanzlers der Kurie, der die Sache aktenkundig zu machen hat.

b) Nach Vollendung des 75. Lebensjahres soll der Diözesanbischof dem Papst den Amtsverzicht anbieten; dasselbe gilt für den Bischof, der aus Krankheits- oder anderen Gründen seine Aufgaben nicht mehr zureichend erfüllen kann.

3. Die Pflichten des Diözesanbischofs (cann. 383–389, 392, 394–400)

a) Seine Hirtensorge hat sich zuerst um alle Christgläubigen seines Bistums zu bemühen. In rechter ökumenischer Gesinnung soll er aber auch den Nichtkatholiken begegnen und für die Nichtgetauften ein Zeuge der Liebe Christi sein. Sein besonderer Eifer hat den Priestern zu gelten; er soll sie als seine Mitarbeiter und Berater anhören, ihre Rechte schützen, auf die Erfüllung ihrer Pflichten achten, ihre geistliche und wissenschaftliche Bildung fördern sowie für ihren Unterhalt sorgen. Die Weckung geistlicher Berufe muß ihm ein besonderes Anliegen sein.

b) Als *oberstem Lehrer* seiner Diözese obliegt ihm die Verkündigung des Glaubens und die Sorge um die Einhaltung der Vorschriften über den Dienst am Wort Gottes, besonders die Predigt und die Katechese.

c) Als *Ausspender der Geheimnisse Gottes* hat er sich um die Heiligung der Gläubigen zu bemühen, damit sie durch die Feier der Sakramente in der Gnade wachsen.

An allen Sonn- und gebotenen Feiertagen muß er die heilige Eucharistie für seine Diözesanen feiern (Applikationspflicht).

d) Im Dienst der Einheit der Kirche ist es seine Aufgabe, darauf zu achten, daß kirchliche Disziplin und kirchliche Gesetze eingehalten werden.

e) Der Diözesanbischof hat *Visitationspflicht,* das heißt, er muß wenigstens innerhalb von fünf Jahren die gesamte Diözese besuchen und dabei Personen, katholische Einrichtungen, heilige Sachen und Orte visitieren. Exemte Orden unterliegen nur in den vom Recht vorgesehenen Fällen der bischöflichen Visitation. Die Visitationspflicht kann er auch durch Dritte (Bischof-Koadjutor, Auxiliarbischof, General-, Bischofsvikar u. a.) ausüben.

f) Er hat *Residenzpflicht.* Außer bei der visitatio liminum oder bei der Teilnahme an einem Konzil, an der Bischofssynode oder Bischofskonferenz oder wegen eines anderen ihm übertragenen Amtes darf er nicht länger als einen Monat von der Diözese abwesend sein.

g) Alle fünf Jahre hat er dem Papst über den Stand seines Bistums zu berichten (Quinquennalbericht) und im Berichtsjahr den Ad-limina-Besuch abzustatten.

4. Rechte (can. 390)

a) Der Diözesanbischof hat in seinem ganzen Bistum das Recht zum Gebrauch der Pontifikalien (die Funktion mit Bischofsstab und Mitra), außerhalb der Diözese nur mit ausdrücklicher oder begründeter präsumierter Zustimmung des Ortsordinarius.

Bezüglich der anderen Rechte (Spendung der Firmung, der Priesterweihe, der Weihe der heiligen Öle, Konsekrationen, Benediktionen usw.) siehe dort.

b) Der Diözesanbischof hat das Recht der speziellen Insignien (Brustkreuz, Ring, Hirtenstab, Mitra) und auf die Errichtung einer Kathedra (Thron). Sein Name wird im Hochgebet der heiligen Messe erwähnt. Er trägt den Titel Exzellenz.

§ 37. Die Koadjutoren und Auxiliarbischöfe

(cann. 403–411)

Wenn die Umstände es erfordern, können dem Diözesanbischof zur Unterstützung bei seinem Dienst Bischöfe als Helfer gegeben werden.

1. Einteilung (can. 403)

Das Recht unterscheidet:

a) Den *Auxiliarbischof* (Episcopus auxiliaris), der auf Bitten des Diözesanbischofs ernannt wird und *kein* Nachfolgerecht besitzt. Der Auxiliar-(Hilfs-)Bischof heißt im deutschen Spachbereich Weihbischof.

b) Den *Auxiliarbischof,* der aus schwerwiegenden Gründen, die auch in der Person des Diözesanbischofs liegen können (Krankheit, Alter), ernannt wird und mit *besonderen Vollmachten* ausgestattet ist, aber *kein* Nachfolgerecht besitzt.

c) Den *Bischof-Koadjutor,* der vom Apostolischen Stuhl ex officio ernannt wird; er hat *besondere Vollmacht* und das *Recht der Nachfolge* (Episcopus coadiutor cum iure successionis).

2. Funktionen (cann. 406, 407)

Die unter 1 b) und c) Genannten muß der Diözesanbischof zum Generalvikar ernennen; die unter 1 a) Genannten wenigstens zum Bischofsvikar, so daß sie nur seiner Autorität unterstehen. Die Bischöfe eines Bistums sollen brüderlich zusammenwirken und sich in wichtigen diözesanen und pastoralen Fragen beraten.

3. Sedisvakanz (can. 409)

Bei Eintritt der Sedisvakanz wird der Koadjutor ohne weiteres Diözesanbischof; die Auxiliarbischöfe behalten in der Regel ihre Vollmachten, haben sie aber unter der Autorität des Diözesanadministrators auszuüben, falls ein solcher ernannt ist (vgl. § 38).

4. Amtsantritt (cann. 404, 410, 411)

Der *Koadjutor* tritt sein Amt an mit Vorlage seiner Ernennungsurkunde vor dem Diözesanbischof und dem Kollegium der Konsultoren in Anwesenheit des Kanzlers; die *Auxiliarbischöfe* legen das apostolische Ernennungsschreiben nur dem Diözesanbischof in Anwesenheit des Kanzlers vor. Koadjutor und Auxiliarbischof haben Residenzpflicht wie der Diözesanbischof. Für dem Amtsverzicht der Koadjutoren und Auxiliarbischöfe gilt dasselbe wie für den Diözesanbischof (vgl. § 36, II, 2b).

Die Koadjutoren und Auxiliarbischöfe sind sogenannte *Titularbischöfe;* sie werden auf den Titel eines nicht mehr bestehenden Bistums (in partibus infidelium) geweiht, haben dort aber keine Jurisdiktion. Sie führen den Titel Exzellenz und genießen die Vor- und Ehrenrechte eines Bischofs, ausgenommen die Kathedra. Sie sind an Allgemeinen Konzilien mit beschließender Stimme teilnahmeberechtigt (can. 339 § 1) und haben Sitz und beschließende Stimme in den Partikularkonzilien und der Diözesansynode; sie sind Mitglieder der Bischofskonferenz und haben entsprechend deren Statuten beratende oder beschließende Stimme.

§ 38 Die interimistische Leitung der Diözese
(cann. 412–430)

I. Die Behinderung des Bischofs
(cann. 412–415)

Der Diözesanbischof kann *tatsächlich* (Gefangenschaft, Ausweisung, Verbannung, Krankheit) oder *rechtlich* (Kirchenstrafe) an der Ausübung seines pastoralen Dienstes behindert sein, wodurch ihm die Verbindung zu seinen Diözesanen nicht einmal schriftlich möglich ist.

1. Tatsächliche Behinderung (cann. 413, 414)

Bei tatsächlicher Behinderung übernimmt der *Bischof-Koadjutor* die Leitung der Diözese, falls der Apostolische Stuhl nichts anderes bestimmt hat. Gibt es keinen Koadjutor oder ist auch dieser behindert, übernimmt die Leitung ein *Weihbischof* oder der *Generalvikar* oder der *Bischofsvikar* oder ein sonstiger *Priester*. Die Reihenfolge muß vom Diözesanbischof sofort nach seinem Amtsantritt in einer Liste festgelegt werden. Wenn es einen Koadjutor und eine solche Liste nicht gibt, hat das Kollegium der Konsultoren einen Priester zum Leiter der Diözese zu wählen.

Der interimistische Leiter hat die Vollmachten eines Diözesanadministrators, aber nur solange die Behinderung des Diözesanbischofs andauert. Der mit der Diözesanleitung Betraute hat sofort den Apostolischen Stuhl von der Behinderung des Bischofs und von der eigenen Amtsübernahme zu unterrichten.

2. Rechtliche Behinderung (can. 415)

Ist der Diözesanbischof rechtlich (infolge einer Kirchenstrafe) an der Amtsausübung behindert, hat der *Metropolit* (oder der älteste Suffragan) den Heiligen Stuhl zu benachrichtigen, damit dieser Vorsorge treffen kann.

II. Die Sedisvakanz
(cann. 416–430)

Der bischöfliche Stuhl wird vakant (can. 416):
  a) durch den Tod des Inhabers;
  b) durch seinen vom Papst angenommenen Verzicht;
  c) durch seine Versetzung;
  d) durch seine Amtsenthebung.

Der Diözesanbischof hat bei Versetzung von der formellen Kenntnisnahme seiner Versetzung an bis zur Inbesitznahme des neuen Amtes in seinem bisherigen Bistum die Vollmachten und Pflichten eines Diözesanadministrators. Die Vollmachten des General- oder Bischofsvikars erlöschen, falls diese nicht Weihbischöfe sind (can. 418). Rechtsakte des

General- oder Bischofsvikars sind wirksam, bis sie vom Eintritt der Sedisvakanz Kenntnis erlangt haben (can. 417).

1. Der vorläufige Leiter der Diözese (cann. 419, 426)

Mit dem Eintritt der Sedisvakanz geht die Leitung der Diözese bis zur Bestellung eines Diözesanadministrators auf den (nach Weihejahren ältesten) *Weihbischof* über; falls es einen solchen nicht gibt, auf das *Kollegium der Konsultoren,* sofern der Apostolische Stuhl nichts anderes bestimmt hat. Dieser vorläufige interimistische Leiter der Diözese hat Vollmachten wie ein Generalvikar.

2. Der Diözesanadministrator (cann. 421–425, 427–430)

a) Das Kollegium der Konsultoren muß unverzüglich einberufen werden, um innerhalb von acht Tagen nach Bekanntwerden der Sedisvakanz einen Diözesanadministrator zu wählen. Die Wahl erfolgt nach den Normen der cann. 165–178 (s. oben § 15, I, 4c).

Er braucht nicht aus dem Kreis des Wahlkollegiums zu stammen, muß aber Priester und mindestens 35 Jahre alt sein und darf für den vakanten Bischofssitz nicht schon gewählt, ernannt oder präsentiert und auch nicht gleichzeitig der Ökonom des Bistums sein; zudem soll er die erforderliche Gelehrsamkeit und Klugheit besitzen.

b) Der Diözesanadministrator hat (mit bestimmten Ausnahmen) Rechte und Pflichten eines Diözesanbischofs von der Annahme der Wahl an; sie bedarf keiner Bestätigung.

Es gilt der Grundsatz: *„Sede vacante nihil innovetur"* (bezüglich der Verleihung von Pfarreien vgl. can. 525). Der Administrator darf nichts tun, was den Rechten der Diözese oder des Bischofs abträglich sein könnte. Er hat Residenz- und Applikationspflicht.

c) Das Amt des Diözesanadministrators erlischt in der Regel mit der Inbesitznahme des Bistums durch den neuen Bischof. Vorher kann es nur durch den Apostolischen Stuhl entzogen werden. Falls der Administrator amtsenthoben wird, verzichtet oder stirbt, muß ein neuer gewählt werden.

§ 39. Kirchenprovinz und Kirchenregion
(cann. 431–446)

1. Die Kirchenprovinz (cann. 431–434)

Zur Förderung der Seelsorge und der Beziehungen der Diözesanbischöfe untereinander werden benachbarte Diözesen zu *Kirchenprovinzen* mit einem genau umschriebenen Territorium
zusammengeschlossen und, falls es nützlich erscheint, können
mehrere Kirchenprovinzen (innerhalb einer Nation mit zahlrei-
chen Teilkirchen) zu *Kirchenregionen* verbunden werden. Exemte
Diözesen soll es künftig nicht mehr geben. Die Kirchenprovinz
ist immer eine juristische Person; die Kirchenregion kann mit
Rechtspersönlichkeit errichtet werden.

Das Recht zur *Errichtung* und *Umschreibung* dieser teilkirchli-
chen Verbände steht allein der obersten kirchlichen Autorität zu
nach Anhörung der betroffenen Bischöfe.

Die Autorität der Kirchenprovinz liegt beim *Provinzialkonzil
und beim Metropoliten.* Aufgabe des *Bischofskonventes einer Region* ist es, die allgemeine Seelsorge zu fördern und zu koordinieren; er besitzt jedoch nicht die Rechte einer Bischofskonferenz.

In Deutschland bestehen folgende Kirchenprovinzen:
Bamberg (mit Eichstätt, Speyer, Würzburg);
Köln (mit Aachen, Trier, Münster, Osnabrück, Limburg, Essen);
München-Freising (mit Augsburg, Passau, Regensburg);
Oberrheinische Kirchenprovinz (Freiburg mit Mainz und Rotten-
burg-Stuttgart);
Paderborn (mit Fulda und Hildesheim).
Die Bistümer Berlin und Dresden-Meißen sind unmittelbar dem Apo-
stolischen Stuhl unterstellt (exemte Bistümer). Außerdem gibt es in der
DDR die Apostolischen Administraturen: Erfurt-Meiningen (Anteil des
Bistums Fulda bzw. Würzburg); Görlitz; Magdeburg (Anteil des Erzbis-
tums Paderborn); Schwerin (Anteil des Bistums Osnabrück).
Österreich hat zwei Kirchenprovinzen: *Salzburg* mit Feldkirch, Graz-
Seckau, Gurk, Innsbruck; *Wien* mit Eisenstadt, Linz, Sankt Pölten.
In der *Schweiz* gibt es keinen Metropolitansitz; sämtliche Bistümer
sind direkt dem Apostolischen Stuhl unterstellt.

2. Die Partikularkonzilien (cann. 439–446)

Die Partikularkonzilien haben für die pastoralen Bedürfnisse des
Gottesvolkes Sorge zu tragen und besitzen hierfür *Leitungsvoll-*

macht, insbesondere unter Wahrung des allgemeinen Rechtes auch *Gesetzgebungsbefugnis* für Maßnahmen, die das Wachstum des Glaubens, die pastoralen Bemühungen und die Sittlichkeit wie die kirchliche Disziplin betreffen.

a) Ein *Plenarkonzil* (Versammlung für alle Teilkirchen derselben Bischofskonferenz) findet mit Zustimmung des Apostolischen Stuhles statt, sooft es die Bischofskonferenz für notwendig und nützlich erachtet. Dasselbe gilt für das Provinzialkonzil einer Kirchenprovinz, deren Grenzen sich mit den Grenzen einer Nation decken.

b) Ein *Provinzialkonzil* (Versammlung für die Teilkirchen einer Kirchenprovinz) wird abgehalten, wenn es die Mehrheit der Diözesanbischöfe einer Provinz für angemessen ansieht.

c) Beim Plenarkonzil ist es Sache der *Bischofskonferenz,* beim Provinzialkonzil die des *Metropoliten* (mit Zustimmung der Mehrheit der Suffraganbischöfe), die Versammlung einzuberufen, den Tagungsort zu bestimmen, die Tagesordnung festzusetzen und die Versammlung zu vertagen oder zu schließen.

Der *Vorsitzende* des Plenarkonzils wird von der Bischofskonferenz aus den Diözesanbischöfen gewählt; er bedarf der Approbation des Apostolischen Stuhles. Dem Provinzialkonzil präsidiert der Metropolit.

d) An den Partikularkonzilien nehmen teil:

aa) Mit *beschließendem Stimmrecht:* die Diözesanbischöfe, die Koadjutoren und Weihbischöfe, die Titularbischöfe, die im Auftrag des Apostolischen Stuhles oder der Bischofskonferenz in diesem Gebiet eine Funktion ausüben. Auch andere (emeritierte) Titularbischöfe des Territoriums *können* eingeladen werden und besitzen dann beschließendes Stimmrecht.

bb) Mit *beratendem Stimmrecht:* die General- und Bischofsvikare sämtlicher beteiligter Teilkirchen, Obere und Oberinnen der Ordensverbände und Gesellschaften des apostolischen Lebens nach Maßgabe der Bischofskonferenz bzw. der Bischöfe der Provinz, die Rektoren der kirchlichen und katholischen Universitäten, die Dekane der theologischen und kanonistischen Fakultäten, Rektoren der Priesterseminare nach Maßgabe der Bischofskonferenz bzw. der Bischöfe der Provinz.

Zudem *können* noch andere Priester und Laien mit beratendem Stimmrecht eingeladen werden. Auch Gästen kann die Teilnahme gestattet werden.

Am *Provinzialkonzil* nehmen außerdem noch je zwei gewählte Vertreter der Kathedralkapitel, des Priesterrates und des Pastoralrates jeder Diözese mit beratender Stimme teil.

e) Nach Abschluß eines Partikularkonzils muß der Vorsitzende die Akten dem Apostolischen Stuhl übersenden, ohne dessen Kenntnis Beschlüsse nicht verkündet werden dürfen.

3. Der Metropolit (cann. 435–438)

Der Erzbischof steht einer Kirchenprovinz vor. Das Amt ist immer mit dem Erzbistum verbunden, das der Papst als Metropolitansitz bestimmt oder anerkannt hat.

Dem Metropoliten stehen in den Suffraganbistümern ausschließlich folgende Rechte zu:

a) *Aufsicht* über Glauben und Kirchendisziplin mit der Pflicht, über Mißstände dem Apostolischen Stuhl zu berichten;

b) *Visitation* mit Billigung des Apostolischen Stuhls bei Vernachlässigung der Visitationspflicht seitens des Suffraganbischofs;

c) *Bestellung eines Diözesanadministrators* bei Vakanz eines Suffragansitzes, wenn das zuständige Gremium innerhalb der vorgeschriebenen Zeit einen solchen nicht gewählt hat oder der Gewählte die kanonischen Voraussetzungen nicht erfüllt (cann. 421 § 2, 425 § 3).

d) *Pontifikalhandlungen* in sämtlichen Kirchen der Kirchenprovinz, in einer fremden Kathedrale aber nur nach vorheriger Unterrichtung des Suffraganbischofs.

Der Metropolit hat die Pflicht, innerhalb von drei Monaten nach Empfang der Bischofsweihe bzw. Übernahme des Erzbistums selbst oder durch einen Stellvertreter das *Pallium* vom Papst zu erbitten; es ist Zeichen seiner in Gemeinschaft mit der Römischen Kirche auszuübenden Metropolitangewalt. Er darf es entsprechend den liturgischen Vorschriften innerhalb der ganzen Kirchenprovinz tragen.

Das Pallium ist ein mehrere Zentimeter breites weißes Wollband, ringförmig zusammengenäht und mit vier eingestickten schwarzen Seidenkreuzen geschmückt, vorne und rückwärts sowie auf der linken Schulter durch eine Nadel auf dem Meßgewand befestigt; ein kurzes Bandstück hängt auf der Vorder- und Rückseite in der Mitte herab, das ebenfalls mit je einem Kreuz versehen ist. Hergestellt wird es aus der in Sant'Agnese zu Rom geopferten und vom Papst geweihten Wolle von besonders für diesen Zweck gezogenen Lämmern.

Das *Metropolitangericht* ist ordentliche Berufungsinstanz für die erstinstanzlichen Gerichtsentscheidungen der Suffragangerichte (can. 1438 n. 1) und erste Instanz in Streitsachen, die Rechte und Güter der von den Suffraganbischöfen vertretenen juristischen Personen betreffen (can. 1419 § 2).

§ 40. Die Bischofskonferenzen
(cann. 447–459)

1. Grundsätzliches (cann. 447–449)

Die Bischofskonferenz ist als *ständige Einrichtung* der Zusammenschluß der Bischöfe eines bestimmten Landes oder Gebietes zur gemeinsamen Ausübung ihres Hirtenamtes. Sie hat die Aufgabe, die Verwirklichung des Dienstes der Kirche an den Menschen zu fördern, besonders durch Formen und Methoden des Apostolates, die auf die Zeitumstände und die örtlichen Erfordernisse abgestimmt sind. Zudem obliegt ihr die Pflege des Kontaktes mit anderen, besonders benachbarten Konferenzen.

Allein die oberste Kirchenautorität hat das Recht, Bischofskonferenzen zu errichten; sie sind juristische Personen des kanonischen Rechts. Sie haben Gesetzgebungskompetenz, die die Rechte der einzelnen Diözesanbischöfe notwendigerweise einschränkt. Die theologische und kirchenrechtliche Begründung für die Errichtung von Bischofskonferenzen ist in der Kollegialität der Bischöfe zu sehen.

2. Mitglieder (cann. 450, 454)

Mitglieder der Bischofskonferenz sind ipso iure alle *Diözesanbischöfe* und die ihnen rechtlich Gleichgestellten (nicht die Generalvikare), *Koadjutoren, Weihbischöfe* und die übrigen *Titularbischöfe* mit einem besonderen amtlichen Auftrag im betreffenden Gebiet. Die übrigen Titularbischöfe und die Apostolischen Legaten sind nicht Mitglieder von Rechts wegen.

Die Diözesanbischöfe und die ihnen Gleichgestellten sowie die Koadjutoren haben kraft gemeinen Rechtes beschließendes Stimmrecht. Die übrigen Mitglieder haben entsprechend den jeweiligen Konferenzstatuten beschließende oder nur beratende Stimme. Kein Stimmrecht hat diese Gruppe bei Erlaß oder Abänderung der Statuten.

3. Organisation (cann. 452, 453, 457, 458)

Entsprechend der vom Apostolischen Stuhl approbierten Statuten haben die Bischofskonferenzen folgende Organe:

a) Die *Vollversammlung,* die wenigstens einmal jährlich tagt;

b) den *Ständigen Bischofsrat,* der die Vollversammlung vorbereitet und für den Vollzug der Beschlüsse Sorge trägt sowie weitere ihm in den Statuten übertragene Aufgaben erfüllt;

c) das *Generalsekretariat,* das die laufenden Geschäfte der Bischofskonferenz und des Ständigen Bischofsrates besorgt und Kontakte zu benachbarten Bischofskonferenzen pflegt;

d) *Bischöfliche Kommissionen* und Ämter, die dem Zweck der Bischofskonferenz wirksam dienen sollen;

e) den *Vorsitzenden,* der von der Konferenz gewählt wird und sowohl der Vollversammlung als auch dem Ständigen Bischofsrat präsidiert. Er hat einen Stellvertreter (Pro-Praeses).

4. Kompetenz (can. 455)

a) Beschlüsse mit Verbindlichkeit für alle Mitglieder (decreta generalia) können nur über Gegenstände gefaßt werden, die das allgemeine Recht oder eine besondere Beauftragung des Apostolischen Stuhls der Bischofskonferenz zur Beschlußfassung zuweist. Solche Beschlüsse bedürfen zur Gesetzeskraft der Zweidrittelmehrheit der Mitglieder mit beschließendem Stimmrecht, der Billigung des Apostolischen Stuhles und der rechtmäßigen Promulgation. In allen übrigen Fällen liegt die Entscheidungsbefugnis beim jeweiligen Diözesanbischof.

b) Das MP „Ecclesiae sanctae" Pauls VI. vom 6. 8. 1966 (AAS 58, 1966, 757–787; deutsch in: NKD 3) nennt einige Aufgabenbereiche für die Bischofskonferenzen (I, 2.7.8.10.12.17.25):

– Erarbeitung von Richtlinien für die Verteilung der Geistlichen;

– Pflege der pastoralen Studien;

– angemessene Vergütung und Versorgung der Priester;

– Benennung von Bischofskandidaten;

– Abgrenzung von Diözesen, Provinzen, Regionen;

– Priester- und Seelsorgerat;

– priesterliche Kleidung.

Hinzu kommen u. a. Fragen der Liturgie (Muttersprache), des Rechtes der konfessionsverschiedenen Ehen (vgl. can. 1126), der Priesterausbildung und des Theologiestudiums, Lehrbeanstandungen, Probleme des gesellschaftlichen Lebens.

Die *Deutsche Bischofskonferenz* ist gemäß ihrem Statut vom 23. 10. 1976 (AfkKR 145, 1976, 543–552) im Sinne des geltenden Rechts errichtet, zusammengesetzt und organisiert.

Die *Bayerische Bischofskonferenz* und die *Westdeutsche Bischofskonferenz* sind nur pastorale Beratungsgremien. Die *Berliner Bischofskonferenz* dagegen ist als auctoritas territorialis vom Apostolischen Stuhl für die Teilkirchen der DDR anerkannt.

Der *Verband der Diözesen Deutschlands* besitzt den Status einer Körperschaft des öffentlichen Rechts und ist für Rechts- und Wirtschaftsfragen und für die überdiözesanen Finanz- und Haushaltsangelegenheiten der deutschen Diözesen zuständig.

Die *Österreichische* und die *Schweizerische* Bischofskonferenz sind ebenfalls entsprechend dem geltenden Recht konstituiert und organisiert.

§ 41. Die Diözesansynode
(cann. 460–468)

Die Diözesansynode ist kirchlichen Rechtes und hat keinen Anteil an der Leitungsgewalt über die Diözese. Sie ist eine Delegiertenversammlung aus Priestern und anderen Gläubigen des Bistums. Der Diözesanbischof ist auf ihr der *einzige Gesetzgeber*. Alle übrigen Teilnehmer haben nur beratende Funktion. Da der Diözesanbischof allein Gesetzgeber auf der Synode ist, unterschreibt nur er die Beschlüsse, die nur kraft seiner Autorität rechtskräftig werden können. Über die Erklärungen und Beschlüsse der Synode unterrichtet er den Metropoliten und die Bischofskonferenz (cann. 460, 466, 467).

1. Einberufung und Leitung (cann. 462, 468)

Die Synode ist vom *Diözesanbischof* einzuberufen, der sie auch suspendieren und auflösen kann. Er präsidiert der Versammlung, kann aber damit für einzelne Sitzungen den General- oder Bischofsvikar durch Spezialmandat betrauen. Bei Eintritt der Sedisvakanz oder bei Behinderung des Diözesanbischofs wird die Synode unterbrochen, bis der neue Bischof ihre Weiterführung oder Auflösung anordnet.

2. Teilnehmer (can. 463)

Einzuladen und zur Teilnahme verpflichtet sind:
- der Bischof-Koadjutor und die Weihbischöfe;
- die General- und Bischofsvikare und der Offizial;
- die Domkapitulare;
- die Mitglieder des Priesterrates;
- eine vom Diözesanbischof bestimmte Anzahl von Laien (auch Ordensangehörige), die vom Pastoralrat zu wählen sind;
- der Regens des Priesterseminars;
- die Dekane;
- wenigstens ein gewählter Priester jedes Dekanates;
- eine vom Diözesanbischof bestimmte Anzahl von gewählten Ordensoberen.

Zudem kann der Diözesanbischof noch weitere Synodalen aus dem Klerus, den Ordensleuten und den Laien berufen, die die gleichen Rechte wie die übrigen Mitglieder haben, falls der Bischof nichts anderes bestimmt.

Es können auch *Beobachter* aus anderen Kirchen und kirchlichen Gemeinschaften eingeladen werden.

3. Beratungsgegenstände (cann. 460, 465)

Die Diözesansynode dient der Unterstützung des Bischofs bei der Ausübung seines Amtes. Sie soll Fragen behandeln, die sich auf das Wohl des gesamten Bistums beziehen. Die Beratungsgegenstände werden in den Sitzungen frei diskutiert.

§ 42. Die Diözesankurie

(cann. 469–494)

Die Diözesankurie steht dem Diözesanbischof bei der Leitung des Bistums zur Seite und umfaßt alle Bereiche der Verwaltung und der Gerichtsbarkeit. Demgemäß gliedert sich die Diözesankurie im deutschsprachigen Raum in das Ordinariat (Generalvikariat) und das Offizialat (Konsistorium). Die Mitarbeiter der Kurie werden vom Diözesanbischof ernannt; sie haben das Versprechen treuer Pflichterfüllung abzulegen und sind zum Dienstgeheimnis verpflichtet (cann. 469–471).

Der Bischof hat für die Koordination und die Effektivität der

Diözesanverwaltung wie auch der Tätigkeiten der General- und Bischofsvikare Sorge zu tragen; wo es von Nutzen ist, kann er dafür einen *Moderator curiae,* möglichst den Generalvikar, ernennen. Er kann zudem einen *bischöflichen Rat* (consilium episcopale) errichten, dem die General- und Bischofsvikare angehören (can. 473).

Über das Diözesangericht s. beim Prozeßrecht (§ 133).

I. Die General- und Bischofsvikare
(cann. 475–481)

1. Begriff (cann. 475, 476)

a) In jedem Bistum ist vom Diözesanbischof möglichst nur ein einziger *Generalvikar* zu bestellen. Der Generalvikar besitzt im Bereich der Verwaltung für die gesamte Diözese ordentliche, stellvertretende Gewalt (potestas ordinaria vicaria) in spiritualibus et temporalibus, sofern sie nicht durch andere Generalvikare oder durch Bischofsvikare eingeschränkt ist.

b) Wenn es die ordnungsgemäße Leitung des Bistums erfordert, kann der Diözesanbischof einen oder mehrere *Bischofsvikare* bestellen, deren Amt *territorial* (für einen bestimmten Teil des Bistums), *funktional* (mit einem bestimmten Aufgabenbereich; z. B. Caritas und Soziales) oder *personal* (für eine bestimmte Personengruppe; z. B. Ritus, Sprachengruppe) eingegrenzt ist. Der Bischofsvikar besitzt für seinen Amtsbereich ordentliche, stellvertretende Gewalt wie der Generalvikar, so daß dieser Bereich dem des Generalvikars entzogen ist.

Das Amt des Bischofsvikars ist nach dem des Generalvikars konzipiert, so daß für beide – mit wenigen Ausnahmen – die folgenden Bestimmungen gelten.

2. Übernahme und Beendigung des Amtes (cann. 477, 481)

a) Generalvikar und Bischofsvikar werden vom Diözesanbischof frei ernannt und können von diesem frei abberufen werden. Der Bischofsvikar ohne Bischofsweihe wird auf bestimmte Zeit ernannt.

b) Die Jurisdiktion des General- wie des Bischofsvikars *endet:*
aa) durch *Ablauf der Amtszeit* (vor allem beim Bischofsvikar ohne Bischofsweihe);

bb) durch *Verzicht;*

cc) durch *Abberufung* seitens des Diözesanbischofs, (beim Bischof-Koadjutor und dem vom Apostolischen Stuhl mit besonderen Vollmachten ausgestatteten Weihbischof, die Generalvikare sein müssen, gilt Sonderrecht; can. 406);

dd) bei Eintritt der *Sedisvakanz,* ausgenommen der Generalvikar oder Bischofsvikar, der gleichzeitig Weihbischof ist (can. 409 § 2).

3. Persönliche Voraussetzungen (can. 478)

Beide müssen Priester und wenigstens 30 Jahre alt sein; den Doktorat oder Lizentiat im kanonischen Recht oder in der Theologie oder wenigstens in diesen Disziplinen Erfahrung besitzen sowie rechtgläubig, bewährt, klug sein und für ihre Aufgabe die nötigen Voraussetzungen mitbringen.

Sie dürfen nicht gleichzeitig Bußkanoniker und nicht mit dem Diözesanbischof blutsverwandt (bis zum vierten Grad) sein.

4. Amtsausübung (cann. 479, 480)

a) Beide haben für ihren Geschäftsbereich auf dem Gebiet der Verwaltung die Vollmachten, einschließlich der vom Apostolischen Stuhl gewährten ständigen Fakultäten, wie der Diözesanbischof auch zum Vollzug von Reskripten, mit Ausnahme dessen, was der Bischof sich vorbehalten hat oder wofür sie von Rechts wegen eines Spezialmandates bedürfen. Der Bischof kann aus dem Geschäftsbereich des Bischofsvikars auch Vorbehalte zugunsten des Generalvikars festsetzen.

b) Beide sind dem Bischof *Rechenschaft* schuldig und müssen ihm über die hauptsächlichen Angelegenheiten berichten. Vor allem sollen sie sich hüten, ihre Vollmachten gegen Absicht und Willen des Diözesanbischofs zu gebrauchen.

II. Der Kanzler und der Notar

(cann. 482–491)

1. Kanzler und Notar (cann. 482–485)

An jeder Kurie ist ein Kanzler (auch ein Laie) zu bestellen, der hauptsächlich für ordentliche Aktenführung und -aufbewahrung im Archiv zu sorgen hat. Er ist eo ipso Notar und Sekretär der Kurie. Beide können vom Diözesanbischof, nicht vom -administrator ohne Zustimmung des Kollegiums der Konsultoren, ihres Amtes enthoben werden.

Neben ihm können noch andere Notare bestellt werden, deren Schriftstücke oder Unterschriften öffentlichen Glauben genießen. In Sachen, die den guten Ruf eines Priesters berühren können, muß der Kanzler oder Notar ein Priester sein.

Über die Mitwirkung des Notars in Prozessen s. § 133, II, 4.

2. Das Bistumsarchiv (cann. 486–491)

Über die Einrichtung des Bistumsarchivs gibt es ausführliche Vorschriften (vgl. can. 486 ff.), von denen vor allem folgende genannt seien:

a) Neben dem allgemeinen Archiv ist ein *archivum secretum* zu unterhalten, worin die Geheimakten sorgfältigst aufzubewahren sind. Jedes Jahr sind die darin befindlichen Dokumente von Strafprozessen auf dem Gebiet der Sittlichkeit zu vernichten, falls die Verurteilten verstorben oder zehn Jahre seit Urteilsfällung vergangen sind. Nur eine knappe Zusammenfassung mit dem Urteilstenor soll weiter aufbewahrt werden.

b) Von den Archiven der Kathedral-, Kollegiat-, Pfarr- und anderen Kirchen sind Inventare oder Kataloge in doppelter Ausfertigung herzustellen, von denen die eine im örtlichen, die andere im bischöflichen Archiv bleibt. Urkunden mit historischem Wert sind sorgfältig zu verwahren.

c) Akten und Dokumente, die nicht der Geheimhaltung unterliegen, können gemäß den Diözesanvorschriften von Interessenten eingesehen oder entnommen werden.

III. Der Rat für wirtschaftliche Angelegenheiten und der Ökonom
(cann. 492–494)

1. Der Rat für wirtschaftliche Angelegenheiten (cann. 492, 493)

In jeder Diözese ist ein Rat für wirtschaftliche Angelegenheiten (consilium a rebus oeconomicis) einzurichten, den der Diözesanbischof oder sein Beauftragter leitet und dem wenigstens drei vom Bischof auf fünf Jahre (mit Wiederholungsmöglichkeit) ernannte Gläubige angehören, die in Wirtschaftsfragen sowie im zivilen Recht erfahren und die unbescholten sind.

Die nächsten Blutsverwandten und Verschwägerten des Diözesanbischofs sind von diesem Rat ausgeschlossen.

Neben den im Vermögensrecht geregelten Aufgaben (vgl. Fünftes Buch) hat der Rat für wirtschaftliche Angelegenheiten nach den Angaben des Bischofs den Haushaltsplan der Diözese aufzustellen und nach Ablauf des Haushaltsjahres die Rechnungsprüfung vorzunehmen.

2. Der Ökonom (can. 494)

Nach Anhörung des Kollegiums der Konsultoren und des Rates für wirtschaftliche Angelegenheiten ist in jedem Bistum vom Bischof ein *Ökonom* zu ernennen, der in Wirtschaftsfragen erfahren und besonders bewährt ist. Er wird auf fünf Jahre (mit Wiederholungsmöglichkeit) ernannt und kann vor Ablauf der Amtszeit nur aus triftigen Gründen und nach Anhörung der beiden auch bei der Ernennung gehörten Gremien vom Bischof abberufen werden.

Die *Aufgabe* des Ökonoms ist die Verwaltung und Bewirtschaftung des Bistumsvermögens unter der Autorität des Diözesanbischofs nach Weisung des Rates für wirtschaftliche Angelegenheiten, dem der Ökonom über Einnahmen und Ausgaben Rechenschaft ablegen muß.

Der Diözesanbischof kann ihm auch andere Vermögensverwaltungen übertragen (vgl. cann. 1276 § 1, 1279 § 2).

§ 43. Der Priesterrat und das Kollegium der Konsultoren
(cann. 495–502)

1. Begriff und Aufgabe des Priesterrates (cann. 495, 496, 500)

Der Priesterrat ist ein das Presbyterium einer Diözese repräsentierendes Beratungsorgan des Diözesanbischofs, das ihn bei der Leitung des Bistums in Fragen der Seelsorge zum Wohl der ganzen Diözese wirksam unterstützen soll. Er besitzt lediglich ein votum consultativum. Aus diesem Grund trägt er die Bezeichnung

Senat des Bischofs (senatus Episcopi). In den vom Recht vorge-schriebenen Fällen muß der Diözesanbischof den Priesterrat an-hören bzw. seine Zustimmung einholen (z.B. Errichtung, Veränderung, Aufhebung von Pfarreien, can. 515 § 2; vor Geneh-migung eines Kirchenneubaus, can. 1215 § 2; vor der amtlichen Profanierung einer Kirche, can. 1222 § 2; vor der Erhebung von Abgaben und Steuern, can. 1263).

Jeder Priesterrat muß vom Bischof approbierte *Statuten* haben, die den Normen der Bischofskonferenz entsprechen müssen und in denen der Wahlmodus festzulegen ist (can. 499).

2. Zusammensetzung (cann. 497–499)

Der Priesterrat setzt sich zusammen aus *gewählten, geborenen* und *ernannten* Mitgliedern, die Priester sein müssen. Diakone können demnach nicht Mitglied des Priesterrats sein.

a) Etwa die Hälfte des Priesterrates muß *gewählt* werden.

Aktives und passives Wahlrecht haben
– alle in der Diözese inkardinierten Weltpriester;
– nichtinkardinierte Weltpriester sowie Ordenspriester und Priester aus Gesellschaften des apostolischen Lebens, die sich in der Diözese auf-halten und ein Amt zum Wohl des Bistums innehaben. Die Statuten kön-nen auch noch anderen Priestern mit Wohnsitz oder Quasiwohnsitz im Bistum das Wahlrecht einräumen.
Der Wahlmodus soll die verschiedenen Dienste und Regionen des Bis-tums berücksichtigen.

b) *Geborene* Mitglieder sollen solche Priester sein, die von Amts wegen einen Bezug zum Priesterrat haben (z.B. Weih-bischöfe, Generalvikar, Referent für Priesterfragen und Priester-fortbildung).

c) Dem Diözesanbischof ist es unbenommen, weitere Mitglie-der frei zu *ernennen*.

3. Errichtung und Arbeitsweise (cann. 495, 500, 501)

In jeder Diözese *muß* ein Priesterrat errichtet werden. Die Mit-glieder werden auf höchstens fünf Jahre bestellt. Bei Sedisvakanz erlischt der Priesterrat; seine Aufgaben übernimmt in dieser Zeit das Kollegium der Konsultoren (s. unten 4.). Der neue Bischof muß innerhalb eines Jahres nach Übernahme seines Amtes einen neuen Priesterrat konstituieren.

137

Es ist Sache des Diözesanbischofs, den Priesterrat einzuberufen, ihm zu präsidieren, die zu behandelnden Fragen festzusetzen und Vorschläge entgegenzunehmen. Außer in den vom Bischof zu beachtenden Beispruchsrechten, soll dieser in allen wichtigen Fragen den Priesterrat hören. Ohne den Bischof kann er nicht tätig werden; seine Beschlüsse kann nur der Bischof rechtmäßig verkünden.

4. Das Kollegium der Konsultoren (can. 502)

Aus den Mitgliedern des Priesterrates ernennt der Diözesanbischof in freier Entscheidung mindestens sechs, höchstens zwölf Priester auf fünf Jahre, die das Kollegium der Konsultoren (collegium consultorum) bilden. Diesem Kollegium steht der Bischof vor, im Falle der Sedisvakanz der interimistische Leiter des Bistums oder, falls dieser noch nicht bestellt ist, das nach Weihejahren älteste Mitglied.

Das Beraterkollegium besteht zwar aus Mitgliedern des Priesterrates, ist aber von diesem unabhängig und ihm nicht verantwortlich. Es hat bestimmte Beispruchsrechte (z. B. Berufung des Ökonoms der Diözese, can. 494 § 1; vor Ausstellung des Weiheentlaßschreibens durch den Diözesanadministrator, can. 1018 § 1 n. 2; vor Vermögensverfügungen von besonderer Bedeutung, can. 1277; vor der Zustimmung zu Vermögensveräußerungen von bestimmtem Wert und vor der Veräußerung von Diözesanvermögen, can. 1292 § 1).

Insbesondere kommt es diesem Kollegium zu, bei Sedisvakanz den Diözesanadministrator zu wählen (can. 421 § 1) und das Apostolische Ernennungsschreiben des neuen Bischofs bei Besitzergreifung seiner Diözese entgegenzunehmen (can. 382 § 3).

Die Bischofskonferenz kann beschließen, daß die Aufgaben des Kollegiums der Konsultoren den Kathedralkapiteln übertragen werden (can. 502 § 3).

In den Apostolischen Vikariaten und Präfekturen übernimmt die Aufgaben des Priesterrates und des Beraterkollegiums ein aus wenigstens drei Missionaren bestehendes consilium missionis (can. 495 § 2, 502 § 4).

§ 44. Das Domkapitel
(cann. 503–510)

1. Begriff (cann. 503, 507, 508)

Das Dom- oder Kathedralkapitel umfaßt ein Kollegium von Priestern, dem an der Domkirche oder Kathedrale (wie dem Stifts- oder Kollegiatkapitel der Kollegiatkirche) die feierliche Gestaltung des Gottesdienstes übertragen ist. Dem Domkapitel obliegen zudem noch die vom Recht oder vom Diözesanbischof zugewiesenen Aufgaben.

Jedes Kapitel hat einen gewählten Vorsitzenden und entsprechend dem jeweiligen Herkommen noch andere Ämter (z. B. die Dignitäten, Dompropst, Domdekan). Der Bußkanoniker (paenitentiarius canonicus), der in der Diözese zugleich ein Amt mit Jurisdiktion im äußeren Bereich nicht innehaben darf, hat kraft Amtes ordentliche (nicht delegierbare) Vollmacht in foro sacramentali zur Absolution von nicht durch Urteil festgestellten Zensuren latae sententiae, soweit sie dem Apostolischen Stuhl nicht vorbehalten sind. Diese Vollmacht kann er in der ganzen Diözese auch gegenüber Fremden, gegenüber den Diözesanen auch außerhalb des Bistumsgebietes ausüben.

Hilfsgeistliche des Kapitels sind Domvikare, -präbendare, -benefiziaten, gelten aber nicht als Mitglieder des Kapitels.

2. Errichtung (can. 504)

Die Errichtung, Veränderung oder Aufhebung eines Domkapitels ist dem Apostolischen Stuhl vorbehalten.

3. Statuten (cann. 505, 506)

Jedes Kapitel hat eigene, vom Diözesanbischof genehmigte Statuten, die ohne seine Approbation weder geändert noch außer Kraft gesetzt werden können. In den Statuten sind unter Beachtung des Gründungsrechtes die Zahl der Kanoniker festzulegen, die liturgischen Dienste und sonstigen Aufgaben zu umschreiben, die Geschäftsordnung für die Sitzungen festzulegen und über die Insignien wie Einkünfte Anordnungen zu treffen.

4. Verleihung (can. 509)

Sämtliche Kanonikate werden nach Anhörung des Kapitels vom Diözesanbischof verliehen bzw. nach vorgängiger Wahl bestätigt.

139

In *Deutschland* gelten für die Verleihung der Kanonikate nach den *Konkordaten* vom allgemeinen Recht abweichende Bestimmungen.

a) *Bayern:* Die Besetzung der Kanonikate geschieht abwechselnd durch freie Übertragung des Diözesanbischofs nach Anhörung des Kapitels und durch Wahl der Kapitel mit Bestätigung des Bischofs.

b) *Preußen:* Die Kanonikate besetzt der Diözesanbischof abwechselnd nach Anhörung und mit Zustimmung des Kapitels. Die Domvikarien besetzt der Diözesanbischof nach Anhörung des Kapitels.

c) *Baden:* Die Besetzung der Kanonikate und der Dompräbenden geschieht durch freie Ernennung seitens des Erzbischofs abwechselnd nach Anhörung oder mit Zustimmung des Domkapitels.

d) Für *Mainz* und *Rottenburg-Stuttgart* sind nach dem Reichskonkordat die für Baden geltenden Bestimmungen anzuwenden.

Die nach dem alten Recht dem Domkapitel übertragene Aufgabe, Senat und Rat des Bischofs zu sein, ist im geltenden Recht dem Priesterrat übertragen. Die früher dem Kapitel eingeräumten Beispruchsrechte besitzt das vom Bischof aus dem Priesterrat berufene Kollegium der Konsultoren. Allerdings können aufgrund eines Beschlusses der Bischofskonferenz die Domkapitel zum Beraterkollegium bestellt werden (can. 502 § 3).

Die frühere interimistische Leitungsvollmacht des Domkapitels nach Eintritt der Sedisvakanz hat unter bestimmten Voraussetzungen ebenfalls das Kollegium der Konsultoren (can. 419; s. § 38, II, 1).

§ 45. Der Diözesanpastoralrat

(cann. 511–514)

Der Diözesanpastoralrat *kann,* wenn es von den Verhältnissen der Diözese her angebracht erscheint, eingerichtet werden mit dem Zweck, unter der Autorität des Diözesanbischofs seelsorgerliche Fragen zu beraten und praktische Vorschläge zu machen (can. 511).

Er ist demnach im Gegensatz zum Priesterrat ein nichtobligatorisches Beratungsorgan des Diözesanbischofs. Er wird auf Zeit errichtet und hört auf zu bestehen bei Sedisvakanz (can. 513).

Mitglieder, die in voller Gemeinschaft mit der Kirche stehen müssen, sollen neben Priestern und Angehörigen der Institute des gottgeweihten Lebens vor allem Laien sein, die die regionalen und gesellschaftlichen Bevölkerungsgruppen repräsentieren und eine Beziehung zur Apostolatstätigkeit haben. Der Diözesanpastoralrat wird vom Diözesanbischof nach Notwendigkeit, aber wenigstens einmal im Jahr einberufen und präsidiert. Die Art und Weise der Zusammensetzung regelt der Diözesanbischof (cann. 512, 514).

§ 46. Pfarrei, Pfarrer, Pfarrvikare
(cann. 515–552)

I. Die Pfarrei
(cann. 515–518)

Die Pfarrei ist eine eindeutig umschriebene, auf Dauer errichtete Gemeinschaft von Gläubigen innerhalb der Teilkirche, deren Seelsorge einem Pfarrer als ihrem eigenen Hirten (pastor proprius) unter der Autorität des Diözesanbischofs übertragen ist (can. 515 § 1).

Unter den Einzelgemeinden, in die der Bischof seine Diözese zur wirksamen Durchführung der Seelsorge aufgliedern muß, „ragen die Pfarreien hervor", „denn sie stellen in gewisser Weise die über den ganzen Erdkreis verbreitete sichtbare Kirche dar (repraesentant Ecclesiam)" (vgl. SC Art. 42).

Die *Errichtung, Aufhebung* oder *Veränderung* von Pfarreien steht allein dem Diözesanbischof – nach Anhörung des Priesterrates – zu. Die rechtmäßig errichtete Pfarrei ist juristische Person (can. 515 §§ 2 und 3).

In der Regel ist eine Quasipfarrei (= noch nicht kanonisch errichtete Pfarrei) der kanonischen Pfarrei rechtlich gleichgestellt (can. 516).

Im allgemeinen ist die Pfarrei *territorial* abgegrenzt, so daß alle Gläubigen, die im Pfarrgebiet Wohnsitz oder Quasiwohnsitz haben, Angehörige dieser Pfarrei sind und ihren eigenen Hirten haben. Wenn die Umstände es erfordern, können auch *Personalpfarreien* für eindeutig bestimmte Riten, Sprachengruppen, Nationalitäten, Berufsgruppen usw. errichtet werden (can. 518).

Hierzu gehören insbesondere die Militärpfarreien (Näheres s. § 48, II). Sonst gibt es im deutschsprachigen Raum kaum Personalpfarreien. Die Seelsorge für die fremdsprachigen Katholiken wird meist in den „Missiones cum cura animarum" ohne Pfarrei-Status ausgeübt. Studenten- und Hochschulgemeinden sind in der Regel keine kanonischen Pfarreien.

Wenn die Umstände es verlangen, kann die Seelsorge einer oder mehrerer Pfarreien mehreren Priestern *in solidum* übertragen werden, von denen einer als *Moderator* die Seelsorge und das gemeinsame Wirken dieser Priester leitet und dem Bischof verantwortlich ist (sog. Teampfarrei). Eine derart *kollegial* geleitete Pfarrei ist eine kanonische Pfarrei (can. 517 § 1). Vgl. S. 148 (III, 2).

Die volle Einverleibung einer Pfarrei in eine juristische Person (Domkapitel, Kloster) ist verboten („persona iuridica parochus ne esto"); bestehende volle Inkorporationen müssen aufgelöst werden (vgl. cann. 520 § 1, 510 § 1). Der Diözesanbischof (nicht der Diözesanadministrator) kann aber einem Ordensinstitut oder einer Gesellschaft des apostolischen Lebens eine Pfarrei übertragen, freilich muß sie dann einen eigenen Pfarrer haben oder die Seelsorge von mehreren Priestern in solidum gemäß den dafür geltenden Normen ausgeübt werden.

Es kann auch kanonische Pfarreien geben, deren Seelsorge wegen Priestermangels einem *Diakon oder Laien* oder einer Gemeinschaft von solchen Personen anvertraut wird mit der Maßgabe, daß der Diözesanbischof einen Priester bestellt, der mit den Vollmachten eines Pfarrers die Seelsorgearbeit leitet (can. 517 § 2).

II. Der Pfarrer
(cann. 519–538)

1. Begriff (cann. 519, 526)

Dem Pfarrer (parochus) ist die Seelsorge in einer Pfarrei unter der Autorität des Ortsbischofs anvertraut; als eigentlicher Hirt (pastor proprius) übt er in seiner Gemeinde den Dienst des Propheten-, Priester- und Leitungsamtes aus. Er hat ordentliche, eigenberechtigte Gewalt in seiner Pfarrei.

Der Pfarrer kann der eigentliche Hirt nur einer einzigen Pfarrei sein. Mitverwaltung mehrerer Pfarreien ist möglich. Eine Pfarrei kann umgekehrt nur einen Pfarrer haben; hinsichtlich des Pfarrerteams s. unten III, 2.

2. Eigenschaften (can. 521)

Das Recht stellt an die Person des Pfarrers verschiedene Anforderungen:

a) er muß die *Priesterweihe* empfangen haben (Gültigkeitsvoraussetzung);

b) er muß sich durch *Rechtgläubigkeit* und *Sittenstrenge* auszeichnen, *Seeleneifer* besitzen und jene Tugenden und Eigenschaften haben, die zur Leitung einer Pfarrei vom Recht verlangt werden.

3. Dauer des Pfarramtes (cann. 522, 538)

Im Interesse einer geordneten Seelsorge und der persönlichen Rechtssicherheit erfreut sich der Pfarrer einer relativen Festigkeit im Amt, das heißt, er wird auf unbestimmte Zeit (ad tempus indefinitum) ernannt und kann nur durch ein förmliches Rechtsverfahren gegen seinen Willen vom Pfarramt entfernt oder versetzt werden (vgl. cann. 1740–1747, 1748–1752; §§ 157, 158).

Den inamoviblen (unwiderruflichen), höchstens aus strafrechtlichen Gründen amovierbaren Pfarrer gibt es nicht mehr.

Der aus gerechtem Grund dem Bischof angebotene *Verzicht* auf das Pfarramt ist *annahmebedürftig*. Nach Vollendung des 75. Lebensjahres sollen die Pfarrer dem Diözesanbischof den Verzicht auf ihr Amt anbieten, der unter Berücksichtigung aller Umstände über die Annahme entscheidet. Soll ein Pfarrer nach Erreichung der Altersgrenze gegen seinen Willen amtsenthoben werden, ist das Verfahren nach cann. 1740–1747 (vgl. § 157) anzuwenden (Responsum der Pontificia Commissio decretis Concilii Vaticani II interpretandis vom 7. 7. 1978, in: AAS 70, 1978, 534).

4. Verleihung des Pfarramtes (cann. 523–525, 527)

a) Der Pfarrer wird vom *Diözesanbischof* ernannt und in sein Amt eingesetzt. Die freie Verleihung wird durch bestehende Präsentations- und Wahlrechte eingeschränkt.

Ist die Pfarrei einem Orden oder einer Ordensgemeinschaft anvertraut, ernennt der Bischof denjenigen, der vom Oberen präsentiert wurde oder zu dessen Ernennung er die Zustimmung erteilt hat (can. 682).

b) Bei Behinderung des Bischofs oder Vakanz des bischöflichen Stuhles stehen dem interimistischen Leiter der Diözese folgende Rechte zu:

aa) die *Einsetzung* oder *Bestätigung* eines Priesters als Pfarrer, der rechtmäßig präsentiert oder gewählt ist;

bb) *freie Ernennung* von Pfarrern, wenn die Sedisvakanz länger als ein Jahr dauert.

c) Der Diözesanbischof soll die Pfarrei nach Abwägung aller Umstände ohne Ansehen der Person demjenigen verleihen, den er zur Erfüllung der konkreten Seelsorgeaufgabe für geeignet hält. Um sich über die Geeignetheit, insbesondere auch über die konkrete Situation ein Urteil bilden zu können, soll der Bischof den Dekan konsultieren und sonstige Erhebungen – möglicherweise bei anderen Priestern und auch Laien – vornehmen.

d) Der ernannte oder instituierte Pfarrer übernimmt mit der *Besitzergreifung* der Pfarrei alle Rechte und Pflichten. Die Amtsübernahme (Investitur) erfolgt nach den örtlichen Gegebenheiten und Vorschriften. Der Bischof kann von der vorgesehenen Form aus gerechtem Grund dispensieren. In diesem Falle werden die Pfarrechte und -pflichten mit der Bekanntgabe der Dispens wirksam.

Bezüglich der Dispensvollmacht vgl. § 9, 2 d. Kraft Amtes besitzt der Pfarrer Beichtvollmacht in seinem Bereich (can. 968 § 1).

5. Aufgaben und Pflichten (cann. 528–535)

a) Zwei umfangreiche Canones (528, 529) umschreiben die pastoralen Tätigkeiten, zu denen der Pfarrer kraft seines Amtes von Rechts wegen verpflichtet ist (obligatione tenetur):

aa) die *Verkündigung des Wortes Gottes,* insbesondere durch die Predigt an Sonn- und Feiertagen und die katechetische Unterweisung;

bb) die katholische *Unterrichtung der Kinder und Jugendlichen;* das seelsorgerliche Bemühen um die *Fernstehenden* und *Nichtglaubenden;*

cc) er muß zudem Sorge tragen, daß die heilige Eucharistiefeier die Mitte seiner Gemeinde ist und die Gläubigen fromm die Sakramente feiern, insbesondere die Sakramente der *Eucharistie* und der *Buße* häufig empfangen, und daß das Gebet (auch in den Familien) gepflegt wird;

dd) als eifriger Hirte soll er die seiner Sorge anvertrauten Gläubigen kennen, sie zu Hause besuchen, an ihren Nöten, Ängsten und ihrer Trauer teilnehmen und sie stärken. Seine besondere Zuwendung hat den Armen, Kranken, Notleidenden, Einsamen, Fremden zu gelten. Den Eheleuten und Eltern soll er bei der Erfüllung ihrer Aufgaben helfen und das christliche Familienleben fördern;

ee) zudem soll er die Teilnahme der Laien an der Sendung der Kirche wecken und pflegen und ihre auf Ziele des Glaubens gerichteten Vereinigungen fördern. Er soll darauf hinwirken, daß die Gläubigen sich um die Pfarrgemeinschaft sorgen und daß sie sich der Diözese und Gesamtkirche zugehörig fühlen und an Werken, die diese Gemeinschaft fördern, teilnehmen und sie unterstützen;

ff) bei alledem ist die Zusammenarbeit mit dem Bischof und dem Presbyterium besonders wichtig.

b) Als *besondere Aufgaben* (functiones) des Pfarrers werden genannt:

aa) Spendung der Taufe;

bb) öffentliche Überbringung der heiligen Eucharistie an die Kranken der Gemeinde;

cc) Spendung der Firmung an Sterbende gemäß can. 883 n. 3;

dd) Spendung der Wegzehrung und Krankensalbung sowie Erteilung des Apostolischen Segens;

ee) Eheassistenz und Erteilung des Brautleutesegens;

ff) Vollzug der kirchlichen Begräbnisfeier;

gg) Weihe des Taufwassers in der österlichen Zeit;

hh) Durchführung von Prozessionen und Vornahme von feierlichen Segnungen außerhalb der Kirche;

ii) feierliche Eucharistiefeier an Sonn- und Feiertagen.

c) Zu den amtlichen Verpflichtungen des Pfarrers gehören außerdem:

aa) die *Residenzpflicht* im Pfarrhaus nahe der Kirche.

Der Bischof kann Ausnahmen genehmigen, vor allem, wenn der Pfarrer in einer Priestergemeinschaft wohnt.

Der Pfarrer hat Anspruch auf Urlaub (mit höchstens einem Monat im Jahr Abwesenheit von der Pfarrei), wenn nicht ein gewichtiger Grund dagegensteht. Die Tage geistlicher Stille (Exerzitien) werden nicht angerechnet.

Bei *Abwesenheit* des Pfarrers von der Pfarrei gilt folgendes: dauert die

Abwesenheit länger als eine Woche, ist der Bischof zu unterrichten. Für die Zeit der Abwesenheit ist entsprechend den diözesanen Vorschriften für die ordnungsgemäße Seelsorge Vorsorge zu treffen.

bb) Die *Applikationspflicht* an Sonn- und Feiertagen.

Bei rechtmäßiger Verhinderung kann diese Pflicht durch einen anderen Priester am vorgeschriebenen Tag oder durch den Pfarrer an anderen Tagen erfüllt werden. Hat der Pfarrer mehrere Pfarreien zu versorgen, kann er dieser Pflicht durch die Applikation einer heiligen Messe („pro universo sibi commisso populo") genügen.

cc) Die Führung der *Pfarrbücher* (Tauf-, Firm-, Ehe-, Totenbuch) und des *Pfarrarchivs* sowie anderer diözesanrechtlich vorgeschriebener Verzeichnisse und Karteien.

Im Taufbuch sind einzutragen: die Firmung, Statusveränderungen infolge Eheschließung, Empfangs der heiligen Weihen, ewiger Gelübde in einer Ordensgemeinschaft, Rituswechsels. Bei der Ausstellung eines Taufscheins sind diese Einträge immer zu vermerken.

Im Pfarrarchiv sind die Pfarrbücher und alle wichtigen Dokumente aufzubewahren.

dd) Mit dem *Pfarrsiegel* sind alle Standesurkunden und Akten von rechtlicher Bedeutung zu versehen, die zudem vom Pfarrer oder seinem Beauftragten zu unterzeichnen sind.

6. *Organe der Mitverantwortung (cann. 536, 537)*

a) Wenn der Diözesanbischof nach Beratung mit dem Priesterrat es für nützlich hält, ist in jeder Pfarrei ein *Pastoralrat* (consilium pastorale) einzurichten, in dem die Gläubigen zusammen mit den amtlichen Seelsorgern pastorale Fragen beraten und entsprechende Aktivitäten fördern sollen. Den *Vorsitz* in diesem Beratungsgremium führt der Pfarrer. Im übrigen gelten die diözesanen Bestimmungen (can. 536).

Dieser Pfarrpastoralrat darf mit dem in den meisten deutschen Bistümern bestehenden Pfarrgemeinderäten nicht gleichgesetzt werden. Diese Pfarrgemeinderäte sind zwar auch Pastoralräte mit beratender Funktion, gleichzeitig aber auch Organe des Laienapostolates mit Beschlußrecht. Allerdings ist dieses Beschlußrecht dadurch eingeschränkt, daß der Pfarrer aufgrund der durch sein Amt gegebenen pastoralen Verantwortung gegen einen Antrag vor der Abstimmung formell sein Veto einlegen kann, wodurch eine Beschlußfassung nicht möglich ist. Außerdem sind Beschlüsse, die der verbindlichen Glaubens- und Sittenlehre oder dem allgemeinen und diözesanen Kirchenrecht widersprechen, eo ipso nicht rechtsverbindlich.

Richtigerweise sieht der CIC für den Pfarrpastoralrat den Pfarrer als *Vorsitzenden* vor, da allein dem amtlich für die Seelsorge Verantwortlichen die Leitung dieses Gremiums zustehen kann. In den meisten deutschen Bistümern ist der Vorsitzende des Pfarrgemeinderates ein Laie, wodurch mehr der Charakter des Laienapostolates zum Ausdruck kommt.

Es ist kontrovers, ob diese Konstruktion des Organs der Mitverantwortung auf Pfarrebene (Doppelstellung mit beratender und beschließender Funktion), die im übrigen auf einen von Rom gutgeheißenen Beschluß der Gemeinsamen Synode der Bistümer in der Bundesrepublik Deutschland zurückgeht, mit dem allgemeinen Recht vereinbar ist oder ob ohne Sondergenehmigung des Apostolischen Stuhles das Partikularrecht geändert werden muß.

b) In jeder Pfarrei soll ein *Rat für Wirtschaftsangelegenheiten* (consilium a rebus oeconomicis) eingerichtet werden, in dem rechtmäßig ausgewählte Gläubige den Pfarrer bei der Verwaltung des Pfarrvermögens durch Hilfeleistung unterstützen. Das Alleinvertretungsrecht des Pfarrers in allen Rechtsgeschäften wird hiervon nicht berührt (vgl. cann. 537, 532).

Dieser Wirtschaftsrat hat nur beratende Funktion. Rechtsgeschäfte schließt der Pfarrer im Namen der Pfarrei alleinverantwortlich ab, haftet freilich auch dafür. Die im deutschen Sprachgebiet zur Verwaltung des Kirchenvermögens eingerichteten Organe (Kirchenvorstand, Kirchenverwaltung, Verwaltungsrat, Verwaltungsausschuß des Kirchengemeinderates, Stifungsrat, Pfarrkirchenrat) sind Vermögens*verwaltungs*räte mit Entscheidungs- und Vertretungsrecht. Diese partikularrechtlichen Vermögensverwaltungsräte sind wohl mit dem Pfarrwirtschaftsrat des CIC nicht zu vereinbaren. Da es für die Verwaltung des Pfarrvermögens sicher von Nachteil wäre, wenn fachlich mehr als der Pfarrer qualifizierte Laien auf diesem Gebiet nicht mehr verantwortlich mitwirken könnten, sollte eine Sondergenehmigung des Apostolischen Stuhles das Fortbestehen dieser Verwaltungsräte sichern.

III. Die übrigen Pfarrgeistlichen
(cann. 539–552)

1. Der Pfarradministrator (cann. 539–541)

Ist eine Pfarrei vakant oder der Pfarrer wegen Gefangenschaft, Verbannung, Ausweisung, schwerer Krankheit und ähnlichem an der Ausübung seines Hirtendienstes gehindert, muß der Diözesanbischof unverzüglich einen Priester zum *Pfarradministrator* (administrator paroecialis) bestellen.

Dieser hat in der Regel dieselben Pflichten und Rechte wie ein Pfarrer; er darf allerdings nichts tun, was den Rechten des Pfarrers abträglich oder dem Pfarrvermögen zum Nachteil sein könnte. Dem neuen Pfarrer gegenüber ist er Rechenschaft schuldig.

Bis zur Bestellung eines Pfarradministrators übernimmt bei Eintritt der Vakanz oder Behinderung des Pfarrers der (amtsälteste) *Pfarrvikar* oder der vom Diözesanrecht bestimmte Priester vorläufig die Leitung der Pfarrei; er hat den Ortsordinarius umgehend von der Vakanz der Pfarrei zu unterrichten.

2. Das Pfarrerteam (cann. 542–544)

Für die Priester, denen als Team eine oder verschiedene Pfarreien gesamtverantwortlich (in solidum) anvertraut sind, gelten bezüglich der persönlichen Eigenschaften und der Ernennung bzw. Einsetzung dieselben Normen wie für den Einzelpfarrer.

Der Leiter (Moderator) des Teams nimmt von seinem Amt in der für den Pfarrer vorgeschriebenen Weise Besitz; die übrigen zum Team zählenden Priester mit Ablegung des Glaubensbekenntnisses.

Die Pflichten des Pfarrers gemäß den einschlägigen Canones (528–530) nehmen die einzelnen Teammitglieder entsprechend der eigens festgesetzten Ordnung wahr. Die dem Pfarrer zukommende *Trauungs-* und *Dispensvollmacht* hat auch das einzelne Teammitglied und kann sie nach den Weisungen des Moderators ausüben.

Alle Priester des Teams haben *Residenzpflicht;* die *Applikationspflicht* obliegt demjenigen, der sie vereinbarungsgemäß zu übernehmen hat. Für Rechtsgeschäfte ist allein der Moderator zuständig.

Scheiden ein Priester oder der Moderator aus dem Team aus oder wird einer zur Ausübung seines Seelsorgedienstes unfähig, wird dadurch die Pfarrei *nicht vakant;* vielmehr muß der Diözesanbischof gegebenenfalls einen Moderator ernennen.

3. Der Pfarrvikar – vicarius paroecialis (cann. 545–552)

Wo es notwendig oder von Nutzen ist, können dem Pfarrer ein oder mehrere Pfarrvikare als Mitarbeiter (cooperatores) beigegeben werden, die unter seiner Autorität den Seelsorgedienst leisten.

Die Vikare müssen *Priester* sein und werden vom Diözesanbischof frei (möglicherweise nach Anhörung des Pfarrers und Dekans) für die gesamte Pfarrei oder einen bestimmten territorialen bzw. personalen Teil oder für bestimmte Aufgaben ernannt. Sie können aus jedem gerechten Grund vom Diözesanbischof oder Diözesanadministrator des Amtes enthoben werden.

Die Vikare haben als Helfer im Seelsorgedienst die Pflicht, den Pfarrer bei der Erfüllung seines amtlichen Dienstes zu unterstützen. Applikationspflicht besteht für sie nicht. Sie sollen über ihre pastoralen Aktivitäten den Pfarrer unterrichten und möglichst im Pfarrhaus mit ihm die vita communis pflegen.

Der Vikar hat keine allgemeine Trauungsvollmacht; sie kann ihm freilich vom Pfarrer oder Ortsordinarius generell (schriftlich) delegiert werden (can. 1111), was in der Regel der Fall ist.

Vertritt ein Vikar den abwesenden Pfarrer, hat er sämtliche Pflichten wie dieser, ausgenommen die Applikationspflicht. Die Vikare haben Anspruch auf Urlaub wie die Pfarrer.

§ 47. Die Dekane
(cann. 553–555)

1. Begriff und Ernennung (cann. 553–554)

Zur Förderung der Seelsorge sollen mehrere benachbarte Pfarreien zu Landdekanaten zusammengefaßt werden (can. 374 § 2), denen ein Dekan (Dechant) als Leiter vorsteht.

Das Dekanat führt auf der „mittleren pastoralen Ebene" die in den Pfarrgemeinden begonnene Zusammenarbeit und Arbeitsteilung fort. Es übernimmt oder unterstützt pastorale Aufgabe, die wegen ihrer speziellen Zielsetzung die Möglichkeiten der „unteren pastoralen Ebene" (Pfarrei, Pfarrverband) übersteigen. Seine Aufgabe ist es, Planungen und Entscheidungen des Bistums und gegebenenfalls der Region an seinen Raum anzupassen, für spezialisierte pastorale Angebote Sorge zu tragen und die Arbeit der nachgeordneten pastoralen Strukturen aufeinander abzustimmen (vgl. Gemeinsame Synode, Gesamtausgabe I, 698).

Der Dekan wird auf bestimmte Zeit vom Bischof ernannt oder
nach den Diözesanstatuten gewählt. Er braucht nicht aus der
Reihe der Pfarrer genommen zu werden. Der Diözesanbischof kann ihn aus gerechtem Grund abberufen.

2. Pflichten und Rechte (can. 555)

Nach dem allgemeinen Recht hat der Dekan:
a) die Aufsicht
aa) über die Seelsorge im Dekanat,
bb) über die Lebens- und Amtsführung der Geistlichen des
Dekanats,
cc) über die Einhaltung der liturgischen Vorschriften, die Sau-
berkeit und den Schmuck der Kirchen und der heiligen Gerätschaften (vor allem bei der Feier und Aufbewahrung der heiligen
Eucharistie), die ordnungsgemäße Führung und Verwahrung der
Kirchenbücher, die rechtmäßige Verwaltung des Kirchenvermögens und die Instandhaltung der Pfarrhäuser;
b) die Pflicht zur Einberufung und Durchführung der vorgeschriebenen Pastoralkonferenzen;
c) die Sorge für die spirituelle Bildung der Geistlichen des
Dekanates und vor allem für jene, die sich in schwierigen Situa-
tionen befinden;
d) die Sorge für schwer erkrankte und verstorbene Pfarrer
(geistliche und materielle Hilfe, würdige Beerdigung, Schutz der
Dokumente und Bücher, der heiligen Geräte usw. vor Vernichtung oder Entfernung);
e) Visitationspflicht in den Pfarreien des Dekanates nach Weisung des Diözesanbischofs.

Zu diesen allgemeinrechtlichen Pflichten des Dekans kommen noch
Aufgaben partikularrechtlicher Art, wie regelmäßige Berichterstattung
an den Bischof; Amtseinführung (Investitur) der Pfarrer; Vertretung des
Dekanates nach außen. Zudem ist der Dekan Dienstvorgesetzter der
hauptberuflichen Laienmitarbeiter im Dekanat und Vorsitzender oder
Vorstandsmitglied in Dekanatsgremien (Kapitel, Dekanatsrat).

Exkurs: Die Bistumsregion

Eine im CIC nicht vorgesehene pastorale Gebietseinheit bildet
die Region. Sie besteht aus mehreren benachbarten Dekanaten

und umfaßt einen Raum, der aufgrund kultureller und soziologischer Einheitlichkeit eine eigene pastorale Strukturform zwischen Dekanaten und Bistum erfordert. Sie ist Teil der „mittleren pastoralen Ebene" und fördert in ihrem Raum eine auf dessen Eigenart ausgerichtete Pastoral. Sie übernimmt solche Aufgaben, die das einzelne Dekanat nicht oder nur schwer erfüllen kann, und sorgt für spezialisierte Beratungsstellen.

Die Region wird vom *Diözesanbischof* nach Anhörung der beteiligten Dekanate *errichtet*.

Der *Regionaldekan* leitet die Region im Auftrag des Diözesanbischofs in Zusammenwirken mit einem Regionalpastoralrat oder einer Arbeitskonferenz. Er wird in der Regel gewählt und *auf bestimmte Zeit vom Bischof ernannt*.

Die Einzelheiten regelt das Statut für die Regionen der jeweiligen Diözesen (vgl. Gemeinsame Synode, Gesamtausgabe I, 700).

§ 48. Die Kirchenrektoren und Kapläne
(cann. 556–572)

I. Die Kirchenrektoren
(cann. 556–563)

1. Begriff und Ernennung (cann. 556, 557, 563)

a) Die Kirchenrektoren (rectores ecclesiarum) sind Priester, denen die Sorge für Kirchen anvertraut ist, die weder Pfarr- noch Stifts-, noch Klosterkirchen sind (z. B. Seminar-, Krankenhauskirche).

b) Die Ernennung des Kirchenrektors erfolgt frei durch den Diözesanbischof unter Wahrung eventueller Präsentations- oder Wahlrechte. Der Bischof kann den Rektor auch aus gerechtem Grund abberufen.

Ist die Kirche mit einem Seminar oder einer von Geistlichen geleiteten Anstalt verbunden, ist der jeweilige Vorsteher zugleich Rektor der Kirche, wenn der Ortsordinarius nichts anderes bestimmt.

2. Aufgaben (cann. 558–562)

Der Kirchenrektor darf in der Rektoratskirche pfarrliche Funktionen nicht vornehmen, wohl aber (auch festliche) Gottesdienste feiern, freilich so, daß dadurch nach dem klugen Urteil des Ortsordinarius der Pfarrgottesdienst keine Einbuße erleidet.

Falls es vorteilhaft erscheint, kann der Ortsordinarius dem Kirchenrektor vorschreiben, gewisse pfarrliche Funktionen für bestimmte Gemeinschaften von Gläubigen in seiner Kirche vorzunehmen.

Der Rektor hat die Einhaltung der liturgischen Vorschriften zu überwachen, die Rechtspflichten treu zu erfüllen, das Vermögen gewissenhaft zu verwalten und für die würdige Pflege und Instandhaltung der heiligen Gerätschaften wie der Kirche Sorge zu tragen.

Ohne die ordnungsgemäße Erlaubnis des Kirchenrektors oder eines anderen rechtmäßigen Vorgesetzten ist es niemandem gestattet, in der Rektoratskirche die heilige Eucharistie zu feiern, die Sakramente zu spenden oder andere gottesdienstliche Funktionen vorzunehmen.

II. Die Kapläne
(cann. 564–572)

1. Begriff und Aufgaben (cann. 564, 568, 569)

Als Kaplan wird ein Priester bezeichnet, dem *auf Dauer die Seelsorge für eine Gemeinschaft* (kirchliche Vereinigung, laikale Ordensniederlassung usw.) *oder für eine bestimmte Gruppe von Gläubigen* (Touristen, Studierende, Strafgefangene usw.) übertragen ist. Es handelt sich dabei um die sogenannte funktionale Seelsorge, die neben oder außerhalb der Pfarrseelsorge erfolgt. Insbesondere sollen Kapläne eingesetzt werden für Auswanderer, Heimatvertriebene, Flüchtlinge, Nichtseßhafte, Schiffsreisende, die von der ordentlichen Pfarrseelsorge nicht erreicht werden.

Für die *Militärgeistlichen* gelten eigene Normen. In der Bundesrepublik Deutschland die „Statuten für die Seelsorge in der Deutschen Bundeswehr" vom 31.7.1965 (AAS 57, 1965, 704–712; deutsch in: Dokumentation zur katholischen Militärseelsorge, hrsg. vom katholischen Militärbischofsamt, Bonn [3]1974, Heft 1,

S. 5–12). Die Militärgeistlichen unterstehen der Hirtengewalt des Militärbischofs, bleiben aber in ihrer Heimatdiözese inkardiniert. Sie genießen die Rechte und Vollmachten eines Pfarrers; besitzen also auch *allgemeine Trauungsvollmacht* für die ihnen anvertrauten Gläubigen (die katholischen Soldaten, Zivilbediensteten der Bundeswehr und deren Frauen und Kinder). Es handelt sich um eine „kumulative" Vollmacht mit dem Ortsordinarius oder Ortspfarrer und deren Delegierten.

2. Ernennung und Abberufung (cann. 565, 567, 572)

a) In der Regel wird der Kaplan vom Ortsordinarius ernannt bzw. bei Präsentation eingesetzt oder bei Wahl bestätigt. Handelt es sich um einen Kaplan für eine laikale Ordensniederlassung, ist vorher der Obere zu konsultieren, der nach Anhörung der Gemeinschaft einen Priester vorschlagen kann. Die Aufgabe eines solchen Hausgeistlichen ist die Feier bzw. Leitung der Gottesdienste; in die interne Leitung des Hauses darf er sich nicht einmischen.

b) Die *Abberufung* eines Kaplans erfolgt wie bei einem Kirchenrektor durch den Ortsordinarius (can. 563).

3. Vollmachten (cann. 566, 570)

Die Vollmachten eines Kaplans werden entsprechend den jeweiligen Erfordernissen der Seelsorge in der Ernennungsurkunde umschrieben. Kraft Amtes besitzt er die Vollmacht, den ihm anvertrauten Gläubigen die Beichte zu hören, zu predigen, die Wegzehrung und die Krankensalbung sowie in Todesgefahr die Firmung zu spenden.

Innerhalb von Krankenhäusern, Gefängnissen und auf Schiffen bei Seereisen hat er zudem die Vollmacht, von nicht vorbehaltenen Zensuren, die von selbst eingetreten, aber nicht festgestellt sind, zu absolvieren.

Gehört zu einer Gemeinschaft oder Personengruppe eine eigene Kirche, die nicht Pfarrkirche ist, ist der Kaplan gleichzeitig Kirchenrektor.

DRITTER TEIL
DIE RÄTEGEMEINSCHAFTEN
(cann. 573–746)

Erster Abschnitt: Die Institute des gottgeweihten Lebens

(cann. 573–730)

§ 49. Allgemeine Vorschriften und Grundbegriffe
(cann. 573–606)

1. Begriff (cann. 573–577)

a) Das durch das Versprechen der Evangelischen Räte geheiligte
Leben ist eine feste Lebensform (stabilis vivendi forma), in der
die Gläubigen unter dem Antrieb des Heiligen Geistes Christus
ausdrücklicher nachfolgen und sich dem über alles geliebten
Gott vollständig weihen. Die Lebensform hat zum Ziel, aufgrund
dieser zur Ehre Gottes, zur Auferbauung der Kirche und zum
Heil der Welt vollzogenen neuen und besonderen Hingabe die
Vollkommenheit der Liebe im Dienst am Reich Gottes zu erlangen und in der Kirche ein hervorragendes Zeichen, das die himm-
lische Herrlichkeit verkündet, zu setzen.

Dieser Stand gehört unverbrüchlich zum Leben und zur Heiligkeit der Kirche und ist daher von allen nachdrücklich zu fördern.

b) Zum Stand des gottgeweihten Lebens gehören:

aa) die freiwillige Zugehörigkeit zu einem von der zuständigen
kirchlichen Autorität *kanonisch errichteten* Institut des gottgeweihten Lebens;

bb) die Verpflichtung durch *Gelübde* oder andere *heilige Bindungen* (Eid, Versprechen, Vertrag, Weihe) hinsichtlich der Evangelischen Räte der Keuschheit (Ehelosigkeit), der Armut und des
Gehorsams entsprechend den Gesetzen der jeweiligen Institute.

Die Evangelischen Räte beruhen auf der Lehre und dem Beispiel Christi und sind ein Geschenk Gottes, der die Gläubigen in besonderer Weise
dazu beruft.

c) Die drei Evangelischen Räte werden wie folgt beschrieben:

aa) Die *Keuschheit* (castitas) um des Himmelreiches willen ist ein Zeichen der zukünftigen Welt und Quelle überreicher Fruchtbarkeit, verbunden mit der Verpflichtung zu vollkommener Enthaltsamkeit in einem ehelosen Leben (can. 599).

bb) Zur *Armut* (paupertas) in der Nachfolge Christi gehört außer einem dem Geist und der Sache nach armen Leben in Einfachheit und unter Verzicht auf irdischen Reichtum die Einschränkung in Gebrauch und Verfügbarkeit zeitlicher Güter nach den Bestimmungen des jeweiligen Instituts (can. 600).

cc) Der *Gehorsam* (oboedientia) in der Nachfolge Christi, im Geist des Glaubens und der Liebe angenommen, verpflichtet zur Unterwerfung des eigenen Willens unter den des rechtmäßigen Oberen, wenn er entsprechend den eigenen Konstitutionen etwas anordnet (can. 601).

d) Das Gesetz (can. 577) stellt ausdrücklich fest, daß es Institute mit verschiedenen Zielsetzungen gibt, in denen der Stand des gottgeweihten Lebens realisiert werden kann:

aa) Institute mit *kontemplativer Ausrichtung;*

bb) Institute, die sich dem *Apostolat* (Verkündigung, Caritas) widmen;

cc) Institute *mitten in der Welt.*

Das *brüderliche Leben* (vita fraterna), das wesentlich zu jedem Institut gehört, soll den einzelnen Mitgliedern dabei helfen, wie in einer Familie in Christus das Leben entsprechend der eigenen Berufung zu führen, und ein Beispiel der umfassenden Versöhnung in Christus sein (can. 602).

Zu den Instituten des gottgeweihten Lebens gehören demnach sowohl die Ordensinstitute (instituta religiosa) wie auch die Säkularinstitute (instituta saecularia).

2. Einteilung (cann. 588, 589, 593, 594, 596)

Man unterscheidet:

a) *Kleriker-* und *Laieninstitute.*

Als *Institutum clericale* gilt, wenn dieses aufgrund des Gründungszwecks oder der rechtmäßigen Tradition unter der Leitung von Geistlichen steht, die Ausübung der heiligen Weihe übernommen hat und von der Kirche als solches anerkannt ist.

Als *Institutum laicale* wird bezeichnet, wenn dieses entsprechend der Absicht des Gründers oder der rechtmäßigen Tradition eine besondere Aufgabe ohne Ausübung der heiligen Weihe übernommen hat und von der Kirche als solches anerkannt ist.

b) Institute *päpstlichen* und *diözesanen* Rechtes, je nachdem, ob sie vom Apostolischen Stuhl errichtet oder formal approbiert sind oder vom Diözesanbischof errichtet sind und das Apostolische Approbationsdekret (noch) nicht erhalten haben.

Die einzelnen Institute besitzen bezüglich ihres Lebens und ihrer Leitung eine rechtmäßige Autonomie, die die Bischöfe zu beachten haben. Die Institute päpstlichen Rechtes unterstehen unmittelbar und ausschließlich dem Apostolischen Stuhl. Die einzelnen Angehörigen sind aber nach Maßgabe des Rechtes auch dem Ortsordinarius unterstellt.

3. Errichtung und Aufhebung (cann. 579–585, 591)

a) Sache des *Diözesanbischofs* ist es, in seinem Territorium nach Konsultation des Apostolischen Stuhles Institute (bischöflichen Rechtes) durch formelles Dekret zu errichten.

b) Sache der nach den Konstitutionen zuständigen *Autorität der Institute* ist die Angliederung an schon bestehende Institute, die Trennung von Verbänden in verschiedene Teile (z. B. Provinzen) und die Vereinigung, Neuumschreibung oder Aufhebung von Teilen.

Der Papst kann zum Wohl eines Verbandes oder aus apostolischer Notwendigkeit Institute der Leitung der Ortsordinarien entziehen und nur sich selber oder einer anderen kirchlichen Autorität unterstellen.

c) Sache des *Apostolischen Stuhles* ist die Aufhebung von Instituten und die Verfügung über das Vermögen wie auch Fusionen, Vereinigungen, Konföderationen und Föderationen von Instituten vorzunehmen.

Die *Auflösung* einer einzigen Niederlassung eines Instituts, die einer Aufhebung gleichkommt, ist dem Apostolischen Stuhl vorbehalten (can. 616 § 2).

4. Die Konstitutionen (cann. 587, 595, 598)

Alle Institute müssen zur Wahrung der eigenen Berufung und Identität einen *Codex fundamentalis* (Konstitutionen) haben. Darin sind zu umschreiben Sinn und Absicht des Stifters (Gründers), Zweck, Geist und Charakter, Traditionen des Instituts. Zudem hat er zu enthalten die Grundnormen über die Leitung der Gemeinschaft, die Disziplin der Angehörigen, ihre Aufnahme und Ausbildung sowie den genauen Inhalt der heiligen Bindungen und die Art und Weise, wie die Evangelischen Räte zu beobachten sind. Geistliches und Rechtliches sollen in einem vernünftigen Verhältnis zueinander stehen. Die Konstitutionen bedürfen der Approbation der zuständigen kirchlichen Autorität.

Die übrigen Vorschriften sind von der zuständigen Autorität des Instituts in anderen Büchern (Direktorien, Gebräuche-, Gebet- und Zeremonienbücher) zusammenzustellen, die den jeweiligen Orten und Zeiten entsprechend überprüft und angepaßt werden können.

5. Eremiten und Jungfrauen (cann. 603, 604)

a) Neben den Instituten des gottgeweihten Lebens anerkennt die Kirche *Eremiten* (Einsiedler), die sich in Schweigen und Einsamkeit, durch Gebet und Buße dem Lob Gottes und dem Heil der Welt weihen. Diese Lebensform wird als gottgeweiht anerkannt, wenn der Einsiedler sich durch Gelübde oder sonstige Bindungen zur Beobachtung der Evangelischen Räte dem Diözesanbischof gegenüber verpflichtet und sich seiner Führung unterstellt.

b) Den Formen des gottgeweihten Lebens ist der *Stand (Ordo) der Jungfrauen* ähnlich, die nach den liturgischen Vorschriften vom Diözesanbischof Gott geweiht werden (vgl. die Feier der Abts-, Äbtissinnen- und Jungfrauenweihe in den katholischen Bistümern des deutschen Sprachgebietes, 1974, 41–94).

Die Normen über die Institute des gottgeweihten Lebens gelten für Männer und Frauen gleichermaßen, wenn sich aus dem Zusammenhang oder aus der Natur der Sache nichts anderes ergibt (can. 606).

§ 50. Die Ordensinstitute und ihre Niederlassungen

(cann. 607–616)

1. Allgemeines (cann. 607, 608)

Ein *Ordensinstitut* (institutum religiosum) ist nur ein solcher Verband des gottgeweihten Lebens, dessen Mitglieder
a) öffentliche (amtliche) ewige oder zeitliche *Gelübde* (nicht andere heilige Bindungen; s. oben § 49, 1, b, bb) ablegen und
b) ein *brüderliches Leben in Gemeinschaft* (vita fraterna in communi) führen.

Als öffentliche (amtliche) Gelübde gelten solche, die im Namen der Kirche vom rechtmäßigen Oberen entgegengenommen werden (can. 1192 § 1).

Die Ordensgemeinschaft (communitas religiosa) *muß* in einer rechtmäßig errichteten und unter der Autorität eines ordnungsgemäß bestellten Oberen stehenden *Niederlassung* (domus) wohnen, in der wenigstens ein Oratorium vorhanden ist, in dem als Mitte der Gemeinschaft die heilige Eucharistie gefeiert und aufbewahrt wird.

2. Errichtung *(cann. 609–611)*

a) Eine Ordensniederlassung (instituti religiosi domus) kann nur errichtet werden
    aa) von der zuständigen Autorität nach Maßgabe der Konstitutionen und
    bb) mit schriftlicher Zustimmung des Diözesanbischofs.
Bei Nonnenklöstern ist zudem die Bewilligung des Apostolischen Stuhles erforderlich.

Bei der Errichtung sind der Nutzen für die Kirche und das Institut sowie jene Voraussetzungen zu berücksichtigen, die den Angehörigen das Ordensleben entsprechend den Konstitutionen ermöglichen. Zudem müssen die materiellen Grundlagen vorhanden sein.

Die Zustimmung des Ortsbischofs zur Errichtung einer Niederlassung enthält das Recht
– zum Ordensleben gemäß dem Charakter und Zweck des Instituts;
– zur Ausübung der dem Institut eigenen Werke unter Beachtung eventueller bischöflicher Bedingungen;
– bei Klerikerinstituten: auf eine eigene Kirche und die Ausübung der heiligen Dienste (zu beachten can. 1215 § 3).

3. Niederlassungen und Klöster eigenen Rechtes *(cann. 613–615)*

a) Eine Niederlassung von Regularkanonikern (Chorherren) und von Mönchen, die unter der Leitung und Sorge eines eigenen Vorstehers stehen, sind *selbständige Niederlassungen* (sui iuris). Diese Vorsteher zählen von Rechts wegen zu den *höheren Oberen* (Superior maior).

b) Ein *selbständiges Kloster* (monasterium sui iuris) mit *nur einem eigenen Vorsteher* und ohne Verbindung mit einem anderen Institut, dessen Oberer in dem Kloster auch Leitungsvollmacht besitzt, untersteht der Aufsicht durch den Ortsbischof.

c) Ein *Nonnenkloster,* das mit einem Institut von Männern verbunden ist, hat sein eigenes Ordensleben und seine eigene Leitung gemäß den Konstitutionen. Die gegenseitigen Rechte und Pflichten sind so zu umschreiben, daß die Verbindung dem geistlichen Wohl dient.

4. Auflösung (can. 616)

Hier gilt folgendes:

a) Ordensniederlassungen können gemäß den Konstitutionen vom Generaloberen nach Konsultation des Ortsbischofs aufgelöst werden. Über das Vermögen ist nach dem Recht des Verbandes unter Beachtung des Willens und der Rechte eventueller Stifter oder Spender zu verfügen.

b) Über die Auflösung einer einzigen Niederlassung, die der Aufhebung des ganzen Verbandes gleichkommt, entscheidet allein der Apostolische Stuhl, der auch über das Vermögen verfügt.

c) Die Auflösung einer selbständigen Niederlassung ist nur durch das Generalkapitel möglich, falls in den Konstitutionen nichts anderes bestimmt ist.

d) Selbständige Frauenklöster kann nur der Apostolische Stuhl auflösen. Die Verfügung über das Vermögen erfolgt nach den Konstitutionen.

§ 51. Die Leitung der Institute
(cann. 617–640)

I. Die Oberen und die Räte
(cann. 617–630)

1. Allgemeines (cann. 617, 618)

Zunächst stellt der CIC allgemeine Grundsätze für die Ausübung des Leitungsamtes in den Instituten des gottgeweihten Lebens auf. Die Oberen sollen sich dabei an das allgemeine und das verbandseigene Recht halten und ihre Leitungsgewalt im Geist des Dienens ausüben. Nach dem Willen Gottes und mit Achtung vor der menschlichen Person sollen sie den willigen Gehorsam ihrer Untergebenen fördern, sie gerne anhören und ihre Mitverantwortung für das Wohl des Instituts anregen.

2. Einteilung (cann. 620–622)

Der CIC kennt drei Arten von Oberen:

a) Den sogenannten höchsten Leiter (supremus Moderator; Generaloberer), der die Leitungsvollmacht über sämtliche Provinzen, Niederlassungen und Mitglieder des Verbands (sodales) innehat und sie nach Maßgabe des verbandseigenen Rechts ausübt.

Unter Provinz versteht man den von der rechtmäßigen Autorität kanonisch gegründeten Zusammenschluß mehrerer Niederlassungen unter der Leitung desselben Oberen; der Zusammenschluß stellt einen unmittelbaren Teil des Gesamtinstituts dar.

b) Den höheren Oberen (Superior maior) und dessen Vikar, der eine ganzes Institut oder eine Provinz bzw. einen diesen gleichgestellten Teil oder eine selbständige Niederlassung leitet. Mit Einschränkung ist diesen gleichgestellt der Abtprimas und der Obere einer monastischen Kongregation.

c) Den (einfachen) Oberen (Superior), der Leitungsbefugnis innerhalb der Grenzen des ihm übertragenen Amtes innehat.

3. Bestellung (cann. 624, 625)

a) Der höchste Leiter muß immer vom Generalkapitel gewählt werden gemäß den Konstitutionen (can. 631 § 1).

Die Wahl des Oberen eines selbständigen Klosters, das einem weiteren Oberen nicht untersteht (vgl. can. 615), und die Wahl des höchsten Leiters eines Instituts diözesanen Rechtes leitet der Ortsbischof des Hauptsitzes. Die übrigen Oberen werden gemäß den Konstitutionen bestellt. Die Wahl bedarf der Bestätigung des höheren Oberen. Der Ernennung durch den Oberen hat eine Konsultation vorauszugehen.

b) Die Bestellung geschieht auf bestimmte, den jeweiligen Erfordernissen angemessene Zeit, wenn für die höchsten Leiter und

Oberen selbständiger Niederlassungen in den Konstitutionen nichts anderes bestimmt ist.

Die verbandseigenen Normen haben dafür zu sorgen, daß das Amt des Oberen von einer Person nicht länger als gesetzlich vorgesehen ausgeübt wird, es sei denn nach einer angemessenen Zwischenzeit.

Die Oberen können aus gesetzlichen Gründen während der Amtsperiode amtsenthoben oder versetzt werden.

4. Eigenschaften (can. 623)

Bezüglich der für ein Leitungsamt geforderten Eigenschaften verweist der CIC auf das jeweilige Verbandsrecht und bestimmt lediglich, daß die Ernennung oder Wahl gültigerweise erst eine angemessene Zeit nach der ewigen Profeß oder definitiven Bindung an das Institut erfolgen darf.

5. Pflichten der Oberen (cann. 619, 628–630)

a) Sie sollen ihrem Amt mit Eifer obliegen und zusammen mit den Sodalen eine brüderliche Gemeinschaft in Christus aufbauen, in der Gott vor allem gesucht und geliebt wird, insbesondere durch die Verkündigung des Wortes Gottes und die Feier der heiligen Liturgie. Ferner sollen sie in der Ausübung der Tugenden und im Gehorsam gegenüber Gesetz und Tradition des Instituts Vorbild sein, den Sodalen in persönlichen Schwierigkeiten helfen, Kranke besuchen, Unruhestifter zurechtweisen, Kleinmütige trösten und gegenüber allen Geduld üben.

b) Sie haben die Pflicht, entsprechend dem verbandseigenen Recht die Niederlassungen und Verbandsangehörigen zu visitieren.

Die Diözesanbischöfe haben *Visitationspflicht* in den selbständigen Klöstern mit nur einem einzigen Oberen (can. 615) und in den Niederlassungen der diözesanrechtlichen Verbände.

c) Für die Oberen besteht *Residenzpflicht* nach Maßgabe des eigenen Rechtes.

d) Sie haben bezüglich des Bußsakramentes den Sodalen entsprechend der Disziplin des jeweiligen Instituts die angemessene Freiheit zu lassen und für geeignete Beichtväter zu sorgen. Selbst sollen sie die Beichte ihrer Untergebenen nur auf deren ausdrücklichen Wunsch hören.

Nonnenklöster, Ausbildungshäuser (domus formationis) und größere Laiengemeinschaften haben vom Ortsordinarius bestellte ordentliche Beichtväter (confessarii ordinarii). Für die Mitglieder des Instituts besteht aber keine Pflicht, bei diesen zu beichten.

6. Die Räte (can. 627)

Bei der Amtsausübung steht dem Oberen ein *Rat* (consilium) zur Seite (Assistenten, Definitoren, Konsultoren). Außer nach den Vorschriften des allgemeinen Rechtes hat der Obere nach Maßgabe der Verbandsnormen zur *Gültigkeit* seiner Handlungen deren Zustimmung (consensus) oder Rat (consilium) einzuholen.

II. Die Kapitel
(cann. 631–633)

1. Das Generalkapitel (can. 631)

Das Generalkapitel bildet gemäß dem verbandseigenen Recht die oberste Autorität und soll in seiner Zusammensetzung das gesamte Institut repräsentieren und Zeichen der Einheit in Liebe sein. Seine Aufgaben sind vor allem:
a) die Pflege des Geistes des Instituts und seine angemessene Erneuerung;
b) die Wahl des höchsten Leiters (Generaloberen);
c) die Abwicklung wichtiger Geschäfte;
d) der Erlaß von für alle verbindlichen Normen.

Zusammensetzung, Rechte, Geschäfts- und Wahlordnungen und ähnliches regeln sich nach den Normen des Instituts. Provinzen, örtliche Niederlassungen und einzelne Mitglieder des Instituts können sich frei an das Generalkapitel wenden.

2. Die nachgeordneten Kapitel (can. 632)

Die Bedeutung, Rechte und Zusammensetzung der nachgeordneten Kapitel eines Verbandes werden im Verbandsrecht normiert.

III. Die Vermögensverwaltung
(cann. 634–640)

1. Grundsätzliches (can. 634)

Institute (Ordensgemeinschaften), Provinzen und Niederlassungen (Ordenshäuser) sind als juristische Personen zu Erwerb, Besitz, Verwaltung und Veräußerung zeitlicher Güter befähigt, falls das Recht des jeweiligen Instituts nicht entgegensteht.

2. Sonderbestimmungen (cann. 635, 637, 638)

Die Verwaltung des Vermögens klösterlicher Institute richtet sich nach dem allgemeinen kanonischen Vermögensrecht (s. Fünftes Buch des CIC). Zudem soll jedes Institut Normen für die Vermögensverwaltung aufstellen.

In allen Instituten und Provinzen, möglichst auch in den Niederlassungen, muß es einen vom Oberen verschiedenen, aber ihm bzw. der Leitung verantwortlichen *Ökonomen* geben.

Für Veräußerungen oder Geschäfte, die den Besitz einer juristischen Person schmälern, ist die Erlaubnis des zuständigen Oberen und die Mitwirkung des Rates gemäß dem Verbandsrecht erforderlich. Bei Geschäften, die die vom Heiligen Stuhl eigens festgesetzte Summe überschreiten, oder bei Verfügungen über Votivgaben bzw. künstlerisch oder historisch wertvolle Gegenstände bedarf es zudem der Genehmigung des Apostolischen Stuhles. Selbständige Klöster und Institute diözesanen Rechtes bedürfen der schriftlichen Zustimmung des Ortsordinarius.

3. Haftung (can. 639)

Wenn eine juristische Person Schulden oder Verbindlichkeiten übernimmt (auch mit Genehmigung des Oberen), haftet sie dafür.

Ein Mitglied eines Instituts des gottgeweihten Lebens *haftet persönlich* für Verfügungen über sein eigenes Vermögen, auch wenn die Erlaubnis des Oberen vorlag. Wenn es freilich im Auftrag des Oberen Geschäfte des Instituts besorgt, haftet das Institut.

Wenn der Ordensangehörige ohne Erlaubnis des Oberen Verträge schließt, haftet er persönlich, nicht die juristische Person.

Die Oberen sollen belastende Verträge nur genehmigen, wenn die Erfüllung der Verpflichtungen in angemessener Zeit sicher möglich ist.

163

§ 52. Die Aufnahme der Kandidaten und die Ausbildung der Ordensangehörigen
(cann. 641–661)

I. Die Zulassung zum Noviziat
(cann. 641–645)

1. Allgemeine Voraussetzungen (cann. 641, 642)

Die höheren Oberen haben das Recht, jemanden entsprechend dem Recht ihres Instituts zum Noviziat zuzulassen. Dabei sollen sie sorgfältig außer auf das erforderliche Alter auch auf die Gesundheit, den Charakter und die nötige Reife des Kandidaten achten. Jeder Katholik kann zugelassen werden, der in der rechten Intention darum bittet und die rechtlichen Voraussetzungen erfüllt (can. 597 § 1).

2. Hindernisse (cann. 643, 644)

Nicht gültigerweise kann in das Noviziat aufgenommen werden:
– wer das 17. Lebensjahr nicht vollendet hat;
– wer gültig verheiratet ist;
– wer einem anderen Institut oder einer Gesellschaft des apostolischen Lebens durch heilige Bindungen angehört;
– wer unter Zwang, schwerer Furcht oder Arglist um die Zulassung nachsucht;
– wer die Zulassung in einem anderen Institut des gottgeweihten Lebens oder in einer Gesellschaft des apostolischen Lebens verschweigt.

Die jeweiligen Konstitutionen können noch andere Hindernisse und Aufnahmebedingungen festsetzen.

Die Oberen *dürfen* in das Noviziat nicht aufnehmen
– Weltgeistliche ohne Konsultation des Ordinarius proprius;
– Verschuldete, die zahlungsunfähig sind.

3. Erforderliche Dokumente (can. 645)

Die Kandidaten haben vor der Zulassung ein Zeugnis über die Taufe, die Firmung und den Ledigenstand vorzulegen. Wenn es sich um Geistliche oder Angehörige eines anderen Instituts, einer

Gesellschaft des apostolischen Lebens oder eines Seminars handelt, ist zudem das Zeugnis des Ortsordinarius, des höheren Oberen oder des Seminarrektors erforderlich.

Das eigene Recht des jeweiligen Instituts kann noch andere Zeugnisse über die Geeignetheit oder das Freisein von Hindernissen verlangen.

Das *Postulat,* das in entfernterer und formloser Weise auf die Aufnahme in das Noviziat vorbereitet, wird im CIC nicht erwähnt und also völlig der Regelung im Recht des jeweiligen Instituts überlassen.

II. Das Noviziat und die Ausbildung der Novizen
(cann. 646–653)

1. Sinn und Zweck (cann. 646, 652 § 2)

Das Noviziat bedeutet den Beginn des Lebens im Institut und soll dazu führen, daß die Novizen ihre Berufung prüfen, die neue Lebensform erproben, Geist und Herz bilden und ihre Absicht und Eignung unter Beweis stellen.

Sie sollen in der Übung menschlicher und christlicher Tugenden geschult, durch Gebet und Selbstverleugnung auf den Weg der Vollkommenheit geleitet, in die Betrachtung des Heilsmysteriums und die Lektüre der Heiligen Schrift eingeführt, auf die Feier der Liturgie vorbereitet, im gottgeweihten Leben nach den Evangelischen Räten unterwiesen, über Geist und Leben des Ordens unterrichtet und zur Liebe gegen die Kirche und ihre Hirten angeregt werden.

2. Ort und Dauer (cann. 647–649, 652 § 5)

a) Die *Errichtung, Verlegung* und *Aufhebung* eines Noviziatshauses geschieht durch schriftliches Dekret des Generaloberen des Instituts mit Zustimmung seines Rates.

b) Das Noviziat muß in einem rechtmäßigem *Noviziatshaus* gemacht werden (Gültigkeitsvoraussetzung). In besonderen Ausnahmefällen kann der Generalobere mit Zustimmung des Rates einem Kandidaten gestatten, das Noviziat in einem anderen Haus des Instituts unter der Leitung eines bewährten Ordensangehörigen zu persolvieren.

Die *ganze Novizengemeinschaft* kann mit Genehmigung des höheren Oberen eine bestimmte Zeit in einer anderen Ordensniederlassung verbringen.

c) Das Noviziat muß *zwölf Monate* dauern (Gültigkeitsvoraussetzung). Mit Genehmigung des höheren Oberen kann die erste Profeß fünfzehn Tage vorverlegt, also das Noviziat um fünfzehn Tage verkürzt werden.

Die Konstitutionen können ein- oder mehrmals Abschnitte zur apostolischen Tätigkeit außerhalb der Novizengemeinschaft vorsehen. Eine Gesamtdauer des Noviziats von zwei Jahren darf aber nicht überschritten werden.

Eine unterbrochene oder zusammenhängende Abwesenheit vom Noviziatshaus von mehr als drei Monaten macht das Noviziat ungültig; es müßte erneut begonnen werden. Eine Abwesenheit von mehr als fünfzehn Tagen muß nachgeholt werden.

Während des Noviziats sollen Studien oder andere Aufgaben, die nicht direkt dem Sinn des Noviziats dienen, den Novizen nicht übertragen werden.

3. Novizenmeister (cann. 650–652 § 1)

Der Sinn des Noviziats fordert, daß die Novizen einem einzigen Novizenmeister unterstehen, der freilich Mitarbeiter hinzuziehen kann. Er muß Angehöriger des Instituts sein, die ewige Profeß abgelegt haben und rechtmäßig bestellt sein.

4. Beendigung (can. 653)

Nach Ablauf des Noviziats wird der Novize, falls er geeignet ist, zur zeitlichen Profeß zugelassen oder aus dem Institut entlassen; damit endet das Noviziat. Falls seine Eignung zweifelhaft ist, kann er vom höheren Oberen eine weitere Probezeit von nicht mehr als sechs Monaten zugestanden bekommen.

Jeder Novize kann jederzeit das Institut verlassen oder von der zuständigen Autorität entlassen werden.

III. Die Profeß
(cann. 654–658)

1. Begriff (can. 654)

Mit der Profeß übernehmen die Sodalen durch ein *öffentliches (amtliches) Gelübde* die Verpflichtung zur Beobachtung der drei *Evangelischen Räte,* werden durch den Dienst der Kirche *Gott geweiht* und mit allen Rechten und Pflichten dem Institut *eingegliedert.*

Öffentlich (amtlich) ist ein Gelübde, wenn es im Namen der Kirche von dem zuständigen Oberen entgegengenommen wird (can. 1192 § 1).

2. Arten (can. 655)

Das Recht unterscheidet die *zeitliche Profeß,* die entsprechend dem verbandseigenen Recht auf eine bestimmte Zeit bindet, aber nicht kurzer als *drei* und nicht länger als *sechs* Jahre dauern darf. Die *ewige Profeß* bindet auf Lebenszeit.

Der CIC unterscheidet zudem zwischen *feierlichen* und *einfachen* Gelübden. Feierlich sind jene Gelübde, die von der Kirche als solche anerkannt sind (can. 1192 § 2). Der Begriff hat mit der liturgischen Feierlichkeit bei der Gelübdeablegung nichts zu tun. Diese Unterscheidung ist rein kirchenrechtlicher Natur und begründete eine unterschiedliche Rechtswirksamkeit. Die Unterscheidung in feierliche und einfache Profeß ist aber im geltenden Ordensrecht aufgegeben.

3. Gültigkeit (cann. 656–658)

a) Zur Gültigkeit der zeitlichen Profeß ist erforderlich:
  aa) Vollendung des 18. Lebensjahres;
  bb) Abschluß eines *gültigen Noviziats* (was also das Noviziat ungültig macht, macht auch die Profeß ungültig; vgl. cann. 643, 647 § 1);
  cc) *freiwillige Zulassung* durch den zuständigen Oberen unter Mitwirkung des Rates;
  dd) *Ausdrücklichkeit* (Worte, Schrift, gegebenenfalls unmißverständliche Zeichen) und *Freiwilligkeit* (ohne Gewalt, Furcht, Arglist) der Bitte;
  ee) *Entgegennahme* durch den rechtmäßigen Oberen oder seinen Vertreter; auch diese muß freiwillig geschehen.

b) Zur Gültigkeit der *ewigen Profeß* sind außer den oben unter a, cc–ee genannten Voraussetzungen verlangt:
aa) die Vollendung des 21. Lebensjahres;
bb) vorausgegangene, wenigstens dreijährige zeitliche Profeß.

Nach Ablauf des zeitlichen Gelübdes muß der Professe zur Erneuerung der zeitlichen Profeß (aber nicht länger als insgesamt neun Jahre) oder zur ewigen Profeß zugelassen werden, falls er darum bittet und geeignet ist. Andernfalls ist er zu entlassen. Die Ablegung der ewigen Profeß kann aus gerechtem Grund um höchstens drei Monate vorverlegt werden; sie muß im Taufbuch des Professen eingetragen werden (can. 535 § 2).

4. Rechtliche Wirkungen

Die Profeß ist ein *religiöser Akt,* durch den der Gelobende sich Gott in besonderer Weise weiht. Sie ist aber auch ein *rechtlicher Akt,* durch den der Gelobende in den öffentlichen Stand der Evangelischen Räte (Rätestand) eintritt und einem Institut des gottgeweihten Lebens inkorporiert wird. Daraus entstehen auf beiden Seiten Rechte und Pflichten. Der Gelobende verpflichtet sich, in dem Institut zu bleiben und ihm seine ganze Kraft zur Verfügung zu stellen, während das Institut die Pflicht hat, für das geistliche, geistige und leibliche Wohl des Professen zu sorgen.

Anstelle des Gelübdes können auch andere heilige Bindungen treten (vgl. can. 573 § 2), wodurch ähnliche beiderseitige rechtliche Verpflichtungen entstehen.

Ein Geistlicher wird durch die endgültige Aufnahme in ein Institut des gottgeweihten Lebens diesem inkardiniert und aus seiner Diözese exkardiniert (can. 268 § 2).

Die Ablegung des öffentlichen ewigen Gelübdes (der Keuschheit) in einem Institut des gottgeweihten Lebens begründet ein trennendes Ehehindernis (can. 1088). Bezüglich der eigentumsrechtlichen Bestimmungen vgl. can. 668 (vgl. § 53, 3).

IV. Die Ausbildung

(cann. 659–661)

Die Regelung der Bildung und Ausbildung der Angehörigen von Instituten des gottgeweihten Lebens überläßt der Gesetzgeber dem Verbandsrecht; er nennt dafür nur einige allgemeine Prinzipien.

Nach Beendigung des Noviziats soll die Ausbildung in Rücksicht auf die Lebensweise und den Zweck des Ordens vervollkommnet werden. Danach sollen sich Art und Dauer der Ausbildung richten, die systematisch, dem Aufnahmevermögen der Sodalen angemessen, geistlich und apostolisch, wissenschaftlich und praktisch sein muß. An anderer Stelle erwähnt der CIC Schulen, die ausschließlich den Alumnen der jeweiligen Institute offenstehen (can. 683 § 1).

Für Mitglieder des Instituts, die sich auf die heiligen Weihen vorbereiten, gelten zudem die Vorschriften des allgemeinen Rechts für die Priesterausbildung (s. § 21, 5) und die besonderen Studienordnungen der verschiedenen Institute.

Die Ordensleute sollen sich während ihres ganzen Lebens geistlich, wissenschaftlich und praktisch weiterbilden, wofür die Oberen die Voraussetzungen zu schaffen haben.

§ 53. Die Pflichten und Rechte der Institute und ihrer Angehörigen

(cann. 662–672)

1. Religiös-sittliche Pflichten (cann. 662–666, 669)

a) Die *oberste Lebensregel* aller gottgeweihten Personen ist die Nachfolge Christi gemäß dem Evangelium und den jeweiligen Konstitutionen.

Daher ist ihre erste Pflicht die *Betrachtung* der göttlichen Geheimnisse und die Vereinigung mit Gott im *Gebet*. Womöglich sollen sie täglich die heilige Eucharistie feiern, die heilige Kommunion empfangen und das allerheiligste Sakrament anbeten.

Als weitere geistliche Übungen werden genannt: Schriftlesung, Herzensgebet, Stundengebet entsprechend den rechtlichen Bestimmungen des eigenen Instituts, besondere Verehrung der Gottesmutter (Rosenkranz), tägliche Gewissenserforschung, häufiger Empfang des Bußsakramentes, jährliche Zeiten der Besinnung (Exerzitien).

Sie sollen das *Ordenskleid* als Zeichen der Weihe und Zeugnis der Armut tragen; sich im Gebrauch der Kommunikationsmittel der nötigen Auswahl befleißigen und alles meiden, was der Berufung schädlich und für die Keuschheit gefährlich werden könnte.

b) Sie sollen zudem zur Pflege der *vita communis* in einer klösterlichen Niederlassung wohnen und das Haus ohne Genehmigung des Oberen nicht verlassen. Wenn eine tägliche Abwesenheit nötig ist, kann der höhere Obere mit Zustimmung des Rates aus gerechtem Grund einen Aufenthalt außerhalb der Niederlassung gestatten, allerdings nicht länger als ein Jahr, es sei denn, die Heilung einer Krankheit, besondere Studien oder Apostolatsaufgaben machen einen längeren Zeitraum erforderlich.

Wenn ein Verbandsangehöriger sich unrechtmäßigerweise außerhalb der Niederlassung aufhält, um sich der Aufsicht des Oberen zu entziehen, soll er eindringlich an die Pflichten seiner Berufung erinnert werden.

c) Zudem gelten für Angehörige klösterlicher Institute die Klerikerpflichten nach cann. 277, 285, 286, 287, 289; für Kleriker zudem can. 279 § 2, für Laieninstitute päpstlichen Rechtes can. 285 § 4 (s. § 24).

2. Die Klausur (can. 667)

a) In jeder Niederlassung muß es eine dem Charakter und Auftrag des Ordens nach Maßgabe des verbandseigenen Rechtes entsprechende Klausur geben, das heißt einen Teil des Hauses der *immer* und *ausschließlich* den Sodalen reserviert ist. Außenstehenden ist daher der Zutritt zu diesen Räumen nicht gestattet. Ausnahmen sind aber entsprechend den Konstitutionen sicher möglich, da der CIC einen Unterschied in der Einhaltung der Klausur macht.

So verlangt er für

Klöster mit kontemplativem Leben eine strengere Klausurdisziplin und für

Nonnenklöster mit ausschließlich kontemplativem Leben die Beobachtung der päpstlichen Klausur entsprechend den Vorschriften des Apostolischen Stuhls. In den übrigen Nonnenklöstern gelten die Klausurvorschriften der jeweiligen Konstitutionen.

b) Dem *Diözesanbischof* steht es zu, aus gerechtem Grund die Klausur der auf seinem Territorium gelegenen Nonnenklöster zu betreten. Er kann auch aus triftigem Grund und mit Zustimmung der Oberin Dritten den Zutritt gestatten und den Nonnen das Verlassen der Klausur für bestimmte Zeit erlauben. Eine Strafe für die Verletzung der Klausur ist nicht vorgesehen.

3. Vermögensverfügung (can. 668)

a) Vor der *ersten Profeß* soll der Sodale die Verwaltung seines Vermögens an eine Person seines Vertrauens übertragen und darf, falls die Konstitutionen nichts anderes vorsehen, über Gebrauch und Nießbrauch seines Vermögens frei verfügen. Wenigstens vor der Ablegung der *ewigen Profeß* soll er ein möglichst auch nach bürgerlichem Recht gültiges *Testament* errichten.

Zur *Änderung* dieser Verfügungen oder zu anderen vermögensbezogenen Handlungen bedarf er der Genehmigung des nach verbandseigenem Recht zuständigen Oberen.

b) Was ein Ordensangehöriger durch eigene Leistung oder mit Rücksicht auf sein Institut erwirbt, wird Eigentum des Instituts; dasselbe gilt für Pensions-, Unterhalts- und Versorgungsansprüche, wenn das verbandseigene Recht nichts anderes vorsieht.

c) Verlangt die Natur des Instituts (Bettelorden) den *völligen Verzicht* auf eigenes Vermögen, hat dieser Verzicht möglichst in einer bürgerlich-rechtlich verbindlichen Form *vor Ablegung der ewigen Profeß* mit Wirkung vom Profeßtag an zu geschehen. Dasselbe gilt für Professen mit ewigen Gelübden, die entsprechend den Verbandsnormen mit Erlaubnis des Generaloberen teilweise oder ganz auf ihr Vermögen verzichten wollen.

Der völlige Verzicht auf Eigentum hat den Verlust der Erwerbs- und Vermögensfähigkeit zur Folge. Gegen das Armutsgelübde gerichtete Handlungen sind unwirksam. Nach der völligen Verzichtleistung erworbene Güter werden Eigentum des Ordens nach Maßgabe des jeweiligen Verbandsrechtes.

§ 54. Das Apostolat der Ordensinstitute
(cann. 673–683)

1. Allgemeines (cann. 673–675)

a) Das Apostolat der Ordensleute besteht zuvörderst in ihrem Zeugnis des gottgeweihten Lebens durch Gebet und Buße.

b) Institute mit *ausschließlich kontemplativer Lebensform* können zu pastoralen Diensten *nicht* herangezogen werden, auch wenn eine dringende Notwendigkeit besteht; denn sie bewirken durch ihre Form des gottgeweihten Lebens eine verborgene apo-

stolische Fruchtbarkeit, weswegen sie im geheimnisvollen Leib
Christi stets einen hervorragenden Platz einnehmen.

c) In Instituten mit *apostolischem Charakter* soll das gesamte
Leben der Mitglieder von klösterlichem und apostolischem Geist
erfüllt sein.

2. Werke der Barmherzigkeit (can. 676)

Mit den geistlichen und leiblichen Werken der Barmherzigkeit erfüllen Laieninstitute ihren pastoralen Auftrag in der Kirche und
leisten den Menschen Dienste verschiedenster Art.

3. Das Verhältnis zum Bischof (cann. 678–683)

a) Bei der Ausübung des Apostolats außerhalb der Niederlassung bleiben die Ordensleute ihren *Oberen unterstellt* und müssen
die Disziplin ihres Instituts treu beachten.

In Fragen der *Seelsorge,* des *öffentlichen Gottesdienstes* und *anderer apostolischer Werke* unterstehen sie aber auch der Leitungsgewalt des Bischofs, dem sie Gehorsam und Ehrfurcht schulden.
Deswegen ist in diesen Fragen die Konsultation zwischen dem
Diözesanbischof und den Ordensoberen erforderlich. Zudem
muß zwischen den einzelnen Instituten und dem Weltklerus eine
geordnete Zusammenarbeit unter der Leitung des Bischofs gepflegt werden.

b) Werke, die vom Diözesanbischof Ordensleuten übertragen
werden, unterstehen seiner Autorität und Leitung mit der Pflicht
der Konsultation des Oberen.

In solchen Fällen soll zwischen dem Bischof und dem zuständigen
Oberen eine schriftliche Vereinbarung getroffen werden.

Bei der Übertragung eines Kirchenamtes *ernennt* der Bischof
nur einen Ordensmann, der vom Oberen präsentiert wurde oder
zu dessen Ernennung er wenigstens seine Zustimmung gegeben
hat.

Der Bischof kann einen Ordensangehörigen von einem Kirchenamt nur nach Unterrichtung des zuständigen Oberen *abberufen.* Ebenso muß der Obere den Bischof vor einer Absetzung
informieren.

c) Kirchen und Oratorien, die den Gläubigen offenstehen,
Schulen und Werke der Frömmigkeit oder der Caritas, die Ordensleuten übertragen sind, kann der Diözesanbischof oder sein

Beauftragter *visitieren*. Ausgenommen sind Schulen, die ausschließlich dem Ordensnachwuchs dienen.

Gegen Mißbräuche kann der Diözesanbischof aus eigener Autorität vorgehen, falls der zuständige Obere trotz Erinnerung nicht tätig wird.

§ 55. Das Ausscheiden aus dem Institut

(cann. 684–704)

Der CIC nennt drei Möglichkeiten, wie ein Mitglied aus seinem klösterlichen Verband ausscheiden kann: den *Übertritt*, den *Austritt*, die *Entlassung*.

I. Der Übertritt

(cann. 684, 685)

1. Ordensangehörige mit ewigen Gelübden (cann. 684 § 1–2, 685)

Damit ein Ordensangehöriger mit ewigen Gelübden vom eigenen Orden in einen anderen gültigerweise übertreten kann, sind die Genehmigung des Generaloberen und die Zustimmung des Rates jeder der beiden Verbände erforderlich.

Der Sodale hat im neuen Institut eine *Probezeit* von höchstens drei Jahren abzuleisten und kann danach zu den ewigen Gelübden zugelassen werden. Die Probezeit regelt sich im einzelnen nach dem Recht des aufnehmenden Instituts.

Eine erneute Ablegung der ewigen Gelübde ist erforderlich, weil diese nicht nur eine religiöse Bindung an Gott, sondern auch eine rechtliche an das jeweilige Institut darstellen.

Durch die Ablegung der ewigen Gelübde im neuen Institut wird der Sodale in dieses *inkorporiert* mit allen damit verbundenen Rechten und Pflichten; gleichzeitig erlöschen die Gelübdebindungen, Rechte und Pflichten im bisherigen Institut. Bis zur Ablegung der Gelübde bleiben die Gelübdebindungen bestehen und sind die Rechte und Pflichten im bisherigen Institut suspendiert. Während der Probezeit ist der Sodale gehalten, das Recht des neuen Instituts zu beobachten.

Lehnt der Sodale die Ablegung der Gelübde ab oder wird er

nicht zugelassen, muß er in das frühere Institut zurückkehren, wenn er vom Apostolischen Stuhl nicht ein Säkularisationsindult erhalten hat.

Unter *Säkularisation* versteht man das vollständige und dauernde Ausscheiden aus einem Institut aufgrund einer von der zuständigen Autorität gewährten Dispens von den Gelübden.

2. Der Angehörige eines selbständigen Klosters (can. 684 § 3)

Zum Übertritt eines Angehörigen eines selbständigen Klosters (monasterium sui iuris) in ein anderes desselben Ordens genügt die Zustimmung der höheren Oberen der jeweiligen Klöster und des Kapitels des neuen Klosters unter Beachtung des Verbandsrechts. In diesem Fall wird eine neue Profeß nicht verlangt.

3. Übertritt in ein Säkularinstitut oder eine Gesellschaft des apostolischen Lebens (can. 684 § 5)

Der Übertritt von einem klösterlichen Institut in ein Säkularinstitut bzw. eine Gesellschaft des apostolischen Lebens oder umgekehrt kann nur mit Erlaubnis und nach Maßgabe des Apostolischen Stuhls erfolgen.

II. Der Austritt
(cann. 686–693)

1. Die Exklaustration (cann. 686, 687)

Darunter versteht man die zeitweilige Aussonderung eines Professen aus seinem Institut. Sie kann *freiwillig* oder *zwangsweise* erfolgen und hat eine Lockerung oder sogar Suspendierung der Gelübdebindung zur Folge. Die normale Erlaubnis, sich außerhalb des Klosters aufzuhalten (z. B. can. 665 § 1), hat mit der Exklaustration nichts zu tun.

a) Die *freiwillige* oder erbetene Exklaustration kann der Generalobere mit Zustimmung seines Rates einem Professen mit *ewigen Gelübden* aus *wichtigem Grund* durch Indult auf *höchstens drei Jahre* gestatten. Eine Verlängerung oder Erlaubnis auf mehr als drei Jahre ist dem Apostolischen Stuhl, bei Instituten diözesanen Rechts dem Diözesanbischof vorbehalten. Bei Klerikerprofessen ist außerdem die Zustimmung des Ordinarius des Aufenthaltsortes erforderlich.

Die Exklaustration von *Nonnen* kann nur der Apostolische Stuhl gewähren.

Wirkungen: Der Exklaustrierte ist grundsätzlich an die *Gelübdeverpflichtungen gebunden,* ist aber von jenen befreit, die mit seinen neuen Lebensbedingungen nicht vereinbar sind. Er verliert das aktive und passive Wahlrecht, bleibt aber weiterhin in Abhängigkeit und unter der Obsorge seiner Oberen und auch des Ortsbischofs, falls er Priester ist.

b) Die *zwangsweise* Exklaustration (exclaustratio imposita) kann auf Bitten des Generaloberen mit Zustimmung seines Rates den Angehörigen eines Klosters päpstlichen Rechtes vom Heiligen Stuhl oder eines Instituts diözesanen Rechts vom Ortsbischof auferlegt werden. Allerdings müssen gewichtige Gründe vorliegen und Billigkeit und Liebe beachtet werden.

2. Ausscheiden eines Professen mit zeitlichen Gelübden (cann. 688–690)

a) Ein Professe mit zeitlichen Gelübden kann nach Ablauf derselben das Institut frei verlassen.

b) Bittet er noch vor Ablauf der Gelübdefrist aus wichtigem Grund um Entlassung, kann in Verbänden päpstlichen Rechts der Generalobere mit Zustimmung seines Rates ein entsprechendes Indult gewähren, das auch die Entpflichtung von den Gelübdebindungen beinhaltet. Bei Instituten diözesanen Rechts und Klöstern eigenen Rechts bedarf die Entlassung der Bestätigung durch den Diözesanbischof.

c) Nach Ablauf der zeitlichen Gelübdefrist kann der zuständige Obere nach Anhörung seines Rates dem Professen die *Zulassung* zu weiteren (zeitlichen oder ewigen) Gelübden aus schwerwiegenden Gründen *verweigern.*

Im Gesetz wird als Verweigerungsgrund eigens genannt eine körperliche oder seelische Krankheit, auch wenn sie erst nach Ablegung der Gelübde eingetreten ist, die nach dem Urteil der Fachleute (Ärzte) den Betreffenden für das Ordensleben ungeeignet erscheinen läßt. Die Krankheit darf allerdings nicht die Folge der Nachlässigkeit oder der Arbeit im Kloster sein.

Wenn aber während der Gelübdefrist bei einem Ordensangehörigen amentia eintritt, darf er nicht entlassen werden, auch wenn er zur Gelübdeerneuerung nicht mehr imstande ist.

d) Ein Professe, der nach dem Noviziat oder dem Ablauf der Gelübdefrist rechtmäßig ausgeschieden ist, kann vom Generaloberen *ohne Wiederholung des Noviziats* wiederaufgenommen werden, muß allerdings vor den zeitlichen Gelübden eine vom Oberen zu bestimmende Probezeit ableisten; der Obere setzt auch die Dauer der zeitlichen Gelübde vor den ewigen fest.

3. *Freiwilliges Ausscheiden eines Professen mit ewigen Gelübden (cann. 691–693)*

a) Der Professe mit ewigen Gelübden soll um ein Entlassungsindult nur aus sehr gewichtigen Gründen und nach reiflicher Überlegung bitten. Das Gesuch ist an den Generaloberen des Instituts zu richten, der es zusammen mit seiner eigenen Stellungnahme und der des Rates an die zuständige Autorität weiterleitet.

b) *Zuständig* für die Gewährung des Indultes ist:

aa) bei Instituten päpstlichen Rechts allein der Apostolische Stuhl;

bb) bei diözesanrechtlichen Instituten auch der Diözesanbischof der betreffenden Niederlassung.

Wenn es sich um einen *Klerikerprofessen* handelt, darf das Indult nur gewährt werden, wenn ein Diözesanbischof sich zu dessen *Inkardination* oder wenigstens *probeweisen Aufnahme* in die Diözese bereit erklärt hat. Nach fünfjähriger Probezeit ist der zur Probe Aufgenommene ipso iure in die Diözese inkardiniert, falls der Bischof ihn (vorher) nicht abweist.

c) Das Entlassungsindult *tritt in Kraft,* wenn es dem Sodalen *eröffnet* und von diesem *angenommen* wird. Bei Gelegenheit der Eröffnung kann er es auch ablehnen, was einer Rücknahme seines Gesuches gleichkommt und das Verbleiben im Institut zur Folge hat.

Mit Wirksamwerden des Indults ist der Bittsteller von den Gelübden und allen damit verbundenen Verpflichtungen befreit. Bei einem Kleriker bleiben selbstverständlich die Weiheverpflichtungen bestehen.

III. Die Entlassung
(cann. 694–704)

1. Die ipso facto eintretende Entlassung (can. 694)

a) Bei Vorliegen der folgenden Tatbestände gilt ein Sodale als automatisch aus dem Institut entlassen:
   aa) öffentlicher Abfall vom katholischen Glauben;
   bb) tatsächliche und versuchte (auch zivile) Eheschließung.
b) Ist hierfür der *Nachweis* erbracht, hat der höhere Obere zusammen mit seinem Rat unverzüglich die Entlassung rechtlich nachweisbar festzustellen. Für den rechtswirksamen Eintritt des Ausscheidens ist die Feststellung aber nicht erforderlich.

2. Die Entlassung aus strafrechtlichen Gründen (cann. 695, 698–700)

a) Bei Vorliegen folgender Straftatbestände muß der Sodale aus dem Institut entlassen werden:
   aa) Konkubinarisches Verhältnis oder ein anderes Vergehen gegen das sechste Gebot bzw. Anstiftung dazu (can. 1395), falls der Obere aus gesetzlich bestimmten Gründen nicht anders entscheidet;
   bb) Mord, Menschenraub, Freiheitsberaubung, Verstümmelung, Körperverletzung (can. 1397);
   cc) vollendete Abtreibung (can. 1398).
b) In diesen Fällen tritt die Entlassung nicht wie bei den unter 1. genannten Tatbeständen ipso facto ein, sondern es muß ein *Ausschlußverfahren* nach den folgenden Normen durchgeführt werden:
   aa) Der höhere Obere hat über die *Tatbegangenschaft* und die *Zurechenbarkeit* Beweis zu erheben und dem Beschuldigten die Anklage mit den Beweisen zuzustellen und ihm die Möglichkeit der *Verteidigung* einzuräumen. Danach sind die Verfahrensakten, vom höheren Oberen und dem Notar unterzeichnet, zusammen mit der Verteidigungsschrift an den Generaloberen zu übersenden.
   bb) Der Generalobere muß zusammen mit dem Rat, der aus mindestens vier Mitgliedern zu bestehen hat, kollegialiter die Beweise, Begründung und Verteidigung prüfen und in geheimer Abstimmung entscheiden. Falls die Entlassung beschlossen wird, ist

ein Dekret, das bei sonstiger Unwirksamkeit wenigstens summa-
risch rechtlich und sachlich begründet sein muß, auszufertigen.
Der Beschuldigte hat immer das Recht, mit dem Generaloberen
in Verbindung zu treten und ihm seine Verteidigung vorzulegen.

cc) Das Entlassungsdekret ist durch Aushändigung an den
Entlassenen zu vollziehen, wobei ihm schriftlich das Beschwerde-
recht bekanntgemacht werden muß. Die Beschwerde (Rekurs) ist
innerhalb von zehn Tagen nach Erhalt des Dekretes an den Heiligen Stuhl (Religiosenkongregation) zu richten und hat Suspensivwirkung.

3. Die Entlassung aus anderen Gründen (cann. 696, 697)

a) Auch nichtstrafrechtliche, eher im Wesen des gottgeweihten
Lebens liegende Tatbestände können zu einer Entlassung aus
dem Verband führen, sofern sie schwerwiegend, im äußeren Bereich begangen, zurechenbar und rechtlich erwiesen sind.

Etwa: dauernde Vernachlässigung der Standespflichten; wiederholte
Verletzung der heiligen Bindungen; hartnäckiger Ungehorsam gegen Anordnungen der Oberen in wichtigen Fällen (materia gravis); schweres Ärgernis aufgrund des schuldhaften Verhaltens des Sodalen; hartnäckiges
Vertreten oder Verbreiten kirchlich verurteilter Lehren; öffentliche An-
hängerschaft an materialistische oder atheistische Ideologien; uner-
laubte Abwesenheit von der klösterlichen Niederlassung über mehr als
sechs Monate; andere ähnlich schwerwiegende, im Verbandsrecht umschriebene Gründe. Für einen Professen mit zeitlichen Gelübden genügen Tatbestände von geringerem Gewicht.

b) Wenn der höhere Obere nach Anhörung seines Rates die
Einleitung eines *Verfahrens* für angezeigt erachtet, gelten folgende Normen:
aa) er muß die *Beweise* erheben und vervollständigen;
bb) er muß den Beschuldigten schriftlich oder vor zwei Zeugen mit der ausdrücklichen Entlassungsandrohung und unter Benennung des erhobenen Vorwurfs zur Besserung *ermahnen* und
ihm Gelegenheit zur Verteidigung geben. Bei Erfolglosigkeit ist
nach frühestens fünfzehn Tagen die Vermahnung zu wiederholen.
cc) bleibt auch diese ohne Wirkung und ist der höhere Obere
zusammen mit seinem Rat von der Unverbesserlichkeit des Beschuldigten sowie vom Ungenügen seiner Verteidigung fest über-

zeugt, sind fünfzehn Tage nach der letzten Vermahnung sämtliche Akten, vom Oberen und Notar unterzeichnet, zusammen mit den Erwiderungen des Beschuldigten an den Generaloberen zu übersenden.

dd) Für das weitere Vorgehen des Generaloberen gelten dieselben Normen wie bei der Entlassung aus strafrechtlichen Gründen (s. 2, b, bb–cc).

c) Wenn durch das Verhalten eines Ordensangehörigen schweres Ärgernis entsteht oder dem Ordensinstitut Schaden droht, kann der Betreffende unverzüglich vom höheren Oberen oder, falls Gefahr im Verzug ist, sogar vom Ortsoberen mit Zustimmung des Rates aus der Ordensniederlassung ausgewiesen werden. Der höhere Obere kann gegebenenfalls das Entlassungsverfahren einleiten.

4. Wirkungen (can. 701)

Mit der rechtmäßigen Entlassung aus dem Institut erlöschen sämtliche Gelübde und die damit verbundenen Rechte und Pflichten.

Ist der Entlassene Geistlicher, darf er die heiligen Weihen nicht ausüben, bis er einen Bischof gefunden hat, der ihn nach einer angemessenen Probezeit (gemäß can. 693) in die Diözese aufnimmt (s. II, 3, b) oder ihm wenigstens die Ausübung der heiligen Weihen gestattet.

§ 56. Der Ordensangehörige als Bischof
(cann. 705–707)

1. Gelübdeverpflichtungen (cann. 705, 707)

Wird ein Ordensangehöriger Bischof, bleibt er Mitglied seines Instituts, aber die *Gehorsamspflicht* aus dem Gelübde besteht ausschließlich gegenüber dem Papst; an die übrigen Verpflichtungen ist er nur gebunden, soweit sie nach seinem eigenen klugen Urteil mit seiner neuen Aufgabe vereinbar sind.

Nach der Emeritierung vom Bischofsamt kann der Ordensangehörige seinen Wohnsitz auch außerhalb einer Niederlassung seines Instituts nehmen.

2. Vermögen (can. 706)

Bezüglich der Vermögensverfügung gilt folgendes:

a) Hat er aufgrund seiner Gelübde das Eigentum an seinen Gütern verloren, stehen im Gebrauch, Nießbrauch und Verwaltung der Güter, die er als Bischof erhält, zu; Eigentum kann er als Diözesanbischof (wie auch die diesem nach can. 381 § 2 Gleichgestellten) nur für seine Partikularkirche erwerben. Die anderen Bischöfe erwerben Eigentum für den Apostolischen Stuhl oder das Institut, insoweit es eigentumsfähig ist.

b) Hat er durch das Gelübde das Eigentum nicht verloren, erlangt er wieder Gebrauch, Nießbrauch und Verwaltungsrecht an seinem Eigentum und kann auch neues Eigentum erwerben.

c) In den Fällen a) und b) muß er über Güter, die ihm nicht persönlich zugewendet worden sind, nach dem Willen der Spender verfügen.

§ 57. Die Konferenz der höheren Oberen

(cann. 708, 709)

1. Zweck (can. 708)

Die höheren Oberen können sich zu Konferenzen oder Räten zusammenschließen, um den Zweck der einzelnen Institute unter Wahrung der Autonomie und des jeweiligen Charakters vollkommener zu erreichen und gemeinsame Unternehmungen zu planen. Außerdem sollen solche Zusammenschlüsse der Kooperation und Koordination mit den Bischofskonferenzen und den einzelnen Bischöfen dienen (vgl. PC Art. 23).

2. Errichtung (can. 709)

Diese Konferenzen können (auch als juristische Person) allein vom Heiligen Stuhl errichtet werden und stehen unter dessen oberster Leitung. Die Statuten bedürfen der Approbation des Heiligen Stuhles.

§ 58. Die Säkularinstitute
(cann. 710–730)

1. Begriff (cann. 710–714)

Säkularinstitute sind Verbände des gottgeweihten Lebens, in denen Christen, *die in der Welt leben,* nach vollkommenerer Liebe streben und insbesondere von innen her zur Heiligung der Welt beitragen.

Vier Elemente gehören wesentlich zu den Säkular- oder Welt-Instituten:

a) *Die Verpflichtung auf die Evangelischen Räte* (Keuschheit, Armut, Gehorsam) durch heilige Bindungen, die in den jeweiligen Konstitutionen nach Art (Gelübde, Eid, Weihe, Versprechen) und Verpflichtung umschrieben werden. Diese Verpflichtung verleiht eine eigene Weihe (propria consecratio).

b) *Das Apostolat,* durch das die Mitglieder ihre besondere Weihe in missionarischem Eifer bekunden und üben, um wie ein Sauerteig zur Stärkung und zum Wachstum des Leibes Christi alles mit dem Geist des Evangeliums zu durchdringen.

c) *In der Welt und von der Welt* (in saeculo et ex saeculo) nehmen die Mitglieder durch ihr Zeugnis eines christlichen Lebens und ihre Treue zur eigenen Weihe teil am Evangelisationsauftrag der Kirche. Sie können allein oder in der Familie oder in Gemeinschaft leben.

d) *Die Bindung an das Institut* geschieht durch die heiligen Verpflichtungen und wird realisiert im Dienst an der Gemeinschaft, in der Sorge um den Geist der Einheit, in der Teilhabe am Charisma und in der Brüderlichkeit.

Ein eigenes unterscheidendes Zeichen (etwa Ordenskleid) gibt es nicht.

2. Einteilung (cann. 711, 715)

a) Der CIC unterscheidet zwischen *klerikalen* und *laikalen* Säkularinstituten.

Die klerikalen Mitglieder können in einer *Diözese* (Regelfall) oder im *Institut* inkardiniert sein.

Im ersten Fall unterstehen sie dem Diözesanbischof, ausgenommen alles, was das geweihte Leben im Institut angeht. Die Inkardination in ei-

181

nem Säkularinstitut muß vom Apostolischen Stuhl genehmigt werden (can. 266 § 3).
b) Es gibt Institute *päpstlichen* und *bischöflichen* Rechts (vgl. can. 727 § 1).

3. Die Konstitutionen (cann. 716–718)

Da sich im CIC nur eine Rahmenordnung für die Säkularinstitute findet, müssen Einzelheiten über Leitung, Leben, Aufnahme, Entlassung usw. jeweils in eigenen Konstitutionen geregelt werden.

4. Aufnahme und Ausscheiden (cann. 720–730)

Die Aufnahme in ein Säkularinstitut erfolgt in drei Schritten:
– *Probezeit* von mindestens zwei Jahren;
– *zeitliche Bindung* (prima incorporatio) mindestens auf fünf Jahre;
– *ewige* (endgültige) *Bindung* (incorporatio perpetua vel definitiva).
Das Nähere regeln die jeweiligen Konstitutionen.

Die Aufnahme in die Probezeit ist *ungültig,* wenn der Kandidat
a) noch nicht volljährig ist;
b) einem klösterlichen Institut des gottgeweihten Lebens oder einer Gesellschaft des apostolischen Lebens angehört;
c) verheiratet ist und die Ehe noch besteht.

Die Zulassung zu den einzelnen Aufnahmeschritten wie auch das Ausscheiden, die Entlassung oder der Übertritt von Mitgliedern sind ähnlich geregelt wie bei Ordensleuten (vgl. cann. 723–730).

Ein Institut kann auch Gläubige assoziieren, die im Geist des Instituts nach Vollkommenheit streben und an seiner Sendung teilnehmen.

§ 59. Die Ordensinstitute im Reichskonkordat

1. Nach dem Reichskonkordat (20. 7. 1933) unterliegen Orden und religiöse Genossenschaften in bezug auf ihre Gründung, Niederlassung, die Zahl und Eigenschaften ihrer Mitglieder, ihre Tätigkeit in der Seelsorge, im Unterricht, in Krankenpflege und caritativer Arbeit, in der Ordnung ihrer Angelegenheiten und der

Verwaltung ihres Vermögens staatlicherseits keiner besonderen Beschränkung.

2. Geistliche Ordensobere mit dem Amtssitz innerhalb des Geltungsbereichs des Konkordats müssen die deutsche Staatsangehörigkeit besitzen.

Provinz- und Ordensoberen mit dem Amtssitz außerhalb des Geltungsbereichs steht das Visitationsrecht bezüglich ihrer Niederlassungen in Deutschland auch zu, wenn sie anderer Staatsangehörigkeit sind. Der Heilige Stuhl sorgt für eine solche Provinzorganisation, daß jede Unterstellung deutscher Niederlassungen unter ausländische Provinzobere tunlichst entfällt.

Im Einvernehmen mit der Reichsregierung können Ausnahmen zugelassen werden, besonders in Fällen, wo die geringe Zahl der Niederlassungen die Bildung einer deutschen Provinz unmöglich macht oder besondere Gründe zur Erhaltung einer geschichtlich gewordenen, bewährten Provinzorganisation vorliegen.

3. Die Orden und religiösen Genossenschaften behalten oder erlangen die Rechtsfähigkeit für den staatlichen Bereich nach den allgemeinen Vorschriften des staatlichen Rechtes.

4. Im Rahmen der allgemeinen Gesetze und gesetzlichen Bedingungen sind sie zur Gründung und Führung von Privatschulen berechtigt. Diese Schulen geben die gleiche Berechtigung wie die staatlichen Schulen, soweit sie die lehrplanmäßigen Vorschriften für letztere erfüllen.

5. Für die Zulassung zum Lehramt und für die Anstellung der Ordensleute an Volksschulen, mittleren oder höheren Lehranstalten gelten die allgemeinen Bedingungen (vgl. Art. 13, 15, 25).

Zweiter Abschnitt: Die Gemeinschaften ohne kirchenamtliche Gelübde

§ 60. Gesellschaften des apostolischen Lebens
(cann. 731–746)

1. Proprium (cann. 731–735, 738, 746)

Gesellschaften des apostolischen Lebens (societates vitae apostolicae) sind keine Ordensgemeinschaften, haben aber dennoch

viele Ähnlichkeiten mit diesen, weshalb der CIC auch sehr häufig
auf die entsprechenden Normen im Recht für die Ordensinstitute
verweist.

Beispielsweise:
Cann. 578–597: Errichtung, Trennung, Änderung, Aufhebung, Konstitutionen; Einteilung in Männer-, Frauen-, klerikale und laikale,
päpstlich-, diözesanrechtliche Gesellschaften; Zulassungsvoraussetzun-
gen;
cann. 598–601: Evangelische Räte;
cann. 617–633: Leitung;
cann. 642–645, 694–704: Eintritt und Entlassung;
cann. 679–683: Verhältnis zum Diözesanbischof.

Die Gesellschaften haben ihr je eigenes *apostolisches Ziel* (finis
apostolicus; z. B. außerordentliche Seelsorge, Hilfe für Weltgeistliche, Jugendseelsorge, Seelsorgehilfe, Krankenpflege, Sozialar-
beit, Unterricht u. a.) und ein *brüderliches Leben in Gemeinschaft*
(vita fraterna in communi). Hierin besteht die Nähe und Verwandtschaft zu den eigentlichen Orden, obgleich die besondere
Apostolatsaufgabe durchaus das Proprium der jeweiligen Gesellschaft ausmacht.

Der *Unterschied* zu den eigentlichen Orden besteht im *Fehlen
kirchenamtlicher öffentlicher Gelübde* (sine votis religiosis), obgleich diese Gesellschaften meist eigene Bindungen an die Evangelischen Räte haben.

2. Rechtliche Stellung (cann. 736, 741)

a) In der Regel sind die geistlichen Mitglieder der Gesellschaft
inkardiniert, können aber ausnahmsweise auch einer Diözese angehören (cann. 736, 738 § 3).

b) Die Gesellschaften, ihre Teile und Niederlassungen sind juristische Personen und können als solche Vermögen erwerben,
besitzen und verwalten. Auch die Mitglieder sind im Rahmen der
Konstitutionen vermögensfähig.

Im übrigen regeln die jeweiligen Konstitutionen nach Maßgabe des allgemeinen Rechtes (s. oben 1 Kleindruck) das Leben
in den Gesellschaften.

DRITTES BUCH
DER
VERKÜNDIGUNGSDIENST
DER KIRCHE

(cann. 747–833)

§ 61. Grundsätze
(cann. 747–755)

1. Die Lehrverkündigung (cann. 747, 749)

a) Christus, der Herr, hat der Kirche das Glaubensgut (fidei depositum) anvertraut, damit sie unter dem Beistand des Heiligen Geistes die geoffenbarte Wahrheit heilig bewahre, tiefer erforsche und getreu verkündige und auslege.

Die Kirche hat die Pflicht und das angestammte Recht (officium et ius nativum), *unabhängig von jedweder menschlichen Gewalt* allen Völkern das Evangelium zu predigen. Es steht ihr auch zu, immer und überall die Prinzipien der Moral zu verkündigen und die menschlichen Verhaltensweisen zu beurteilen, insoweit die Grundrechte und das Seelenheil des Menschen dies erfordern.

b) Der *Papst* besitzt als oberster Hirte und Lehrer kraft Amtes die *lehrmäßige Unfehlbarkeit,* wenn er in Glaubens- und Sittenfragen eine definitive (endgültig verpflichtende) Entscheidung fällt. Die gleiche Unfehlbarkeit im Lehramt besitzt auch das *Bischofskollegium,* wenn es auf einem Ökumenischen Konzil derart definitiv entscheidet oder wenn die Bischöfe, über den Erdkreis verstreut, in Gemeinschaft miteinander und mit dem Nachfolger des heiligen Petrus bei der authentischen Lehre in Glaubens- und Sittenfragen zusammen mit dem Papst darin übereinstimmen, daß eine Lehre als definitiv geoffenbart zu glauben ist.

Eine definitive unfehlbare Glaubensentscheidung liegt nur vor, wenn sie als solche offenkundig feststeht.

2. Glaube und Bekenntnis (cann. 748, 750, 752, 754)

a) Die Gläubigen sind kraft göttlichen Gesetzes verpflichtet und haben das Recht, die Wahrheit des Glaubens zu suchen und das Erkannte anzunehmen und zu bewahren. Freilich darf niemand zur Annahme des katholischen Glaubens gegen sein Gewissen gezwungen werden.

b) *Mit göttlichem und katholischem Glauben* (fide divina et catholica) ist alles das zu glauben, was in Schrift und Tradition enthalten und der Kirche als Glaubensgut übertragen ist und als von Gott geoffenbart vom feierlichen Lehramt (magisterium solemne) oder durch die ordentliche und universale Lehrverkündigung der Kirche vorgelegt wird.

Religiöser Gehorsam (religiosum intellectus et voluntatis obsequium) ist Äußerungen des authentischen Lehramtes ohne Anspruch auf definitiven Entscheid entgegenzubringen.

Alle Lehren, die den Äußerungen des Lehramtes widersprechen, sind zu meiden. Konstitutionen und Dekrete, die von der Kirche zur Auslegung des Glaubens oder zur Abwehr von Irrtümern erlassen werden, müssen von den Gläubigen beachtet werden.

3. Versagen im Glauben (can. 751)

In can. 751 sind drei Arten des Versagens im Glauben umschrieben:

a) Unter *Häresie* versteht man die hartnäckige Leugnung einer fide divina et catholica zu glaubenden Wahrheit nach Empfang der Taufe oder den hartnäckigen Zweifel an einer solchen Wahrheit (pertinax denegatio – dubitatio).

b) *Apostasie* ist die vollständige Ablehnung des christlichen Glaubens (ex toto repudiatio).

c) *Schisma* ist die Verweigerung (detrectatio) der Unterordnung unter den Papst oder der Gemeinschaft mit den Kirchengliedern.

4. Einheit im Glauben (can. 755)

Es ist Sache des Bischofskollegiums und vor allem des Apostolischen Stuhls, unter den Katholiken die ökumenische Bewegung zur Wiederherstellung der Einheit der Kirche zu pflegen und zu leiten. Aufgabe der Bischöfe und Bischofskonferenzen ist die Förderung dieser Einheit und der Erlaß von Normen für die Praxis.

§ 62. Der Dienst am Wort Gottes

(cann. 756–792)

Dem *Papst* und dem *Bischofskollegium* ist die Verkündigung des Evangeliums für die gesamte Kirche aufgetragen. In den *Teilkirchen* üben dieses Amt die einzelnen Bischöfe als verantwortliche Leiter der Lehrverkündigung aus (can. 756).

Ein Proprium der *Priester* als den Mitarbeitern des Bischofs ist die Verkündigung des Gotteswortes. Dies gilt insbesondere für die Pfarrer und die anderen Seelsorgegeistlichen. Auch die *Diakone* dienen diesem Auftrag in Gemeinschaft mit dem Bischof und seinem Presbyterium (can. 757).

Die *Angehörigen der Institute des gottgeweihten Lebens* geben auf ihre Weise Zeugnis für das Evangelium und können vom Bischof zur Mithilfe in der Wortverkündigung herangezogen werden (can. 758).

Die *Laien* sind kraft Taufe und Firmung durch Wort und beispielhaftes Leben Zeugen der evangelischen Botschaft. Sie können auch bei der Ausübung des Verkündigungsauftrages zur Mitwirkung mit dem Bischof und den Priestern berufen werden (can. 759).

Die Verkündigung muß immer das uneingeschränkte Christusmysterium zum Inhalt haben. Vorzüglich wird sie in Predigt und Katechese wahrgenommen, erfolgt aber auch in den Schulen, Akademien, Tagungen und durch öffentliche Erklärungen zu aktuellen Fragen (cann. 760, 761).

I. Die Predigt

(cann. 762–772)

1. Predigtvollmacht (cann. 762–767 § 1)

Die Geistlichen sollen das Predigtamt als ihre erste Pflicht hochschätzen; denn das Gottesvolk wird durch das Wort Gottes geeint und hat einen Anspruch auf dessen Verkündigung durch die Priester.

Die *Bischöfe* (bisher nur die Kardinäle) haben das Recht, überall (auch in den Kirchen und Oratorien der Ordensinstitute päpstlichen Rechts) zu predigen, wenn der Ortsbischof im Einzelfall nicht ausdrücklich eine Ablehnung ausgesprochen hat.

Priester und *Diakone* haben die Befugnis (facultas), mit der (wenigstens begründet vermuteten) Zustimmung des Kirchenrektors überall zu predigen, wenn diese Vollmacht vom zuständigen Ordinarius nicht eingeschränkt oder entzogen bzw. aufgrund eines Partikulargesetzes nicht eine besondere Erlaubnis erforderlich ist. Die Geistlichen bedürfen demnach in der Regel keiner eigenen Beauftragung zum Predigen.

Laien kann unter bestimmten Umständen und in Notfällen entsprechend den Vorschriften der Bischofskonferenz die Predigt in einer Kirche oder Kapelle gestattet werden. *Ausgenommen ist allerdings die Homilie in der Eucharistiefeier, die als Teil der Liturgie ausschließlich dem Priester und Diakon vorbehalten ist* (vgl. can. 230 § 3).

2. Predigtpflicht (cann. 767 § 2–4, 770, 771)

Die *Homilie* ist in den Meßfeiern der Sonn- und Feiertage, die in Anwesenheit der Gemeinde gefeiert werden, *verpflichtend vorgeschrieben* und darf nur aus triftigem Grund ausfallen. Sogenannte Predigtferien während der Urlaubszeit sind mit dieser Vorschrift kaum vereinbar. Auch an Werktagen, besonders der Advents- und österlichen Bußzeit, wird sie dringend empfohlen.

Zu gewissen Zeiten sollen die Pfarrer gemäß den Diözesanvorschriften geistliche Besinnungstage und Missionen oder andere geeignete Sonderformen der Verkündigung durchführen.

Vor allem Bischöfen und Pfarrern obliegt die Sorge, daß das Wort Gottes auch denen verkündigt wird, die aufgrund persönlicher Umstände (Krankheit, Alter) von der allgemeinen und ordentlichen Seelsorge nicht erreicht werden oder dem Glauben fernstehen.

3. Predigtinhalt (cann. 768, 769)

Die Prediger sollen insbesondere verkündigen, was zur Ehre Gottes und zum Heil der Menschen dient, und die kirchliche Lehre über Würde und Freiheit der Person, über Einheit und Festigkeit der Familie, über die Pflichten des menschlichen Zusammenlebens u. ä. darlegen. Dabei sind die Auffassungsgabe der Zuhörer und die Umstände von Zeit und Ort zu berücksichtigen.

II. Die katechetische Unterweisung
(cann. 773–780)

1. Grundsätze (cann. 773–775, 780)

a) Es ist die den *Seelsorgern* eigene und schwere Pflicht, für die katechetische Unterweisung des christlichen Volkes zu sorgen. Dafür haben die Diözesanbischöfe Normen zu erlassen und die nötigen Hilfsmittel zur Verfügung zu stellen, wie ihnen auch die Aus- und Fortbildung der Katecheten aufgetragen ist. Nötigenfalls können die Bischofskonferenzen nach Approbation durch den Apostolischen Stuhl einen Katechismus herausgeben und katechetische Institute gründen.

b) Darüber hinaus ist das Bemühen um die Katechese *jedem Glied der Kirche* aufgegeben. Insbesondere ist es Pflicht der Eltern bzw. der Vormünder und Paten, die Kinder durch Wort und Beispiel im Glauben und in der Praxis des christlichen Lebens zu unterweisen.

2. Pflichten des Pfarrers (cann. 776, 777)

a) Der Pfarrer hat *kraft Amtes* die Pflicht, für die Katechese der Erwachsenen, Jugendlichen und Kinder zu sorgen.

Dabei kann er die Hilfe der übrigen Pfarrgeistlichkeit, der Angehörigen der Institute des gottgeweihten Lebens und der Gesellschaften des apostolischen Lebens wie auch der Laien, insbesondere der Katecheten, in Anspruch nehmen.

b) In besonderer Weise obliegt dem Pfarrer:
aa) die Sakramentenkatechese;
bb) die katechetische Hinführung der Kinder zum ersten Empfang der Sakramente der Buße und Eucharistie sowie die Vorbereitung auf die Firmung;
cc) die Vertiefung der Eucharistiekatechese nach der Erstkommunion;
dd) die katechetische Unterweisung der geistig und körperlich Behinderten;

ee) die Festigung, Vertiefung und Entfaltung des Glaubens der Jugendlichen und Erwachsenen.

III. Die Missionstätigkeit der Kirche
(cann. 781–792)

1. Grundsätze (cann. 781, 782, 791, 792)

Weil die Kirche ihrer Natur nach missionarisch ist und das gesamte Gottesvolk zur Evangelisation verpflichtet ist, haben alle Gläubigen ihren Teil zum Missionswerk beizutragen. Die oberste Leitung und Koordination sämtlicher missionarischer Tätigkeiten liegen beim Papst und beim Bischofskollegium. Die Bischöfe müssen als Verantwortliche für die Gesamtkirche und die Teilkirchen ihre besondere Aufmerksamkeit dem Missionswerk, besonders entsprechenden Unternehmungen in ihrer eigenen Diözese widmen.

Zu diesem Zweck sind in jeder Diözese die Missionsberufe zu unterstützen; ein Priester mit der Verantwortung für missionarische Aktivitäten, besonders für die „Päpstlichen Missionswerke" zu betrauen; jährlich ein Missionstag zu halten und eine angemessene Spende für die Missionen an den Heiligen Stuhl zu entrichten.

2. Die Missionare und ihre Helfer (cann. 784, 785)

Die formal mit dem Missionswerk beauftragten Missionare können aus den Einheimischen oder Fremden, Weltgeistlichen oder Angehörigen der Institute des gottgeweihten Lebens bzw. der Gesellschaften des apostolischen Lebens ausgewählt werden. Auch Laien können damit betraut werden. Hinzu kommen die *Katechisten,* das sind Laien, die sich unter der Leitung der Missionare der Ausbreitung des Evangeliums, den Gottesdiensten und den Werken der Caritas widmen; sie müssen besonders ausgebildet sein und sich durch ein christliches Leben hervorheben.

3. Die eigentliche Missionstätigkeit (cann. 786–789)

a) Bis eine eigene kirchliche Hierarchie in den Missionsländern errichtet ist, erfüllt die Kirche ihren Missionsauftrag vor allem durch die Entsendung von Predigern, die aus eigenen Kräften und mit entsprechenden Hilfsmitteln die Evangelisation durchführen.

Die Missionare sollen Zeugnis in Wort und Tat ablegen, den Dialog mit den Nichtglaubenden führen und unter Beachtung der jeweiligen Auffassungsgabe und Kultur Wege zur Verkündigung des Evangeliums suchen. Bei solchen, die für die Botschaft des Evangeliums bereit sind, haben sie für die Unterrichtung in den Glaubenswahrheiten zu sorgen, damit sie getauft werden können, wenn sie *freiwillig* darum bitten.

b) Die Hinführung zum Glauben an Christus geschieht in drei Schritten:

aa) das *Vorkatechumenat,* dem nach einer bestimmten Zeit
bb) die Aufnahme in das *Katechumenat* innerhalb einer liturgischen Feier folgt, während dessen die Katechumenen durch Unterweisung im christlichen Leben in das Geheimnis des Heils eingeweiht und in den Glauben, die Liturgie, die Caritas und das Apostolat eingeführt werden.

cc) Die *Neugetauften* werden weiter in der Erkenntnis der evangelischen Wahrheit und in den aus der Taufe erwachsenden Pflichten unterwiesen und zur Liebe gegenüber Christus und der Kirche geführt.

4. Die Missionsbischöfe (can. 790)

Die Diözesanbischöfe in den Missionsgebieten haben die Aufgabe, die missionarischen Aktivitäten zu fördern, zu leiten und zu koordinieren und mit den Leitern der Missionsorden Vereinbarungen zu einer nutzbringenden Missiontätigkeit zu treffen.

Alle Missionare, auch Ordensangehörige, sind an die Weisungen der Diözesanbischöfe gebunden.

§ 63. Das katholische Erziehungswesen

(cann. 793–821)

Can. 793 § 1 statuiert das *Recht der Eltern* und ihrer Stellvertreter zur Erziehung der Kinder; diesem Recht korrespondiert die entsprechende Pflicht. *Katholische Eltern* haben darüber hinaus Pflicht und Recht, jene Mittel und Einrichtungen auszuwählen, die der katholischen Kindererziehung förderlich sind. Das El-

ternrecht auf Erziehung begründet zudem den Anspruch an den
Staat, Hilfen für die katholische Erziehung zur Verfügung gestellt
zu bekommen.

Aufgrund des göttlichen Sendungsauftrages, die Menschen zur
Fülle des christlichen Lebens zu führen, besitzt auch die *Kirche*
Pflicht und Recht der Mitwirkung in der Erziehung (can. 794).

Da die Erziehung die Bildung der ganzen menschlichen Person umfaßt, muß sie das ewige Heil und das Gemeinwohl im Auge haben und
dazu beitragen, daß die physischen, moralischen und intellektuellen
Kräfte der Kinder und Jugendlichen harmonisch entwickelt werden, damit sie lernen, von der Freiheit einen richtigen und verantwortungsbe-
wußten Gebrauch zu machen und am gesellschaftlichen Leben aktiv
teilzunehmen (can. 795).

I. Die Schulen
(cann. 796–806)

Die Schule ist die vorzüglichste Hilfe für die Eltern bei der Erfüllung ihres Erziehungsauftrages. Deshalb soll die Zusammenarbeit zwischen Eltern und Lehrern intensiv gepflegt werden
(can. 796).

In der Auswahl der Schulen müssen die Eltern volle Freiheit
besitzen. Deswegen sollen die Christen darauf bedacht sein, daß
der Staat unter Wahrung der austeilenden Gerechtigkeit (iustitia
distributiva) eine echte Wahlmöglichkeit zwischen gleichwerti-
gen Bildungsstätten gewährleistet (can. 797).

Die Kinder sollen in Schulen mit katholischer Erziehung ge-
schickt werden. Wo das nicht möglich ist, muß für eine außer-
schulische katholische Erziehung gesorgt sein (can. 798).

1. Die katholische Schule (cann. 803, 800–802)

a) Darunter sind diejenigen Schulen zu verstehen, die von der
zuständigen kirchlichen Autorität oder einer kirchlichen öffentlichen juristischen Person geleitet werden oder kirchlicherseits formell als solche anerkannt sind. Die Bezeichnung *„katholische
Schule"* darf nur mit Zustimmung der Kirche geführt werden. Die
Ausbildung und Erziehung müssen in einer katholischen Schule
nach den Prinzipien der katholischen Lehre erfolgen, der auch
die Lehrer in Lehre und Leben verpflichtet sind.

194

b) Die Kirche nimmt das Recht in Anspruch, Schulen jeglicher Art zu gründen und zu führen, zu deren Unterhalt die Christen nach Kräften beitragen sollen.

c) Der Diözesanbischof hat das Aufsichts- und Visitationsrecht in katholischen Schulen, auch wenn sie in der Trägerschaft kirchlicher Orden stehen, es sei denn, sie seien ausschließlich für den Ordensnachwuchs bestimmt. Zu diesem Aufsichtsrecht gehört der Erlaß allgemeiner Ordnungsvorschriften unter Wahrung der internen Leitungsautonomie.

d) Wo in christlichem Geist geführte Schulen fehlen, sollen die Bischöfe für die Gründung solcher Einrichtungen sorgen. Auch Ordensverbände, die sich besonders der Erziehung widmen, können mit Zustimmung des Diözesanbischofs eigene Schulen gründen.

Die mit der iustitia distributiva begründete Forderung der Kirche, der Staat müsse auch katholische Schulen einrichten, um den Eltern eine echte Wahlmöglichkeit zu eröffnen, ist vielfach kaum durchsetzbar. Nach Art. 23 des Reichskonkordats bleibt die Beibehaltung und Neueinrichtung katholischer Bekenntnisschulen unter bestimmten Voraussetzungen gewährleistet. Allerdings sind diese Voraussetzungen im Zuge der Schulreform in den deutschen Bundesländern oftmals weggefallen, so daß die staatliche Bekenntnisschule stark zurückgegangen ist und die christliche Gemeinschaftsschule den Hauptschultyp darstellt. Die Gemeinsame Synode der Bistümer in der Bundesrepublik Deutschland hat denn auch die Förderung katholischer Schulen in freier Trägerschaft empfohlen: „Die Synode erneuert den Anspruch der Kirche, katholische Schulen und Hochschulen in freier Trägerschaft zu gründen, zu unterhalten und zu führen. Zugleich spricht sie die Überzeugung aus, daß die staatliche Förderung eines Bildungswesens in freier Trägerschaft notwendig und rechtlich geboten ist ... Der Staat muß durch entsprechende gesetzliche Regelungen seine Verantwortung dafür wahrnehmen, daß ein Schulwesen in freier Trägerschaft möglich bleibt" (Gesamtausgabe I, 534).

2. Der Religionsunterricht (cann. 804–806)

a) Der kirchlichen Autorität ist die katholische religiöse Unterweisung in jedweder Schule oder sonstigen Bildungseinrichtungen unterstellt. Es ist Sache der Bischofskonferenz, entsprechende Weisungen zu erlassen. Hierzu gehören im wesentlichen die Erstellung von Lehrplänen und gegebenenfalls Prüfungsordnungen und die Überprüfung bzw. Zulassung von Lehr- und

Lernmitteln. Wo der Religionsunterricht ordentliches Lehrfach an staatlichen Schulen ist, sind entsprechende Kontakte mit den staatlichen Schulverwaltungen erforderlich. Die Aufsicht über den Religionsunterricht obliegt dem Diözesanbischof.

b) Der Ortsordinarius hat darauf zu achten, daß der Religionsunterricht, auch an nichtkatholischen Schulen, nur Lehrern übertragen wird mit rechter Glaubensgesinnung, christlicher Lebensführung und pädagogischen Qualitäten. Er hat das Recht, die Religionslehrer zu ernennen und zu approbieren (missio canonica) oder gegebenenfalls abzuberufen bzw. abberufen zu lassen.

Der Religionsunterricht ist in der Bundesrepublik Deutschland in den öffentlichen Schulen mit Ausnahme der bekenntnisfreien Schulen ordentliches Lehrfach. Unbeschadet des staatlichen Aufsichtsrechts wird der Religionsunterricht in Übereinstimmung mit den Grundsätzen der Religionsgemeinschaften erteilt. Kein Lehrer darf gegen seinen Willen verpflichtet werden, Religionsunterricht zu erteilen.

Die Erziehungsberechtigten haben das Recht, über die Teilnahme des Kindes am Religionsunterricht zu bestimmen (Art. 7 Abs. 2 und 3 GG). Nach Erlangung der Religionsmündigkeit (14. Lebensjahr) entscheidet über die Teilnahme der Schüler selbst (§ 5 Gesetz über die religiöse Kindererziehung).

Ausgenommen von der Bestimmung, daß der Religionsunterricht an den öffentlichen Schulen ordentliches Lehrfach ist, ist nach der sogenannten „Bremer Klausel" in Art. 141 GG das Land Bremen.

II. Die katholischen Universitäten

(cann. 807–814)

Die Kirche beansprucht in Erfüllung ihres Lehramtes das Recht, katholische Universitäten zu gründen und zu führen. Die Bezeichnung „Katholische Universität" darf ohne kirchenamtliche Zustimmung nicht geführt werden (cann. 807, 808).

Die Bischofskonferenzen sollen dafür sorgen, daß es in ihrem Bereich Universitäten oder wenigstens Fakultäten gibt, die in den verschiedenen Disziplinen unter Wahrung der wissenschaftlichen Autonomie im Lichte der katholischen Lehre forschen und lehren. Deswegen sind die Dozenten an diesen Hochschulen außer nach der wissenschaftlichen und pädagogischen Qualität auch nach der Treue zur kirchlichen Lehre und nach ihrem sittlichen Lebenswandel auszuwählen und gegebenenfalls gemäß den Statuten aus dem Lehramt zu entlassen. Die *Theologiedozenten* bedürfen eines eigenen kirchenamtlichen Lehrauftrags (mandatum) (cann. 809, 810, 812).

In den katholischen Universitäten soll es eine theologische Fakultät oder wenigstens ein theologisches Institut bzw. einen Lehrstuhl der Theologie für Laienstudenten geben. In einzelnen theologischen Vorlesungen sind auch interfakultative Themen zu behandeln (can. 811).

Der Diözesanbischof soll an allen Universitäten um die *Studentenseelsorge* (auch durch Errichtung einer eigenen Pfarrei oder wenigstens durch die Bestellung hauptamtlicher Studentenseelsorger) besonders bemüht sein (can. 813).

III. Kirchliche Universitäten und Fakultäten
(cann. 815–821)

Während die katholischen Universitäten im gesamten Wissenschaftsbereich forschen und lehren, dienen die *kirchlichen Universitäten und Fakultäten* der wissenschaftlichen Forschung und Lehre in den theologischen und den damit zusammenhängenden Disziplinen im weitesten Sinne (can. 815).

Kirchliche Universitäten gibt es nur aufgrund der *Errichtung oder Approbation durch den Apostolischen Stuhl,* dem auch die oberste Leitung und die Genehmigung der Statuten und Studienordnungen zusteht (can. 816).

Akademische Grade dürfen nur von rechtmäßigen kirchlichen Universitäten oder Fakultäten verliehen werden (can. 817).

Bezüglich der Auswahl und kirchlichen Beauftragung der Dozenten sowie der Seelsorge an kirchlichen Universitäten gilt dasselbe wie für katholische Universitäten (vgl. cann. 810–813).

Die Bischöfe und Ordensoberen werden aufgefordert, geeignete junge Männer und Kleriker an kirchlichen Universitäten und Fakultäten studieren zu lassen (can. 819).

Zum Ganzen: Apost. Const. Johannes Pauls II. „Sapientia Christiana" vom 15. 4. 1979 (AAS 71, 1979, 469–499; deutsch: Verlautbarungen des Apostolischen Stuhls 9, Neuauflage mit weiteren wichtigen Dokumenten hrsg. vom Sekretariat der DBK, Bonn 1983).

Über die katholisch-theologischen Fakultäten an den Universitäten des deutschsprachigen Raums s. § 22.

§ 64. Die Kommunikationsmittel, insbesondere Bücher

(cann. 822–832)

I. Die Kommunikationsmittel

(cann. 822, 823)

Die modernen Kommunikationsmittel und Massenmedien spielen im heutigen öffentlichen wie privaten Leben eine bedeutende Rolle und haben großen Einfluß auf Bildung, Ausbildung, Information und Kommunikation des Menschen. Bei der Erfüllung ihres Sendungsauftrages, allen Menschen aller Zeiten die Heilsbotschaft zu verkündigen, muß die Kirche sich auch jener Mittel bedienen, die jede Zeit mit ihren Möglichkeiten zur Verfügung stellt. Gleichzeitig hat sie die Aufgabe, darüber zu wachen, daß eventueller Schaden, der aus willkürlicher und unkontrollierter Nutzung solcher Medien entstehen kann, von den Menschen, insbesondere den Gläubigen, möglichst abgewendet wird.

Die *Seelsorger* werden daher im CIC aufgefordert, sich bei der Verkündigung der modernen Kommunikationsmittel zu bedienen und darauf hinzuwirken, daß darin die menschliche und christliche Dimension Berücksichtigung findet. Die Gläubigen, vor allem diejenigen, die an der Gestaltung der Mittel und an ihrem Gebrauch beteiligt sind, sollen darum bemüht sein, daß die Kirche auch durch diese Instrumente ihre pastorale Aufgabe wirksam erfüllen kann.

Die Bischöfe als einzelne oder in den Partikularkonzilien, die Bischofskonferenzen und die oberste kirchliche Autorität haben die Pflicht und das Recht, darauf zu achten, daß Glaube und Sitte der Gläubigen durch Schriften und andere Kommunikationsmittel keinen Schaden erleiden. Veröffentlichungen mit einschlägigem Inhalt können von der Kirche beurteilt und gegebenenfalls zurückgewiesen werden.

II. Die Approbation der Bücher

(cann. 824–832)

Der CIC spricht von „licentia" und „approbatio", die vor der Veröffentlichung bestimmter Bücher oder Schriften einzuholen sind. „Approbatio" meint sicher nicht nur „Druckerlaubnis", sondern auch eine „Gutheißung" oder möglicherweise „Billigung". Zuständig für die Erteilung ist in der Regel entweder der Ortsordinarius des Autors oder des Erscheinungsortes (can. 824).

1. Approbation und Erlaubnis (cann. 825–827, 831, 832)

a) Ausgaben und Übersetzungen der *Heiligen Schrift* mit Anmerkungen bedürfen der Approbation durch den Apostolischen Stuhl oder die Bischofskonferenz.

Mit *Erlaubnis* der Bischofskonferenz dürfen Katholiken gemeinsam mit nichtkatholischen Christen Übersetzungen der Heiligen Schrift in die Volkssprache erarbeiten und herausgeben, wenn sie mit Erläuterungen versehen sind.

b) *Liturgische Bücher* werden vom Apostolischen Stuhl herausgegeben; Übersetzungen in Volkssprachen von der Bischofskonferenz mit vorausgehender Überprüfung durch den Heiligen Stuhl (vgl. can. 838).

c) *Gebetbücher* für den öffentlichen und privaten Gebrauch benötigen die Erlaubnis des Ortsordinarius.

d) *Katechismen und andere Bücher zur katechetischen Unterweisung* müssen vom Ortsordinarius approbiert sein.

Dasselbe gilt für Bücher, die in Elementar-, Mittel- oder höheren Schulen als Textbücher verwendet werden, sofern sie biblische, theologische, kirchenrechtliche, kirchengeschichtliche Fragen behandeln und religiöse und sittliche Disziplinen betreffen. Zudem wird *empfohlen*, daß Bücher mit dem genannten Inhalt, auch wenn sie nicht direkt dem Unterricht dienen, der Beurteilung des Ordinarius vorgelegt werden.

e) In Kirchen oder Oratorien dürfen nur mit kirchenamtlicher Erlaubnis herausgegebene oder nachträglich approbierte Bücher bzw. Schriften über religiöse oder sittliche Fragen ausgelegt, verkauft oder verteilt werden.

f) Den Gläubigen ist es untersagt, in Zeitungen und Zeitschriften, die offensichtlich den katholischen Glauben oder die guten Sitten angreifen, ohne gerechten und vernünftigen Grund zu publizieren. Die Geistlichen und Angehörigen der klösterlichen Institute benötigen dazu die Erlaubnis des Ortsordinarius.

Ordensangehörige bedürfen für Veröffentlichungen über Glaubens- und Sittenfragen der Erlaubnis des höheren Oberen.

Die Bischofskonferenzen haben die Voraussetzungen zu regeln, unter denen Geistliche und Angehörige klösterlicher Institute in Rundfunk und Fernsehen Fragen des Glaubens und der Sitten behandeln dürfen.

2. *Das Verfahren (can. 830)*

a) Unbeschadet des Rechtes jedes Ortsordinarius, Personen seines Vertrauens mit der Prüfung von Büchern zu betrauen, kann die Bischofskonferenz ständige Prüfer benennen, die sich durch Wissen, Rechtgläubigkeit und Klugheit auszeichnen und den Diözesankurien zur Verfügung stehen. Es kann auch eine Prüfungskommission zur Beratung der Ortsordinarien gebildet werden.

b) Der Prüfer soll in seinem Amt ohne Ansehen der Person allein die rechte kirchliche Lehre vor Augen haben. Er muß sein Urteil schriftlich abgeben. Fällt es positiv aus, soll der Ordinarius nach seinem klugen Ermessen die Erlaubnis zur Veröffentlichung mit Angabe seines Namens, des Ortes und der Zeit erteilen. Lehnt er sie ab, sind dem Autor die Gründe mitzuteilen.

III. *Lehrbeanstandungsverfahren*

Der CIC enthält nur die kurze Bestimmung, daß es den Hirten der Kirche zustehe, Schriften, die dem rechten Glauben und den guten Sitten schaden, zurückzuweisen (can. 823 § 1).

Das kirchliche Lehramt umfaßt aber selbstverständlich auch das Recht festzustellen, ob Lehren eines katholischen Autors der kirchlichen Glaubenslehre widerstreiten oder sie verfälschen (vgl. Zweites Vatikanisches Konzil, Erklärung über die Religionsfreiheit „Dignitatis humanae", Art. 14).

1. *Die römische Verfahrensordnung*

Am 15. 1. 1971 hat die Kongregation für die Glaubenslehre eine „Neue Verfahrensordnung zur Prüfung von Lehrfragen" veröffentlicht (AAS 63, 1971, 234–236; deutsch in: NKD 37).

Die Ordnung sieht ein *außerordentliches* und ein *ordentliches* Verfahren vor.

a) Das *außerordentliche Verfahren* wird angewandt, wenn durch die offensichtlich irrige Lehrmeinung unmittelbarer Schaden droht. Darüber entscheidet der „Kongreß" (Kardinalpräfekt, Sekretär, Subsekretär, sonstige leitende Beamte). Im außerordentlichen Verfahren wird der Ordinarius unterrichtet und beauftragt, den Autor zur Berichtigung seiner Irrtümer zu veranlassen. Über das weitere Vorgehen entscheidet nach Eingang des Berich-

tes des Ordinarius die ordentliche Versammlung der Kardinäle
(n. 1).

b) Normalerweise wird die Durchführung des *ordentlichen Verfahrens* vom „Kongreß" beschlossen. In diesem Falle bestellt der
„Kongreß" zwei Sachverständige und einen „Relator pro auctore" (n. 2). Die Sachverständigen haben das authentische Werk
des Autors zu prüfen und ein Urteil über die vorgetragenen Lehren abzugeben; darüber hinaus sollen sie Vorschläge über das
weitere Verfahren machen (n. 3).
Die Voten und die Stellungnahme des Relators, der die positiven Aspekte der Lehre und die Verdienste des Autors aufzuzeigen hat (n. 6), werden der Versammlung der Konsultoren
übergeben (n. 7), die für die ordentliche Versammlung der Kardinäle eine Stellungnahme erarbeiten (n. 9). Die Kardinäle erörtern
die Sache, und der Kardinalpräfekt legt das Ergebnis dem Papst
zur Approbation vor (n. 11). Bringt die Untersuchung falsche
oder gefährliche Meinungen zutage, wird der Ordinarius des Autors unterrichtet (n. 12). Dem Autor selbst wird angezeigt, welche
Sätze als falsch oder gefährlich befunden wurden. Er hat Gelegenheit zu einer schriftlichen Antwort und, falls erforderlich, zu
einem Kolloquium mit dem Beauftragten der Kongregation für
die Glaubenslehre (n. 13). Die schriftliche Antwort des Autors
und gegebenenfalls das Ergebnis des Kolloquiums sind die
Grundlage für die Entscheidung der ordentlichen Kardinalsversammlung, die vom Papst approbiert werden muß und dem Ordinarius des Autors mitgeteilt wird (n. 15–18).

2. Die Verfahrensordnung der Deutschen Bischofskonferenz

In der Frühjahrsvollversammlung 1981 hat die DBK die „Verfahrensordnung für das Lehrbeanstandungsverfahren bei der Deutschen Bischofskonferenz" beschlossen („Die deutschen Bischöfe", Heft 29, hrsg. vom Sekretariat der DBK, Bonn 1981).
Das Lehrbeanstandungsverfahren soll dem Diözesanbischof,
dessen eigene Zuständigkeit und Verantwortung vorausgesetzt
werden, helfen, sein Lehr- und Hirtenamt wahrzunehmen, und
dem beanstandeten Autor den nötigen Rechtsschutz gewähren.
Ziel des Verfahrens ist die Feststellung, ob Lehren eines katholischen Autors in öffentlichen Äußerungen (Büchern, Artikeln,
Vorträgen, Vorlesungen usw.) der kirchlichen Glaubenslehre wi-

derstreiten oder sie verfälschen, und dem Ordinarius eine Entscheidungshilfe über zu treffende Maßnahmen zu geben (§ 1). *Antragsberechtigt sind der zuständige Diözesanbischof und der beanstandete Autor (§ 4).* Der Antragstellung hat ein Gespräch zwischen Ordinarius und Autor vorauszugehen mit dem Ziel, das Verfahren überflüssig zu machen (§ 5). Der Ordinarius hat das Recht, einen theologischen Berater hinzuzuziehen (§ 20), dem Autor muß ein frei gewählter oder gegebenenfalls bestellter Anwalt zur Seite stehen (§ 18).

Organe zur Durchführung des Verfahrens sind die Glaubenskommission der DBK, eine Theologenkommission (fünf Mitglieder), eine Bischofskommission (fünf Bischöfe).

a) Die *Glaubenskommission der DBK* prüft die Berechtigung des Antrags und entscheidet über Eröffnung oder Nichteröffnung des Verfahrens; sie bestellt die Theologenkommission, die Berichterstatter und gegebenenfalls den Anwalt und berät die Bischofskommission (§ 8).

b) Die *Theologenkommission* prüft die beanstandeten Äußerungen des Autors, würdigt die Stellungnahmen der Berichterstatter und sonstige Gutachten, diskutiert die beanstandeten Lehren mit dem Autor und seinem Anwalt, gibt der Bischofskommission einen Bericht über Verlauf und Ergebnis der Untersuchungen und ein begründetes Gutachten als Entscheidungshilfe (§ 10).

c) Die *Bischofskommission* entscheidet über Befangenheitseinreden, über von der Theologenkommission, dem Ordinarius oder dem Autor gestellte Anträge auf Einstellung des Verfahrens. Sie entscheidet weiter, ob die beanstandeten Äußerungen des Autors der kirchlichen Lehre widerstreiten oder sie verfälschen, und macht dem Ordinarius Vorschläge für seine Maßnahmen (§ 17).

Die Entscheidung der Bischofskommission wird dem Ordinarius und dem Autor zugestellt (§§ 30, 31). Gegen die Entscheidung steht der Rekurs an die Kongregation für die Glaubenslehre offen. Das Verfahren ist nicht öffentlich. Die Beteiligten haben das Recht auf Akteneinsicht (§§ 36, 37).

§ 65. Das Glaubensbekenntnis
(can. 833)

1. Grundsätzliches

Die Glaubenslehre ist zusammengefaßt in verschiedenen Bekenntnisformeln (symbola fidei): Apostolisches, Nizänisches, Athanasianisches, Tridentinisch-Vatikanisches Glaubensbekenntnis. Durch Dekret der Kongregation für die Glaubenslehre vom 20. 12. 1967 ist eine neue Formel verbindlich vorgeschrieben worden (AAS 59, 1967, 1058; amtlicher deutscher Text in: AfkKR 137, 1968, 154 f.). Zugleich wurde auf die Ablegung des sogenannten Antimodernisteneides verzichtet.

Der CIC verlangt von verschiedenen Personen und bei bestimmten Gelegenheiten die Leistung des Glaubenseides (professio fidei). Sie hat *persönlich* (nicht durch einen Vertreter) und vor einem vom Gesetz vorgeschriebenen Amtsträger zu geschehen.

2. Verpflichtung zum Glaubenseid

Zur Ablegung des Glaubenseides sind vepflichtet:

a) alle Teilnehmer an einem Allgemeinen oder partikulären Konzil, einer Bischofs- oder Diözesansynode vor dem Vorsitzenden oder seinem Delegierten; der Vorsitzende vor dem Konzil bzw. vor der Synode;

b) die zum *Kardinal* Ernannten entsprechend den Statuten des Kardinalskollegiums;

c) die zum *Bischof* Ernannten und die den Diözesanbischöfen Gleichgestellten (Apostolischer Präfekt, Vikar) vor dem Beauftragten des Apostolischen Stuhls;

d) der *Diözesanadministrator* vor dem Kollegium der Konsultoren;

e) die *General-, Bischofsvikare und Offiziale* vor dem Diözesanbischof oder seinem Delegierten;

f) die *Pfarrer, der Rektor und die Dozenten* der Theologie und Philosophie in den Seminarien bei ihrem Amtsantritt sowie die *Weihekandidaten* vor der Diakonenweihe vor dem Ortsordinarius oder seinem Delegierten;

g) der *Rektor* einer kirchlichen oder katholischen Universität bei Amtsantritt vor dem Großkanzler bzw. dem Ortsordinarius oder dessen Delegierten. Die *Universitätsdozenten* der theologischen Disziplinen bei Amstantritt vor dem Rektor (wenn er Priester ist) bzw. dem Ortsordinarius oder deren Delegierten;

h) die *Oberen der klösterlichen Institute* und *der klerikalen Gesellschaften des apostolischen Lebens* nach den Bestimmungen der Konstitutionen.

VIERTES BUCH
DER HEILIGUNGSDIENST
DER KIRCHE

(cann. 834–1253)

§ 66. Die Liturgie
(cann. 834–839)

1. Wesen der Liturgie (cann. 834, 837, 839)

Den Dienst der Heiligung übt die Kirche in besonderer Weise in der *Liturgie* aus, deren Feier ihr als Vollzug des Priesteramtes Jesu Christi aufgetragen ist. „In ihr wird die Heiligung der Menschen durch sinnenfällige Zeichen bezeichnet und in je eigener Weise bewirkt und vom mystischen Leib Jesu Christi, das heißt dem Haupt und den Gliedern, der gesamte öffentliche Kult vollzogen" (can. 834 § 1). Sakramente und Kult, Heiligung des Menschen und Verherrlichung Gottes im Gottesdienst bilden somit die wesentlichen Elemente der Liturgie.

Ein solcher öffentlicher Kult liegt nur vor, wenn er *im Namen der Kirche* von den rechtmäßig dazu *beauftragten Personen* und durch die von der Kirche *anerkannten Handlungen* dargebracht wird.

Liturgie ist keine Privatangelegenheit, sondern Feier der Kirche als „Sakrament der Einheit" (unitatis sacramentum). Bei aller Verschiedenheit der liturgischen Ordnungen, Ämter und Teilnahmeweisen muß die Verbundenheit mit der Gesamtkirche sichtbar bleiben.

Weitere Formen des Heiligungsdienstes sind Gebete und Werke der Buße und der Caritas.

2. Träger der Liturgie (can. 835)

a) In erster Linie vollziehen die *Bischöfe* den Dienst der Heiligung. Sie sind die Hohenpriester, die vorzüglichen Ausspender der Geheimnisse Gottes, die Vorsteher, Förderer und Wahrer der der Kirche aufgetragenen Liturgie.

b) Auch die *Priester* üben als Teilhaber am Priestertum Christi diesen Dienst unter der Autorität des Bischofs aus; denn sie sind geweiht zur Feier des Gottesdienstes und zur Heiligung des Volkes Gottes.

c) Die *Diakone* nehmen an der Feier des Gottesdienstes ihrer rechtlichen Stellung gemäß teil.

d) Aufgrund des gemeinsamen Priestertums haben alle übrigen *Gläubigen* am Heiligungsdienst ihren besonderen Anteil durch die ihnen gemäße aktive Teilnahme an der Liturgie, vor allem an der Eucharistie. Die christlich gelebte Ehe und die christliche Erziehung der Kinder sind besondere Formen dieser Teilhabe.

3. Liturgische Gesetze (can. 838)

Die Leitung der Liturgie steht ausschießlich der kirchlichen Autorität zu: dem Apostolischen Stuhl und dem Diözesanbischof.

a) Der *Apostolische Stuhl* regelt die Liturgie der gesamten Kirche. Er gibt die liturgischen Bücher heraus, prüft deren Übersetzungen und wacht über die Einhaltung der liturgischen Vorschriften.

b) Die *Bischofskonferenzen* besorgen die Übersetzung der liturgischen Bücher in die Landessprache und geben sie nach vorheriger Genehmigung durch den Apostolischen Stuhl heraus.

c) Der *Diözesanbischof* erläßt im Rahmen seiner Zuständigkeit für seine Teilkirche liturgische Vorschriften. Zudem hat er dafür zu sorgen, daß Gebete und Andachtsübungen mit den kirchlichen Bestimmungen im Einklang stehen.

ERSTER TEIL
DIE SAKRAMENTE
(cann. 840–1165)

§ 67. Allgemeine Vorschriften
(cann. 840–848)

1. Grundsätzliches (cann. 840, 841)

Die Sakramente, von Christus eingesetzt und der Kirche anvertraut, sind Handlungen Christi und der Kirche. Da sie sowohl der Verherrlichung Gottes als auch der Heiligung der Menschen dienen, tragen sie wesentlich zur Einheit der Kirche bei. Daher sind sie mit *höchster Sorgfalt und Ehrfurcht* von allen zu feiern.

Da sie der Gesamtkirche anvertraut sind und zum göttlichen Glaubensgut gehören, kann allein die höchste kirchliche Autorität festlegen, was zur Gültigkeit und Erlaubtheit bei Spendung und Empfang der Sakramente erforderlich ist.

2. Spendung und Empfang (cann. 842–845)

Der Empfang der Taufe ist Gültigkeitsvoraussetzung für die Zulassung zu allen übrigen Sakramenten.

Taufe, Firmung und Eucharistie gehören eng zusammen und begründen die volle christliche Initiation.

Taufe, Firmung und Weihe können nicht wiederholt werden. Nur bei Vorliegen eines begründeten vernünftigen Zweifels über die Tatsache oder Gültigkeit der Spendung dürfen diese Sakramente *bedingungsweise* gespendet werden.

Die Geistlichen dürfen die Sakramente niemandem verweigern, der ordnungsgemäß darum bittet, entsprechend disponiert ist und dem von Rechts wegen der Empfang nicht verboten ist (vgl. cann. 1331 § 1 n. 2, 1332).

Die katholischen Geistlichen dürfen die Sakramente in der Regel *nur katholischen Gläubigen* spenden, wie auch diese sie nur von katholischen Geistlichen erbitten dürfen.

Es gelten folgende Ausnahmen:

a) Im Notfall oder zum echten geistlichen Nutzen dürfen *Katholiken,* denen es physisch oder moralisch unmöglich ist, sich an einen katholischen Geistlichen zu wenden, unter Vermeidung von Irrtum und Indifferentismus die Sakramente der *Buße, der Eucharistie und der Krankensalbung* von einem *nichtkatholischen Geistlichen* empfangen, sofern in dessen Kirche diese Sakramente gültig gespendet werden (z. B. getrennte Ostkirchen, altkatholische Kirche).

b) Katholische Geistliche dürfen *Gliedern der getrennten Ostkirchen* oder anderer Kirchen, die nach dem Urteil des Apostolischen Stuhls bezüglich der Sakramente den getrennten Ostkirchen gleichzusetzen sind, also diese Sakramente in ihrem Glaubensgut haben und rechtmäßig spenden, die Sakramente *der Buße, der Eucharistie und der Krankensalbung* spenden, sofern sie darum bitten und richtig (rite) disponiert sind.

c) In Todesgefahr oder bei anderer von der Bischofskonferenz oder dem Diözesanbischof festgestellter schwerer Notlage dürfen katholische Geistliche *den anderen Christen, die nicht in voller Gemeinschaft mit der katholischen Kirche stehen,* Buße, Eucharistie und Krankensalbung spenden, sofern diese einen Amtsträger ihrer Gemeinschaft nicht angehen können, von sich aus darum bitten, den katholischen Glauben bezüglich dieser Sakramente bekunden und disponiert sind.

Der Diözesanbischof oder die Bischofskonferenz sollen allgemeine Bestimmungen für die in a)–c) genannten Fälle nur nach Konsultation der zuständigen, wenigstens örtlichen Autorität der betroffenen Kirche oder Gemeinschaft erlassen.

3. Ritus (can. 846)

Bei der Feier der Sakramente sind die kirchenamtlich approbierten liturgischen Bücher genau zu beobachten. Der Spender feiert die Sakramente nach seinem Ritus.

4. Gaben (can. 848)

Für die Sakramentenspendung darf außer den amtlich festgesetzten Gaben (oblationes) nichts verlangt werden. Die Sakramentenspendung darf aber nicht von der Entrichtung dieser Gaben abhängig gemacht werden.

Erster Abschnitt: Die Sakramente der Initiation

§ 68. Die Taufe

(cann. 849, 878)

Die Taufe ist die Voraussetzung für alle übrigen Sakramente (ianua sacramentorum); ihr Empfang (wenigstens dem Verlangen nach – in voto) ist heilsnotwendig.

Durch die Taufe wird der Mensch von seinen *Sünden befreit, wiedergeboren als Kind Gottes, durch das unauslöschliche Prägemal Christus gleichförmig und in die Kirche eingegliedert.*

Die gültige Spendung erfolgt durch Abwaschung mit wahrem Wasser und mit der vorgeschriebenen Form der Worte (can. 849).

1. Die Feier der Taufe (cann. 850–860)

a) Die Taufe ist entsprechend der im Rituale vorgeschriebenen Ordnung durch *Untertauchen oder Übergießen* zu spenden. Im Notfall genügen die zur Gültigkeit erforderlichen Handlungen. Im Normalfall ist nach den liturgischen Vorschriften geweihtes Wasser zu verwenden.

b) Die Taufe muß gebührend *vorbereitet* werden:

aa) Beim *Erwachsenen* (adultus), das heißt in diesem Falle bei solchen, die dem Kindesalter (7. Lebensjahr) entwachsen sind und den Vernunftgebrauch besitzen, durch den Katechumenat und womöglich durch eine stufenweise durchgeführte sakramentale Initiation.

bb) Vor einer *Kindestaufe* sind die Eltern und Paten über die Bedeutung der Taufe und die damit verbundenen Pflichten zu unterrichten.

Eltern, Paten und Pfarrer sollen darauf achten, daß kein unchristlicher Name gewählt wird.

c) Die Taufe kann *an jedem Tag des Jahres,* vorzugsweise aber soll sie an den *Sonntagen* und während der *Feier der Osternacht* gespendet werden.

Der eigentliche *Taufort* sind Kirche oder Oratorium. Ein Erwachsener soll in der Regel in seiner Pfarrkirche, ein Kind in der Pfarrkirche der Eltern getauft werden.

Jede Pfarrkirche muß einen Taufbrunnen (fons baptismalis) haben. Daneben kann der Ortsordinarius auch in einer anderen Kirche oder Kapelle der Pfarrei einen Taufbrunnen gestatten. Kann der Täufling wegen der weiten Entfernung oder aus anderen Gründen nicht in eine Kirche mit Taufbrunnen kommen oder gebracht werden, darf die Taufe auch in einer anderen Kirche oder Kapelle oder sogar an einem anderen geziemenden Ort gespendet werden. Nur im Notfall und mit Genehmigung des Ortsordinarius ist die Taufe in *Privathäusern* gestattet. In *Krankenhäusern* darf nur im Notfall oder aus anderen pastoralen Rücksichten getauft werden, falls der Diözesanbischof nichts anderes bestimmt.

2. Der Spender der Taufe (cann. 861–863)

Ordentliche Spender der Taufe sind *Bischof, Priester und Diakon.* Außerhalb des eigenen Territoriums ist zur erlaubten Taufspendung die entsprechende Genehmigung erforderlich.

In Abwesenheit oder bei Verhinderung eines ordentlichen Spenders kann erlaubterweise ein Katechet oder ein vom Ortsordinarius Beauftragter taufen. Die *Nottaufe* kann von jedermann (auch einem Ungetauften) gespendet werden, wenn er nur die richtige Intention (zu tun, was die Kirche tut) hat. Vor allem die Pfarrer sollen die Gläubigen über die rechtmäßige Taufspendung unterrichten.

Die Taufe von Erwachsenen, wenigstens von solchen, die das 14. Lebensjahr vollendet haben, ist dem Diözesanbischof zu melden, damit er sie gegebenenfalls selber spenden kann.

3. Die Empfänger der Taufe (cann. 864–871)

Jeder noch nicht getaufte Mensch ist zum Taufempfang fähig.

a) Ein *Erwachsener* (adultus; in diesem Zusammenhang etwa ab dem siebten Lebensjahr) darf nur getauft werden, wenn er den *Wunsch nach der Taufe äußert, über die Wahrheiten und Verpflichtungen des Glaubens ausreichend unterrichtet ist* und während des Katechumenats sich in der *christlichen Lebensführung bewährt hat.* Er soll auch zur Reue über seine Sünden angehalten werden.

In *Todesgefahr* genügt, daß er die wichtigsten Glaubenswahrheiten kennt, auf irgendeine Weise seine Absicht zum Taufempfang kundtut und verspricht, seinen religiösen Verpflichtungen nachzukommen.

Wenn möglich, soll der erwachsene Neugetaufte sogleich nach der Taufe gefirmt werden und an der Eucharistiefeier mit Kommunionempfang teilnehmen.

b) Die Eltern sind gehalten, ihre Kinder in den ersten Wochen nach der Geburt taufen zu lassen. Gleich nach der Geburt ihres Kindes oder schon vorher sollen sie den Pfarrer um die Taufe bitten und sich selber auf sie vorbereiten.

Ein Kind in *Todesgefahr* soll unverzüglich getauft werden. In diesem Falle ist die Taufe auch gegen den Willen der katholischen oder nichtkatholischen Eltern erlaubt.

Findlinge sind zu taufen, falls nicht feststeht, daß sie schon getauft sind. Lebende Frühgeburten sollen, falls möglich, getauft werden.

Zur *erlaubten Taufspendung* werden verlangt:

aa) die Zustimmung der Eltern oder wenigstens eines Elternteils oder deren rechtmäßigen Vertretern (Ausnahme in Todesgefahr);

bb) die begründete Hoffnung auf die katholische Kindererziehung. Falls diese nicht besteht, muß die Taufe gemäß den partikularrechtlichen Normen aufgeschoben werden. Der Taufaufschub ist den Eltern gegenüber zu begründen.

Zur Frage des *Taufaufschubes* hat die Kongregation für die Glaubenslehre in der „Instruktion über die Kindertaufe" vom 20. 10. 1980 (AAS 72, 1980, 1137–1156; deutsch in: Verlautbarungen des Apostolischen Stuhles, Heft 24, hrsg. vom Sekretariat der DBK, Bonn 1980) ausgeführt: „Es geschieht, daß wenig gläubige und nur gelegentlich praktizierende Eltern sich an den Seelsorger wenden oder auch nichtchristliche Eltern, die aus erwägenswerten Gründen um die Taufe für ihr Kind bitten. In diesem Fall werden die Seelsorger versuchen, in einem klugen, wohlwollenden Gespräch anzuregen, daß sich die Eltern mit dem Sakrament, das sie erbitten, näher befassen, und sie auch über die Verpflichtung unterweisen, die die Eltern mit der Taufe auf sich nehmen. Die Kirche kann nämlich dem Wunsch solcher Eltern nicht nachkommen, wenn diese keine Gewähr bieten, daß dem getauften Kind nachher eine christliche Erziehung zuteil wird, wie das Sakrament sie erfordert … Genügen die Garantien aber nicht, soll die Taufe in kluger Weise aufgeschoben werden; die Seelsorger sollen aber mit den Eltern im Gespräch bleiben, so daß, wenn möglich, die Forderungen erfüllt werden, ohne die das Sakrament nicht gespendet werden kann" (Nr. 30).

Die DBK hat am 12. 7. 1979 eine „Pastorale Anweisung an die Priester und Mitarbeiter im pastoralen Dienst zur rechtzeitigen Taufe der Kinder" erlassen (in: Die deutschen Bischöfe, Heft 20, hrsg. vom Sekretariat der DBK, Bonn 1979). Darin heißt es zum Taufaufschub: „Ein Taufaufschub ist dann und nur dann notwendig, wenn beide Eltern ungläubig sind und sich weigern, ihrem Kind die nötige Glaubenserziehung zu vermitteln. Das Taufgespräch gewinnt in diesem Fall besondere Bedeutung, soll doch der Taufaufschub nicht als Verweigerung, sondern mehr als ein Angebot zur Klärung von Glaubensschwierigkeiten und zur Erneuerung des Glaubenslebens der Eltern sowie zur Übernahme ihrer religiösen Verpflichtung für das Kind verstanden werden. *Die Taufe darf erst gespendet werden, wenn jemand im Lebensbereich des Kindes bereit ist, das Kind in den Glauben und das Leben der Kirche einzuführen"* (3.7).

c) Bleibt nach ernsthaften Nachforschungen ein begründeter Zweifel an der Spendung der Taufe oder ihrer Gültigkeit, ist sie *bedingungsweise* zu spenden.

Wer in einer nichtkatholischen kirchlichen Gemeinschaft die Taufe empfangen hat, darf nicht bedingungsweise getauft werden, es sei denn, daß nach eingehender Prüfung der angewandten Materie und Form sowie der Intention des Taufspenders und der Disposition des Empfängers noch begründete Zweifel an der Gültigkeit der Taufe bestehen bleiben.

Vor der Konditionaltaufe muß ein Erwachsener über das Taufsakrament und die Gründe für den Zweifel an der Gültigkeit (bei Kindern die Eltern) unterrichtet werden.

4. Die Taufpaten (cann. 872–874)

Jeder Täufling soll nach Möglichkeit einen Paten haben. Dessen Aufgabe ist es, den *erwachsenen Getauften* bei der christlichen Initiation zu begleiten. Zusammen mit den Eltern soll der Pate das *Kind* zur Taufe bringen und es bei seiner christlichen Lebensführung und bei der Erfüllung der religiösen Pflichten unterstützen.

Es genügt ein Pate oder eine Patin. Bei zwei Paten sollen es ein Mann und eine Frau sein.

Zur Übernahme des Patendienstes kann nur zugelassen werden, wer

a) dazu vom Täufling, seinen Eltern oder deren Stellvertretern bzw. – wenn es solche nicht gibt – vom Pfarrer oder dem Taufspender dazu bestimmt ist und geeignet ist wie auch die Absicht hat, dieses Amt auszuführen;

b) das 16. Lebensjahr vollendet hat, wenn nicht der Diözesanbischof ein anderes Alter festgesetzt hat oder der Pfarrer bzw. Taufspender aus gerechtem Grund eine Ausnahme zuläßt;

c) katholisch und gefirmt ist, schon das Sakrament der Eucharistie empfangen hat und ein dem Glauben und dem Patendienst entsprechendes Leben führt;

d) nicht mit einer kanonischen Strafe belegt ist;
e) nicht Vater oder Mutter des Täuflings ist.

Ein getaufter Angehöriger einer nichtkatholischen kirchlichen Gemeinschaft kann zusammen mit einem Paten als Taufzeuge zugelassen werden.

5. Nachweis und Eintrag der Taufe (cann. 875–878)

a) Der Taufspender hat dafür zu sorgen, daß die Taufe durch einen Zeugen nachgewiesen werden kann, falls ein Pate nicht anwesend ist. Zum Nachweis einer Taufe genügt die Erklärung *eines* glaubwürdigen Zeugen. Falls Rechte Dritter berührt werden, bedarf es zweier Zeugen. Hat ein Erwachsener die Taufe empfangen, reicht der Eid des Getauften.

b) Der Ortspfarrer muß die Taufe unter Angabe der Namen des Getauften, des Taufspenders, der Eltern, der Paten und gegebenenfalls der Zeugen sowie des Ortes und des Tages der Taufe und der Geburt unverzüglich und sorgfältig in das Taufbuch eintragen.

Zudem muß die in einer fremden Pfarrei gespendete Taufe im Taufbuch der eigenen Pfarrei ohne laufende Nummer eingetragen werden.

Bei *nichtehelichen* Kindern ist der Name der Mutter nur einzutragen, wenn die Mutterschaft öffentlich bekannt ist oder die Mutter von sich aus schriftlich oder vor zwei Zeugen darum bittet. Der *Vater* ist einzutragen, wenn die Vaterschaft durch ein öffentliches Dokument (Geburtsurkunde, Gerichtsurteil) nachgewiesen ist oder der Vater eine entsprechende Erklärung vor dem Pfarrer und zwei Zeugen abgibt. Sonst wird nur der Name des Getauften ohne Erwähnung der Namen von Vater und Mutter eingetragen.

Bei *Adoptivkindern* werden die Namen der Adoptiveltern eingetragen und entsprechend den Vorschriften der Bischofskonferenz auch die der natürlichen Eltern, wenigstens wenn das im staatlichen Geburtenregister auch geschieht.

Im Taufbuch sind auch zu vermerken die Firmung, die Eheschließung (und die Nichtigerklärung der Ehe oder Auflösung durch den Papst), die Adoption, der Empfang der Weihen, die ewige Profeß in einer Ordensgemeinschaft und eventuelle Dispensen von den entsprechenden Verpflichtungen (vgl. can. 535 § 2).

Wird ein Kind erst nach der Taufe adoptiert, können die Adoptiveltern *zusätzlich* zu den leiblichen Eltern eingetragen werden. Die leiblichen Eltern können nicht gestrichen werden. Ebenso können Paten nicht gestrichen werden, wenn aus irgendwelchen Gründen die Eltern des Kindes diesen Personen den Patendienst entziehen möchten.

§ 69. Die Firmung

(cann. 879–896)

Durch das Sakrament der Firmung, das ein unauslöschliches Prägemal verleiht, werden die Getauften auf dem Weg der christlichen Initiation mit der Gabe des Heiligen Geistes bereichert und vollkommener mit der Kirche verbunden. Die Firmung stärkt die Gläubigen und verpflichtet sie nachdrücklicher, in Wort und Tat Zeugen Christi zu sein und den Glauben zu verbreiten und zu verteidigen (can. 879).

1. Die Feier der Firmung (cann. 880, 881)

Die Firmung wird durch *Salbung mit Chrisam* auf der Stirn, durch *Handauflegung* und durch die in den liturgischen Büchern vorgeschriebenen *Worte* gespendet. Das Chrisam muß, auch wenn ein Priester das Sakrament spendet, vom Bischof geweiht sein.

Es empfiehlt sich, die Firmung in der Kirche und innerhalb der heiligen Messe zu spenden. Aus wichtigen und vernünftigen Gründen sind Ausnahmen möglich.

2. Der Spender der Firmung (cann. 882–888)

Der ordentliche Spender des Firmsakramentes ist der *Bischof.* *Gültigerweise* spendet das Sakrament auch ein *Priester,* der kraft des allgemeinen Rechts oder einer besonderen Beauftragung der zuständigen Autorität dazu bevollmächtigt ist.

a) Der *Diözesanbischof* kann das Sakrament selber spenden oder durch einen anderen Bischof spenden lassen. Zudem kann er, falls notwendig, einen oder mehrere genau bestimmte Priester damit beauftragen oder als Mitspender bestellen.

Der Diözesanbischof spendet innerhalb seines Bistums allen, auch den Nichtdiözesanen, rechtmäßig das Sakrament, wenn nicht ein ausdrückliches Verbot des Ordinarius proprius entgegensteht. Will ein Bischof in einer fremden Diözese firmen, bedarf er der wenigstens begründet angenommenen Erlaubnis des Diözesanbischofs. Seine eigenen Diözesanen kann er überall firmen.

Die dem Diözesanbischof Gleichgestellten haben innerhalb ihres Gebietes die Vollmacht zur Firmung.

b) *Von Rechts wegen* hat Firmungsvollmacht jeder *Priester,* der kraft Amtes oder bischöflichen Auftrags einen dem Kindesalter (7. Lebensjahr) Entwachsenen tauft oder einen Getauften in die volle Gemeinschaft der Kirche aufnimmt. Außerdem hat der *Pfarrer,* aber auch jeder andere Priester, die Vollmacht, einen Gläubigen, der in Todesgefahr schwebt, zu firmen.

Ein Priester mit bischöflicher Sondervollmacht darf allein diejenigen firmen, für die er bevollmächtigt ist. Innerhalb des ihm zugewiesenen Territoriums kann er auch Fremde firmen, wenn es vom Ordinarius proprius nicht ausdrücklich verboten ist. Für ein fremdes Territorium gilt die Vollmacht nicht, ausgenommen die Firmung in Todesgefahr.

3. Die Empfänger der Firmung (cann. 889–891)

Nur ein Getaufter und jeder Getaufte kann die Firmung *gültig* empfangen.

Außerhalb der Todesgefahr ist zum *erlaubten* Empfang erforderlich eine ausreichende Vorbereitung, die richtige Disposition und die Erneuerung der Taufversprechen.

Die Gläubigen sind verpflichtet, das Sakrament der Firmung rechtzeitig zu empfangen. Nach allgemeinem Recht soll das etwa um das siebte Lebensjahr sein, wenn die Bischofskonferenz nicht ein anderes Alter vorsieht. In den Bistümern der Bundesrepublik Deutschland gilt folgendes: „Das Mindestalter für die Firmung soll in der Regel etwa bei zwölf Jahren liegen; pastoral begründete Ausnahmen kann es geben" (Gemeinsame Synode, Gesamtausgabe I, 271).

Obgleich die Firmung nicht heilsnotwendig ist, verlangt bzw. wünscht die Kirche in bestimmten Fällen ihren Empfang (Eintritt in das Noviziat, can. 645 § 1; Empfang der heiligen Weihen, can. 1033; Eheschließung, can. 1065 § 1).

4. Die Firmpaten (cann. 892, 893)

Der Firmling soll möglichst einen Paten haben, der ihn beim Zeugnisgeben für Jesus Christus und bei der Erfüllung seiner Christenpflichten begleiten soll.

Für die rechtmäßige Übernahme des Patendienstes gelten dieselben Voraussetzungen wie für die Taufpaten (vgl. can. 874; § 68, 4). Es ist sinnvoll, daß der Taufpate auch Firmpate ist.

5. Nachweis und Eintrag der Firmung (cann. 894–896)

Die Firmung wird wie die Taufe nachgewiesen (vgl. can. 876; § 68, 5).

Die Firmung ist mit den Namen des Firmlings, des Spenders, der Eltern und Paten und unter Angabe des Ortes und Tages im Firmbuch der Diözesankurie oder nach Maßgabe der Bischofskonferenz bzw. des Diözesanbischofs im Firmbuch der Pfarrei einzutragen. Die Firmung ist außerdem an das Taufpfarramt des Firmlings zu melden.

§ 70. Die heilige Eucharistie
(cann. 897–958)

Die heilige Eucharistie ist das erhabenste aller Sakramente. Christus der Herr, der in ihr selbst gegenwärtig ist, wird geopfert und als Speise empfangen; durch dieses Sakrament lebt und wächst die Kirche. Das eucharistische Opfer ist das Gedächtnis des Todes und der Auferstehung des Herrn wie auch Höhepunkt und Quelle des gesamten christlichen Gottesdienstes und Lebens. Die Einheit des Gottesvolkes wird durch die Eucharistie bezeichnet und bewirkt und die Auferbauung des Leibes Christi vollendet. Alle übrigen Sakramente und das ganze kirchliche Apostolat stehen in engem Zusammenhang mit der Eucharistie und sind auf sie hingeordnet. Die Gläubigen sollen der heiligen Eucharistie die höchste Verehrung entgegenbringen, indem sie täglich am heiligsten Opfer teilnehmen, andächtig und häufig dieses Sakrament empfangen und es durch Anbetung verehren. Die Seelsorger sollen sich die Belehrung über dieses Sakrament besonders angelegen sein lassen (cann. 897, 898).

I. Die Feier der Eucharistie
(cann. 899–933)

Die Eucharistiefeier ist Handeln Christi und der Kirche. Christus, der Herr, ist unter den Gestalten von Brot und Wein gegenwärtig, bringt sich selber Gott dem Vater dar und reicht sich den in seinem Opfer vereinten Gläubigen als geistliche Speise.

Den Vorsitz beim eucharistischen Abendmahl führen der Bischof und unter seiner Autorität der Priester, die dabei „in persona Christi" handeln. Alle Gläubigen, Geistliche wie Laien, nehmen entsprechend ihrer unterschiedlichen Stellung und liturgischen Funktionen daran teil (can. 899). In der Feier der Eucharistie wird in vorzüglicher Weise das Zusammenwirken des besonderen Priestertums der geweihten Amtsträger und des gemeinsamen Priestertums aller Getauften sichtbar.

1. Der Spender der heiligen Eucharistie (cann. 900–911)

a) Einzig der *gültig geweihte Priester* kann „in persona Christi" das Sakrament der Eucharistie vollziehen.

Die Priester sollen die heilige Eucharistie *häufig, möglichst täglich* feiern; denn in ihr erfüllen sie, auch wenn keine mitfeiernden Gläubigen anwesend sind, in hervorragender Weise ihr priesterliches Amt. Aber nur aus gerechtem und vernünftigem Grund darf die Eucharistie ohne Teilnahme der Gläubigen gefeiert werden. Die Priester sollen sich auf die Eucharistiefeier im Gebet vorbereiten und danach Dank sagen.

b) Zum Nutzen der Gläubigen kann die Eucharistie in *Konzelebration* gefeiert werden. Es bleibt aber auch die Möglichkeit der Einzelzelebration, allerdings nicht in derselben Kirche gleichzeitig mit einer Konzelebration.

c) Ein (dem Kirchenrektor auch unbekannter) Priester ist zur Zelebration zuzulassen, wenn er ein Empfehlungsschreiben (litterae commendatitiae, „Zelebret") seines Ordinarius oder Oberen vorweist (nicht älter als ein Jahr) oder wenn vernünftigerweise angenommen werden kann, daß er an der Zelebration rechtlich nicht gehindert ist.

d) Der Priester darf in der Regel nur einmal am Tag zelebrieren oder konzelebrieren. Bei Priestermangel kann der Ortsordinarius aus gerechtem Grund die *Bination* und in einer pastoralen Notsituation auch die *Trination* gestatten, aber nur an Sonn- und gebotenen Feiertagen.

Bei Priesterzusammenkünften ist die Konzelebration auch gestattet, wenn ein Priester aus pastoralen Gründen (Gemeindemesse) *eine* weitere heilige Messe feiern muß.

An Weihnachten können alle Priester drei Messen zelebrieren oder dabei konzelebrieren; jedoch nur zur jeweils entsprechenden Zeit (s. unten 4.). An Allerseelen sind Bination oder Trination erlaubt.

219

e) Den Diakonen und Laien ist es verboten, in der Eucharistiefeier die Orationen, vor allem das Hochgebet, zu beten oder andere spezifisch priesterliche Handlungen vorzunehmen.

f) Die *Interzelebration* mit Priestern oder anderen Amtsträgern aus Kirchen und kirchlichen Gemeinschaften, die nicht in voller Gemeinschaft mit der katholischen Kirche stehen, ist *verboten.*

g) *Ordentliche Spender der heiligen Kommunion* sind Bischof, Priester und Diakon; *außerordentliche Spender* sind formell beauftragte Akolythen oder andere dazu ermächtigte Gläubige beiderlei Geschlechts (Kommunionhelfer; vgl. can. 230 § 3).

h) Pfarrer, Pfarrvikare und Kapläne haben die Pflicht und das Recht, die heilige Eucharistie den Kranken als Viaticum zu bringen. Dasselbe gilt für die Oberen von klerikalen klösterlichen Instituten oder Gesellschaften des apostolischen Lebens in ihren Niederlassungen.

Im Notfall oder mit wenigstens präsumierter Erlaubnis des Pfarrers muß jeder Geistliche oder ein Akolyth bzw. Kommunionhelfer das Viaticum überbringen.

2. Die Teilnahme an der heiligen Eucharistie (cann. 912–923)

a) Jeder Getaufte, der rechtlich nicht gehindert ist, kann und muß zur heiligen Kommunion *zugelassen* werden.

Abzuweisen sind alle durch Urteil oder Feststellungsdekret mit Exkommunikation oder Gottesdienstsperre Bestraften und solche, die offensichtlich und hartnäckig in schwerer Sünde verharren.

Ist sich jemand einer schweren Sünde bewußt, darf er ohne vorher das Bußsakrament empfangen zu haben, weder die heilige Messe feiern noch die Kommunion empfangen. Aus triftigem Grund und bei fehlender Beichtgelegenheit genügen ein Akt der vollkommenen Reue (actus perfectae contritionis) und der Vorsatz, möglichst bald zu beichten.

Bezüglich der Zulassung von Nichtkatholiken vgl. can. 844 §§ 3, 4 (§ 67, 2b und c).

b) Bevor *Kinder* zur heiligen Kommunion zugelassen werden, müssen sie eine hinreichende Unterweisung erhalten, damit sie das Geheimnis Christi nach ihrem Fassungsvermögen verstehen und den Leib des Herrn gläubig und andächtig empfangen können.

In Todesgefahr genügt es, den Leib Christi von gewöhnlicher Speise unterscheiden und die Kommunion ehrfürchtig empfangen zu können.

Die Eltern und deren Stellvertreter wie auch die Pfarrer haben die Pflicht, die zum Vernunftgebrauch gelangten Kinder entsprechend vorzubereiten und baldmöglichst zur *Erstkommunion* zu führen (vg. auch can. 777 n. 2). Die sakramentale Beichte muß vorausgehen.

c) Die heilige Kommunion darf auch zweimal am Tag empfangen werden, allerdings nur innerhalb der Eucharistiefeier.

In Todesgefahr darf das Viaticum (außerhalb der heiligen Messe) auch gespendet werden, wenn der Empfänger am selben Tag schon einmal kommuniziert hatte.

d) Der Genuß von Speisen und Getränken ist eine Stunde vor Empfang der heiligen Kommunion verboten. Wasser und Medikamente brechen die *eucharistische Nüchternheit* nicht.

Der Priester darf vor einer zweiten oder dritten heiligen Messe etwas zu sich nehmen, auch ohne den Zeitraum von einer Stunde einzuhalten. Dasselbe gilt für ältere und kranke Menschen und ihre Pfleger.

e) Vom Empfang der ersten heiligen Kommunion an ist jeder Gläubige verpflichtet, wenigstens einmal im Jahr, möglichst während der österlichen Zeit (Aschermittwoch bis Pfingstsonntag) die heilige Eucharistie zu empfangen.

3. Riten und Zeremonien bei der Eucharistiefeier (cann. 924–930)

a) Die heilige Eucharistie wird mit Brot und Wein, dem ein wenig Wasser beigemischt ist, gefeiert. Es muß ungesäuertes Weizenbrot und naturreiner Wein sein; nicht zu alt und unverdorben. Unter keinen Umständen darf der Priester die eine Materie ohne die andere oder beide außerhalb der Eucharistiefeier konsekrieren.

Die heilige Kommunion nur unter der Gestalt des Weines zu reichen ist ausschließlich im Notfall erlaubt.

Einem Priester, der sich wegen Alkoholismus oder einer anderen Krankheit des Weines enthalten muß, ist es erlaubt, bei einer Konzelebration durch Eintauchen der Hostie in den Wein („per intinctionem") zu kommunizieren. Bei Einzelzelebration ist diese Art der Kommunion mit Genehmigung des Ortsordinarius auch möglich, wenn ein die heilige

221

Messe mitfeiernder Gläubiger den Wein konsumiert. Zöliakie-Kranken ist die Kommunion allein unter der Gestalt des Weines gestattet (Responsum der Glaubenskongregation vom 29. 10. 1982, AAS 74, 1982, 1298). Der Ortsordinarius kann Alkoholkranken im Einzelfall auch die Zelebration mit „zur Eucharistiefeier zulässigem Traubensaft" („alkoholfreier Meßwein") gestatten (Reskript des Hl. Offiziums vom 16. 6. 1964 an den Vorsitzenden der Fuldaer Bischofskonferenz).

b) *Kranke oder alte Priester,* die nicht stehen können, dürfen das Meßopfer privat unter Beachtung der liturgischen Vorschriften im Sitzen feiern; für die Meßfeier „cum populo" bedarf es dazu der Genehmigung des Ortsordinarius.

Ein *blinder oder anderweitig erkrankter Priester* darf die Eucharistie nach jedem genehmigten Meßformular feiern und, falls nötig, einen Priester, Diakon oder auch einen entsprechend unterwiesenen Laien zur Assistenz hinzuziehen.

4. *Zeit und Ort der Eucharistiefeier (cann. 931–933)*

a) Die Eucharistie kann *an jedem Tag und zu jeder Stunde* gefeiert werden, falls liturgische Vorschriften nichts anderes vorsehen.

Bezüglich der Meßfeiern an Weihnachten s . das Meßbuch für die Bistümer des deutschen Sprachgebietes (S. 38–43). Die „Messe vom letzten Abendmahl" am *Gründonnerstag* wird „am Abend zu passender Stunde" gefeiert. „Die Feier vom Leiden und Sterben Christi" (keine Eucharistiefeier) am Karfreitag findet „am Nachmittag, etwa gegen 15.00 Uhr – aus seelsorgerlichen Gründen auch später" statt. Die *Feier der Osternacht* soll nicht vor Einbruch der Dunkelheit beginnen und nicht nach der Morgendämmerung des Sonntags enden.

b) Die Eucharistie ist an einem *geweihten Ort* (locus sacer) oder aus dringendem Grund an einem anderen, aber stets geziemenden Ort zu feiern.

Der Altar muß *geweiht* (dedicatum) oder wenigstens *benediziert* (benedictum) sein. Bei der Meßfeier außerhalb eines geweihten Ortes genügt ein passender Tisch, immer aber müssen Altartuch und Korporale vorhanden sein.

Über die Eucharistiefeier unter freiem Himmel oder in Festsälen bzw. -zelten haben die Diözesanbischöfe eigene Anordnungen getroffen. Auch wenn die Voraussetzungen einer solchen Meßfeier vorliegen, ist immer darauf zu achten, daß der Ort und die Umgebung der Meßfeier der Würde dieses Sakramentes nicht widersprechen. Jedenfalls muß die Feier außerhalb der (Pfarr-) Kirche schon aus gemeindetheologischen Gründen die seltene Ausnahme bleiben.

Aus gerechtem Grund und mit ausdrücklicher Genehmigung des Ortsordinarius ist unter Vermeidung von Ärgernis die Eucharistiefeier auch in einer nichtkatholischen Kirche gestattet.

II. Die Aufbewahrung und Verehrung der heiligen Eucharistie
(cann. 934–944)

1. Ort (cann. 934–937)

Die *Aufbewahrung* der Eucharistie ist *vorgeschrieben* in jeder Kathedral- und Pfarrkirche sowie in jeder Kirche oder Kapelle, die zu einer Niederlassung eines klösterlichen Instituts oder einer Gesellschaft des apostolischen Lebens gehören.

Erlaubt ist die Aufbewahrung in der Hauskapelle des Bischofs oder mit Genehmigung des Ortsordinarius auch in anderen Kirchen, Oratorien und Kapellen.

In diesen Gotteshäusern soll wenigstens zweimal im Monat das heilige Meßopfer gefeiert werden; zudem sollen sie einige Stunden am Tag für das Gebet der Gläubigen geöffnet sein.

2. Der Tabernakel (cann. 938, 940)

Zur dauernden Aufbewahrung der Eucharistie darf es in jeder Kirche oder jedem Oratorium nur einen Tabernakel geben.

Der Tabernakel muß an einem besonders ausgezeichneten, sichtbaren, zum Gebet geeigneten und durch das Ewige Licht gekennzeichneten Platz aufgestellt sein; außerdem muß er fest verankert, aus solidem, undurchsichtigem Material und zum Schutz gegen Entweihung verschlossen sein. Der *Tabernakelschlüssel* ist sicher zu verwahren. Aus triftigem Grund darf die heilige Eucharistie, besonders nachts, auch an einem anderen sicheren und geziemenden Ort aufbewahrt werden.

3. Aussetzung (expositio) des Allerheiligsten (cann. 941–944)

In Kirchen, in denen die Eucharistie aufbewahrt wird, darf das Allerheiligste in der Pyxis oder Monstranz ausgesetzt werden – allerdings nicht während der heiligen Messe.

Es wird zudem empfohlen, daß einmal im Jahr für einen längeren Zeitraum eine feierliche Aussetzung der Eucharistie zur Meditation und zum Gebet der Gläubigen stattfindet („Ewige Anbetung"). Die Aussetzung und der Segen mit dem Allerheiligsten sind Sache des Priesters oder Diakons. Auch der Akolyth und der Kommunionhelfer oder ein dazu vom Ordinarius Beauftragter darf *(ohne Segen)* aussetzen und reponieren.

Nach dem Urteil des Diözesanbischofs kann die Verehrung der heiligen Eucharistie auch in der Öffentlichkeit, besonders bei der Fronleichnamsprozession, geschehen.

III. Die Meßstipendien
(cann. 945–958)

Dem zelebrierenden oder konzelebrierenden Priester ist es erlaubt, für eine bestimmte Meßintention ein Stipendium anzunehmen. Dabei ist freilich auch der bloße Anschein eines Geschäftes zu vermeiden. Das Meßstipendium ist Zeichen der Opfergemeinschaft der Gläubigen mit dem Priester, die damit auch zum Dienst und zum Leben des Priesters beitragen können (cann. 945–947).

1. Die Stipendienverpflichtung (cann. 948–951)

Es sind so viele Messen zu applizieren, als Stipendien angenommen wurden, mögen sie auch noch so klein sein.

Bei (auch unverschuldetem) Stipendienverlust bleibt die Applikationspflicht bestehen. Bei Übergabe einer Stipendiensumme ohne Angabe der Zahl der heiligen Messen ist anzunehmen, daß das Stipendium nach der Festsetzung des Aufenthaltsortes berechnet werden soll, falls rechtmäßig nicht etwas anderes vermutet werden darf.

Zelebriert ein Priester mehrere heilige Messen an einem Tag, darf er jede entsprechend einem Stipendium applizieren, allerdings ist, außer an Weihnachten, nur *ein Stipendium* zu behalten erlaubt; die übrigen sind zu dem vom Ordinarius vorgeschriebenen Zweck zu verwenden. Für eine als Konzelebrant gefeierte zweite heilige Messe an einem Tag darf ein Stipendium *nicht* angenommen werden.

Eine Vergütung für Sonderleistungen (ex titulo extrinseco) ist gestattet (z. B. Ganggebühr).

2. Die Höhe des Stipendiums (can. 952)

Die *Festsetzung der Höhe eines Stipendiums* ist Sache des Provinzialkonzils oder der Konferenz der Bischöfe einer Kirchenprovinz.

Kein Priester darf ein *höheres* als das festgesetzte Stipendium verlangen, wohl aber annehmen, wenn es frei und spontan angeboten wird. Fehlt eine solche Festsetzung, so ist die Diözesangewohnheit zu beachten. Diese Vorschrift gilt auch für die Angehörigen klösterlicher Institute.

3. Annahme und Weitergabe (cann. 953–955)

Niemand darf mehr Stipendien annehmen, als er innerhalb eines Jahres vom Empfang des Stipendiums an persolvieren kann. Die innerhalb eines Jahres nicht persolvierten Stipendien sind an den Ordinarius abzuführen.

Werden in einer Kirche mehr Messen erbeten, als gefeiert werden können, dürfen sie andernorts zelebriert werden, wenn der Spender sich nicht ausdrücklich dagegen gewandt hat.

Wer Stipendien weitergeben möchte, muß das umgehend an einen vertrauenswürdigen Priester tun; dabei ist das Stipendium ohne Abzug weiterzugeben, wenn nicht zweifelsfrei feststeht, daß der Spender den Betrag, der die festgesetzte Taxe übersteigt, im Hinblick auf die Person gegeben hat.

4. Buchführung (cann. 955–958)

Über die empfangenen Stipendien und ihre Persolvierung muß jeder Priester genau Buch führen. Das gilt auch für die weitergegebenen Stipendien. Pfarrer und Rektoren von Kirchen oder frommen Orten, wo Meßstipendien angenommen werden, müssen eigene Stipendienbücher mit Angabe der Zahl, Intention, Höhe des Stipendiums und der Persolvierung führen. Gleichermaßen muß auch über Stiftungsmessen eigens Buch geführt werden (can. 1307 § 2).
Die Überwachung der Stipendienbücher obliegt dem Ortsordinarius bzw. Ordensoberen.

225

Zweiter Abschnitt: Die Sakramente der Rekonziliation

§ 71. Das Sakrament der Buße
(cann. 959–991)

Die Sünde ist nicht nur eine Gott zugefügte Beleidigung, sondern stellt gleichzeitig auch eine Verwundung der Kirche dar (vgl. LG Art. 11, Abs. 2). Der Empfang des Bußsakramentes bewirkt also die Versöhnung sowohl mit Gott als auch mit der Kirche. Zum wirksamen Empfang dieses Sakramentes sind erforderlich: die Bußgesinnung und Bereitschaft zur Besserung (Reue und Vorsatz) des Pönitenten, sein Sündenbekenntnis einem bevollmächtigten Priester gegenüber und die Absolution durch diesen Geistlichen (can. 959).

I. Die Beichtvollmacht
(cann. 966–977)

Das Bußsakrament unterscheidet sich wesentlich von den anderen Sakramenten dadurch, daß zu seiner Spendung die unabdingbar erforderliche priesterliche Weihegewalt (potestas ordinis) in der Regel allein nicht ausreicht, sondern die Befugnis (facultas) zur Ausübung der Weihegewalt gegenüber dem Pönitenten zur Gültigkeit erforderlich ist.

Diese Befugnis kann *von Rechts wegen* (ipso iure) oder *mit einem Amt* (vi officii) oder durch *Übertragung* (concessio) seitens der zuständigen Autorität gegeben sein (can. 966).

1. Der Erwerb der Beichtvollmacht (cann. 967–973)

a) *Von Rechts wegen* haben auf dem ganzen Erdkreis Beichtvollmacht der *Papst* und die *Kardinäle.* Dasselbe gilt für die *Bischöfe* mit der Einschränkung, daß die erlaubte Ausübung vom Diözesanbischof im Einzelfall untersagt werden kann.

b) *Kraft Amtes* haben Beichtvollmacht der *Ortsordinarius,* der *Bußkanoniker,* der *Pfarrer* und die diesem Gleichgestellten
sowie die *Oberen* von klerikalen Ordensinstituten oder Gesellschaften des apostolischen Lebens päpstlichen Rechts, insoweit

sie nach den Konstitutionen ausführende Leitungsgewalt besitzen, gegenüber ihren Untergebenen und den ständigen Bewohnern der Niederlassung.

c) Der Ortsordinarius kann jedem Priester die Beichtvollmacht übertragen. Angehörige von klösterlichen Instituten sollen diese Vollmacht allerdings nur mit der (wenigstens vermuteten) Erlaubnis des Oberen ausüben.

Die unter b) genannten Oberen können ebenfalls jedem Priester (nicht nur Angehörigen des Ordensinstituts oder der Gesellschaft) die Beichtvollmacht übertragen, allerdings nur für die eigenen Untergebenen oder solche, die sich in der Niederlassung aufhalten.
Die Bevollmächtigung muß schriftlich erfolgen.

Die Beichtvollmacht darf nur Priestern übertragen werden, die nachweislich für diese Aufgabe geeignet sind. Die wissenschaftliche und pastorale Ausbildung der Priesteramtskandidaten und die Fortbildung der Priester, verbunden mit entsprechenden Examina, wird auf die Vorbereitung für das Amt des Beichtvaters besonderes Gewicht legen müssen. Die Beichtvollmacht kann vom Ortsordinarius oder Oberen auf *bestimmte* oder *unbestimmte* Zeit begrenzt werden, z. B. während der ersten Priesterjahre, bis bestimmte Examina abgelegt sind.

Jeder Priester, auch wenn er Beichtvollmacht nicht besitzt, kann jeden Pönitenten *in Todesgefahr* gültiger- und erlaubterweise von allen Zensuren und Sünden lossprechen, sogar wenn ein Priester mit Beichtvollmacht anwesend wäre (can. 976; vgl. auch § 123, 4, a).

2. Der Umfang der Beichtvollmacht (cann. 967, 968)

a) Wer *kraft Amtes* als Ortsordinarius, Bußkanoniker und Pfarrer oder durch Übertragung seitens *des Inkardinationsordinarius* oder des *Ordinarius des Wohnsitzes* allgemeine Beichtvollmacht besitzt, kann diese *überall* ausüben, falls der Ortsordinarius dies im Einzelfall nicht untersagt.

Der bisher gebräuchliche sogenannte „Jurisdiktionsaustausch" zwischen verschiedenen Diözesen ist demnach nicht mehr erforderlich, da nunmehr eine einmal rechtmäßig erteilte Bevollmächtigung nicht mehr einzeln oder generell vom Ordinarius eines anderen Territoriums bestätigt zu werden braucht, sondern die Ausübung der überall wirksamen Vollmacht höchstens verboten werden kann. Ein solches Verbot ist allerdings zu beachten.

b) Die Oberen von klösterlichen Instituten oder Gesellschaften des apostolischen Lebens, die kraft Amtes Beichtvollmacht besitzen, und jene Priester, die von solchen Oberen die Vollmacht übertragen erhielten (s. oben 1 b, c), können die Vollmacht *überall,* aber nur gegenüber den Angehörigen der Institute bzw. Gesellschaften und gegenüber solchen, die sich ständig in den Niederlassungen aufhalten, ausüben.

3. Der Verlust der Beichtvollmacht (cann. 974, 975, 977)

a) Die Beichtvollmacht erlischt mit *Verlust* des Amtes, mit dem sie verbunden ist, oder durch *Exkardination,* wenn sie vom *Inkardinationsordinarius,* bzw. durch *Aufgabe* des Wohnsitzes, wenn sie vom *Wohnsitzordinarius* erteilt war.

Bei Umkardinierung benötigt demnach ein Priester die Übertragung der Beichtvollmacht seitens seines neuen Inkardinationsbischofs, falls er nicht in der neuen Diözese kraft Amtes (z. B. Pfarrer) die Vollmacht besitzt. Ein Priester ohne Beichtvollmacht seines Heimatbischofs, der während seines Studienaufenthaltes in einer fremden Diözese vom Ortsordinarius zum Beichthören bevollmächtigt ist, verliert demnach diese Vollmacht, wenn er an eine Universität in einer anderen Diözese überwechselt. Er bräuchte vom dortigen Ordinarius loci eine neue Vollmacht.

b) Die Beichtvollmacht kann auch *entzogen* werden, allerdings nur aus triftigen Gründen.

Der Vollmachtsentzug durch den Ordinarius, der sie übertragen hat, wird überall wirksam, d. h., der Priester kann nirgendwo gültig die Beichte hören. Entzieht ein anderer Ortsordinarius die Vollmacht, erlischt sie nur in dessen Territorium.

c) Wird einem Priester die Beichtvollmacht von einem *höheren* Ordensoberen entzogen, kann er sämtliche Angehörige dieses Verbandes nicht mehr gültig absolvieren. Der Vollmachtsentzug durch einen anderen Oberen hat nur Wirkung in dessen Jurisdiktionsbereich.

d) Die Beichtvollmacht ist *von Gesetzes wegen* entzogen für die *„absolutio complicis",* d. h., wenn ein Priester mit jemand anderem gegen das sechste Gebot schwer gesündigt hat, kann er den „Mitschuldigen" nicht absolvieren, außer in Todesgefahr.

Vgl. auch die „Falsa denunciatio" nach can. 982 (s. u. III, 1, b).

II. Die Feier des Bußsakramentes
(cann. 960–964)

1. Die Einzelbeichte (can. 960)

Die Einzelbeichte mit dem vollständigen Sündenbekenntnis und der nachfolgenden Absolution ist die einzige ordentliche Form (unicus modus ordinarius), durch die der schwere Sünder mit Gott und der Kirche ausgesöhnt (rekonziliiert) wird. Nur physische oder moralische Unmöglichkeit entschuldigen hiervon und berechtigen zu anderen Formen der Rekonziliation. Eine physische Unmöglichkeit liegt beispielsweise vor, wenn ein absolutionsberechtigter Priester in absehbarer Zeit nicht angegangen werden kann. Eine moralische Unmöglichkeit ist gegeben, wenn es beim Pönitenten auf unüberwindliche Schwierigkeiten stößt, dem zur Verfügung stehenden Beichtvater seine Sünden zu bekennen, weil er beispielsweise mit ihm verwandt oder sehr gut bekannt ist.

2. Die Generalabsolution (cann. 961–963)

a) Die sakramentale Generalabsolution ohne vorheriges persönliches Sündenbekenntnis kann nur erteilt werden:
aa) wenn in *Todesgefahr* die Zeit zur Einzelbeichte nicht ausreicht;
bb) in *schwerer Notlage,* d. h., wenn für eine große Zahl von Pönitenten wegen Mangels an Beichtvätern eine Einzelbeichte in angemessener Zeit nicht möglich ist, so daß die Pönitenten ohne eigenes Verschulden die Gnade des Sakramentes oder der heiligen Kommunion lang entbehren müßten. Diese Notlage liegt aber nicht vor, wenn wegen eines augenblicklichen großen Andrangs von Pönitenten (vor Festen, bei Wallfahrten) die Beichtväter nicht ausreichen.

Die Beurteilung, ob diese Bedingungen vorliegen, steht dem Diözesanbischof zu, nachdem er sich mit den anderen Mitgliedern der Bischofskonferenz beraten hat. Eine Entscheidung über diesen Notfall seitens des einzelnen Priesters ist nicht möglich.

Die DBK hat hierzu folgendes erklärt: „Bei der gegenwärtigen seelsorgerlichen Betreuung der Gemeinden liegt für das Gebiet der Bundesrepublik Deutschland der beschriebene ‚schwerwiegende Notfall' zum gegenwärtigen Zeitpunkt nicht vor" (NKD 42, 23).

b) Für den wirksamen Empfang einer Generalabsolution ist die Disposition des Pönitenten (Reue und Vorsatz) ebenso notwendig wie bei der Einzelbeichte. Wenn sich jemand einer schweren Sünde bewußt ist, muß er zudem willens sein, diese in angemessener Zeit zu beichten.

Zweimal nacheinander die Generalabsolution zu empfangen, ohne dazwischen persönlich gebeichtet zu haben, ist nur aus triftigem Grund zulässig.

Die Seelsorger haben die Aufgabe, die Gläubigen allgemein und anläßlich einer Generalabsolution über die erforderlichen Voraussetzungen zu unterrichten und bei drohender Todesgefahr zur Erweckung der Reue mitzuhelfen.

3. Der Ort der Beichte (can. 964)

Der eigentliche Ort für die sakramentale Beichte sind die Kirche oder das Oratorium.

Der *Beichtstuhl* soll an einem einsehbaren Ort in der Kirche stehen und mit einem Gitter zwischen Beichtvater und Pönitent versehen sein. Im übrigen gelten die Vorschriften der Bischofskonferenz.

Die Möglichkeit zur anonymen Beichte im Beichtstuhl soll ebenso gegeben sein wie die außerhalb desselben. Der vom CIC verlangte triftige Grund für die Beichte außerhalb des Beichtstuhls liegt aus pastoral-psychologischen Erwägungen in der Regel vor, wenn der Pönitent darum bittet und Ärgernis oder Aufsehen nicht zu befürchten sind.

III. Der Spender des Bußsakramentes

(cann. 965, 978–986)

Der Spender des Bußsakramentes ist allein der Priester (can. 965). Über die Beichtvollmacht s. oben I.

1. Das Verhalten des Beichtvaters (cann. 978–982)

a) Der Beichtvater soll sich bewußt sein, daß er gleichermaßen Richter und Arzt, von Gott eingesetzter Diener der göttlichen Gerechtigkeit und Barmherzigkeit zur Ehre Gottes und zum Heil der Seelen ist. Bei der Verwaltung dieses Sakramentes hat er die Leh-

230

ren und Normen der Kirche sorgfältig zu beachten und mit Klugheit und Diskretion vorzugehen. Insbesondere darf er keine Namen von Beteiligten erfragen.

Die Seelsorger sind gehalten, ausreichend und zu günstigen Zeiten Beichtgelegenheit anzubieten. Im Notfall muß jeder Beichtvater die Beichte abnehmen, in Todesgefahr ist dazu jeder Priester verpflichtet.

b) Besteht kein Zweifel an der Disposition des Pönitenten, darf der Beichtvater die erbetene Absolution weder verweigern noch aufschieben.

Die einzige Ausnahme bildet die „falsa denunciatio", d. h., wenn jemand beichtet, er habe wahrheitswidrig einen Beichtvater bei der kirchlichen Autorität wegen Anstiftung zu unsittlichem Handeln innerhalb oder in Zusammenhang mit der Beichte beschuldigt (sollicitatio), ist die Absolution aufzuschieben, bis die Falschanzeige formell zurückgenommen und die Wiedergutmachung eventuell angerichteten Schadens zugesichert ist (can. 982).

Entsprechend der Schwere und Eigenart der Sünden ist eine heilsame und angemessene *Buße* aufzuerlegen, wobei freilich die individuellen Möglichkeiten des Pönitenten berücksichtigt werden müssen. Der Pönitent hat das Bußwerk persönlich zu verrichten. „Es kann im Gebet, in Selbstverleugnung, vor allem aber im Dienst am Nächsten und in Werken der Barmherzigkeit bestehen, damit der soziale Aspekt von Sünde und Vergebung sichtbar wird" (Die Feier der Buße, Pastorale Einführung Nr. 18).

2. Das Beichtgeheimnis (cann. 983, 984)

Das Beichtgeheimnis ist absolut unverletzlich. Es verpflichtet auch, wenn keine Absolution erteilt wurde, vorausgesetzt, daß eine sakramentale Beichte beabsichtigt war; ebenso nach dem Tod des Pönitenten.

Deshalb gilt:

a) Es ist dem Beichtvater strengstens verboten, durch Worte oder auf irgendeine andere Weise – aus welchem Grund auch immer – den Pönitenten zu verraten.

b) Zum Beichtgeheimnis sind auch verpflichtet ein vom Pönitenten beigezogener Dolmetscher (vgl. can. 990) und alle, die irgendwie aus der Beichte Kenntnis von Sünden erlangt haben, etwa die nahe am Beichtstuhl Wartenden.

c) Dem Beichtvater ist es untersagt, seine in der Beichte ge-
wonnenen Kenntnisse zu Lasten des Pönitenten zu verwenden,
sogar wenn die Gefahr eines Bekanntwerdens ausgeschlossen ist.

d) Zum Schutz des Pönitenten dienen auch die Bestimmungen,

aa) daß Erkenntnisse aus der Beichte bei der Ausübung äußerer Leitungsvollmacht keinesfalls verwandt werden dürfen;

bb) daß der Novizenmeister und der Seminarregens und deren
Mitarbeiter die Beichten der Novizen bzw. Alumnen nicht hören
sollen, es sei denn, diese bäten spontan darum;

cc) daß der Spiritual und die Beichtväter in Seminarien bei
Entscheidungen über Zulassung oder Entlassung der Alumnen
nicht mitwirken dürfen (can. 240 § 2).

Der Beichtvater kann durch den Pönitenten von der Schweigepflicht
entbunden werden, ist aber selbst dann rechtlich unfähig, über das in der
Beichte erworbene Wissen als Zeuge in einem kirchlichen Prozeß auszu-
sagen (can. 1550 § 2 n. 2).

Im deutschen staatlichen Recht sind das Beichtgeheimnis und das
Amtsgeheimnis des Seelsorgers geschützt in § 383 Abs. 1 Nr. 4 ZPO und
§ 53 Abs. 1 Nr. 1 StPO (vgl. auch Art. 9 RK).

Die direkte Verletzung des Beichtgeheimnisses ist mit von selbst ein-
tretender, dem Apostolischen Stuhl vorbehaltener Exkommunikation bedroht, die indirekte ist nach der Schwere der Tat zu bestrafen. Auch die
Verletzung der Schweigepflicht durch den Dolmetscher oder andere ist
eine strafbare Handlung (can. 1388; vgl. § 126, 1 c).

IV. Der Empfänger des Bußsakramentes
(cann. 987–991)

Zum wirksamen Empfang des Bußsakramentes gehört die Disposition des Pönitenten, d. h. die Abkehr von der Sünde in Reue und
Vorsatz und die Bekehrung zu Gott (can. 987).

1. Die Beichtpflicht (cann. 988, 989)

Der Christ hat die Verpflichtung, nach sorgfältiger Gewissensprüfung alle schweren Sünden, die er nach der Taufe begangen
hat und die noch nicht von der Schlüsselgewalt der Kirche (Bußsakrament) direkt nachgelassen worden sind, nach Art und Zahl
in der Einzelbeichte zu bekennen. Zudem wird empfohlen, auch
die läßlichen Sünden zu beichten.

Jeder Christ ist nach Erlangung des Vernunftgebrauchs verpflichtet, wenigstens einmal im Jahr seine schweren Sünden zu beichten.

2. Freie Beichtvaterwahl (can. 991)

Jedem Christen ist die Wahl des Beichtvaters freigestellt. Er kann auch bei einem bevollmächtigten Beichtvater beichten, der einem anderen Ritus angehört.

§ 72. Die Ablässe
(cann. 992–997)

1. Begriff (can. 992)

Der Ablaß ist Erlaß einer zeitlichen Strafe vor Gott für Sünden, die hinsichtlich der Schuld getilgt sind. Den Ablaß erlangt der Gläubige, der recht disponiert ist, unter genau bestimmten Bedingungen durch die Hilfe der Kirche, die als Dienerin der Erlösung den Schatz der Genugtuungen Christi und der Heiligen autoritativ austeilt und zuwendet. Er wird den Lebenden gewährt durch Lossprechung, den Verstorbenen in der Weise einer Fürbitte.

2. Einteilung (cann. 993, 994)

Man unterscheidet den *Teilablaß* und den *vollkommenen Ablaß* (indulgentia partialis – plenaria), je nachdem, ob er die zeitlichen Strafen teilweise oder ganz erläßt.

Jeder Christ kann ihn für sich selber gewinnen oder fürbittweise *den Verstorbenen* zuwenden; Lebenden kann er nicht zugewandt werden.

3. Ablaßverleihung (can. 995)

Außer der höchsten kirchlichen Autorität kann Ablässe nur verleihen, wem von Rechts wegen diese Vollmacht zusteht oder vom Papst verliehen worden ist. Weitere Ablaßbewilligungen kann nur der Papst vornehmen oder jemand, der dafür ein ausdrückliches Indult des Apostolischen Stuhls besitzt.

4. Ablaßgewinnung (can. 996)

a) *Fähig* zur Gewinnung eines Ablasses ist jeder Getaufte, der wenigstens beim letzten der vorgeschriebenen Werke im Stande der Gnade und nicht exkommuniziert ist.

b) Diese Fähigkeit allein genügt jedoch nicht zur tatsächlichen Gewinnung des Ablasses. Hierfür werden folgende Bedingungen genannt: Der Gläubige muß wenigstens die Absicht haben, den *Ablaß zu gewinnen und die auferlegten Werke* innerhalb der vorgeschriebenen Zeit und in der festgesetzten Weise zu verrichten.

Im übrigen verweist der CIC auf die außerkodikarischen Vorschriften. Vgl. die Apostolische Konstitution „Indulgentiarum doctrina" Pauls VI. vom 1. 1. 1967 (AAS 59, 1967, 5–24; deutsch in: NKD 2, 72–127).

§ 73. Die Krankensalbung

(cann. 998–1007)

Durch die Krankensalbung empfiehlt die Kirche die bedrohlich erkrankten Gläubigen dem leidenden und verherrlichten Herrn, damit er sie aufrichte und rette. Das Sakrament wird gespendet durch *Salbung mit Öl* und mit den im Rituale *vorgeschriebenen Worten* (can. 998).

1. Die Feier der Krankensalbung (cann. 999–1002)

a) Außer dem Bischof können das Krankenöl auch alle ihm Gleichgestellten weihen.

Im Notfall kann auch der Priester während der Spendung des Sakramentes die Weihe vornehmen.

b) Im *Normalfall* erfolgt die Krankensalbung entsprechend den liturgischen Vorschriften. Im *Notfall* genügt die Salbung auf der Stirn oder an einer anderen, besser geeigneten Stelle des Körpers, wobei die vollständige Formel zu sprechen ist („Durch diese heilige Salbung helfe dir der Herr in seinem reichen Erbarmen, er stehe dir bei mit der Kraft des Heiligen Geistes. Der Herr, der dich von Sünden befreit, rette dich, in seiner Gnade richte er dich auf").

c) Außer dem Schwerkranken einzeln kann die Krankensalbung auch in einer *gemeinsamen Feier mehrerer Kranken* gespendet werden. Die entsprechende Vorbereitung und Disposition ist aber auch hier unerläßlich. Die Anordnungen des Diözesanbischofs sind zu beachten.

In der „Erklärung zur Krankenpastoral" vom 20. 11. 1978 (Die deutschen Bischöfe, Heft 19, hrsg. vom Sekretariat der DBK, Bonn 1978) haben die deutschen Bischöfe ausgeführt, daß es eine irrige Meinung sei, man könne eine Altersgrenze ansetzen, oberhalb deren man jedem alten Menschen die Krankensalbung spenden könne, vielmehr müsse er sich „wegen Krankheit oder Altersschwäche in einem bedrohlich angegriffenen Gesundheitszustand befinden".

Alle Empfänger des Sakramentes innerhalb einer gemeinsamen Feier müssen namentlich angemeldet und vorbereitet, d. h. auch zur sakramentalen Beichte eingeladen sein. Die Zahl der Sakramentsempfänger sollte überschaubar bleiben. „Für die Feiern dieser Art besteht die Pflicht vorheriger Anmeldung bei den Bischöflichen Ordinariaten" (vgl. auch die „Feier der Krankensakramente", Pastorale Einführung Nr. 83–85).

2. Der Spender der Krankensalbung (can. 1003)

Allein der *Priester* kann die Krankensalbung gültig spenden.

Alle in der Seelsorge stehenden Priester haben die Pflicht und das Recht, den ihnen Anvertrauten dieses Sakrament zu spenden.

Aus vernünftigem Grund ist dies nach wenigstens präsumierter Zustimmung des an sich zuständigen Priesters jedem anderen auch gestattet. Daher ist es den Priestern auch erlaubt, das geweihte Krankenöl für den Notfall bei sich zu haben.

3. Die Empfänger der Krankensalbung (cann. 1004–1007)

Die Krankensalbung kann den Gläubigen gespendet werden, die sich *nach Erlangung des Vernunftgebrauchs wegen Krankheit oder aus Altersgründen* in Gefahr befinden. Sie kann auch *wiederholt* werden, wenn der Kranke nach der Genesung erneut schwer krank wird oder bei Fortdauer derselben Krankheit eine bedeutende Verschlechterung eintritt. Im Zweifel über die für den Empfang verlangten Voraussetzungen ist das Sakrament zu spenden.

(Näheres hierzu s. „Die Feier der Krankensakramente", Pastorale Einführung Nr. 8–15).

Dritter Abschnitt: Das Weiherecht

§ 74. Das Weihesakrament
(cann. 1008, 1009)

Durch das Sakrament der Weihe (Ordo), das auf göttlicher Einsetzung beruht und ein unauslöschliches Prägemal verleiht, werden aus den Gläubigen die geweihten Diener (sacri ministri) konstitutiv bestellt. Die Geweihten erhalten Anteil an den Ämtern des ewigen Hohenpriesters und werden gesandt, entsprechend ihrer Weihestufe das Volk Gottes zu weiden, indem sie „in persona Christi" die Ämter des Lehrens, des Heiligens und des Leitens ausüben.

Das Weihesakrament gliedert sich in die drei Stufen: *Episkopat, Presbyterat und Diakonat.* Durch die Bischofsweihe wird „die Fülle des Weihesakramentes" übertragen (LG Art. 21, Abs. 2).

In allen drei Weihestufen besteht das äußere Zeichen in der *Handauflegung* (Materie) und dem jeweiligen *Weihegebet* (Form).

§ 75. Die Feier des Weihesakramentes und sein Spender
(cann. 1010–1017; 1053, 1054)

1. Zeit und Ort (cann. 1010, 1011)

Die Weihe soll innerhalb der Meßfeier und an einem Sonn- oder gebotenen Feiertag gespendet werden. Aus pastoralen Gründen kann auch ein anderer Tag (sogar Ferialtag) gewählt werden.

In der Regel findet die Feier der Priesterweihe in der Kathedrale statt; freilich sind andere Kirchen und Oratorien aus seelsorgerlichen Rücksichten nicht ausgeschlossen.

2. Der Spender (cann. 1012–1014)

Der Spender des Weihesakramentes ist der *gültig konsekrierte Bischof.*

Die *Bischofsweihe* darf *erlaubterweise* nur mit päpstlichem Mandat und in der Regel unter Hinzuziehung von zwei mitkonse-

236

krierenden Bischöfen gespendet werden; zudem sollen auch alle
übrigen anwesenden Bischöfe den Erwählten weihen.

3. Die Zuständigkeit (cann. 1015–1017)

Für die nicht nur gültige, sondern *erlaubte* Spendung der Diako-
nen- und Priesterweihe ist verlangt, daß der die Weihe erteilende
Bischof dafür *zuständig* oder durch ein entsprechendes Schreiben
(litterae dimissoriae; Weiheentlaßschreiben) dazu *beauftragt* ist.
Zuständig ist der „episcopus proprius". Für die Diakonenweihe ist das der Bischof, in dessen Diözese der Weihekandidat
seinen Wohnsitz hat oder inkardiniert werden möchte; für die
Weihe von Weltpriestern der Bischof, in dessen Diözese der Kandidat durch die Diakonenweihe inkardiniert ist. Dasselbe gilt
auch für Angehörige der klerikalen Ordensinstitute und der Gesellschaften des apostolischen Lebens, soweit sie diözesanen
Rechts sind bzw. die Kandidaten noch nicht definitiv dem Institut oder der Gesellschaft angehören.

Der zuständige Bischof soll die Weihehandlung möglichst selber vornehmen. Außerhalb seines Gebietes benötigt er dazu die Erlaubnis des
jeweiligen Diözesanbischofs.
Wer das Weiheentlaßschreiben ausstellen kann (vgl. § 76), darf auch
selber das Weihesakrament spenden unter der selbstverständlichen Voraussetzung, daß er die Bischofsweihe besitzt.

4. Dokumentation (cann. 1053, 1054)

Die Namen der Geweihten, des Weihespenders, Ort und Zeit der
Weihe sind in einem besonderen Buch zu vermerken und im Ar-
chiv der Kurie des Ordinationsortes sorgfältig zu verwahren.
Der Ortsordinarius bzw. der höhere Obere hat die Weihe dem
Pfarrer des Taufortes des Geweihten zum Eintrag in das Tauf-
buch zu melden.

§ 76. Das Weiheentlaßschreiben
(cann. 1018–1023)

Ist der zuständige Bischof aus einem gerechten Grund an der
Spendung des Weihesakramentes gehindert, darf ein anderer Bischof die Weihe nur vornehmen, wenn er die schriftliche Beauf-

237

tragung (litterae dimissoriae; Weiheentlaßschreiben) des zuständigen Oberhirten besitzt.

1. Die Ausstellung des Weiheentlaßschreibens (cann. 1018–1020).

a) Für Weihekandidaten des *Weltklerus* ist zur Ausstellung berechtigt:

aa) Der „episcopus proprius", d. h. für die Diakonenweihe der Bischof, in dessen Diözese der Kandidat Wohnsitz hat oder inkardiniert werden möchte; für die Priesterweihe der Bischof, in dessen Diözese der Kandidat durch die Diakonenweihe inkardiniert ist;

bb) der Apostolische Administrator;

cc) der Diözesanadministrator mit Zustimmung des Kollegiums der Konsultoren;

dd) der Apostolische Provikar und Propräfekt mit Zustimmung des Missionsberaterkollegiums.

b) Für Angehörige der klerikalen klösterlichen Institute und Gesellschaften des apostolischen Lebens ist der *höhere Obere* zur Ausstellung des Weiheentlaßschreibens berechtigt, wenn es sich um Institute und Gesellschaften *päpstlichen Rechtes* handelt und die Kandidaten durch die ewige Profeß oder andere definitive Bindungen endgültig dem Verband oder der Gesellschaft angehören. In allen anderen Fällen gilt das Recht für die Weltgeistlichen (s. oben a).

Wer zur Ausstellung des Weiheentlaßschreibens berechtigt ist, kann die heiligen Weihen auch selber erteilen, wenn er durch die Bischofsweihe dazu befähigt ist.

Ein Weiheentlaßschreiben darf nur ausgestellt werden, wenn die rechtlich geforderten Zeugnisse und Dokumente vorliegen (vgl. cann. 1050, 1051).

2. Der Adressat (cann. 1021, 1022)

Die Weihebeauftragung kann jedem Bischof erteilt werden, der in Gemeinschaft mit dem Apostolischen Stuhl steht und dem lateinischen Ritus angehört. Der beauftragte Bischof muß vor der Weihe die Authentizität des Schreibens prüfen.

3. Beschränkung und Widerruf (can. 1023)

Das Weiheentlaßschreiben kann vom Aussteller und seinem Nachfolger eingeschränkt und widerrufen werden. Es erlischt aber nicht dadurch, daß der Aussteller seine Berechtigung verliert.

§ 77. Der Empfänger des Weihesakramentes
(cann. 1024-1039; 1050-1052)

I. Die Gültigkeit der Weihe
(can. 1024)

Zum gültigen Empfang der heiligen Weihe ist nur *ein getaufter Mann* (vir baptizatus) befähigt. Ungetaufte und Frauen können demnach das Weihesakrament gültig nicht empfangen. Die Erklärung der Kongregation für die Glaubenslehre zur Frage der Zulassung von Frauen zum Priesteramt vom 15. 10. 1976 verneint diese Frage unter Hinweis auf die Tradition der Kirche, das Verhalten Christi, die Handlungsweise der Apostel und die bleibende Bedeutung dieser Verhaltensweise Jesu und der Apostel (AAS 69, 1977, 98–116; deutsch: Verlautbarungen des Apostolischen Stuhls, Heft 3, hrsg. vom Sekretariat der DBK, Bonn 1976).

II. Die Erlaubtheit der Weihe
(cann. 1025-1039)

Damit das Weihesakrament erlaubterweise gespendet werden kann, muß der Kandidat die vom Gesetz vorgeschriebenen *persönlichen Qualitäten besitzen, frei sein von Irregularitäten und Weihehindernissen, allgemeine positive Voraussetzungen erfüllen und für den Dienst in der Kirche von Nutzen sein.*

Der Diözesanbischof oder der höhere Ordensobere haben zu beurteilen, ob sämtliche Voraussetzungen zur erlaubten Spendung des Sakramentes vorliegen. Die Eignung des Kandidaten muß durch positive Argumente nachgewiesen sein. Dieser Nachweis wird erbracht durch Dokumente (Studiennachweis; vor der Priesterweihe: Urkunde über die Diakonen-

weihe; vor der Diakonenweihe: Tauf- und Firmzeugnis, Urkunde über
die Aufnahme unter die Lektoren und Akolythen, schriftliche Erklärung
über die Entscheidungsfreiheit zur Weihe und über die Bereitschaft zur
dauernden Übernahme des kirchlichen Dienstamtes; beim verheirateten
Ständigen Diakon: Trauungsurkunde und Zustimmungserklärung der
Ehefrau) und durch das Skrutinium oder sonstige Informationen. Das
Weiheentlaßschreiben mit der Bemerkung, die Eignung des Kandidaten
stehe fest, erbringt für den Weihespender den geforderten Nachweis (vgl.
cann. 1050–1052).

1. Die persönlichen Qualitäten (cann. 1026–1032)

a) Der Kandidat muß die nötige *Entscheidungsfreiheit* besitzen.
Es wäre ein Unrecht (nefas), jemanden zum Weiheempfang zu
zwingen oder einen geeigneten Kandidaten davon abzuhalten.

b) Er muß entsprechend *vorbereitet* und über die Weiheverpflichtungen ausreichend *unterrichtet* sein.

c) Er muß nach dem klugen Urteil des Bischofs oder Oberen
rechtgläubig, sittlich einwandfrei und unbescholten sein sowie
die für den geistlichen Dienst erforderlichen physischen und psychischen Eigenschaften besitzen. Zudem muß er von der rechten
Absicht (recta intentio) zum Weiheempfang bewogen werden.

d) Er muß das gesetzlich vorgeschriebene *Alter* haben.

Für die Priesterweihe das vollendete 25. Lebensjahr, für die Diakonenweihe bei Priesteramtskandidaten das 23. Lebensjahr. Zwischen Diako-
nen- und Priesterweihe müssen wenigstens sechs Monate liegen.
Der Kandidat für den Ständigen Diakonat muß, falls er *unverheiratet*
ist, 25 Jahre, der *verheiratete* 35 Jahre alt sein; dieser bedarf außerdem
der Zustimmung seiner Ehefrau. Die Bischofskonferenzen können auch
ein höheres Weihealter festlegen.
Die *Dispens* vom kanonischen Alter kann der Bischof bzw. der zuständige Obere bis zu einem Jahr erteilen; darüber hinaus ist sie dem Apostolischen Stuhl vorbehalten.

e) Er muß die *theologisch-wissenschaftliche Ausbildung* erfolgreich abgeschlossen haben.

Die Priesteramtskandidaten sollen erst nach den fünfjährigen philoso-
phisch-theologischen Studien zur Diakonenweihe zugelassen werden.
Der Diakon soll vor der Priesterweihe ein pastorales Praktikum absolvieren. Der Ständige Diakon muß vor der Weihe ebenfalls die Ausbildungs-
zeit abgeschlossen haben (vgl. zum Ganzen §§ 21 und 22).

2. *Die allgemeinen positiven Voraussetzungen (cann. 1033–1039)*

a) Der Weihekandidat muß vor der Weihe die *Firmung* empfangen haben.

b) Er muß nach dem liturgischen Ritus unter die Kandidaten für Diakonat und Presbyterat aufgenommen sein, nachdem er schriftlich um die Aufnahme nachgesucht hat und das Gesuch von der kirchlichen Autorität angenommen worden ist.

Für Mitglieder priesterlicher Ordensinstitute ist dieser Ritus nicht verpflichtend.

c) Er muß vor Empfang der Diakonenweihe mit dem Lektoren- und Akolythendienst formell beauftragt worden sein und diese Dienste während einer angemessenen Zeit ausgeübt haben. Zwischen der Beauftragung und der Diakonenweihe müssen wenigstens sechs Monate liegen.

d) Er muß vor der Diakonen- und Priesterweihe schriftlich erklären, daß er aus *eigenem Antrieb und freiwillig* die Weihe empfangen und den *kirchlichen Dienst für dauernd* übernehmen möchte.

e) Der Priesteramtskandidat und der unverheiratete Kandidat für den Ständigen Diakonat müssen gemäß dem vorgesehenen Ritus das öffentliche *Zölibatsversprechen* oder die *ewigen Gelübde* in einem Ordensinstitut ablegen.

f) Er muß vor dem jeweiligen Weiheempfang wenigstens *fünftägige Exerzitien* gemacht haben.

Wenn ein Diakon die Weihe zum Priester ablehnt, darf ihm die Ausübung seines Weihedienstes nur bei Vorliegen einer kanonischen Behinderung oder aus einem sonstigen triftigen Grund verwehrt werden.

§ 78. Die Weihehindernisse

(cann. 1040–1049)

I. Irregularitäten und einfache Hindernisse

(cann. 1040–1046)

Der CIC unterscheidet zwischen *dauernden Weihehindernissen* (sogenannte Irregularitäten) und *einfachen Weihehindernissen*. Irregularitäten hören nicht von selbst auf, sondern können nur durch Dispens behoben werden, während die einfachen Hindernisse nur so lange andauern, als der sie begründende Umstand gegeben ist.

Ferner wird unterschieden zwischen Irregularitäten bzw. Hindernissen, die den *Empfang* der Weihe ausschließen, und solchen, die die *Ausübung* der Weihevollmachten verbieten. Die Weihehindernisse sind im Gesetz erschöpfend aufgezählt (can. 1040).

I. Irregularitäten, die vom Weiheempfang ausschließen (can. 1041).

Irregulär in diesem Sinne ist:

a) Wer in irgendeiner Form an *Amentia* oder einer anderen *psychischen Krankheit* leidet, die ihn nach dem Rat der Fachleute für den Weihedienst unfähig erscheinen lassen;

b) wer sich der *Apostasie,* der *Häresie* oder des *Schismas* schuldig gemacht hat;

c) wer eine (auch zivilrechtliche) Ehe zu schließen versucht hat, obgleich er selber durch ein Eheband, die heiligen Weihen oder das amtliche ewige Gelübde der Keuschheit daran gehindert war; ebenso wer eine Frau, die durch das Eheband oder eine solche Profeß daran gehindert ist, zu heiraten versucht hat;

d) wer einen Mord begangen oder vollendete Abtreibung vorgenommen oder dabei mitgewirkt hat;

e) wer sich selbst oder andere vorsätzlich schwer verstümmelt oder einen Selbstmordversuch unternommen hat;

f) wer eine dem Bischof oder Priester vorbehaltene Weihehandlung vorgenommen hat, obgleich er nicht geweiht oder ihm die Ausübung der Weihe strafweise verboten war.

2. Einfache Hindernisse, die vom Weiheempfang ausschließen (can. 1042).

Vom Weiheempfang ausgeschlossen ist:

a) wer verheiratet ist, solange die Ehe besteht; ausgenommen die Kandidaten für den Ständigen Diakonat;

b) wer ein den Geistlichen verbotenes Amt bekleidet (vgl. cann. 285, 286), für das er Rechenschaft ablegen muß, bis er das Amt niedergelegt hat und nach der Rechenschaftsablegung von dieser Pflicht befreit ist;

c) der Neugetaufte, sofern ihn der Ordinarius nicht für ausreichend bewährt erachtet.

3. *Die Irregularitäten, die die Weiheausübung verbieten (can. 1044 § 1)*

Irregulär für die Ausübung des Weihedienstes ist:
a) wer trotz Vorliegens einer Irregularität widerrechtlich geweiht wurde;
b) wer sich der Apostasie, Häresie oder des Schismas öffentlich oder eines der oben unter 1 c–f genannten Vergehen schuldig gemacht hat.

4. *Die einfachen Hindernisse, die die Weiheausübung verbieten (can. 1044 § 2)*

Die Weiheausübung ist demjenigen verboten,
a) der trotz Vorliegens eines einfachen Weihehindernisses widerrechtlich geweiht wurde;
b) der an Amentia oder einer anderen psychischen Erkrankung leidet (s. oben 1a), solange der Ordinarius die Weiheausübung nicht gestattet.

II. Die Dispens von den Irregularitäten und Hindernissen
(cann. 1047–1049)

1. *Dispens durch den Apostolischen Stuhl (can. 1047 §§ 1–3)*

Dem Apostolischen Stuhl ist die Dispens vorbehalten:
a) von allen Irregularitäten, deren Sachverhalt gerichtlich festgestellt ist;
b) von den Irregularitäten aus Apostasie, Häresie oder Schisma und aus Eheschließungsversuch, sofern die Vergehen öffentlich begangen wurden.

Beim Eheschließungsversuch gilt dieser Vorbehalt auch für die Befreiung vom Verbot der Weiheausübung.

c) Von den Irregularitäten aus Mord oder Abtreibung, gleich ob die Vergehen öffentlich oder geheim begangen wurden.

In diesem Falle ist auch die Befreiung vom Verbot der Weiheausübung vorbehalten.

d) Vom einfachen Weihehindernis, das einem verheirateten
Mann nach can. 1042 n. 1 den Weiheempfang verbietet.

2. Dispens durch den Ordinarius (can. 1047 § 4)

Alle dem Heiligen Stuhl nicht vorbehaltenen Irregularitäten oder
Hindernisse kann der Ordinarius dispensieren.

3. Ausübung der Weihe trotz Hindernis (can. 1048)

In allen *geheimen* und *dringenden* Fällen darf bei Vorliegen eines
Weiheausübungsverbotes aus einer Irregularität oder einem Hindernis die Weihe trotzdem ausgeübt werden unter folgenden Voraussetzungen:
    a) Wenn der Ordinarius oder bei Eheschließungsversuch,
Mord und Abtreibung die Pönitentiarie um Dispens nicht angegangen werden kann;
    b) wenn ein schwerer Schaden oder Ehrverlust drohen.
    Diese Ausnahmen gelten nur mit der Auflage, daß so schnell
wie möglich unter Verschweigung des Namens über den Beichtvater an den Ordinarius bzw. die Pönitentarie rekurriert wird.

4. Dispensgesuch (can. 1049)

Im Dispensgesuch müssen sämtliche Irregularitäten und Hindernisse genannt werden. Dieselben vervielfältigen sich entsprechend der Zahl der sie begründenden Umstände, nicht aber aus
der Wiederholung desselben Umstandes, es sei denn, es handelt
sich um Mord oder Abtreibung.
    Eine allgemeine Dispens ist auch wirksam, wenn *guten Glau-
bens* Hindernisse nicht genannt wurden, ausgenommen Mord
und Abtreibung oder wenn der Sachverhalt gerichtlich festgestellt wurde.
    Bei der Irregularität aus Mord oder Abtreibung ist die zahlen-
mäßige Angabe der Delikte Gültigkeitsvoraussetzung für die Dispens. Eine allgemein erteilte Dispens vor dem Weiheempfang gilt
für sämtliche Weihen.

244

Vierter Abschnitt: Das Eherecht

§ 79. Begriff und Grundsätze
(cann. 1055–1061)

1. Geltungsbereich des Eherechtes (can. 1059)

a) Das Eherecht des CIC gilt nur für die abendländische (lateinische) Kirche (vgl. can. 1), soweit es sich nicht um Eheschließungen zwischen Angehörigen der lateinischen und orientalischen (unierten) Kirche handelt. Pius XII. hat durch das MP „Crebrae allatae" vom 22. 2. 1949 das Eherecht für die unierte Ostkirche promulgiert (AAS 41, 1949, 89–117), das wie die anderen schon in Kraft gesetzten und geplanten Rechtsmaterien der Ostkirche derzeit parallel zur Revision des lateinischen CIC neu gefaßt wird.

b) Nach can. 11 hat das lateinische Gesetzbuch, soweit es sich um rein kirchliche Gesetze handelt, *nur für Katholiken Geltung,* d. h. für all jene, die in der katholischen Kirche getauft oder zu ihr konvertiert sind, auch wenn sie sich formell von der katholischen Kirche getrennt haben. Solche formal „Getrennten" sind aber von einzelnen eherechtlichen Normen befreit (Ehehindernis der Religionsverschiedenheit, Erlaubnis zur konfessionsverschiedenen Ehe, Verpflichtung zur kanonischen Eheschließungsform). In Konsequenz dieses Grundsatzes stellt can. 1059 fest, daß die Ehen von *Katholiken,* auch wenn nur ein Partner katholisch ist, dem göttlichen *und kanonischen Recht* unterstehen. Demzufolge sind Ehen von nichtkatholischen Christen nach dem Recht der jeweiligen Kirche oder kirchlichen Gemeinschaft zu beurteilen; was jedoch dann zu Unklarheiten führen kann, wenn die jeweilige Glaubensgemeinschaft gar kein eigenes Eherecht hat und dann unsicher ist, welches Recht anzuwenden ist. Insoweit kann dann auch das bürgerliche Eherecht im kirchlichen Rechtsbereich relevant werden.

Für die rein bürgerlichen Wirkungen der Ehe ist das staatliche Recht maßgebend; das gilt auch für Streitigkeiten bezüglich dieser Wirkungen, wenn sie nach partikulärem Recht unter bestimmten Voraussetzungen nicht vor dem kirchlichen Gericht zu verhandeln sind (vgl. can. 1672). Zudem kann das staatliche Recht für eine katholische Eheschließung aus can. 1071 § 1 n. 2

relevant werden, nach dem ein *Trauungsverbot* besteht, wenn eine Ehe nach dem zivilen Eherecht nicht anerkannt wird oder nicht geschlossen werden darf.

c) Die Ehen der Ungetauften unterstehen der Gesetzgebung des Staates, wobei freilich die naturrechtlichen und positiv-göttlich-rechtlichen Normen immer zu beachten sind. Unter bestimmten Umständen kann auch die Kirche Jurisdiktion über solche Ehen ausüben (vgl. Privilegium Paulinum).

2. Begriff der Ehe (can. 1055 § 1)

Der erste Canon des Eherechts gibt eine Begriffsbestimmung der Ehe: *„Der Ehebund (matrimoniale foedus), durch den Mann und Frau miteinander die Gemeinschaft des gesamten Lebens begründen (totius vitae consortium), die aufgrund ihrer natürlichen Eigenart auf das Wohl der Gatten wie auf Zeugung und Erziehung von Nachkommenschaft hingeordnet (ordinatum) ist, wurde von Christus dem Herrn unter Getauften zur Würde eines Sakramentes erhoben"* (can. 1055 § 1).

Diese Umschreibung trägt den Erkenntnissen des Zweiten Vatikanischen Konzils über die Ehe als personale Gemeinschaft in hohem Maße Rechnung (vgl. GS Art. 49). Durch den Terminus „Bund" kommt auch zum Ausdruck, daß die Ehe ein Vertrag ist, weil auch der Bund eine verpflichtende Vereinbarung zwischen den Bundespartnern darstellt; sie ist aber ein *Vertrag eigner Art.* Es ist nicht zu übersehen, daß mit dem Begriff „Bund" der wesentlich ekklesiologisch-sakramentale Charakter der christlichen Ehe betont wird, der an den Bund Gottes mit seinem Volk erinnert. Dieser Bund ist also sowohl eine rechtliche als auch eine personale und religiöse Wirklichkeit. Christus hat ihn zum Sakrament erhoben.

Der Vertrag besonderer Art zeigt sich darin, daß die *Vertragsfreiheit in dreifacher Hinsicht eingeschränkt ist:*

die *Vertragsschließungsfreiheit,* weil nur ein einziger Partner möglich ist;

die *Vertragsauflösungsfreiheit,* weil die Ehe unwiderruflich auf Lebenszeit bindet;

die *Vertragsgestaltungsfreiheit,* weil die Partner Inhalt und Form nicht nach Belieben bestimmen können.

Den Ehegatten ist es freilich unbenommen, vertragliche Abmachungen über Fragen zu treffen, die das Wesen der Ehe als Institution nicht berühren (Vermögen, Eigentum, Zugewinn u. ä.).

3. Hinordnung der Ehe (can. 1055 § 1)

Der gesetzliche Begriff der Ehe spricht nicht von Zwecken der Ehe wie der frühere CIC, sondern stellt fest, worauf der Ehebund seiner Eigenart nach ausgerichtet ist. Die Reihenfolge ist beachtenswert. Die Ehe ist auf das *Wohl der Gatten* sowie auf *Zeugung und Erziehung von Kindern* hingeordnet. Diese Reihenfolge stimmt mit GS überein, wonach die menschliche Liebe zwischen Mann und Frau das Wohl der ganzen Person umgreift und so den leib-seelischen Ausdrucksmöglichkeiten eine eigene Würde zu verleihen vermag (Art. 49) und Ehe und eheliche Liebe ihrem Wesen nach auf die Zeugung und Erziehung von Nachkommenschaft hingeordnet sind (Art. 50).

Diesen unwiderruflichen Bund des Lebens und der Liebe begründen die Gatten mit dem freien Konsensaustausch, durch den Mann und Frau sich gegenseitig übergeben und annehmen (can. 1057). Vom „ius in corpus" ist in diesem Canon über den Konsens nicht mehr die Rede.

4. Die Wesenseigenschaften der Ehe (can. 1056)

Die wesentlichen Eigenschaften der Ehe (essentiales proprietates) sind *Einheit* und *Unauflösbarkeit* (unitas ac indissolubilitas); daher kann die Ehe ausschließlich zwischen *einem* Mann und *einer* Frau und nur für die Dauer des ganzen Lebens geschlossen werden. Trotz dieses Grundsatzes kennt das kanonische Recht die Auflösung von Ehen (bei Nichtvollzug und aufgrund des Glaubensprivilegs; cann. 1142, 1143) und erklärt allein die vollzogene sakramentale Ehe für absolut unauflösbar (can. 1141).

Bigamie und *Polygamie,* eine Ehe eines Mannes mit gleichzeitig zwei oder mehreren Frauen (Polygynie) oder einer Frau mit gleichzeitig mehreren Männern (Polyandrie), sind nicht bloß unerlaubt, sondern rechtlich unmöglich.

5. Die christliche Ehe (cann. 1055 § 2, 1056)

Die Definition der Ehe und ihrer Wesensmerkmale gilt für *jede Ehe,* also auch für Ehen von *Nichtchristen;* denn es handelt sich um naturrechtliche bzw. göttlich-rechtliche Normen.

Zwischen Getauften ist die Ehe zugleich ein Sakrament; der Ehevertrag ist unter Christen eo ipso das Ehesakrament.

Der Bund zwischen Christus und der Kirche, in dem er sich endgültig und unwiderruflich den Seinen zugesagt und den er mit seinem Blut besiegelt hat, damit die Menschen Kinder Gottes werden können, wird im Bund der Ehe als der innigsten Gemeinschaft lebendiger Liebe zeichenhaft dargestellt und begründet für die Eheleute die gnadenhafte Nähe Gottes für ihr gemeinsames Leben wie auch die Realsymbolik für Gottes Bundestreue zu seinem Volk (vgl. LG Art. 11, Abs. 2).

Der Sakramentscharakter verstärkt die Einheit und Unauflösbarkeit der Ehe.

6. Terminologie (can. 1061)

a) Die *gültige Ehe von Getauften* heißt: matrimonium *ratum,* wenn noch kein ehelicher Verkehr stattgefunden hat (si non est consummatum); vorehelicher Geschlechtsverkehr ist hier irrelevant;

matrimonium *ratum et consummatum,* wenn die Ehe „humano modo" vollzogen wurde und der Ehevollzug in sich zur Zeugung von Nachkommenschaft geeignet ist. Nach dem Zusammenleben der Ehegatten wird der Vollzug vermutet.

b) Die *ungültige Ehe* wird matrimonium *putativum* genannt, wenn sie mindestens von einem Partner in gutem Glauben (bona fide) geschlossen wurde und solange nicht beide Partner Gewißheit über die Ungültigkeit erlangt haben.

§ 80. Das Verlöbnis

(can. 1062)

Das einseitige wie zweiseitige Verlöbnis (matrimonii promissio) wird nach partikulärem Recht geregelt, das die Bischofskonferenzen unter Beachtung der Gewohnheit und der zivilen Gesetze zu erlassen haben.

Die DBK ist diesem Gesetzesauftrag bislang noch nicht nachgekommen.

Aufgrund eines Verlöbnisses die Eheschließung einzuklagen ist im Interesse der Freiheit des Ehewillens unzulässig; eine Schadensersatzklage ist aber gegebenenfalls möglich.

§ 81. Ehepastoral und persönliche Vorbereitung der Ehe
(cann. 1063–1070)

I. Die seelsorgerliche Ehevorbereitung
(cann. 1063, 1064)

1. Die Aufgaben des Seelsorgers (can. 1063)

Die Seelsorger haben die Pflicht, in der Gemeinde den Gläubigen jene Hilfen zu vermitteln, die dem Ehebund in christlichem Geiste dienen und ihn fördern. Dazu gehören:

a) die *Vorbereitung im weiteren Sinne* durch die Kindern, Jugendlichen und Erwachsenen angemessene *Predigt und Katechese* (auch mit modernen Kommunikationsmitteln) über die Bedeutung der christlichen Ehe und die Aufgaben der Eheleute bzw. der christlichen Eltern;

b) die *persönliche Vorbereitung* (praeparatio personalis) vor der Eheschließung, in der den Brautleuten die Heiligkeit und die Pflichten ihres künftigen Standes dargelegt werden;

c) die *feierliche Gestaltung der Trauungsliturgie,* in der den Brautleuten deutlich werden soll, daß sie als Ehegatten das Geheimnis der Einheit und überreichen Liebe zwischen Christus und der Kirche darstellen und daran teilhaben (significare atque participare);

d) die *seelsorgerliche Begleitung der Eheleute,* damit sie dem Ehebund treu bleiben und zu einem immer vollkommeneren Familienleben gelangen.

2. Die Aufgaben des Ortsordinarius (can. 1064)

Es ist Sache der Ortsordinarien, für eine solche ordnungsgemäße Ehepastoral Sorge zu tragen und gegebenenfalls dabei auch erfahrene Männer und Frauen zu Rat zu ziehen. Damit ist die Mitwirkung von Eheleuten, Ärzten, Pädagogen und ähnlicher erfahrener Personen bei Brautleutekursen auch vom Gesetz empfohlen.

II. Die persönliche Vorbereitung der Eheschließung
(cann. 1065–1070)

1. Die sakramentale Vorbereitung (can. 1065)

Katholiken, die noch nicht gefirmt sind, sollen dieses Sakrament vor der Hochzeit empfangen, sofern dies ohne große Schwierigkeiten möglich ist. Zudem sollen sie zum Empfang der Sakramente der Buße und der heiligen Eucharistie angehalten werden, damit sie das Ehesakrament fruchtbringend empfangen.

2. Die rechtliche Vorbereitung (cann. 1066–1070)

a) Die Bischofskonferenzen müssen Normen erlassen für das sogenannte Brautexamen, die Publikationen und andere geeignete Ermittlungen, die vor der Heirat durchzuführen sind und nach deren strenger Beachtung der Pfarrer erst der Ehe assistieren darf. Insbesondere kommt es dabei darauf an, den Nachweis für die Taufe und den Ledigenstand (status liber) der Brautleute zu führen.

Der Ledigenstand wird bei Katholiken in der Regel durch einen Taufschein neueren Datums nachgewiesen; bei Nichtkatholiken oder Katholiken, die einen neueren Taufschein nicht beibringen können, durch die standesamtliche Aufgebotsbescheinigung (mit Standesvermerk), eine sonstige amtliche Urkunde oder den Ledigeneid.

Wenn zum Nachweis der Taufe ein Taufschein nicht beigebracht werden kann, genügt die entsprechende Erklärung eines glaubwürdigen Zeugen oder der Eid des Getauften, falls er nach Erlangung des Vernunftgebrauchs getauft worden ist (vgl. can. 876).

b) Vor der Trauung muß außerdem feststehen, daß der *gültigen und erlaubten Eheschließung* nichts entgegensteht.

Zur *gültigen Eheschließung* sind erforderlich:

aa) der *richtige Ehekonsens,* d. h. der die Ehe entsprechend der kirchlichen Lehre uneingeschränkt bejahende Ehewille (s. § 79, 2–5);

bb) die *Ehefähigkeit,* d. h. die Freiheit der Brautleute von Ehehindernissen und psychisch bedingten Eheschließungs- und Eheführungsbehinderungen (s. § 91);

cc) die Einhaltung der vorgeschriebenen *Eheschließungsform* bei formpflichtigen Brautleuten (s. § 92, 1).

250

Zur *erlaubten Eheschließung* dürfen Trauungs- oder Eheverbote nicht vorliegen, es sei denn, sie seien rechtmäßig aufgehoben.

c) Falls jemand anderer als der zur Eheassistenz berechtigte Pfarrer die Eheschließung vorbereitet, muß er das Ergebnis seiner Ermittlungen in einem authentischen Dokument umgehend dem Pfarrer mitteilen. Das geschieht normalerweise durch die Ausfüllung des sogenannten Brautexamensprotokolls, das von den Brautleuten und dem die Ehe vorbereitenden Seelsorger unterschrieben werden muß.

3. Das Partikularrecht

Die partikularrechtlichen Normen für die Ehevorbereitung sind noch nicht ergangen, so daß die bisherigen Regelungen weiterhin gelten und die Formulare für das Brautexamen noch in Gebrauch bleiben. Da aber im materiellen Eherecht mit Inkrafttreten des neuen CIC einige nicht unwesentliche Änderungen wirksam werden, ist bei der Benutzung der alten „Brautexamensprotokolle" folgendes zu beachten:

a) Es ist nicht mehr erforderlich, das verbietende Ehehindernis des einfachen Gelübdes und die trennenden der geistlichen Verwandtschaft wie auch des Verbrechens in Form des Ehebruchs mit Eheversprechen und der versuchten Eheschließung (Zivilehe) zu erfragen.

b) Geändert haben sich die Tatbestände der folgenden trennenden Ehehindernisse:
– *Impotenz,* nur noch Beischlafsunfähigkeit (vgl. § 85);
– *Religionsverschiedenheit,* andere Umschreibung der Normadressaten (vgl. § 87);
– *Verbrechen des Gattenmordes* (vgl. § 89, 5);
– *Verwandtschaft, Schwägerschaft, öffentliche Ehrbarkeit,* geringerer Umfang und andere Zählung (vgl. § 88, I–III);
– *gesetzliche Verwandtschaft,* trennendes Ehehindernis (§ 88, IV).

c) Bezüglich der neuen Konsensmängel nach can. 1095 vgl. § 91,1 und 2; sie werden allerdings bei der Ehevorbereitung nur schwer festzustellen sein. Dasselbe gilt für die arglistige Täuschung nach can. 1098 (vgl. § 91, 4).

d) Die Beifügung einer Futurbedingung hat eheverungültigende Wirkung; die condicio de praeterito und de praesenti ist genehmigungspflichtig (vgl. can. 1102; § 91,6).

§ 82. Die Trauungsverbote

(can. 1071)

Die Trauungsverbote ergeben sich aus den Umständen des jeweiligen Brautpaares, betreffen dieses aber nicht direkt wie die Ehehindernisse, sondern richten sich an den Traugeistlichen, der außer im Notfall *ohne Erlaubnis des Ortsordinarius* einer derart verbotenen Ehe nicht assistieren darf. Die ohne Genehmigung vorgenommene Trauung eines solchen Paares ist unerlaubt, macht aber die Eheschließung in keinem Fall ungültig.

Nach dem CIC darf einer Ehe nicht assistiert werden:
a) wenn es sich um Wohnsitzlose (vagi) handelt;
b) wenn sie nach dem staatlichen Recht nicht anerkannt wird oder nicht geschlossen werden darf.

Hierdurch können zivilrechtliche Eheverbote oder -hindernisse auch kirchenrechtlich relevant werden. Z. B. kirchliche Trauung ohne vorherige standesamtliche Trauung bei sittlichem Notstand gemäß Schlußprotokoll zu Artikel 26 Reichskonkordat (vgl. § 92, IV). In diesen Fällen muß künftig nicht nur der sittliche Notstand von der bischöflichen Behörde bestätigt, sondern auch vom Ordinarius die Trauerlaubnis erteilt werden.

c) Wenn es sich um Brautleute handelt, die natürliche Verpflichtungen gegenüber einem Partner oder Kindern aus einer früheren Verbindung (unio) zu erfüllen haben. Hier ist an Unterhalts- oder andere Verpflichtungen aus einer geschiedenen Ehe wie auch aus nichtehelichen Lebensgemeinschaften zu denken;
d) wenn es sich um offenkundig vom katholischen Glauben Abgefallene handelt, sofern sie einer nichtkatholischen kirchlichen Gemeinschaft nicht beigetreten sind. Beim Übertritt zu einer nichtkatholischen Kirche oder kirchlichen Gemeinschaft liegt das Eheverbot der Konfessionsverschiedenheit vor.

Der Ordinarius soll die Erlaubnis nur unter den für die konfessionsverschiedene Ehe geltenden Voraussetzungen erteilen (vgl. can. 1125).

e) Wenn ein Partner mit einer Besserungsstrafe (Zensur) behaftet ist;
f) wenn ein Minderjähriger ohne Wissen oder gegen den vernünftigen Willen der Eltern heiraten möchte;
g) wenn ein Stellvertreter gemäß can. 1105 mitwirkt.

§ 83. Die trennenden Ehehindernisse im allgemeinen
(cann. 1073–1077)

1. Einteilung der Ehehindernisse (cann. 1073, 1074)

Man unterscheidet:

a) Ehehindernisse *göttlichen und kirchlichen Rechts,* je nachdem, ob sie im göttlichen oder kirchlichen Gesetz begründet sind (Eheband – Schwägerschaft). Die ersten sind unveränderlich und indispensabel;

b) *öffentliche und geheime Ehehindernisse* (impedimenta publica – occulta). Öffentlich sind jene, die im äußeren Bereich (z. B. durch Urkunden, Dokumente, Zeugenaussagen) beweisbar sind; die übrigen gelten als geheim. Diese Unterscheidung spielt eine wesentliche Rolle bei der Konvalidation ungültiger Ehen (vgl. can. 1158).

c) Der CIC kennt nur noch *trennende Ehehindernisse* (impedimenta dirimentia), bei deren Vorliegen eine gültige Ehe nicht zustande kommt; denn eine Person oder ein Brautpaar ist zum Eingehen einer Ehe rechtlich unfähig (inhabilis), wenn sie den gesetzlichen Tatbestand eines solchen Hindernisses erfüllen. Die zuständige Autorität kann von dispensablen Ehehindernissen unter Einhaltung der gesetzlichen Vorschriften befreien.

2. Festlegung von Ehehindernissen und -verboten (cann. 1075–1077)

a) Allein der höchsten kirchlichen Autorität steht es zu, authentisch zu erklären, wann göttliches Recht eine Eheschließung unerlaubt oder ungültig macht. Zudem hat sie ausschließlich das Recht, andere (nicht göttlich-rechtliche) Ehehindernisse für die Getauften aufzustellen; was auch die Abänderung oder Aufhebung von Ehehindernissen einschließt.

b) Der Ortsordinarius kann im Einzelfall seinen Untergebenen (auch außerhalb des Territoriums) und allen, die sich in seinem Gebiet aufhalten, die Eheschließung aus einem wichtigen Grund und auf Zeit *verbieten,* allerdings nur, solange der Anlaß andauert. Diese Eheverbote bewirken aber nie die Ungültigkeit der Eheschließung. Ein Eheverbot mit Nichtigkeitsklausel kann nur die höchste Kirchenautorität aussprechen.

c) Durch *Gewohnheit* kann weder ein neues Ehehindernis entstehen, noch ein bestehendes abgeschafft werden.

§ 84. Die Dispensvollmachten
(cann. 1078–1082)

1. Der Ortsordinarius (cann. 1078, 1079 § 1, 1080)

a) Der Ortsordinarius kann seine Untergebenen (auch außerhalb seines Territoriums) und alle, die sich in seinem Sprengel aufhalten, von *sämtlichen Ehehindernissen kirchlichen Rechts dispensieren,* soweit nicht eine Reservation des Apostolischen Stuhls besteht.

Kraft Gesetzes ist dem Apostolischen Stuhl die Dispens vorbehalten:
– vom Hindernis der *Weihe* (can. 1087),
– vom Hindernis des *öffentlichen ewigen Gelübdes der Keuschheit* in einem klösterlichen Institut päpstlichen Rechts (can. 1088),
– vom Hindernis des *Verbrechens* (crimen), das allerdings nur noch bei Gattenmord vorliegt (can. 1090).

Vom Hindernis der Blutsverwandtschaft in der geraden Linie und im zweiten Grad der Seitenlinie (Geschwister) wird niemals dispensiert.

b) In *drängender Todesgefahr* (urgente mortis periculo) kann der Ortsordinarius den unter a) genannten Personenkreis von der *Eheschließungsform und von sämtlichen Ehehindernissen kirchlichen Rechts dispensieren, ausgenommen die Priesterweihe.*

c) Im *Verlegenheitsfalle* (casus perplexus), wenn alles zur Hochzeit vorbereitet und die Eheschließung ohne Gefahr eines schweren Nachteils bis zur Dispenserteilung durch die zuständige Autorität nicht mehr verschoben werden kann, erstreckt sich die Vollmacht des Ortsordinarius auf alle Hindernisse, ausgenommen das der Weihe und des öffentlichen ewigen Gelübdes der Keuschheit in einem Ordensinstitut päpstlichen Rechts. Diese Vollmacht gilt auch, wenn es sich um die Konvalidation einer Ehe handelt.

2. Pfarrer, Traugeistlicher, Beichtvater (cann. 1079 §§ 2–4, 1080, 1081).

a) In drängender Todesgefahr haben der *Pfarrer und die der Eheschließung rechtmäßig assistierenden Geistlichen* (Priester, Diakon) die Vollmacht, von der Eheschließungsform und von sämtlichen Ehehindernissen kirchlichen Rechts (ausgenommen das aus der Priesterweihe) zu dispensieren, *falls der Ortsordinarius nicht mehr angegangen werden kann.*

Ist der Ordinarius nur telephonisch oder telegraphisch erreichbar, liegt diese Unmöglichkeit auch vor.

b) Im Verlegenheitsfalle (casus perplexus) haben der Pfarrer und der assistierende Geistliche dieselben Vollmachten wie der Ortsordinarius (vgl. oben 1, c), wenn dieser nicht mehr angegangen werden kann und der Fall *geheim* ist.

Vom Gebrauch dieser Dispensvollmacht im äußeren Bereich muß der betreffende Geistliche sofort den Ordinarius unterrichten und die Dispens im Ehebuch eintragen.

c) Die Vollmachten des *Beichtvaters* erstrecken sich bei Todesgefahr, nicht nur bei drängender, allein auf den *inneren Bereich* und nur auf geheime, d. h. in foro externo nicht nachweisbare Hindernisse kirchlichen Rechts. Diese Vollmacht kann auch außerhalb der sakramentalen Beichte ausgeübt werden.

Für die Dispens von Ehehindernissen gelten die allgemeinen Normen über Gewährung von Dispensen (vgl. cann. 85–93; § 9).

§ 85. Die Impotenz
(can. 1084)

1. Begriff

Unter Impotenz versteht das kanonische Recht die Beischlafsunfähigkeit (impotentia coeundi), d. h. das Unvermögen des Mannes wie der Frau, den ehelichen Verkehr humano modo (vgl. can. 1061 § 1) zu vollziehen. Dieser Tatbestand macht aufgrund des Wesens der Ehe (ex ipsa natura) die Eheschließung ungültig; das Hindernis ist daher indispensabel.

Besteht freilich ein Rechts- oder Tatsachenzweifel, darf die Eheschließung nicht behindert und eine Ehe nicht für nichtig erklärt werden.

Von der Impotenz ist die *Sterilität* zu unterscheiden, d. h. die Unfruchtbarkeit (impotentia generandi), die die Eheschließung weder verbietet noch ungültig macht. Allerdings kann die arglistige Verheimlichung der Sterilität gemäß can. 1098 einen Grund zur Nichtigerklärung der Ehe darstellen (s. § 91, 4).

Z. B. liegt Impotenz beim Mann nicht vor, wenn er, aus welchen Gründen auch immer, nicht in der Lage ist, ein in den Hoden erzeugtes „verum semen" zu ejakulieren, oder bei Vasektomie (reparable oder irreparable Durchtrennung des Samenleiters), weil in diesen Fällen der Geschlechtsakt möglich ist. Dasselbe gilt für die „mulier excisa" (Entfernung der Gebärmutter und der Eierstöcke) und für die „mulier occlusa" (lediglich Entfernung der Gebärmutter). Frigidität oder Anästhesia sexualis begründen das Hindernis der Impotenz ebenfalls nicht.

2. Voraussetzungen

Die Impotenz ist nur dann ein Ehehindernis, wenn sie folgendermaßen beschaffen ist:
a) *antecedens,* d. h., sie muß vor der Eheschließung vorliegen. Tritt sie erst danach auf, berührt sie die Gültigkeit der Ehe nicht;
b) *perpetua,* d. h., sie muß zum Zeitpunkt der Eheschließung *unheilbar,* nicht nur vorübergehend sein. Sie gilt als dauernd, wenn eine Heilung nur unter Lebensgefahr oder mit schweren krankhaften Nebenwirkungen möglich ist oder wenn der Eingriff als „außergewöhnlich" gilt, sehr selten gemacht wird, schwierig und sehr kostspielig ist oder geringe Erfolgsaussichten bestehen.

3. Arten

a) Die Impotenz kann auf seiten des *Mannes* wie der *Frau* vorliegen;
b) sie kann relativ, nur in bezug zu einem bestimmten Partner, oder *absolut,* gegenüber jedem Partner sein;
c) sie kann *organisch,* durch Organschäden bedingt, oder *funktionell,* mehr psychischer Natur sein.

§ 86. Das bestehende Eheband

(can. 1085)

1. Das bestehende Eheband (vinculum, ligamen) ist kraft göttlichen (positiven) Rechts ein trennendes Hindernis für jede andere Ehe. Jede gültig geschlossene, wenn auch noch nicht vollzogene Ehe (auch von Nichtkatholiken oder Nichtchristen) verhindert eine andere gültige Eheschließung, *solange dieses Band nicht gelöst ist.* Die Lösung des Ehebandes kann erfolgen durch den Tod

256

eines Ehegatten oder durch Auflösung der nichtvollzogenen Ehe
bzw. zugunsten des Glaubens (s. § 95). Eine zivilrechtliche Ehescheidung löst das bestehende Eheband nicht.
2. Jede Ehe erfreut sich der Begünstigung des Rechts („favor
iuris"; can. 1060), d. h., die einmal geschlossene Ehe gilt als gültig, bis das Gegenteil in einem strengen Beweisverfahren nachgewiesen ist. Daher darf eine spätere Ehe nicht geschlossen werden,
bevor nicht kirchlicherseits die Nichtigkeit oder Auflösung der
früheren Ehe rechtswirksam festgestellt bzw. ausgesprochen ist
(can. 1085 § 2). Wenn ein begründeter oder unlösbarer Zweifel an
der Gültigkeit einer Vorehe besteht, muß eine nachfolgende Ehe
infolge des favor iuris für die erste Ehe in einem Gerichtsverfahren für nichtig erklärt werden.

War ein oder waren beide Partner schon einmal verheiratet, darf einer
erneuten Eheschließung nur assistiert werden:
– wenn der Tod des Ehegatten der vorangegangenen Ehe sicher feststeht
oder wenn eine *kirchliche Todeserklärung* vorliegt;
– wenn die frühere Ehe durch zwei kirchliche Gerichtsentscheidungen
für nichtig erklärt oder durch die zuständige Autorität rechtmäßig aufgelöst ist. Der die Ehe vorbereitende Pfarrer oder Seelsorger bzw. der Traugeistliche müssen sich die authentischen Dokumente (Sterbeurkunde,
Todeserklärung, Nichtigkeitsurteil, Dekret, Reskript) vorlegen lassen.
Wenn der Tod eines Ehegatten nicht durch eine kirchliche oder zivile
Urkunde nachzuweisen ist, kann der andere Gatte nur als vom Eheband
gelöst betrachtet werden, wenn eine Erklärung über die Todesvermutung
seitens des Diözesanbischofs vorliegt. Die *Todesvermutung* (Todeserklärung) darf nur erklärt werden, wenn nach gründlichen Nachforschungen
aufgrund von Zeugenaussagen, des Hörensagens und von Indizien die jeden vernünftigen Zweifel ausschließende Gewißheit vom Ableben des
Verschollenen gewonnen werden kann. Allein die (auch langfristige) Abwesenheit begründet diese moralische Gewißheit nicht. In unsicheren
und komplizierten Fällen muß der Bischof den Apostolischen Stuhl konsultieren (can. 1707). Die Todeserklärung löst das Eheband nicht, d. h.,
die Zweitehe wäre trotzdem nichtig, wenn der füt tot Erklärte bei der
nachfolgenden Eheschließung des Gatten noch gelebt hätte.

§ 87. Die Religionsverschiedenheit
(can. 1086)

1. Das Hindernis der Religionsverschiedenheit (disparitas cultus) besteht zwischen einer Person, die in der *katholischen Kirche getauft oder zur ihr konvertiert ist* und sich nicht durch einen Formalakt von ihr getrennt hat, und einem *Nichtgetauften* (Jude, Muslim; Ungetaufter ohne Zugehörigkeit zu einer Religonsgemeinschaft). Demnach fallen nichtkatholische Christen und Katholiken, die sich formell von der Kirche getrennt haben, nicht unter diese Norm.
Eine solche Ehe ist (ohne Dispens) ungültig.

Für die Frage, wann jemand als „in der katholischen Kirche getauft" gilt, ist die Intention des Täuflings oder seiner Sorgeberechtigten oder des Taufenden maßgebend (vgl. cann. 865, 867). Ist die katholische Taufe nach can. 868 *erlaubterweise* gespendet worden, ist von einer Taufe in der katholischen Kirche auszugehen. Hat die Taufe außer in Todesgefahr (vgl. can. 868 § 2) gegen den Willen der nichtkatholischen Sorgeberechtigten stattgefunden, handelt es sich nicht um eine Taufe in der katholischen Kirche.
Die Taufe wird durch die Taufurkunde oder einen einwandfreien Zeugen bewiesen. Den Empfang der Taufe nach Erlangung des Vernunftgebrauchs kann der Betreffende durch Eid selber bezeugen (can. 876). Bei Vorliegen eines nichtbehebbaren Zweifels über den Empfang oder die Gültigkeit einer Taufe vor der Eheschließung muß vorsorglich die Dispens vom Hindernis der Religionsverschiedenheit erbeten werden. Tritt ein solcher Zweifel nach der Eheschließung auf, gilt die Ehe infolge des favor iuris (can. 1060) so lange als gültig, bis sicher feststeht, daß ein Partner nicht getauft war und Dispens vom Hindernis nicht erteilt worden ist.
Nach can. 1086 § 1 besteht das Hindernis der Religionsverschiedenheit nicht für Katholiken, die sich durch einen Formalakt von der katholischen Kirche getrennt haben. Diese gesetzliche Freistellung wird in der pastoralen wie gerichtlichen Praxis möglicherweise Schwierigkeiten mit sich bringen, weil die Formulierung (actu formali ab Ecclesia catholica deficere) in allen Teilen interpretationsbedürftig ist.
Zu beachten ist nämlich, daß von deficere *ab Ecclesia catholica,* nicht a fide die Rede ist. Genügt also schon der Austritt aus der katholischen Kirche beispielsweise nach dem deutschen Recht, um die Kirchensteuer nicht entrichten zu müssen, deren Betrag möglicherweise in voller Höhe freiwillig einer bestimmten kirchlichen Institution zugewendet wird, mit der erklärten Absicht, im übrigen uneingeschränkt zur Kirche gehören zu wollen (z. B. der Gastarbeiter, der den Kirchenbeitrag seiner armen Hei-

matpfarrei zukommen läßt)? Ist unter einem *Formalakt* in Deutschland die Kirchenaustrittserklärung auf dem Standesamt oder Rathaus zu verstehen, oder fallen darunter auch schriftliche Erklärungen gegenüber dem Bischof oder der Diözesankurie oder dem Pfarrer, man wolle mit der katholischen Kirche nichts mehr zu tun haben (vielleicht nur infolge einer ärgerlichen Ungeschicklichkeit eines kirchlichen Amtsträgers)? Sind auch sogenannte „Möbelwagenaustritte" oder „Möbelwagenkonversionen" (Unterlassung oder Änderung der Konfessionsangabe bei der Meldung auf dem Einwohnermeldeamt anläßlich eines Umzugs) solche Formalakte? Aufgrund dieser Fragen wird deutlich, daß auch der Terminus „deficere" nicht eindeutig ist.

Mit Sicherheit wird man sagen können, daß der formale Übertritt eines Katholiken zu einer anderen Kirche oder kirchlichen Gemeinschaft die Freistellung von diesem Hindernis (ebenso vom Eheverbot der Konfessionsverschiedenheit und von der kanonischen Formpflicht) begründet. Auch wird ein „Kirchenaustritt" nach staatlichem Recht in der Regel diese Folgen haben; der Gegenbeweis kann aber nicht ausgeschlossen werden, wobei die Bestandsvermutung der Ehe nach can. 1060 zu beachten ist.

Die gesetzliche Freistellung vom Hindernis der Religionsverschiedenheit (wie auch von der Genehmigungspflicht bei Konfessionsverschiedenheit und von der kanonischen Formpflicht) für abgefallene Katholiken ist im Interesse der Religions- und Gewissensfreiheit sicher zu begrüßen; die damit verbundene Rechtsunsicherheit (bei der Religionsverschiedenheit und der kanonischen Formpflicht wird die Gültigkeit des Ehesakramentes berührt) darf aber nicht übersehen werden.

In der pastoralen Praxis ist zu beachten: Die gesetzliche Freistellung gilt nur für Ehen, die nach dem 26. 11. 1983 geschlossen worden sind. Das heißt, wenn ein geschiedener Katholik um die kirchliche Trauung einer weiteren Ehe bittet, kann diese nicht ohne weiteres gewährt werden, nur weil nachgewiesen ist, daß die geschiedene Ehe (ohne Dispens von der kanonischen Formpflicht) nicht katholisch-kirchlich geschlossen war. Vielmehr ist zu prüfen, *wann* diese Eheschließung stattgefunden hat und ob der Katholik sich zum Zeitpunkt der Eheschließung, falls sie nach dem 26. 11. 1983 erfolgte, nicht durch einen Formalakt von der katholischen Kirche getrennt hatte. In jedem Falle wird das Ordinariat (Generalvikariat) um Entscheidung angegangen werden müssen.

2. Das Hindernis beruht auf kirchlichem Recht und kann vom Ortsordinarius dispensiert werden. Nach can. 1086 § 2 gelten für die Gewährung der Dispens vom Hindernis selbst und gegebenenfalls von der kanonischen Formpflicht dieselben Voraussetzungen wie für die Erlaubniserteilung bei konfessionsverschiedenen Ehen (vgl. cann. 1125, 1126; § 93).

Als Dispensgrund genügt, daß der katholische Partner nach ernster Gewissensprüfung meint, eine solche Ehe eingehen zu dürfen, und er ohne Dispens in einer ungültigen Ehe leben müßte.

Bei der Gewissensentscheidung ist zu beachten, daß in einer solchen Ehe für das Glaubensleben in der Kirche wie auch für die eheliche Partnerschaft Schwierigkeiten befürchtet werden müssen, zumal wenn der nichtgetaufte Partner einer Religionsgemeinschaft angehört, die ein anderes Eheverständnis hat als das Christentum (z.B. Islam; s. hierzu „Muslime in Deutschland", Arbeitshilfen Heft 26, hrsg. vom Sekretariat der DBK, Bonn 1982, insbesondere S. 46–57).

§ 88. Die Verwandtschaft
(cann. 1091–1094)

I. Die Blutsverwandtschaft

1. Die Blutsverwandtschaft in der geraden Linie (can. 1091 § 1)

Das Hindernis der Blutsverwandtschaft (consanguinitas) liegt in der geraden Linie bei allen Verwandtschaftsgraden (inter ascendentes et descendentes; Eltern, Großeltern, Kinder, Enkel) vor, mag es sich um eheliche oder nichteheliche Abstammung handeln. Das Hindernis beruht im ersten Grad (Eltern–Kinder) mit Sicherheit, in den übrigen Graden höchstwahrscheinlich auf dem Naturrecht. Es gilt daher für alle Menschen und ist *nicht dispensierbar* (can. 1078 § 3).

2. Die Blutsverwandtschaft in der Seitenlinie (can. 1091 § 2)

In der Seitenlinie liegt das Hindernis bis zum *vierten Grad* einschließlich vor.

Der Gesetzgeber hat sich bei der Berechnung der Verwandtschaftsgrade in der Seitenlinie für die römische Zählweise entschieden, die sämtliche Personen in beiden Linien addiert (der CIC von 1917 zählte germanisch-rechtlich).

Der frühere erste Grad der Seitenlinie (Geschwister) ist jetzt der zweite; der vierte Grad der Seitenlinie entspricht dem früheren zweiten

(Cousin–Cousine); der dritte dem früheren zweiten berührend den ersten (Onkel–Nichte). Die kirchenrechtliche Zählung entspricht damit der staatlichen (vgl. § 11, 6).

Die Blutsverwandtschaft unter Geschwistern (zweiter Grad der Seitenlinie) bildet nach der sententia probabilior ein naturrechtliches Ehehindernis; jedenfalls wird davon niemals (numquam) dispensiert (can. 1078 § 3). Die übrigen Verwandtschaftsgrade der Seitenlinie sind kirchlichen Rechts und dispensabel.

3. Tatsachenzweifel (can. 1091 § 4)

Im Zweifel, ob die Brautleute in irgendeinem Grad der geraden Linie oder im zweiten Grad der Seitenlinie blutsverwandt sind, darf die Ehe niemals gestattet werden.

Der CIC verbietet unter allen Umständen die Erlaubnis zur Ehe (numquam matrimonium permittatur) nicht nur, wenn die Verwandtschaft in der geraden Linie oder im zweiten Grad der Seitenlinie feststeht, sondern auch wenn darüber ein Zweifel besteht. Canon 14 kann hier nicht angewandt werden, wonach der Ordinarius bei Vorliegen eines Tatsachenzweifels auch von leges irritantes befreien kann. Das Ehehindernis duldet keine Ausnahme (numquam), auch nicht in Todesgefahr oder im Verlegenheitsfalle (casus perplexus); denn in can. 1078, der die Dispensvollmacht des Ortsordinarius für Ehehindernisse normiert, heißt es ausdrücklich, daß für das Hindernis der Blutsverwandtschaft in der geraden Linie und im zweiten Grad der Seitenlinie niemals Dispens erteilt wird. Das gilt selbstverständlich auch für alle Geistlichen (Pfarrer, Traugeistliche, Beichtväter), die in besonderen Notfällen gesetzliche Dispensvollmachten besitzen (cann. 1079 § 2 und 3, 1080 § 1).

II. Die Schwägerschaft
(can. 1092)

1. Begriff

Die Schwägerschaft (affinitas) entsteht aus jeder *kirchenrechtlich gültigen Ehe* zwischen dem Mann und den Blutsverwandten der Frau und ebenso zwischen der Frau und den Blutsverwandten des Mannes. Die Berechnung des Schwägerschaftsgrades ist dieselbe wie bei der Blutsverwandtschaft. Der eine Ehepartner ist mit den Blutsverwandten des anderen in der gleichen Linie und im gleichen Grad verschwägert, wie dieser mit seinen Blutsverwandten verwandt ist.

2. Umfang

Das trennende Ehehindernis besteht nur in *allen Graden der geraden Linie* (Schwiegervater–Schwiegertochter; Stiefvater–Stieftochter).

Das Hindernis ist kirchlichen Rechts und kann dispensiert werden.

III. Die öffentliche Ehrbarkeit
(can. 1093)

1. Begriff

Das trennende Ehehindernis der öffentlichen Ehrbarkeit (publica honestas) entsteht aus einer ungültigen Ehe nach Begründung der Lebensgemeinschaft oder aus einem notorischen bzw. öffentlichen Konkubinat. Die ungültige Ehe braucht nicht vollzogen zu sein, wohl aber müssen die Partner die eheliche Lebensgemeinschaft aufgenommen haben. An die nichtehelichen Lebensgemeinschaften ist bei diesem Hindernis auch zu denken.

2. Umfang

Das Hindernis entsteht im ersten Grad der geraden Linie zwischen dem Mann und dem Blutsverwandten der Frau wie auch umgekehrt.

Beispiel: Ein katholischer Witwer mit Sohn heiratet eine aus kirchlich gültiger Ehe geschiedene katholische Frau nur zivilrechtlich. Das Hindernis entsteht zwischen dem Sohn und der Frau. Eine geschiedene Frau zieht mit ihrer ehelichen Tochter zu einem katholischen Mann, diese nichteheliche Lebensgemeinschaft begründet zwischen dem Mann und der Tochter das Hindernis.

Das Hindernis ist kirchlichen Rechts und kann dispensiert werden.

IV. Die gesetzliche Verwandtschaft
(can. 1094)

Die gesetzliche Verwandtschaft (cognatio legalis) wird durch Adoption begründet; Pflegschaft genügt nicht (vgl. can. 110).

262

Das trennende Ehehindernis besteht zwischen gesetzlichen Verwandten in der *geraden Linie* (Adoptivvater–Adoptivtochter) und *im zweiten Grad der Seitenlinie* (Adoptivgeschwister). Es spielt keine Rolle, ob dieser Tatbestand nach staatlichem Recht ein Ehehindernis oder -verbot darstellt oder nicht. Das Hindernis kann dispensiert werden.

§ 89. Die übrigen Ehehindernisse
(cann. 1083, 1087–1090)

1. Die Ehemündigkeit (can. 1083)

Das *Mindestalter* für eine gültige Eheschließung ist nach dem kanonischen Recht die Vollendung des 16. Lebensjahres bei männlichen, des 14. Lebensjahres bei weiblichen Personen. Das Hindernis kann dispensiert werden; wobei freilich die psychisch-physische Ehereife gewährleistet sein muß.

Den Bischofskonferenzen steht es frei, ein höheres Ehemündigkeitsalter festzusetzen, das aber nur die Erlaubtheit der Eheschließung berühren kann.

Die Seelsorger sollen, obwohl Ehen nach Erreichen des kanonischen Alters gültig geschlossen werden können, darum bemüht sein, daß die Heiratswilligen sich bezüglich des Heiratsalters nach den Landesgewohnheiten richten (can. 1072). Wenn Minderjährige ohne Wissen oder gegen den vernünftigen Willen der Eltern heiraten, ist im übrigen das Trauungsverbot nach can. 1071 § 1 n. 6 zu beachten.

2. Die heiligen Weihen (can. 1087)

Das Hindernis entsteht mit dem Empfang der Diakonenweihe. (Ständige) Diakone, die als Verheiratete die Weihe empfangen, unterliegen nach Auflösung ihrer Ehe diesem Hindernis ebenfalls. Eine Lösung der damit verbundenen Probleme kann nur auf dem Dispensweg gesucht werden.

Die Dispens vom Hindernis kann allein vom Papst gewährt werden (cann. 291 und 1078 § 2 n. 1). Beim Diakon bestehen in Todesgefahr Sondervollmachten für den Ortsordinarius, Pfarrer usw. (can. 1079 §§ 1 und 2).

3. Das öffentliche ewige Gelübde (can. 1088)

Personen, die in einer Ordensgemeinschaft das öffentliche (amtliche) ewige Gelübde der Keuschheit abgelegt haben, können gültigerweise nicht heiraten. Das Hindernis gilt nicht für Angehörige von Säkularinstituten und Gesellschaften des apostolischen Lebens, deren Gelübde oder sonstigen Bindungen aber zu beachten sind.
Die Dispens ist dem Apostolischen Stuhl vorbehalten, falls das Gelübde in einem Orden päpstlichen Rechts abgelegt wurde (can. 1078 § 2 n. 1).

4. Die Entführung (can. 1089)

Das Hindernis besteht zwischen dem Entführer und der zum Zweck der Eheschließung entführten oder gewaltsam in seinem Gewahrsam gehaltenen Frau. Für einen in diesem Sinne „entführten" Mann gilt das Hindernis nicht, wohl aber wäre eine solche Ehe wegen eingeflößter schwerer Furcht nach can. 1103 nichtig. Das Hindernis hört auf zu bestehen, wenn die Frau sich, vom Entführer getrennt, an einem sicheren und freien Ort befindet und der Ehe von sich aus zustimmt. Das Hindernis fällt demnach von allein weg, wenn die Frau die Freiheit wieder erlangt und von sich aus der Eheschließung zugestimmt hat. Solange die Entführung oder das In-Gewahrsam-Halten andauert, ist eine Eheschließung unmöglich; sie verstieße zudem gegen die in can. 1103 (Eheschließung unter Zwang und Furcht) geschützte Ehewillensfreiheit.

5. Das Verbrechen (can. 1090)

Das Hindernis besteht bei Gattenmord entweder,
    a) wenn ein Partner den eigenen Ehegatten oder den des anderen zur Erreichung der Eheschließung (ohne Einvernehmen mit dem künftigen Partner) ermordet hat; oder
    b) wenn beide gemeinschaftlich den Gattenmord begangen haben. Anstiftung oder Beihilfe genügen. In diesem Falle ist die Absicht, einander zu heiraten, nicht Tatbestandsmerkmal. Die durch die Tötung gelöste Ehe muß gültig gewesen sein.
    Die Dispens von diesem Hindernis ist dem Apostolischen Stuhl vorbehalten (can. 1078 § 2 n. 2).

§ 90. Der Ehekonsens
(cann. 1057; 1104–1107)

1. Die Bedeutung des Ehekonsenses (can. 1057 § 1)

Der Konsens ist die eigentliche Wirkursache der Ehe; er ist für ihr Zustandekommen unersetzlich: „Der von rechtlich dazu befähigten Personen (personae iure habiles) rechtmäßig geäußerte Konsens begründet die Ehe; er kann von keiner menschlichen Macht ersetzt werden" (can. 1057 § 1). Er ist somit von derart wesentlicher Bedeutung, daß ihn *keine menschliche Macht,* also auch nicht eine kirchliche Dispens ersetzen kann.

Ohne den richtigen Ehewillen eines oder beider Partner kommt eine gültige Ehe nicht zustande. Im kanonischen Recht gilt demnach der Grundsatz: Consensus facit matrimonium. Eine Leistung, etwa der Vollzug der Ehe, wie die sogenannte Kopulatheorie angenommen hat, ist für das gültige Zustandekommen der Ehe nicht erforderlich.

In der Wirkursächlichkeit des Konsenses zeigt sich der Bundes- bzw. Vertragscharakter der Ehe: Sie ist ein zweiseitiger Konsensualvertrag, der durch den gegenseitig ausgetauschten Willen geschlossen wird. Erst wenn beide Partner das „Jawort" gegeben haben, ist die Ehe geschlossen. Der Konsens muß *nach außen* kundgetan, eine „Willenserklärung" muß abgegeben werden (manifestatus); die rein innere Zustimmung genügt nicht.

Außerdem muß der Konsens von zwei dazu rechtlich befähigten Personen, das heißt von solchen erklärt werden, die das uneingeschränkte Recht auf Ehe besitzen (vgl. can. 1058). Rechtlich unfähig sind beispielsweise solche, die mit einem trennenden Ehehindernis behaftet sind, oder nicht geschäftsfähige Personen (sui non compotes: mangelnder Vernunftgebrauch), die aufgrund des Naturrechts eheunfähig sind.

Endlich muß der Konsens in gesetzesgemäßer Weise (legitime) bekundet werden, das heißt in der rechtlich vorgeschriebenen Form.

2. Der Inhalt des Ehekonsenses (cann. 1057 § 2; 1096)

Der Ehekonsens ist näherhin „der Willensakt, durch den Mann und Frau in einem unwiderruflichen Bund (foedus irrevocabile) sich gegenseitig übergeben und annehmen (tradunt et accipiunt), um eine Ehe zu gründen". Es ist demnach wesentlich, daß die Brautleute mit der Kundgabe ihres Willensentschlusses zu einem unwiderruflichen Bund und zur gegenseitigen Übergabe und Annahme eine Ehe miteinander begründen wollen, d. h., ihr personales Jawort muß die Ehe in dem Sinne umfassen, wie er in can. 1055 beschrieben ist (vgl. § 79, 2–5). Die Nupturienten dürfen wenigstens darüber nicht in Unkenntnis sein, daß es sich bei der Ehe um eine dauernde Gemeinschaft (consortium permanens) von Mann und Frau handelt, die durch irgendein sexuelles Zusammenwirken (cooperatione aliqua sexuali) auf Zeugung von Nachkommenschaft ausgerichtet ist. Einzelheiten des ehelichen Aktes oder der physiologischen Vorgänge brauchen nicht bekannt zu sein. Das Vorhandensein dieses Mindestwissens wird nach der Geschlechtsreife vermutet.

3. Die Konsensabgabe (cann. 1104–1106)

Sie geschieht in der Regel in Anwesenheit beider Brautleute oder von deren Stellvertretern (vgl. can. 1104 § 1), sie braucht aber nicht gleichzeitig mit der des anderen Partners bei der Eheschließung zu erfolgen, sondern die Willenserklärung des einen kann der des anderen vorausgehen, vorausgesetzt, der Ehewille des ersten dauert bei der Kundgabe des zweiten noch an (moralische Gleichzeitigkeit). Daher sind eine Eheschließung durch Stellvertreter (can. 1105) und die Konvalidation einer ungültigen Ehe wegen geheimen Konsensmangels durch spätere Konsensleistung möglich (can. 1159 § 2). Die Konsenserklärung kann auch mit Hilfe eines Dolmetschers geschehen.

Näheres über Stellvertreter und Dolmetscher bei der Eheschließung s. cann. 1105, 1106.

Normalerweise ist der Ehewille mündlich kundzutun; können die Brautleute aber nicht sprechen, genügen eindeutige Zeichen.

4. Fortdauer des Konsenses (can. 1107)

War bei einer Eheschließung zwar ein zureichender Ehewille vorhanden, ist die Ehe aber wegen eines Hindernisses oder Formmangels trotzdem nichtig, wird die Fortdauer des Konsenses bis zum Erweis des Gegenteils vermutet. Aufgrund dieses gültigen, aber rechtlich unwirksamen Ehekonsenses ist die Heilung in der Wurzel (sanatio in radice) möglich (vgl. § 97, II).

§ 91. Die Konsensmängel

(cann. 1095–1103)

Aus dem Wesen des Ehekonsenses als eines Aktes der klaren Einsicht in den wesentlichen Inhalt der Ehe und eines Aktes der freien Willensentscheidung für diesen wesentlichen Inhalt der Ehe folgt, daß jene Personen, denen diese Erfordernisse fehlen, zur Abgabe eines gültigen Ehekonsenses nicht fähig sind. Es gibt demnach Konsensmängel, die die Eheschließung ungültig machen, weil Mängel im Erkennen oder Wollen der Brautleute vorhanden sind. Mängel im Erkennen können auf mangelndes Verständnis bzw. mangelnden Vernunftgebrauch oder auf Irrtum zurückgehen. Mängel im Wollen können auf bewußt gesetztem Vorbehalt oder auf Einschränkung der erforderlichen Ehewillensfreiheit beruhen.

1. Eheschließungsunfähigkeit (can. 1095 nn. 1, 2)

a) Eheschließungsunfähigkeit besteht bei Personen, die zum *Zeitpunkt der Eheschließung* wegen Geisteskrankheit oder schwerer Geistesstörung (qui sufficienti rationis usu carent) den Ehekonsens nicht leisten können; sie sind eheunfähig.

Dazu können psychische Krankheiten verschiedener Art führen. Beispielsweise schließt die „amentia habitualis", unter der man alle Geisteskrankheiten versteht, den Vernunftgebrauch aus.
Die häufigste Form ist die *Schizophrenie,* die in Schüben auftritt. Nach der Rechtsprechung wird vermutet, daß bei Auftreten vor und nach der Eheschließung die Krankheit auch im Zeitpunkt der Heirat vorhanden war. Sollte die Ehe während sogenannter lichter Augenblicke (lucida intervalla) oder während eines Remissionsstadiums geschlossen worden sein, wird die Ungültigkeit der Ehe vermutet. Diese Vermutung kann allerdings widerlegt werden.
Anders verhält es sich beim *manisch-depressiven Irresein,* das richtige Remissionsstadien kennt, in denen der Patient völlig gesund ist. Daher vermutet die Rechtsprechung in diesem Falle die Fähigkeit zu einem gültigen Ehekonsens.
Bei der *Paranoia* (Wahnsinn) gibt es keine „lichten Augenblicke" oder Remissionsstadien.
Bei *chronischem Alkoholismus,* der zur Geistesverwirrung führt, genügt es, daß für die Zeit der Eheschließung Anzeichen von Geistesverwirrung, Delirium, Halluzinationen, Erregungszuständen, auch Teilnahme an einer Entziehungskur nachgewiesen sind.

267

Bei *Intoxikationen* (chronischen Gifteinwirkungen) ist zur Nichtigerklärung eine solche Abhängigkeit von den Suchtmitteln nachzuweisen, daß dadurch Verstand und Wille bei der Heirat vollkommen unheilbar beeinträchtigt waren.

Schwere seelische Störungen (perturbationes mentis) schließen den Vernunftgebrauch *vorübergehend* aus. Dazu können gehören: Schockeinwirkungen, Trauma cerebrale, reaktive Psychosen, akute Gift-, Drogen-, Alkoholeinwirkungen, Rausch, akute Infektionen, Hypnose, epileptische oder hysterische Anfälle.

b) Eheschließungsunfähig ist außerdem, wer an *schwerem Mangel im Urteilsvermögen* bezüglich der mit der Ehe verbundenen wesentlichen Rechte und Pflichten leidet (qui laborant gravi defectu discretionis iudicii). Dieser Mangel liegt vor, wenn dem Nupturienten die für die Ehe erforderliche kritische Beurteilungsfähigkeit fehlt oder schwer gestört ist; er muß nämlich imstande sein, den Wert der konkreten Ehe, ihre wesentlichen Rechte und Pflichten abzuwägen, um sich rechtswirksam für die Ehe entscheiden zu können.

Nicht jeder Psychopath oder Neurotiker ist eheschließungsunfähig. Bei den verschiedenen Krankheiten kommt es auf die Erscheinungsbilder, ihre Beziehung zur konkreten Ehe und den Schweregrad an. Epilepsie und Hysterie können hier genannt werden.

Die nur unüberlegt geschlossenen Ehen fallen nicht unter diesen Tatbestand; sie sind in der Regel gültig. Ebensowenig fallen die von unreifen jungen Menschen geschlossenen Ehen ohne weiteres unter diese Beurteilungsunfähigkeit.

Sämtliche unter a) und b) genannten Tatbestände müssen naturgemäß jeweils schon zum Zeitpunkt der Eheschließung vorgelegen haben und in einem Ehenichtigkeitsprozeß mit Hilfe von Zeugen und Sachverständigen für diesen Zeitpunkt nachgewiesen werden.

2. Eheführungsunfähigkeit (can. 1095 n. 3)

Zur Eheschließung ist unfähig, wer wegen einer schweren psychischen Anomalie („ob causas naturae psychicae") die der Ehe wesentlichen Verpflichtungen nicht zu übernehmen vermag.

Eheführungsunfähigkeit (Erfüllungsunvermögen) wird immer vorliegen, wenn ein Partner zur Leistung des *Rechtes auf die eheliche Lebensgemeinschaft* (consortium totius vitae; can. 1055 § 1) nicht in der Lage ist (z. B. Homosexualität) oder unfähig ist zum *ehelichen Akt,* nicht wegen Impotenz, vielmehr infolge einer psychischen Krankheit, die der Zeugung und Erziehung von Kindern entgegensteht (z. B. Neigung zum Inzest). Ebenso kann es eine psychisch bedingte Unfähigkeit zu einer unauflösbaren Ehe oder zum Halten der ehelichen Treue geben.

In diesen Fällen bejaht und will der Nupturient zwar die Ehe mit allen ihren Wesensmerkmalen, ist aber infolge seiner Persönlichkeitsstruktur zur Erfüllung der übernommenen Pflichten nicht imstande. Im strengen Sinne handelt es sich nicht um einen Konsensmangel, weswegen dieser Tatbestand auch hätte unter den Ehehindernissen genannt werden können.

Selbstverständlich muß die Erfüllungsunfähigkeit für den Zeitpunkt der Eheschließung nachgewiesen sein; auf die Beurteilung des Sachverhaltes durch Sachverständige kann nicht verzichtet werden.

Der neu in den CIC aufgenommenen Canon 1095 stellt nicht eine leichtere Möglichkeit für Ehenichtigkeitserklärungen dar, sondern ist die Folge der neueren medizinischen und psychologischen Erkenntnisse und der daraus resultierenden kirchlichen Ehejudikatur der letzten Jahrzehnte. Bei zweifelsfreiem Vorliegen eines Tatbestandes des can. 1095 kann die Eheschließung nicht genehmigt werden. Im Regelfall wird aber der Seelsorger eine solche Konsensunfähigkeit nicht mit der erforderlichen Sicherheit feststellen können. Im Zweifel darf die kirchliche Trauung wegen des natürlichen Rechts auf Ehe nicht verwehrt werden. Es wird dann Sache eines eventuellen späteren Ehenichtigkeitsverfahrens sein, das Vorliegen dieses Nichtigkeitsgrundes mit Hilfe der prozessualen Mittel zu prüfen.

3. Irrtum (cann. 1097, 1099)

a) Der Irrtum in der Identität der Person, wenn z. B. jemand eine andere als die beabsichtigte Person heiratet, macht die Ehe ungültig. Der Irrtum hinsichtlich der *Eigenschaften* (qualitates) der Person macht die Ehe selbst dann nicht ungültig, wenn der Irrtum das Heiratsmotiv gewesen ist. Dieser Irrtum kann sich auf Vermögen, Herkunft, Stand usw. beziehen.

Der Eigenschaftsirrtum hat nur dann eheverungültigende Wirkung, wenn jemand direkt und hauptsächlich wegen dieser Eigenschaft geheiratet werden soll.

Beispiel: Eine Frau liebt zwar einen Mann, hauptsächlich heiratet sie ihn aber, weil sie meint, er sei Arzt, weil sie auf jeden Fall nur einen Arzt zum Ehemann möchte. Wenn sie wüßte, daß er nicht Arzt ist, würde sie auf die Eheschließung verzichten. Erst nach der Heirat stellt sie ihren Irrtum über diese Eigenschaft ihres Mannes fest. Die Ehe ist bei entsprechendem Nachweis für nichtig zu erklären, auch wenn die Eigenschaft nicht als Bedingung im strengen Sinn in den Ehewillen eingegangen ist.

269

Dasselbe gilt für einen Mann, der direkt und hauptsächlich seine Partnerin heiratet, weil er der (irrtümlichen) Meinung ist, sie sei noch unberührt.

Der Irrtum braucht nicht arglistig durch den Partner herbeigeführt zu sein. Bei arglistiger Täuschung kann can. 1098 einschlägig werden (s. unten 4).

b) Ein Irrtum bezüglich der *Einheit,* der *Unauflösbarkeit* oder der *Sakramentalität* der Ehe beeinträchtigt die Gültigkeit des Ehekonsenses nicht, sofern er nicht den Willen berührt.

Diese „Berührung des Willens" kann einmal geschehen durch einen positiven Willensakt gegen die Wesenseigenschaften der Ehe (s. unten 5). Es ist aber auch möglich, daß zwar kein positiver Willensakt im Sinne des can. 1101 § 2 gesetzt wird, wohl aber jemand von der Scheidbarkeit der Ehe derart radikal überzeugt ist, daß diese normwidrige Falschauffassung vom Wesen der Ehe auch den Willen bestimmt, ohne daß ein eigener Willensakt gesetzt werden müßte.

c) Außerdem macht das Wissen oder die Meinung von der Ungültigkeit der Ehe den Ehekonsens nicht notwendigerweise ungültig.

Zum Beispiel ist eine Ehe gültig, wenn jemand den rechtmäßigen Ehewillen bekundet, aber gleichzeitig irrtümlich annimmt, der Eheschließung stehe ein trennendes Ehehindernis entgegen und eine gültige Ehe komme daher nicht zustande.

4. *Arglistige Täuschung (can. 1098)*

Eine Eheschließung ist ungültig, wenn jemand zur Erreichung der Eheschließung arglistig getäuscht worden ist über eine Eigenschaft des Partners, die ihrer Natur nach die eheliche Lebensgemeinschaft schwer zu stören vermag.

Dieser neu in den CIC aufgenommene Tatbestand gewährt dem getäuschten Partner Rechtsschutz. Die Täuschung muß nicht vom anderen Partner ausgehen, sondern kann auch durch Dritte herbeigeführt werden. Z. B. von einer Mutter, die eine durch frühkindliche Krankheit des Sohnes verursachte Sterilität, von der der Sohn selbst nichts weiß, verschweigt, um eine bevorstehende Heirat nicht zu gefährden.

„Eine *Täuschung* liegt vor, wenn ein Irrtum durch Vorspiegeln falscher oder Verschweigen wahrer Tatsachen erregt oder aufrechterhalten wird" (Creifelds).

Die Täuschung muß *arglistig,* d. h. wider besseres Wissen und vorsätzlich (Unkenntnis oder Fahrlässigkeit genügen nicht) und im Hinblick auf die Ehewillenserklärung des anderen Partners, also um die Eheschließung zu erreichen, erfolgen. Zudem muß es sich um eine Personeneigenschaft handeln, die das spätere eheliche Zusammenleben schwer zu stören vermag. Der CIC nennt als solche mögliche schwere Störung die Sterilität (vgl. can. 1084 § 3). Weitere relevante Tatbestände wird die Rechtsprechung zu erarbeiten haben.

5. Simulation und Vorbehalte (can. 1101)

Grundsätzlich gilt die gesetzliche Vermutung, daß der innere Wille mit dem übereinstimmt, was nach außen hin erklärt wird.

Es wird angenommen, daß der vom Gesetz geforderte Ehewille vorhanden ist, wenn äußerlich feststellbar eine Ehe geschlossen wurde. Diese Vermutung kann aber widerlegt werden. Es ist nämlich möglich, daß ein Partner oder auch beide (mit oder ohne Wissen des anderen) etwas nach außen erklären, das dem inneren Wollen nicht entspricht. Damit kann die Vortäuschung (Simulation) einer Ehe gegeben sein. Solche Ehen sind nichtig.

Ein simulierter Ehekonsens liegt im äußeren Bereich vor, wenn ein oder beide Partner durch positiven Willensakt (positivo voluntatis actu) Vorbehalte setzen gegen:
– die Ehe selbst (Totalsimulation);
– wesentliche Elemente der Ehe (vgl. cann. 1055 § 1, 1057 § 2);
– die Wesenseigenschaften der Ehe (Einheit, Unauflösbarkeit).

Unter einem *positiven Willensakt* versteht man die entschiedene, grundsätzliche, unzweideutige Festlegung des Willens; diese kann ausdrücklich oder einschlußweise geschehen. Es genügen aber nicht ein einfacher Irrtum oder eine allgemeine Falschauffassung. Kontrovers ist, ob das einfache passive Nichtwollen (sogenannte negative Totalsimulation) eine Eheschließung ungültig macht. Dabei kommt es sicher darauf an, ob überhaupt jeglicher Wille zu einer Ehe gefehlt hat.
Ein Vorbehalt gegen *die Ehe selbst* liegt vor, wenn durch die Konsenserklärung ein anderer Zweck als die Begründung einer Ehe erreicht werden sollte (Vermögensinteressen; Erhalt oder Verlängerung der Aufenthaltsbewilligung; Ausreiseerlaubnis).
Der Ausschluß der *wesentlichen Elemente der Ehe* trägt der Umschreibung der Ehe in can. 1055 § 1 Rechnung und würde relevant, wenn ein Partner sich beispielsweise vornähme, das „consortium vitae coniugalis" (can. 1135) nicht aufzunehmen oder zu leisten; oder wenn er die Sakramentalität der Ehe ausschlösse.
Ein Vorbehalt gegen den „coniugalis actus per se aptus ad prolis generationem" (can. 1061 § 1 i. V. m. 1057 § 2) liegt vor, wenn das Recht auf den ehelichen Verkehr ausgeschlossen oder nur eingeräumt wird unter

der Voraussetzung, daß keine Nachkommenschaft gezeugt wird (Ausschluß des Kindersegens). Die Rechtsprechung macht hier wie beim Ausschluß der ehelichen Treuepflicht den Unterschied zwischen Nichtverpflichtungs- und Nichterfüllungswillen. Diese Unterscheidung hat zwar wegen der damit verbundenen psychologischen Schwierigkeiten Kritik erfahren, ist aber bei der Beurteilung des zeitlich begrenzten Ausschlusses des Kindersegens weiterhin von Bedeutung. Die neuerdings vertretene Ansicht, can. 1101 lasse eine Ehenichtigkeitserklärung wegen Ausschlusses des Kindersegens nicht mehr zu, ist nicht überzeugend.

Ein Vorbehalt gegen die *wesentlichen Eigenschaften der Ehe* ist gegeben, wenn zwar der Ehewille vorhanden ist und die Lebensgemeinschaft aufgenommen werden soll, aber die Unauflösbarkeit der Ehe oder die eheliche Treuepflicht ausgeschlossen werden (Partialsimulation).

6. *Bedingung (can. 1102)*

a) Unter *Bedingung im eigentlichen Sinne* versteht man eine dem Geschäftswillen beigefügte Bestimmung, die die Wirksamkeit des Rechtsgeschäftes von einem zukünftigen ungewissen Ereignis abhängig macht (condicio de futuro).

Die Ehe ist in diesem Sinne ein bedingungsfeindliches Rechtsgeschäft, d. h., sie kann unter einer Futurbedingung nicht gültig geschlossen werden. Wird eine solche Bedingung hinzugefügt, ist die Ehe nichtig, gleich ob das ausbedungene Ereignis später eingetreten ist oder nicht; damit ist das geltende Recht klarer als das des CIC von 1917.

b) Eine *„uneigentliche Bedingung"* macht die Wirksamkeit eines Rechtsgeschäftes davon abhängig, ob ein in der Vergangenheit oder Gegenwart liegendes Ereignis eingetreten ist oder nicht (condicio de praeterito vel de praesenti). Die Tatsache des Eintritts oder Nichteintritts der Ereignisse und damit die Wirksamkeit des Rechtsgeschäftes steht also bei dessen Abschluß objektiv schon fest, ist aber den Vertragschließenden noch nicht bekannt.

Derartige Bedingungen können der Eheschließung beigefügt werden, die Gültigkeit einer solchen Ehe hängt davon ab, ob das Ausbedungene zum Zeitpunkt der Eheschließung eingetreten ist oder nicht. Solche Bedingungen dürfen aber nur mit *schriftlicher Genehmigung* des Ortsordinarius beigefügt werden.

Voraussetzung ist, daß die Bedingung vor der Eheschließung nicht widerrufen worden ist; es genügt allerdings eine virtuelle Fortdauer. Zudem muß es eine wirkliche condicio sine qua non sein; eine Auflage (modus) genügt nicht.

Beispiel: Eine Frau setzt einem Mann, den sie heiraten möchte, die Bedingung sine qua non, ihn nur zu heiraten, wenn er nicht homosexuell ist. Der Mann erklärt wahrheitswidrig, er habe nie eine solche Veranlagung oder derartige Kontakte unterhalten. Die Frau läßt sich täuschen, bleibt aber bei ihrer Bedingung. Nach der Heirat stellt sich heraus, daß der Mann tatsächlich homosexuell war. Die Ehe ist ungültig.

7. Zwang und Furcht (can. 1103)

a) Der *physische Zwang* (vis absoluta), der den freien Ehewillen gänzlich aufhebt, läßt naturrechtlich einen echten Konsens nicht zu.

Ebenso kann bei *Furcht* (metus) ein wirksamer Konsens nicht geleistet werden, wenn sie einen so hohen Grad erreicht hat, daß sie die *freie Entscheidung völlig aufhebt.*

b) Die *Furcht* ist auch ein Nichtigkeitsgrund, wenn durch sie der freie Wille nicht völlig aufgehoben ist; denn die Bedeutung des Ehebundes mit seiner Bindung auf Lebenszeit fordert einen Rechtsschutz der Freiheit des *Ehewillens.* Diese eheverungültigende Furcht muß die folgenden Tatbestandsmerkmale gleichzeitig erfüllen:

aa) Die Furcht muß *schwer* (gravis) sein. Die Drohung muß für den Bedrohten ein schweres Übel darstellen, das selbst einen standhaften Mann (vir constans) erschüttert (Verstoßung aus dem Elternhaus, Enterbung, Morddrohung). Allerdings ist auch auf die charakterliche und psychische Konstitution des Bedrohten zu achten. Ein an sich nicht absolut schweres Übel kann entsprechend den Umständen eine relativ schwere Furcht bei einer bestimmten Person erzeugen. Die Drohung kann sich auch gegen Dritte richten.

bb) Die Furcht muß *von außen* (ab extrinseco) eingeflößt sein, d. h. von einem Menschen (causa libera). Ein äußeres Ereignis oder persönliche Furchtsamkeit bzw. die Meinung, es drohe ein schwerer Nachteil, reichen nicht aus. Allerdings ist in einem solchen Falle zu prüfen, ob die Urteilsfähigkeit nach can. 1095 n. 2 rechtserheblich eingeschränkt war.

cc) Durch die Furcht muß der Bedrohte in eine Situation geraten sein, aus der die Eheschließung den einzigen Ausweg darstellt (metus... a quo ut quis se liberet, eligere cogatur matrimonium). Wenigstens nach Meinung des Bedrohten muß es dem Drohenden demnach mit der Drohung nicht nur ernst sein, er muß sie auch ausführen können. Der Bedrohte muß nach Möglichkeit andere Auswege aus der Zwangssituation suchen. Dieses Tatbestandsmerkmal verlangt die Eheschließung als „unicum effugium".

dd) Nicht verlangt ist, daß die Drohung zur Erreichung der Eheschließung ausgeübt wird.

Häufig tritt dieser Nichtigkeitsgrund als *„metus reverentialis"* (Ehrfurchtszwang) auf, d. h. die Furcht eines Kindes, sich die Ungnade oder den Unwillen seiner Eltern zuzuziehen, die eine wesentliche Beeinträchtigung der Ehewillensfreiheit bewirkt (auch andere Abhängigkeitsverhältnisse kommen hier in Frage). Eine solche Furcht hat allerdings nur dann die Ungültigkeit der Ehe zur Folge, wenn sie ein „metus reverentialis qualificatus" ist, d. h., wenn die Eltern das Kind zu einer nichtgewollten Heirat nicht nur durch bloße Äußerung ihres Wunsches oder Willens bestimmen, sondern ihrer Absicht ungestüme Bitten, Beschimpfungen, Beschwörungen hinzufügen, die geeignet sind, das Kind in eine relativ schwere Furcht zu versetzen und zu einer an sich abgelehnten Eheschließung zu nötigen, weil es sonst mit dem Verlust der elterlichen Liebe rechnen muß. Es kommt dabei sehr auf den Charakter des Kindes und den der beeinflussenden Eltern an. Zudem sind materielle und moralische Abhängigkeiten zu beachten. Die obengenannten Tatbestandsmerkmale müssen jedenfalls erfüllt sein.

Die Bestimmung des CIC von 1917, daß jede andere Art von Furcht als die beschriebene die Gültigkeit der Ehe nicht berühre, ist im neuen CIC nicht mehr enthalten. Damit kann die Frage gestellt werden, ob auch ein „metus *ab intrinseco incussus"* unter Umständen eheverungültigende Wirkung haben kann. In einem solchen Fall ist allerdings auch an mangelndes Beurteilungsvermögen nach can. 1095 n. 2 zu denken.

§ 92. Die Trauung

(cann. 1108–1123, 1130–1133)

Da die Ehe ein Bund (Vertrag) sui generis ist, kann die Kirche für sein Zustandekommen eine bestimmte *Form* vorschreiben. Die rechtlichen Normen dafür sind positives Kirchenrecht und können daher vom Gesetzgeber abgeändert, aufgehoben oder gegebenenfalls dispensiert werden.

Im Lichte dieser Feststellung sind die *geschichtliche Entwicklung der kanonischen Eheschließungsform* und ihr Verpflichtungscharakter zu sehen. Das Konzil von Trient verlangte im Dekret „Tametsi" (1563) zur Gültigkeit der Eheschließung die Konsenserklärung „in facie ecclesiae", d. h. „coram parocho (proprio des Domizils oder Quasidomizils eines der beiden Nupturienten) et duobus testibus". Dieses Dekret sollte aber nur gelten, wo es als Gesetz verkündet war (tridentinische Orte). An den „nichttridentinischen Orten" bestand weiterhin Formfreiheit, so daß hier die sogenannten klandestinen (geheimen) Ehen gültig waren. Papst Benedikt XIV. schränkte in der sogenannten „Declaratio Benedictina" vom 4. 11. 1741 für Holland und Belgien die Formpflicht auf rein katholische Ehen ein, so daß für die rein evangelischen und konfessionsverschiedenen Ehen das Dekret „Tametsi" nicht mehr galt. Diese Ausnahmeregelung wurde später auf andere Gebiete ausgedehnt. Papst Pius X. hat durch die Konstitution „Provida" vom 18. 1. 1906 (mit Gesetzeskraft vom 15. 4. 1906) den Unterschied zwischen tridentinischen und nichttridentinischen Orten für das damalige Deutsche Reich aufgehoben (seit dem 23. 2. 1909 auch für Ungarn), so daß für die rein katholischen Ehen die kanonische Form des Trienter Konzils verbindlich war. Die rein evangelischen und konfessionsverschiedenen Ehen konnten in Deutschland in anderer Form gültig geschlossen werden, vom 19. 4. 1908 an aber mit der Einschränkung, daß bei konfessionsverschiedenen Ehen beide Brautleute in Deutschland geboren sein mußten. Das Dekret „Ne temere" vom 2. 8. 1907 brachte mit Gesetzeskraft vom 19. 4. 1908 eine einheitliche Neuregelung des Eheschließungsrechtes für die gesamte lateinische Kirche, die im wesentlichen der CIC von 1917 übernommen hat. Die Sonderbestimmungen der Konstitution „Provida" für Deutschland blieben aber bis zum Inkrafttreten des CIC am 19. 5. 1918 in Geltung, so daß bis dahin in den genannten Ländern Ausnahmerecht galt. Der CIC von 1917 verpflichtete als Gültigkeitsvoraussetzung alle Katholiken, vor dem ordinarius oder parochus loci oder einem von diesen rechtmäßig delegierten Priester und vor zwei Zeugen die Ehe zu schließen. Der Kreis der Verpflichteten war zunächst nicht ganz eindeutig umschrieben; ab dem 1. 1. 1949 galt aber der Grundsatz „semel catholicus semper catholicus".

Die Möglichkeit, von dieser kanonischen Formpflicht zu dispensieren, war zunächst auf wenige Notfälle beschränkt, bis durch die Instruktion „Matrimonii sacramentum" vom 18. 3. 1966 das Mischehenrecht modifiziert und für Katholiken, die eine religions- oder konfesionsverschiedene

Ehe einzugehen beabsichtigten, die Möglichkeit eröffnet wurde, unter bestimmten Voraussetzungen vom Apostolischen Stuhl Dispens von der Formpflicht zu erlangen. Das MP „Matrimonia mixta" vom 31. 3. 1970 (mit Gesetzeskraft vom 1. 10. 1970) schließlich übertrug den *Ordinarien* die Vollmacht, Katholiken, die solche Ehen schließen wollten, von der Pflicht zur kanonischen Form zu befreien, wenn der Einhaltung erhebliche Schwierigkeiten entgegenstanden.

Das Eheschließungsrecht des MP „Matrimonia mixta" hat der neue CIC weitgehend übernommen.

I. Die ordentliche Eheschließungsform

(cann. 1108–1115; 1117–1123)

Katholiken können in der Regel gültigerweise eine Ehe nur schließen vor dem Ortsordinarius oder Ortspfarrer oder einem von diesen delegierten Priester bzw. Diakon und vor zwei Zeugen (can. 1108 § 1).

1. Die formpflichtigen Personen (can. 1117)

a) Formpflichtig sind nur die *in der katholischen Kirche Getauften bzw. die zu ihr aus einer anderen Kirche oder kirchlichen Gemeinschaft Konvertierten, sofern sie sich nicht durch einen Formalakt von ihr getrennt haben.* Diese Formpflicht gilt auch dann, wenn nur einer der Partner in diesem Sinne katholisch ist. Der bisher bei der Formpflicht (wie beim Ehehindernis der Religionsverschiedenheit) geltende Grundsatz „semel catholicus semper catholicus" ist demnach aufgegeben worden.

Hinsichtlich der Taufe in der katholischen Kirche und der Trennung von der katholischen Kirche durch Formalakt s. § 87, 1.

Bei der Prüfung durch den Seelsorger, ob die nicht in kanonischer Form geschlossene Ehe eines geschiedenen Katholiken gültig oder ungültig war und eine angestrebte zweite Eheschließung möglich ist, genügt es nicht, allein den Taufschein oder das Taufbuch auf einen Eheeintrag bzw. eine Dispens von der Eheschließungsform hin zu überprüfen. Vielmehr muß außerdem feststehen, daß der Betreffende bei seiner nichtkirchlichen Eheschließung nicht formell von der Kirche getrennt war.

Zu beachten ist ferner: Da der CIC erst am 27. 11. 1983 in Kraft getreten ist und nicht rückwirkend gilt, ist das Datum der Trauung der geschiedenen Ehe zu prüfen. Für alle von Katholiken vor dem 27. 11. 1983 geschlossenen Ehen gilt weiter der Satz „semel catholicus semper catholicus". Sie sind also ungültig, wenn sie nicht kanonisch geschlossen sind und Dispens von der Formpflicht nicht erteilt war.

Für alle nicht an die kanonische Formpflicht gebundenen Personen (Angehörige nichtkatholischer Kirchen und kirchlicher Gemeinschaften; von der katholischen Kirche formell Getrennte) gelten die Formvorschriften ihrer Religionsgemeinschaften bzw. des Staates, jedenfalls muß eine öffentliche (nachweisbare) Eheschließungsform eingehalten werden.

b) Formpflichtige Katholiken können von der Einhaltung der kanonischen Form unter bestimmten Voraussetzungen dispensiert werden, wenn sie eine konfessions- oder religionsverschiedene Ehe eingehen wollen (vgl. cann. 1127 § 2, 1129)

Formpflichtige Katholiken, die einen Angehörigen der *nichtkatholischen orientalischen (orthodoxen) Kirchen heiraten wollen,* müssen die Ehe nach can. 1127 § 1 zur Gültigkeit unter Mitwirkung eines „minister sacer" schließen; die kanonische Eheschließungsform ist lediglich für die Erlaubtheit erforderlich.

Nach einer Entscheidung der Apostolischen Signatur vom 28. 11. 1970 (AfkKR 139, 1970, 523 f.) sind *Ehen zwischen zwei orthodoxen Christen* ungültig, wenn sie nicht mit priesterlicher Einsegnung geschlossen wurden und nach dem Eherecht der jeweiligen Kirchen aus diesem Grunde für ungültig angesehen werden. Zivilehen Orthodoxer sind demnach (möglicherweise) wegen Formmangels ungültig.

2. Die Eheassistenz (cann. 1108–1114)

a) Die gültige Eheassistenz erfordert ein *aktives Tätigwerden,* das die *Erfragung* des Ehekonsenses und dessen *Entgegennahme im* Namen der Kirche umfaßt. Ein rein passives Assistieren oder die durch absoluten oder relativen Zwang herbeigeführte Assistenz sind unwirksam.

b) Die ordentliche Trauungsvollmacht besitzen: der *Ortsordinarius* und der *Ortspfarrer.*

Gültig assistieren einer Ehe der Ortsordinarius oder der Ortspfarrer unter folgenden Voraussetzungen:

aa) in ihrem Territorium allen, nicht nur den ihnen Unterstellten, sondern auch Fremden und Wohnsitzlosen;

bb) sofern wenigstens einer der Nupturienten dem lateinischen Ritus angehört;

cc) sofern diese Geistlichen nicht durch Strafurteil oder Strafdekret mit Exkommunikation, Gottesdienstsperre oder Suspension belegt sind bzw. eine solche Strafe als ipso iure eingetreten festgestellt ist. Eine von selbst eingetretene Strafe (poena latae sententiae) verhindert demnach eine gültige Eheassistenz nicht, solange der Eintritt der Strafe nicht durch Urteil oder Dekret festgestellt wurde. Die Trauungsvollmacht haben diese Geistlichen von ihrem Amtsantritt an.

Der Personal-Ordinarius oder Personal-Pfarrer haben dieselben Vollmachten innerhalb ihres Amtsbereichs, wenn wenigstens einer der Nupturienten ihnen untersteht.

Der in einer vakanten Pfarrei oder für einen amtsbehinderten Pfarrer eingesetzte Pfarrverwalter hat Trauungsvollmacht wie ein Pfarrer (vgl. can. 540 § 1). Die Pfarrvikare oder Kooperatoren (vicarii paroeciales tamquam parochi cooperatores) bedürfen einer eigenen (allgemeinen) Delegation, die sie in der Regel mit der Zuweisung auch erhalten.

c) Die *Trauungsvollmacht* kann vom Ortsordinarius oder Ortspfarrer (nicht vom Personalordinarius oder -pfarrer) innerhalb ihres Territoriums Priestern oder Diakonen speziell oder allgemein delegiert werden; sie muß *eindeutig und klar bestimmt* sein.

aa) Die *spezielle Delegation* muß für eine genau bestimmte Eheschließung erfolgen (namentliche Nennung des Brautpaares). Sie darf nur erteilt werden, wenn der Ledigenstand des Brautpaares feststeht.

bb) Die *allgemeine Delegation* muß zu ihrer Gültigkeit *schriftlich* erteilt werden.

Wer allgemein delegiert ist, kann für bestimmte Einzelfälle subdelegieren. Wer nur für einen oder mehrere bestimmte Fälle delegiert ist, kann nur subdelegieren, wenn er eigens dazu bevollmächtigt wurde.

d) Bei Mangel an geeigneten Priestern und Diakonen kann der Diözesanbischof *Laien* (Männern und Frauen) die Trauungsvollmacht übertragen. Er bedarf dazu freilich einer vorausgehenden positiven Stellungnahme der Bischofskonferenz und einer Ermächtigung seitens des Heiligen Stuhls. Die beauftragten Laien müssen geeignet, d. h. fähig sein zur Unterweisung der Brautleute und rechtmäßigen Feier der Trauungsliturgie.

e) Zur *erlaubten Eheassistenz* ist erforderlich, daß der Ledigenstand der Brautleute rechtmäßig nachgewiesen ist und die Trauerlaubnis des Pfarrers vorliegt, sooft die Assistenz aufgrund allgemeiner Delegation erfolgt.

f) Bei einem *allgemeinen Rechts- oder Tatsachenirrtum* bzw. bei einem *positiven und wahrscheinlichen Rechts- oder Tatsachenzweifel wird die fehlende Trauungsvollmacht* von der Kirche *suppliert* (can. 144).

Bei Eheschließung spanischer Staatsangehöriger in Deutschland ist folgendes zu beachten:

– zuständig für die kirchliche Eheschließung von zwei spanischen Staatsangehörigen sind Geistliche, die vom spanischen Staat eigens und namentlich dafür bevollmächtigt sind und vom jeweiligen Ortsordinarius oder für den Einzelfall vom Ortspfarrer in Deutschland Trauungsvollmacht erhalten haben. Nur eine vor diesen Geistlichen geschlossene Ehe wird vom spanischen Staat anerkannt.

– Entscheiden sich die Nupturienten zunächst für eine Zivileheschließung (vor dem deutschen Standesbeamten oder dem spanischen Konsulat), so kann jeder trauungsberechtigte Priester später der kirchlichen Trauung assistieren.

– Bei Eheschließungen spanischer Staatsangehöriger mit Nichtspaniern ist für die Anerkennung solcher Ehen im deutschen und spanischen staatlichen Bereich unbedingt erforderlich, daß der kirchlichen Trauung die standesamtliche Eheschließung vorausgeht.

3. Die Zeugen

Trauzeugen können alle sein, die die Eheschließung zu bezeugen imstande sind; unfähig sind kleine Kinder, Geisteskranke, Betrunkene usw. Weitere persönliche Voraussetzungen werden nicht verlangt.

4. Der Ort der Trauung (cann. 1115, 1118)

a) Die Eheschließung soll in der Pfarrei gefeiert werden, wo einer der Partner seinen Wohnsitz, Quasiwohnsitz oder Einmonatsaufenthalt hat; für Wohnsitzlose ist die Pfarrei des tatsächlichen Aufenthaltes maßgebend. Mit Erlaubnis des eigenen Ordinarius oder Pfarrers kann die Trauung auch andernorts stattfinden. Die Erstzuständigkeit des Pfarrers der Braut ist somit aufgegeben.

b) Die *Pfarrkirche* ist für Eheschließungen von *Katholiken unter sich oder mit konfessionsverschiedenen Partnern* der Trauungsort. Für die Trauung in einer anderen Kirche oder Kapelle bedarf es der *Erlaubnis* des Ortsordinarius oder -pfarrers.

Soll eine solche Trauung an einem anderen passenden Ort

(nicht Kirche oder Kapelle) stattfinden, ist die Erlaubnis des Ortsordinarius erforderlich.

Die Eheschließung eines *Katholiken mit einem Nichtgetauften* (Religionsverschiedenheit) kann in der Kirche oder an einem sonstigen geziemenden Ort (ohne besondere Genehmigung) stattfinden.

5. Der Ritus der Trauung (can. 1119)

Außer in Notfällen sind die in den approbierten liturgischen Büchern vorgeschriebenen oder durch rechtmäßige Gewohnheit eingeführten Riten zu verwenden.

Im deutschen Sprachgebiet gilt die von den Bischofskonferenzen eingeführte und vom Apostolischen Stuhl approbierte „Feier der Trauung".

Daneben gibt es für die sog. ökumenische Trauung eigene Formulare („Die gemeinsame kirchliche Trauung", Regensburg – Kassel 1977).

6. Die Beurkundung der Eheschließung (cann. 1121–1123)

a) Nach der Eheschließung ist vom Pfarrer des Trauungsortes die Trauung mit den Namen der Brautleute, des assistierenden Geistlichen (Laien) und der Zeugen sowie unter Angabe des Ortes und Datums umgehend nach den partikularrechtlichen Normen im Ehebuch einzutragen.

b) Eine Nottrauung ist umgehend von den Beteiligten dem Ortspfarrer oder -ordinarius zu melden.

c) Bei Eheschließungen mit Dispens von der kanonischen Formpflicht hat der dispensierende Ordinarius dafür zu sorgen, daß die Eheschließung und die Dispensgewährung im Eheregister der Kurie und im Ehebuch der Pfarrei, in der für den katholischen Partner die Ehevorbereitung erfolgte, eingetragen wird. Der katholische Partner hat die erforderlichen Angaben zu melden.

d) Die Ehe ist auch im *Taufbuch* zu vermerken.

e) Wenn eine Ehe im äußeren Bereich konvalidiert, für nichtig erklärt oder rechtmäßig aufgelöst (nicht durch Tod) wurde, ist der Pfarrer des Trauungsortes zu informieren, der die entsprechenden Einträge im Ehebuch und Taufbuch veranlassen muß.

Stammt wenigstens ein Partner aus den Ostgebieten, ist die Eheschließung auch zu melden an: Katholisches Kirchenbuchamt des Verbandes der Diözesen Deutschlands, Theatinerstraße 31/IV, 8000 München 2.

II. Die Nottrauung

(can. 1116)

Wenn ein trauungsberechtigter Geistlicher (Laie) nicht ohne schweren Nachteil angegangen oder erreicht werden kann, ist die Eheschließung allein *vor zwei Zeugen* unter den folgenden Voraussetzungen gültig und erlaubt:
1. in Todesgefahr (in periculo mortis);
2. außerhalb der Todesgefahr, wenn vernünftigerweise vorauszusehen ist, daß die Notlage wenigstens einen Monat andauern wird.

In beiden Fällen muß aber, falls möglich, ein anderer (nicht trauungsberechtigter) Priester oder Diakon der Trauung vor zwei Zeugen beiwohnen; die Eheschließung wäre freilich auch ohne die Anwesenheit eines solchen Geistlichen gültig. Die Vorschrift soll hauptsächlich die Dispens etwaiger Ehehindernisse ermöglichen.

Über die Beurkundung der Nottrauung s. oben I, 6, b.

III. Die geheime Eheschließung

(cann. 1130–1133)

Die geheime Ehe (matrimonium secretum; früher: Gewissensehe) wird in der ordentlichen kanonischen Form (also nicht klandestin), aber ohne Proklamationen und unter Geheimhaltung von seiten aller Beteiligten geschlossen.

Sie kann nur aus schweren und dringenden Gründen vom Ortsordinarius gestattet werden. Der Eintrag dieser Eheschließung hat in einem besonderen, im Geheimarchiv der Kurie aufbewahrten Buch zu erfolgen (nicht im Ehe- oder Taufbuch der Pfarrei).

Die Pflicht zur Geheimhaltung endet für den Ordinarius, wenn ein schweres Ärgernis oder Unrecht gegen die Heiligkeit der Ehe drohen. Die Geheimehe kann um des Seelenheils willen ein gangbarer Weg aus einer Zwangslage sein.

IV. Die Zivilehe

1. Der Staat macht für die Ehe als einer gesellschaftlich bedeutsamen Institution (vgl. den verfassungsrechtlichen Schutz von Ehe und Familie nach Art. 6 GG) seine Kompetenz geltend und regelt die Eheschließung und Ehescheidung wie auch deren Folgen in eigenen Gesetzen. Bezüglich der bürgerlichen Wirkungen gesteht der CIC dem Staat diese Kompetenz auch zu (can. 1059) und geht davon aus, daß die Brautleute in der Regel bei der zivilen Eheschließung einen naturrechtlich ausreichenden Ehewillen haben; denn es ist möglich, daß Katholiken, die von der Verpflichtung zur kanonischen Eheschließungsform dispensiert wurden, vor dem Standesbeamten eine gültige Ehe schließen, wie das auch bei nichtformpflichtigen Brautleuten der Fall ist. Zudem kann eine wegen Formmangels oder eines bestehenden Ehehindernisses kanonisch ungültig, standesamtlich geschlossene Ehe wegen und bei Fortdauer des natürlichen Ehewillens in der Wurzel geheilt werden.

2. Trotzdem kann die umfassende staatliche Kompetenz für die Ehe wegen des säkularisierten Eheverständnisses (vgl. insbesondere das Ehescheidungsrecht) und wegen des Sakramentscharakters der Ehe von der Kirche nicht akzeptiert werden, zumal wenn der Staat die Bürger zur Zivileheschließung zwingt, damit sie zivilrechtlich als Verheiratete anerkannt werden (sog. obligatorische Zivilehe, Zwangszivilehe). Nach deutschem Recht stellt sogar die Vornahme einer kirchlichen Trauung oder religiösen Feierlichkeit einer Eheschließung ohne vorherige staatliche Eheschließung für den Geistlichen eine Ordnungswidrigkeit dar (§ 67 Personenstandsgesetz), wenngleich ohne Androhung einer Geldbuße.

Eine Ordnungswidrigkeit liegt nur dann nicht vor, wenn einer der Verlobten lebensgefährlich erkrankt und ein Aufschub nicht möglich ist oder wenn ein auf andere Weise nicht zu behebender sittlicher Notstand vorliegt. Nach dem Schlußprotokoll zu Artikel 26 Reichskonkordat liegt ein solcher sittlicher Notstand, der von der bischöflichen Behörde bestätigt sein muß, vor, „wenn es auf unüberwindliche oder nur mit unverhältnismäßigem Aufwand zu beseitigende Schwierigkeiten stößt, die zur Eheschließung erforderlichen Urkunden rechtzeitig beizubringen". In diesem Falle darf die kirchliche vor der standesamtlichen Trauung stattfinden; der Pfarrer muß eine solche Trauung aber unverzüglich dem Standesamt anzeigen. Nach einem Notenwechsel zwischen dem Päpstlichen Staatssekretariat und der Deutschen Botschaft beim Heiligen Stuhl vom 16./17. 7. 1956 ist ein solcher schwerer sittlicher Notstand aber nicht gegeben, wenn mit der Ziviltrauung für die Brautleute ausschließlich wirtschaftliche Nachteile verbunden sind. Die sogenannten Rentenehen („Onkelehen") fallen somit nicht unter den schweren sittlichen Notstand.

§ 93. Die konfessionsverschiedene Ehe
(cann. 1124–1129)

1. Tatbestand (can. 1124)

Die Ehe zwischen einem Katholiken und einem Angehörigen einer nichtkatholischen Kirche oder kirchlichen Gemeinschaft ist ohne ausdrückliche Genehmigung der zuständigen Autorität unzulässig. Die konfessionsverschiedene Ehe ist demnach genehmigungspflichtig. Die Konfessionsverschiedenheit stellt also kein Ehehindernis mehr dar.

Katholisch im Sinne dieser Bestimmung ist jeder in der katholischen Kirche Getaufte oder zur ihr Konvertierte, sofern er sich nicht durch einen Formalakt von der Kirche getrennt hat.

Bezüglich der „Taufe in der katholischen Kirche" und der „Trennung durch einen Formalakt von der katholischen Kirche" s. § 87, 1. Der nichtkatholische getaufte Partner muß einer nichtkatholischen Konfession *angehören*.

2. Genehmigung (cann. 1125, 1126)

Der Ortsordinarius kann aus einem gerechten und vernünftigen Grund die Genehmigung zu einer konfessionsverschiedenen (und religionsverschiedenen) Ehe erteilen unter folgenden Voraussetzungen:

a) Der katholische Partner muß seine Bereitschaft erklären, mögliche Gefahren für seinen Glauben abzuwenden, und glaubhaft versprechen, alles in seinen Kräften Stehende (pro viribus) zu tun, daß die Kinder in der katholischen Kirche getauft und erzogen werden.

Die DBK hat bislang den gesetzlichen Auftrag, die näheren Einzelheiten dieser Versprechen zu normieren (can. 1126), noch nicht erfüllt. Es kann aber zunächst davon ausgegangen werden, daß die „Ausführungsbestimmungen zum MP „Matrimonia mixta" vom 31. 3. 1970 über die rechtliche Ordnung konfessionsverschiedener Ehen" der DBK (NKD

28) sinngemäß anzuwenden sind. Danach muß der katholische Partner vor der Eheschließung die folgenden Fragen bejahen und mit seiner Unterschrift bestätigen:
„Wollen Sie in Ihrer Ehe als katholischer Christ leben und den Glauben bezeugen?

Sind Sie sich bewußt, daß Sie als katholischer Christ die Pflicht haben, Ihre Kinder in der katholischen Kirche taufen zu lassen und im katholischen Glauben zu erziehen?

Versprechen Sie, sich nach Kräften darum zu bemühen, dieses sittliche Gebot zu erfüllen, soweit das in Ihrer Ehe möglich ist?" (Nr. 2 a).

Es kann allerdings vorkommen, daß der katholische Partner sein Versprechen hinsichtlich der Kinder nicht einhalten kann, da seine Kräfte zur Realisierung nicht ausreichen, insbesondere unter Berücksichtigung und in Achtung des Gewissens des nichtkatholischen Partners. Für den Fall, daß die Brautleute sich schon vor der Ehe entsprechend entschieden haben, hat die DBK das folgende bestimmt:
„Wenn die Kinder in der nichtkatholischen Kirche getauft und erzogen werden, beinhaltet das Versprechen, das der katholische Partner ablegt, unter anderem,
daß er die christliche Gestaltung des Ehe- und Familienlebens aktiv mittragen will;
daß er die religiöse Erziehung der Kinder fördert;
daß er durch seine beispielhafte Lebensführung den Kindern den katholischen Glauben nahebringt;
daß er durch religiöse Fortbildung seinen Glauben vertieft, um mit seinem Ehepartner ein fruchtbares Glaubensgespräch führen und die Fragen der Kinder beantworten zu können;
daß er mit seiner Familie das Gebet, insbesondere um die Gnade der Einheit im Glauben pflegt, entsprechend dem Testament des Herrn, ‚daß alle eins seien'" (Anm. 3 zu Nr. 2 a).

b) Über diese Versprechen muß der nichtkatholische Partner rechtzeitig unterrichtet werden.

c) Beide Partner müssen über die Zwecke (fines) und die Wesenseigenschaften der Ehe belehrt werden, und keiner von ihnen darf sie ausschließen (can. 1125 n. 3).

Nach den obengenannten Ausführungsbestimmungen der DBK liegt „bei den Gegebenheiten in Deutschland in jedem Fall ein gerechter Dispensgrund" vor.

3. Die Eheschließungsform (can. 1127)

a) Auch bei der Eheschließung konfessionsverschiedener Paare ist die kanonische Form gemäß can. 1108 *grundsätzlich verpflich-*

tend. Die Trauung kann auch innerhalb der Eucharistiefeier stattfinden; hinsichtlich der Teilnahme nichtkatholischer Christen an der Eucharistie ist für Angehörige der orthodoxen Ostkirchen can. 844 § 3 zu beachten. Bei nichtkatholischen Christen, die nicht das katholische Eucharistieverständnis haben, ist in der Regel der Empfang der heiligen Kommunion nicht möglich (vgl. can. 844 § 4).

b) Wenn ein Katholik mit einem *nichtkatholischen orientalischen (orthodoxen) Christen* die Ehe schließt, ist die Einhaltung der kanonischen Form nur zur Erlaubtheit erforderlich, zur Gültigkeit wird die Anwesenheit eines minister sacer verlangt.

c) Wenn bei einer konfessionsverschiedenen Ehe im Sinne von can. 1124 der Einhaltung der kanonischen Eheschließungsform erhebliche Schwierigkeiten (graves difficultates) entgegenstehen, kann der Ortsordinarius des katholischen Partners im Einzelfall von dieser Verpflichtung dispensieren. Eine *allgemeine Befreiung* ist nicht möglich.

Im Falle der Dispens muß zur Gültigkeit irgendeine öffentliche Eheschließungsform eingehalten werden.

Nach den obengenannten Ausführungsbestimmungen der DBK muß das Brautpaar informiert sein, daß durch die von ihm gewählte öffentliche Eheschließungsform eine sakramentale, unauflösbare Ehe begründet wird. Eine nichtkatholische kirchliche Trauung ist der nur standesamtlichen vorzuziehen.

d) Die sog. *Doppeltrauung* ist verboten, d. h., vor oder nach der kanonischen Eheschließung darf eine religiöse Traufeier mit Konsensleistung oder -erneuerung nicht stattfinden. Ebenso ist untersagt, daß der katholische und nichtkatholische Geistliche gleichzeitig nach dem eigenen Ritus den Konsens erfragen.

Die DBK hat zusammen mit dem Rat der Evangelischen Kirche in Deutschland eine Ordnung für die Feier der gemeinsamen kirchlichen Trauung konfessionsverschiedener Paare in Anwesenheit des Geistlichen der jeweiligen Kirchen erlassen („Gemeinsame kirchliche Trauung", Regensburg – Kassel 1977). Diese sog. ökumenischen Trauungen nach einem genehmigten Ritus verstoßen nicht gegen das Doppeltrauungsverbot, weil sie nicht die Trauungsriten der beiden Kirchen nebeneinander oder nacheinander vollziehen und insbesondere der nichtkatholische Geistliche den Konsens nicht zusammen mit dem katholischen erfragt.

Zum Ganzen vgl. „Gemeinsame kirchliche Empfehlungen für die

Seelsorge an konfessionsverschiedenen Ehen und Familien", hrsg. vom Sekretariat der DBK und der Kirchenkanzlei der Evangelischen Kirche in Deutschland von 1981 (Arbeitshilfen Heft 22).

§ 94. Die rechtlichen Wirkungen der Ehe
(cann. 1134–1140)

1. Die Ehegatten (cann. 1134–1136)

a) Jede gültige Eheschließung begründet zwischen den Eheleuten „ein seiner Natur nach dauerndes und ausschließliches Band"; in der christlichen Ehe werden die Gatten zudem für die Pflichten und die Würde ihres Standes durch das Sakrament gestärkt und gleichsam geweiht.

b) Beide Gatten haben gleiche Pflichten und Rechte hinsichtlich der Gemeinschaft des ehelichen Lebens. Hierzu gehört alles, was zum Aufbau und Erhalt dieser innigsten Gemeinschaft des Lebens und der Liebe beiträgt.

c) Die Eltern haben die *strenge Verpflichtung* und das *Vorrecht,* nach Kräften für die gesamte Erziehung der Kinder Sorge zu tragen (officium gravissimum et ius primarium prolis educationem tum physicam, socialem et culturalem, tum moralem et religiosam pro viribus curandi).

2. Die Kinder (cann. 1137–1140)

Ehelich sind die in einer gültigen oder Putativehe empfangenen und geborenen Kinder.

Als *Vater* gilt der Ehemann der Mutter bis zum Erweis des Gegenteils.

Die Kinder werden als ehelich vermutet, wenn sie wenigstens 180 Tage nach der Eheschließung oder innerhalb von 300 Tagen nach Beendigung der ehelichen Gemeinschaft geboren sind.

Nichteheliche Kinder werden durch die nachfolgende gültige oder putative Eheschließung der Eltern (legitimatio per matrimonium subsequens) oder durch Reskript des Apostolischen Stuhls *legitimiert.* Die legitimierten Kinder sind hinsichtlich der kanonischen Wirkungen den legitimen gleichgestellt, wenn nicht ausdrücklich anderes im Gesetz vorgesehen ist. Der CIC kennt solche Vorbehalte nicht.

§ 95. Die Auflösung des Ehebandes
(cann. 1141–1150)

1. Grundsatz (can. 1141)

Eine gültig geschlossene und vollzogene sakramentale Ehe kann durch keine menschliche Macht, sondern allein durch den Tod gelöst werden (sog. absolute Unauflösbarkeit der Ehe).

2. Auflösung der nichtvollzogenen Ehe (can. 1142)

Die nichtvollzogene Ehe zwischen zwei Christen oder einem Christen und einem Ungetauften kann aus einem gerechten Grund vom Papst aufgelöst werden, und zwar auf Ansuchen beider oder nur eines Gatten, sogar gegen den Willen des anderen. Der Nichtvollzug muß sicher nachgewiesen sein.

Die Verfahrensnormen vgl. cann. 1697–1706 (vgl. § 152).

3. Das Privilegium Paulinum (cann. 1143–1150)

Das Paulinische Privileg geht auf 1 Kor 7, 12–15 zurück und gilt für Ehen zwischen *zwei Ungetauften,* von denen einer sich taufen läßt und der andere das friedliche Zusammenleben verweigert. Allerdings darf der nunmehr Getaufte die Trennung nicht verschuldet haben.

a) Bevor der Getaufte eine neue Ehe gültigerweise eingehen kann, muß eine *Befragung* (interpellationes) des ungetauften Partners darüber vorgenommen werden, ob er sich selbst taufen lassen will oder ob er wenigstens mit dem Getauften friedlich und ohne Beleidigung des Schöpfers (sine contumelia Creatoris), d. h. unter Wahrung der sittlichen Eheordnung und ohne Gefährdung des Glaubens des anderen zusammenleben möchte.

b) Die Befragung muß nach der Taufe, kann aber aus wichtigem Grund mit Genehmigung des Ortsordinarius schon vor der Taufe erfolgen; der Ortsordinarius kann sogar davon dispensieren, wenn feststeht, daß die Durchführung unmöglich ist oder ergebnislos sein wird.

Die Befragung hat in der Regel durch den Ortsordinarius des getauften Partners zu erfolgen, kann aber notfalls auch privat vom getauften Partner selber durchgeführt werden, allerdings muß das Ergebnis auch in diesem Falle nachweisbar sein.

c) Wenn die Befragung negativ verlaufen oder rechtmäßig von ihr dispensiert worden ist, hat der getaufte Partner das Recht zur Eingehung einer neuen Ehe, und zwar mit einem Katholiken oder aus triftigem Grund nach Genehmigung des Ortsordinarius sogar mit einem nichtkatholisch getauften oder ungetauften Partner. Dann sind freilich die Vorschriften für die konfessions- bzw. religionsverschiedene Ehe zu beachten. Die erste Ehe wird mit der Eingehung einer neuen ipso facto gelöst (vgl. can. 1143 § 1).

d) Wenn ein Nichtgetaufter nach Empfang der Taufe die eheliche Gemeinschaft mit seinem ungetauften Ehepartner infolge *Gefangenschaft oder Verfolgung* nicht wieder aufnehmen kann, darf er eine neue Ehe schließen, sogar wenn der erste Gatte inzwischen getauft wurde; allerdings muß feststehen, daß die erste, durch die Taufe beider Ehegatten nun zum Sakrament gewordene Ehe nicht vollzogen wurde (vgl. can. 1149 i. V. m. 1141). Dieser Tatbestand enthält eine eigenartige Vermischung von Auflösung der Ehe infolge des Glaubensprivilegs und des Nichtvollzugs einer vollchristlichen Ehe.

Im Zweifelsfall erfreut sich das Glaubensprivileg der Begünstigung durch das Recht (can. 1150).

Für Nichtgetaufte, die vor ihrer Taufe in Polygamie lebten, gelten nach Empfang der Taufe die Bestimmungen des can. 1148.

4. Die Auflösung halbchristlicher Ehen in favorem fidei

Die seit Inkrafttreten des CIC von 1917 entwickelte Praxis, halbchristliche, also nichtsakramentale Ehen durch päpstlichen Gunsterweis unter Umständen aufzulösen, hat im neuen CIC keinen Niederschlag gefunden. Es gilt für dieses sog. Privilegium Petrinum die „Instructio pro solutione matrimonii in favorem fidei" vom 6. 12. 1973 (lateinisch und deutsch: NKD 39, 60–65).

Danach kann die Ehe zwischen einem *Getauften und einem Ungetauften* bei Vorliegen schwerwiegender Gründe vom Papst gelöst werden. In diesem Falle wird der favor fidei im weitesten Sinne verstanden, d. h. auch das Seelenheil des neuen Partners kann eine solche Auflösung begründen. Freilich muß feststehen, daß die erste Ehe, falls inzwischen beide Partner getauft sind, nicht mehr vollzogen worden ist.

Beim Privilegium Petrinum erfolgt die Eheauflösung durch den päpstlichen Gnadenakt, nicht wie beim Paulinischen Privileg durch die zweite Eheschließung. Für die Gewährung des Privilegs wird verlangt, daß der künftige Partner, falls er (getaufter oder ungetaufter) Nichtkatholik ist, dem katholischen Partner die freie Ausübung seines Glaubenslebens und die katholische Taufe und Erziehung der Kinder ausdrücklich *zusichert*. Diese Zusicherung ist mehr, als can. 1125 für die Genehmigung bzw. Dispens bei einer konfessions- bzw. religionsverschiedenen Eheschließung verlangt.

§ 96. Die Aufhebung der ehelichen Lebensgemeinschaft

(cann. 1151–1155)

Die Ehegatten haben die Pflicht und das Recht, ehelich zusammenzuleben (convictus coniugalis), sofern nicht ein rechtmäßiger Entschuldigungsgrund vorliegt. Es gibt auch Gründe, die einen Ehegatten dazu berechtigen, die eheliche Gemeinschaft aufzugeben. Der CIC nennt die folgenden:

1. Ehebruch (can. 1152)

Wenngleich dringend zu raten ist, daß der Ehepartner, von christlicher Liebe geleitet und um das Wohl der Familie besorgt, dem ehebrecherischen Partner verzeiht und die eheliche Lebensgemeinschaft nicht aufgibt, hat er dennoch beim Ehebruch des Ehegatten das *Recht zur Aufgabe der Lebensgemeinschaft* (unter Fortbestand des Ehebandes). Dieses Recht endet freilich, wenn er ausdrücklich oder stillschweigend den Ehebruch verziehen, ihn veranlaßt oder selber einen solchen begangen hat.

Stillschweigende Verzeihung liegt vor, wenn der unschuldige Gatte nach erlangter Kenntnis des Ehebruchs freiwillig ehelich verkehrt hat; sie wird vermutet, wenn er innerhalb von sechs Monaten die eheliche Gemeinschaft nicht aufgegeben oder sich deswegen nicht an die kirchliche oder staatliche Autorität gewandt hat.

Nachdem der Ehebruch bekannt geworden ist, kann der unschuldige Partner von sich aus die eheliche Gemeinschaft aufgeben, muß aber innerhalb von sechs Monaten der kirchlichen Autorität den Trennungsgrund darlegen. Diese soll sich dann unter Abwägung sämtlicher Umstände bemühen, den unschuldigen Gatten zum Verzeihen und zur Versöhnung zu bewegen, um eine dauernde Trennung möglichst zu vermeiden.

2. Andere Trennungsgründe (can. 1153)

Ein Gatte kann kraft Anordnung des Ortsordinarius oder, falls Gefahr in Verzug ist, auch aus eigener Vollmacht die eheliche Lebensgemeinschaft aufgeben, wenn der andere Gatte:
  a) das seelische oder leibliche Wohl des Partners oder der Kinder sehr gefährdet;
  b) das gemeinsame Leben allzu unerträglich macht.
Nach Wegfall des Trennungsgrundes ist in jedem Fall das eheliche Leben wieder aufzunehmen, falls die kirchliche Autorität nichts anderes anordnet.

3. Die Kinder (can. 1154)

Nach der Trennung der Gatten ist für Unterhalt und Erziehung der Kinder angemessen Vorsorge zu treffen.
Über das Ehetrennungsverfahren s. cann. 1692–1696 (§ 151).

§ 97. Die Konvalidation der Ehe
(cann. 1156–1165)

Der CIC unterscheidet zwei Arten, durch die ungültige Ehen konvalidiert werden können: die einfache Gültigmachung (convalidatio simplex) und die Heilung in der Wurzel (sanatio in radice).

I. Die einfache Gültigmachung
(cann. 1156–1160)

Die einfache Gültigmachung geschieht nach der Art des Nichtigkeitsgrundes auf unterschiedliche Weise.

1. Vorliegen eines trennenden Ehehindernisses (cann. 1156–1158)

Ist die Ehe wegen eines trennenden Ehehindernisses nichtig, muß dieses zunächst beseitigt sein, was durch *Wegfall* (Ablauf der Zeit, Tod des Gatten, Änderung des Gesetzes) oder durch *Dispens* geschehen kann. In jedem Fall ist die *Erneuerung des Ehekonsenses* kraft kirchlichen Rechts erforderlich, auch dann, wenn beide Gatten seinerzeit den Ehewillen hatten und ihn nicht zurückgenommen haben. Das bloße Fortbestehen des Konsenses (consensus virtualis) genügt nicht.

290

Dabei gilt folgendes:
War das Hindernis *öffentlich*, so ist der Konsens in der kanonischen Form unter Beachtung des Verbots der Doppeltrauung nach can. 1127 § 3 zu erneuern.
War das Hindernis *nicht beweisbar*, kommt es darauf an, ob beide Gatten oder nur einer darum wissen. Sind beide informiert, müssen beide wenigstens privat und geheim (etwa durch den ehelichen Verkehr) den Konsens erneuern. Ist nur ein Gatte unterrichtet, genügt dessen wenigstens private und geheime Konsenserneuerung, vorausgesetzt, der Ehewille des anderen dauert an.

2. Vorliegen eines Konsensmangels (can. 1159)

Ist die Ehe nichtig, weil wenigstens ein Partner einen rechtlich unzureichenden Ehewillen hatte, kann die Ehe nur durch *nachträgliche rechtmäßige Konsensleistung* konvalidiert werden, vorausgesetzt, der Ehewille des anderen dauert noch an. Lag bei beiden Konsensmangel vor, müssen beide den Konsens uneingeschränkt leisten.

Des näheren gilt:
Ist der Konsensmangel *nicht beweisbar*, genügt die private und geheime Konsensleistung dessen, der den Mangel verursacht hat.
Ist er *beweisbar*, muß die Konsensleistung in kanonischer Form erfolgen.

3. Vorliegen eines Formfehlers (can. 1160)

Die wegen eines Formfehlers nichtige Ehe muß zur Gültigmachung in kanonischer Form unter Beachtung des Verbots der Doppeltrauung (can. 1127 § 3) geschlossen werden.

II. Die Heilung in der Wurzel
(cann. 1161–1165)

1. Begriff und Voraussetzungen (cann. 1161, 1162)

a) Die Heilung in der Wurzel (sanatio in radice) unterscheidet sich von der einfachen Gültigmachung dadurch, daß eine Konsenserneuerung nicht stattfindet und die kanonischen Wirkungen auf den Zeitpunkt der Eheschließung zurückverlegt werden (ex tunc), während die Gültigmachung an sich mit der Gewährung der Sanation (ex nunc) eintritt.

b) Die sanatio in radice schließt die Dispens von eventuellen Ehehindernissen und von der Einhaltung der kanonischen Eheschließungsform ein.
Voraussetzung ist auf jeden Fall, daß die Gatten bei der Eheschließung einen naturrechtlich zureichenden Ehewillen (die „Wurzel" jeder gültigen Eheschließung) hatten und ihn nicht widerrufen haben.
Zudem soll die Sanation nur gewährt werden, wenn der Fortbestand der Ehe wahrscheinlich ist.
c) Fehlt bei einem oder beiden Gatten der Ehewille oder wurde ein früherer widerrufen, ist die Heilung in der Wurzel ausgeschlossen. Hat der Konsens zunächst gefehlt, wurde dann aber nachträglich geleistet, kann die Ehe von diesem Zeitpunkt an saniert werden.

2. Sanation bei Ehehindernis oder Formmangel (can. 1163)

Jede Ehe, die wegen eines trennenden Ehehindernisses oder wegen eines Formfehlers nichtig ist, kann bei Fortdauer des Ehewillens beider Gatten in der Wurzel saniert werden. Ist die Ehe wegen eines Hindernisses des natürlichen oder göttlich-positiven Rechts ungültig, muß dieses Hindernis zunächst *weggefallen* sein, da es ja nicht dispensiert werden kann.

3. Die Gewährung der Heilung in der Wurzel (cann. 1164, 1165)

Der *Apostolische Stuhl* kann jede Art von sanatio in radice gewähren.
Der *Diözesanbischof* hat dieselbe Vollmacht auch bei Vorliegen mehrerer Nichtigkeitsgründe und unter Beachtung der Vorschriften über konfessions- und religionsverschiedene Ehen.
Ausgenommen von der Sanationsvollmacht des Diözesanbischofs sind jene Ehen, die infolge eines Hindernisses ungültig sind, dessen Dispens der Apostolische Stuhl sich vorbehalten hat (Weihe, öffentliches ewiges Gelübde in einem Ordensinstitut päpstlichen Rechts, Crimen), oder wenn eine Ehe nach Wegfall eines naturrechtlichen oder göttlich-rechtlichen Hindernisses saniert werden soll.
Die sanatio in radice kann auch ohne Wissen eines oder beider Partner, aber nur aus wichtigem Grund, gewährt werden.
In der Seelsorge wird man um die sanatio bitten, wenn der einfachen Gültigmachung Schwierigkeiten entgegenstehen.

292

ZWEITER TEIL
SONSTIGE FORMEN DES GOTTESDIENSTES

§ 98. Die Sakramentalien
(cann. 1166–1172)

1. Begriff (cann. 1166, 1167)

Sakramentalien sind heilige Zeichen, durch die in einer gewissen Nachahmung der Sakramente Wirkungen, insbesondere geistlicher Natur, bezeichnet und kraft des Gebetes der Kirche erlangt werden. Die Sakramentalien beruhen auf kirchlicher Einsetzung und wirken ex opere operantis Ecclesiae. Hierdurch unterscheiden sie sich wesentlich von den Sakramenten. Für ihre Einsetzung, authentische Interpretation, Abschaffung und Änderung ist allein der Apostolische Stuhl zuständig.

Bei ihrer Spendung und Verwaltung sind die entsprechenden Vorschriften genau zu beachten.

2. Der Spender (cann. 1168, 1169)

a) Der Spender der Sakramentalien ist der mit der entsprechenden Vollmacht ausgestattete *Geistliche* (Bischof, Priester, Diakon).

aa) *Konsekrationen und Weihungen* (consecrationes – dedicationes) kann gültig allein ein *Bischof* spenden; *Priester* nur, wenn sie dafür von Rechts wegen oder kraft rechtmäßiger Bewilligung die Genehmigung besitzen. Die Weihung eines Ortes kann beispielsweise der Diözesanbischof einem Priester übertragen (can. 1206).

bb) *Segnungen* (benedictiones) kann jeder Priester vornehmen, falls sie nicht dem Papst oder den Bischöfen vorbehalten sind.

Die Benediktion einer Kirche ist nach can. 1207 dem Diözesanbischof reserviert. „Die Weihe einer Kapelle oder eines Oratoriums, des Kreuzweges, der Glocken und des Friedhofs werden vom Bischof der Diözese vollzogen, der bei Verhinderung einen Vertreter beauftragt" (Benediktionale, Studienausgabe für die katholischen Bistümer des deutschen Sprachgebietes, Einsiedeln – Zürich – Freiburg – Wien 1978, Pastorale Einführung Nr. 19, S. 16).

293

cc) *Diakone* können alle Segnungen vornehmen, die ihnen vom Recht ausdrücklich zugestanden werden.

Auf Antrag der deutschsprachigen Bischofskonferenzen hat die Kongregation für die Sakramente und den Gottesdienst durch Reskript vom 28. 12. 1981 die Segensvollmacht der Diakone für die Dauer von fünf Jahren folgendermaßen erweitert: „Sakramentalien zu spenden, z. B. Blasiussegen, die Auflegung der Asche, die Segensauflegung von Reliquien, die Segnung des Wassers, des Rosenkranzes und anderer Devotionalien, die Segnungen von Personen und Häusern. Ausgenommen sind diejenigen Segnungen, die mit der Feier der Eucharistie verbunden sind, z. B. die Segnung der Asche, der Palmzweige, der Kerzen am Fest der Darstellung des Herrn etc., ebenso ausgenommen sind die Segnungen, zu denen auch der Priester die Erlaubnis des Ortsordinarius einholen muß" (vgl. AB1 für die Erzdiözese Freiburg 1982, 302 und 324).

dd) Auch *Laien* können unter bestimmten Voraussetzungen Sakramentalien spenden. „Die Segnungen im Leben der Familie werden im allgemeinen von den Eltern gespendet" (Benediktionale, a.a.O.).

Unter *consecratio* versteht man die Weihung mit Ölsalbung; die Weihung einer Kirche oder eines Altares mit Ölsalbung heißt *dedicatio,* die einfache Segnung *benedictio.*

3. Die Empfänger (can. 1170)

Empfänger von Segnungen sind in erster Linie Katholiken; allerdings können auch Katechumenen und, falls nicht eigens verboten, Nichtkatholiken gesegnet werden.

Beispielsweise bei ökumenischen Gottesdiensten und Trauungen konfessions- oder religionsverschiedener Paare. „Hält man die Segnung einer öffentlichen Einrichtung als ökumenische Feier, dann soll die Feier vorher gut abgesprochen werden. Man achte darauf, daß jeder Vertreter einer Kirche bzw. Religionsgemeinschaft sowohl an der Verkündigung des Wortes Gottes als auch an der Segenshandlung beteiligt ist" (Benediktionale, Pastorale Einführung Nr. 35, S. 20).

4. Res sacrae (can. 1171)

Als heilige Sachen gelten die durch Weihung oder Segnung zum Gottesdienst bestimmten Sachen. Sie müssen ehrfürchtig behandelt und dürfen nicht zu profanen Zwecken verwendet werden, auch wenn sie sich in Privatbesitz befinden.

5. Der Exorzismus (can. 1172)

Der Exorzismus gegenüber Besessenen darf ohne ausdrückliche Genehmigung durch den Ortsordinarius im Einzelfall nicht angewendet werden. Die Genehmigung darf nur einem Priester erteilt werden, der sich durch Frömmigkeit, Wissen, Klugheit und unbescholtenen Lebenswandel auszeichnet.

Der Exorzismus zählt auch zu den Sakramentalien. Er ist ein im Namen Gottes (Jesu) an den Teufel gerichteter Befehl, Menschen und Gegenstände zu verlassen bzw. sie in Ruhe zu lassen. „Sein Vollzug hat trotz des meist fixen imperativen Rituals nichts mit Magie zu tun, sondern ist ein feierliches Gebet zu Gott im Namen und Auftrag Christi (daher das Imperativische der Formeln) und der Kirche um seinen Schutz vor Unheilsmächten" (A. Rodewyk in: LThK III, 1314 f.).

§ 99. Das Stundengebet

(cann. 1173–1175)

Im Stundengebet (liturgia horarum) lobt die Kirche Gott ohne Unterlaß in Gesang und Gebet und tritt ein für das Heil der ganzen Welt, indem sie auf sein Wort hört und das Gedächtnis der Heilsgeheimnisse begeht; damit erfüllt sie das priesterliche Amt Christi (can. 1173).

Zum Stundengebet sind die Diakone und Priester nach der Vorschrift des can. 276 § 2 n. 3 verpflichtet. Für die Angehörigen der Institute des gottgeweihten Lebens und der Gesellschaften des apostolischen Lebens gelten die jeweiligen Vorschriften (can. 1174 § 1).

Zur Feier des Stundengebetes, die möglichst zu den entsprechenden Tagzeiten sein soll, mögen auch die übrigen Gläubigen eingeladen werden (cann. 1174 § 2, 1175). Die Lesehore kann zu jeder beliebigen Tagesstunde gehalten werden, auch am Abend des Tages davor, nach der Vesper (Allgemeine Einführung in das Stundengebet, Nr. 59).

§ 100. Das Bestattungswesen

(cann. 1176–1185; 1240–1243)

I. Die Begräbnisfeier

(cann. 1176–1185)

Durch die kirchliche Begräbnisfeier erfleht die Kirche dem Verstorbenen geistliche Hilfe, ehrt seinen Leichnam und gewährt den Lebenden gleichzeitig Trost und Hoffnung. Nachdrücklich mahnt die Kirche, daß entsprechend dem frommen Herkommen die Toten beerdigt werden. Die Verbrennung des Leichnams ist freilich nicht verboten, es sei denn, sie geschähe aus Gründen, die der christlichen Lehre entgegenstehen (can. 1176; vgl. auch can. 1184 § 1 n. 2). Nach „Die Begräbnisfeier in den katholischen Bistümern des deutschen Sprachgebietes" (Pastorale Einführung Nr. 17 und S. 121 ff.) kann bei der Einäscherung ein kirchlicher Gottesdienst stattfinden; dann wird im allgemeinen die Urne ohne kirchliche Mitwirkung bestattet. Die einfache Urnenbeisetzung kann auch von einem Laien gehalten werden.

1. Der Ort der Exequien (cann. 1177–1182)

In der Regel sollen die Exequien in der Pfarrkirche des Verstorbenen gefeiert werden.

Freilich ist es jedem Gläubigen oder den Hinterbliebenen unbenommen, nach Unterrichtung des eigenen Pfarrers eine andere Kirche mit Zustimmung des Kirchenrektors auszuwählen. Tritt der Tod außerhalb des Pfarrgebietes ein und kann die Leiche nicht in die Pfarrei gebracht werden, finden die Exequien in der Pfarrkirche des Sterbeortes statt, falls nicht eine andere Kirche bestimmt wurde.

Hat die Pfarrei einen eigenen Friedhof, soll die Beerdigung dort stattfinden, allerdings immer unter Beachtung des Willens des Verstorbenen oder der Hinterbliebenen. Die Wahl des Bestattungsortes steht grundsätzlich jedermann frei.

Die Exequien für den *Diözesanbischof,* auch emeritierten, finden in der Regel in der Kathedrale statt (vgl. auch can. 1242).

Die Begräbnisfeierlichkeiten von Ordensleuten und Angehörigen der Gesellschaften des apostolischen Lebens werden im allgemeinen vom Oberen (bei klerikalen Instituten) oder gegebenenfalls vom Kaplan in der Kirche des Ordensinstituts oder der Gesellschaft abgehalten.

Gebühren für die Exequien dürfen nur nach den amtlich festgesetzten Taxen verlangt werden. Die Exequien müssen ohne Ansehen der Person und der finanziellen Möglichkeiten gefeiert werden. Nach dem Begräbnis sind im Totenbuch die vorgeschriebenen Einträge zu machen.

2. Gewährung und Verweigerung der Exequien (cann. 1183 bis 1185)

a) Die *Gläubigen* haben einen *Anspruch* auf die kirchliche Begräbnisfeier, sofern er nicht von Rechts wegen aberkannt ist (can. 1176 § 1). Dieser Anspruch ist ein aus der Taufe resultierendes Gliedschaftsrecht. Ungetaufte haben diesen Anspruch nicht; die *Katechumenen* sind diesbezüglich den Gläubigen gleichgestellt.

Vor der Taufe verstorbene Kinder, deren Eltern die Taufe in Aussicht genommen hatten, können nach der Weisung des Ortsordinarius kirchlich bestattet werden.

Getauften Nichtkatholiken können nach dem klugen Urteil des Ortsordinarius die Exequien gewährt werden, wenn feststeht, daß dies *dem Willen des Toten nicht widerspricht, und wenn ein Geistlicher seiner Kirche nicht zur Verfügung steht.*

Die „Gemeinsame Erklärung der Erzdiözese Freiburg und der Evangelischen Landeskirche in Baden" zu „Gottesdienst und Amtshandlungen als Ort der Begegnung" (Freiburg – Karlsruhe 1980) stellt fest: „In der Regel bestattet ein Pfarrer nur Glieder seiner eigenen Kirche. Wird er von Angehörigen um die Beerdigung eines Verstorbenen gebeten, der einer anderen Kirche angehört, so nimmt er vorher Rücksprache mit dem zuständigen Pfarrer. In Ausnahmefällen kann ein aus der Kirche Ausgetretener kirchlich bestattet werden, wenn dies seelsorgerlich dringend geboten erscheint und die kirchliche Bestattung nicht gegen den erklärten Willen des Verstorbenen verstößt" (S. 23).

b) Das kirchliche Begräbnis ist zu *verweigern:*
aa) den allgemein bekannten (notorii) *Apostaten, Häretikern und Schismatikern* (vgl. can. 751);
bb) denjenigen, die die *Verbrennung ihrer Leiche* aus Gründen, die der christlichen Lehre entgegenstehen (etwa Ablehnung des Dogmas von der Auferstehung des Fleisches), gewünscht haben (vgl. auch can. 1176 § 3);

cc) *offenkundigen Sündern* (manifesti peccatores), wenn das kirchliche Begräbnis bei den Gläubigen ein öffentliches Ärgernis hervorrufen würde.

Hierzu gehören nach herrschender Meinung die ungültig wiederverheirateten Geschiedenen, die in nichtehelicher Gemeinschaft Lebenden, Konkubinarier, insoweit der objektive Sachverhalt zweifelsfrei feststeht und persönliche Schuld vorliegt.

Die Verweigerung der Beerdigung nach cc) ist aber nur begründet, wenn durch das Begräbnis Ärgernis entstünde. Nach dem vermutlichen wie tatsächlichen Ärgernis ist sowohl der Tatbestand des manifestus peccator wie auch die Entscheidung über die Verweigerung des Begräbnisses zu beurteilen. Dabei darf nicht außer acht gelassen werden, daß unter Umständen auch die Verweigerung des Begräbnisses der Seelsorge abträglich sein kann.

Allen drei in can. 1184 genannten Fallgruppen darf aber das Begräbnis nur verweigert werden, wenn der Verstorbene vor seinem Tod nicht *irgendein Zeichen der Reue* gesetzt hat (aliqua paenitentia signa). Im Zweifelsfall ist der Ortsordinarius zu konsultieren.

Die Verweigerung des Begräbnisses schließt auch jedwede *Begräbnismesse* aus. Die Feier der heiligen Messe in privater Form oder die Applikation für den Verstorbenen sind aber nicht untersagt.

II. Die Friedhöfe
(cann. 1240–1243)

1. Begriff und Anspruch (cann. 1240, 1241)

a) Der *Friedhof* (coemeterium) ist ein umfriedeter, der Bestattung der Toten gewidmeter (geweihter) Ort. Das Recht, Friedhöfe anzulegen und zu unterhalten, haben sowohl die kirchlichen als auch die politischen Gemeinden. Kirchliche Friedhöfe werden benediziert. Falls solche nicht vorhanden sind, wird das Einzelgrab anläßlich der Bestattung gesegnet.

b) Neben den Pfarreien können auch die klösterlichen Institute eigene Friedhöfe haben.

c) Andere juristische Personen und Privatfamilien können ebenfalls eigene Friedhöfe oder Begräbnisstätten besitzen, die nach dem Urteil des Ortsordinarius benediziert werden dürfen.

2. Die Bestattung in der Kirche (can. 1242)

In einer Kirche darf ein Leichnam grundsätzlich nicht bestattet werden, ausgenommen es betrifft die Beisetzung des Papstes, eines Kardinals oder des Diözesanbischofs in ihren eigenen Kirchen.

3. Partikuläres Friedhofsrecht (can. 1243)

Die Einzelheiten des Friedhofsrechts werden in Partikulargesetzen geregelt.

Dabei ist immer auch das staatliche Recht zu beachten. In der Bundesrepublik Deutschland sind Gemeinden grundsätzlich verpflichtet, Friedhöfe und andere Einrichtungen für das Bestattungswesen anzulegen und zu unterhalten. Die Rechtsverhältnisse der Friedhöfe sind häufig durch Satzungen („Friedhofsordnung") geregelt, z. B. die Benutzung des Friedhofs und die Benutzungsrechte an den Grabstätten, deren Anlage und Ausgestaltung und die Durchführung der Bestattung.

§ 101. Die Verehrung der Heiligen, der heiligen Bilder und Reliquien
(cann. 1186–1190)

Um die Heiligung des Gottesvolkes zu fördern, empfiehlt die Kirche den Gläubigen die kindliche Verehrung der seligen Jungfrau und Gottesmutter Maria, die Christus allen Menschen zur Mutter gegeben hat. Zudem fördert die Kirche die Verehrung der anderen Heiligen, durch deren Fürsprache und heiliges Leben den Gläubigen Hoffnung und Zuversicht gegeben werden (can. 1186).

1. Die Verehrung der Heiligen und Seligen (can. 1187)

Die öffentliche Verehrung darf nur jenen Dienern Gottes erwiesen werden, die von der kirchlichen Autorität in das amtliche Verzeichnis der Heiligen oder Seligen (Kanon) aufgenommen (heilig- oder seliggesprochen) sind.

Die Normen über den Selig- und den Heiligsprechungsprozeß sind nach dem CIC einem eigenen Gesetz vorbehalten (can. 1403). Mit der Apostolischen Konstitution „Divinus perfectionis Magister" vom 25. 1.

299

1983 hat Johannes Paul II. hierfür neue Bestimmungen in Kraft gesetzt.
Demnach steht dem Diözesanbischof das Recht zu, die Ermittlungen einzuleiten und durchzuführen über das Leben, die Tugenden, das Martyrium, den Ruf der Heiligkeit oder des Martyriums, über behauptete
Wunder und die frühere Verehrung des Dieners Gottes, der kanonisiert
werden soll. Die Einzelnormen für dieses Ermittlungsverfahren hat die
S. Congregatio pro causis Sanctorum im Auftrag des Papstes am 7. 2.
1983 erlassen. Die Apostolische Konstitution enthält des weiteren Bestimmungen über die Aufgaben der Kongregation für die Heiligen und
die Verfahrensweise nach Abschluß des Bischöflichen Ermittlungsprozesses (AAS 75, 1983, 349–355 und 396–403).

2. Die Verehrung der heiligen Bilder (cann. 1188, 1189)

Entsprechend herkömmlicher Praxis werden in den Kirchen Bilder mit Darstellungen der Heilsgeheimnisse, der Engel und Heiligen zur Verehrung durch die Gläubigen angebracht. Dabei ist zu
beachten, daß durch ihre Anzahl und Anordnung die Gläubigen
in ihrer Andacht nicht gestört werden. Bilder, die aufgrund ihres
Alters, der künstlerischen Bedeutung und durch die ihnen erwiesene Verehrung besonders wertvoll sind, dürfen nur mit schriftlicher Genehmigung des Ortsordinarius zur Restaurierung
gegeben werden. Auch dürfen Bilder, die vom Volk besonders
verehrt werden, ohne Erlaubnis des Apostolischen Stuhls nicht
veräußert oder auf Dauer an einen anderen Ort verbracht werden
(can. 1190 § 2).

3. Die Reliquien (can. 1190)

Reliquien im engeren Sinne sind die Überreste der Körper der
Heiligen und Seligen; im weiteren Sinne alle Dinge, die diese
Personen in ihrem Leben benützt haben oder mit denen ihre toten
Leiber berührt worden sind (vgl. F. Lakner in: LThK VIII, 1217).

Heilige Reliquien zu verkaufen stellt ein großes Unrecht dar
(nefas est).

Bedeutende Reliquien (Körperteile der Heiligen oder Seligen)
und vom Volk besonders verehrte dürfen nur mit Erlaubnis des
Apostolischen Stuhls veräußert oder auf Dauer an einen anderen
Ort verbracht werden.

§ 102. Gelübde und Eid
(cann. 1191–1204)

Gelübde und Eid sind Akte der Gottesverehrung.

I. Das Gelübde
(cann. 1191–1198)

1. Begriff (can. 1191)

Das Gelübde (votum) ist ein Gott gemachtes überlegtes und frei-williges Versprechen, dessen Inhalt möglich und besser als sein Gegenteil ist und das aufgrund der Tugend der Gottesverehrung erfüllt werden muß.

Ein Gelübde kann von allen, die hinreichenden Vernunftge-brauch besitzen, abgelegt werden. Zur gültigen Ablegung von Gelübden in Ordensinstituten sind Mindestalter vorgesehen: für die zeitlichen Gelübde das vollendete 18., für die ewigen die Voll-endung des 21. Lebensjahres (cann. 656, 658 n. 1).

Ein unter schwerer und widerrechtlicher Furcht oder infolge arglistiger Täuschung abgelegtes Gelübde ist ipso iure nichtig.

Die Erfüllung des Versprechens muß physisch und ethisch möglich sein. Ein an sich gebotenes Tun kann ebenfalls Gegen-stand eines Gelübdes sein; die Erfüllungspflicht folgt dann nicht allein aus dem natürlichen Sittengesetz, sondern auch aus der Tu-gend der Gottesverehrung.

2. Einteilung (can. 1192)

Der CIC unterscheidet:

a) *öffentliche* (amtliche) und *private* Gelübde. Öffentlich ist nur ein Gelübde, das im Namen der Kirche vom zuständigen Oberen entgegengenommen wird; alle übrigen sind privat;

b) *feierliche* und *einfache* Gelübde. Feierlich sind nur jene, die von der Kirche als solche anerkannt sind. Im Ordensrecht des CIC ist diese Unterscheidung nicht mehr beibehalten;

c) *personale, dingliche und gemischte* Gelübde, je nachdem, ob eine personale Leistung, eine Sachleistung oder sowohl eine per-sonale als auch eine Sachleistung Gegenstand des Gelübdes ist.

3. Verpflichtung (can. 1193)

Das Gelübde verpflichtet allein den Gelobenden.

4. Erlöschen und Suspendierung (cann. 1194, 1195, 1198)

Das Gelübde erlischt:
– durch Ablauf der im Gelübde bestimmten Zeit;
– durch eine wesentliche Änderung des versprochenen Gegenstandes;
– durch Wegfall der dem Gelübde beigefügten Bedingung;
– durch Wegfall des Gelübdezwecks;
– durch Dispens und Umwandlung.

Wer über den Gelübdegegenstand Verfügungsgewalt hat, kann das Gelübde so lange suspendieren, als die Erfüllung ihm zum Nachteil gereicht. Vor den Ordensgelübden abgelegte andere Gelübde sind während der Zugehörigkeit des Gelobenden zum Ordensinstitut von Rechts wegen suspendiert.

5. Dispens (can. 1196)

Außer dem Papst können aus gerechtem Grund und soweit aus der Befreiung die Rechte Dritter nicht verletzt werden, von *privaten Gelübden* dispensieren:

a) der Ortsordinarius und Pfarrer alle ihnen Untergebenen und die Fremden;

b) der Obere eines klerikalen Ordensinstituts oder einer klerikalen Gesellschaft des apostolischen Lebens päpstlichen Rechtes die Sodalen, die Novizen und alle Personen, die sich ständig in der Niederlassung aufhalten;

c) die vom Apostolischen Stuhl oder Ordinarius dazu Delegierten.

Das rechtmäßige Ausscheiden oder die legitime Entlassung aus einem klösterlichen Verband umfaßt immer auch die Befreiung von den amtlichen Gelübden (cann. 692, 701).

6. Umwandlung (can. 1197)

Das in einem privaten Gelübde versprochene Werk kann vom Gelobenden selbst in ein besseres oder anderes gleichwertiges umgewandelt werden. Die Umwandlung in eine geringere Leistung ist nur durch diejenigen möglich, die Dispensvollmacht besitzen (s. oben 5 a–c).

II. Der Eid
(cann. 1199–1204)

Die Eidesleistung ist im kanonischen Recht vielfach vorgesehen (Amtseid, Zeugeneid, Sachverständigeneid, Ledigeneid usw.).

1. Begriff und Einteilung (can. 1199)

Der Eid ist die Anrufung Gottes als Zeugen für die Wahrheit einer Beteuerung. Er kann nur persönlich geleistet werden. Ein Eid ohne Anrufung des göttlichen Namens ist kein Eid im kanonischen Sinne.

Man unterscheidet zwischen *Aussageeid und Versprechenseid* (iusiurandum assertorium – promissorium).

Das Gegenteil sind *Meineid und Eidbruch;* eine schuldhafte, aber nicht vorsätzliche Beschwörung einer falschen Behauptung gilt als *fahrlässiger Falscheid.*

2. Der Aussageeid (can. 1199 § 1)

Der Aussageeid darf nur geleistet werden:
– in veritate, d. h., der Inhalt des Eides muß wahr sein;
– in iudicio, d. h., nach reiflicher Überlegung und aus einem triftigen Grund;
– in iustitia, d. h., sein Inhalt muß der Gerechtigkeit entsprechen; zu etwas Ungerechtem oder Unsittlichem darf und kann man sich nicht verpflichten.

An sich ist jede Person, die den Vernunftgebrauch besitzt, eidesfähig. Als Zeugen im Prozeß sind Minderjährige unter 14 Jahren und Geistesschwache nicht zugelassen und demnach vor Gericht auch nicht eidesfähig (vgl. cann. 1550 § 1, 1562 § 2). Zur Beeidigung der eigenen Taufe oder Firmung genügt die Vollendung des 7. Lebensjahres (cann. 876, 894).

3. Der Versprechenseid (cann. 1200, 1201)

a) Der freiwillig geleistete Versprechenseid begründet die religiöse Verpflichtung (ex religionis obligatione), das Versprochene zu halten.

Ein unter dem Einfluß von arglistiger Täuschung, Zwang und schwerer Furcht geleisteter Eid ist ipso iure nichtig.

b) Der Versprechenseid richtet sich hinsichtlich der Verpflichtung nach der Natur und den Bedingungen des versprochenen Gegenstandes, d. h., er steht und fällt mit diesem. Gereicht er direkt Dritten zum Schaden oder zum Nachteil des öffentlichen Wohls bzw. des ewigen Heils, entsteht daraus keine Verpflichtung.

Zu etwas Ungerechtem oder Unsittlichem kann man sich niemals verpflichten. Falls ein solcher Eid geleistet wurde, darf man ihn nicht halten. Das gilt auch, wenn unter Berufung auf einen allgemeinen Gehorsamseid etwas Unsittliches verlangt wird.

4. Erlöschen der Eidesverpflichtung (can. 1202)

Die Eidesverpflichtung erlischt:
– durch Eidesentbindung, d. h., wenn derjenige, zu dessen Gunsten der Eid geleistet wurde, auf die Erfüllung verzichtet;
– durch wesentliche Veränderung des Versprechensgegenstandes oder wenn derselbe durch Veränderung der Umstände in sich schlecht oder ganz gleichgültig wird oder wenn die Erfüllung des Versprechens ein höherwertiges Gut hindert;
– durch Wegfall des Eideszweckes;
– durch Wegfall der mit dem Eid verbundenen Bedingung;
– durch Dispens und Umwandlung.

Der Eid kann in der gleichen Weise wie das Gelübde dispensiert oder umgewandelt werden (s. oben I, 5 und 6). Wenn aber die Dispens zum Nachteil anderer ausschlägt und diese die Eidesentbindung verweigern, kann nur der Apostolische Stuhl die Dispens gewähren.

4. Auslegung (can. 1204)

Der Eid ist seinem Inhalt nach streng nach dem Recht und der Absicht des Schwörenden auszulegen. Hat dieser arglistig gehandelt, so muß die Auslegung nach der Absicht dessen, dem der Eid geleistet wurde, erfolgen.

Bezüglich der Bestrafung des Meineides vgl. can. 1368 (§ 124, 5).

DRITTER TEIL
HEILIGE ORTE UND HEILIGE ZEITEN
(cann. 1205–1253)

Erster Abschnitt: Heilige Orte

§ 103. Einleitung
(can. 1205–1213)

1. Begriff (can. 1205)

Heilige Orte (loca sacra) sind Stätten, die durch Weihung oder
Segnung gemäß den liturgischen Vorschriften dem Gottesdienst
oder dem Begräbnis der Gläubigen gewidmet sind (Kirchen,
Friedhöfe).

2. Weihung (can. 1206)

Die Weihung (dedicatio) eines Ortes ist Sache des Diözesanbischofs und der ihm Gleichgestellten. Diese können innerhalb
ihres Territoriums auch einen anderen Bischof (Weihbischof)
und in Ausnahmefällen auch einen Priester damit beauftragen.

3. Segnung (can. 1207–1209)

Die Segnung (benedictio) eines Ortes geschieht durch den Ordinarius; die Segnung von Kirchen aber ist dem *Diözesanbischof*
vorbehalten. Der Diözesanbischof und der Ordinarius können
dazu jeweils auch einen Priester delegieren.

Über die Weihung oder Segnung einer Kirche ist wie über die Segnung
eines Friedhofs eine Urkunde in doppelter Fertigung auszustellen; ein
Exemplar ist in der Diözesankurie, das andere im Archiv der Kirche aufzubewahren. Fehlt eine solche Urkunde, können Weihung oder Segnung
eines Ortes durch einen einwandfreien Zeugen nachgewiesen werden,
falls daraus niemandem ein Schaden entsteht.

4. Wirkung (can. 1210)

An heiligen Orten dürfen nur Handlungen vorgenommen werden, die dem Gottesdienst, der Frömmigkeit oder der Gottesverehrung dienlich und förderlich sind. Alles dem Ort Abträgliche

ist untersagt. Der Ordinarius kann vorübergehend (per modum actus) auch andere Veranstaltungen zulassen, falls sie der Heiligkeit des Ortes nicht widersprechen.

Die kirchliche Autorität kann an heiligen Orten ihre Hoheitsgewalt und ihren Dienst frei ausüben.

5. Schändung und Entweihung (cann. 1211, 1212)

a) die *Schändung* (violatio) eines heiligen Ortes erfolgt durch schwer rechtswidrige Handlungen, die an ihm zum Ärgernis der Gläubigen begangen werden und nach dem Urteil des Ortsordinarius so gravierend sind und der Heiligkeit des Ortes derart widersprechen, daß der Gottesdienst erst wieder gestattet werden kann, wenn das Unrecht durch den in den liturgischen Büchern vorgesehenen Entsühnungsakt beseitigt ist.

Die Schändung bewirkt also nicht den Verlust des Charakters der Weihung oder Segnung, sondern nur das Verbot gottesdienstlicher Handlungen.

b) Der *Verlust der Weihung oder Segnung* eines Ortes tritt ein, wenn er zum größten Teil zerstört ist oder wenn er durch eine Entscheidung des zuständigen Ordinarius für profan erklärt bzw. de facto dauernd zu profanen Zwecken gebraucht wird.

§ 104. Die Kirchen
(cann. 1214–1222)

1. Begriff (can. 1214)

Als „Kirche" (ecclesia) gilt ein dem Gottesdienst gewidmetes Gebäude, das die Gläubigen zu betreten das Recht haben, um darin vor allem öffentlich Gottesdienst zu feiern.

Der Begriff „Kirche" setzt also nicht eine bestimmte Größe des Gebäudes voraus. Entscheidend ist vielmehr, daß sie für den öffentlichen Gottesdienst der Allgemeinheit bestimmt ist, während Oratorien (Kapellen) primär Gottesdiensträume für eine bestimmte Gemeinschaft oder Gruppe von Gläubigen sind (vgl. can. 1223; § 105).

Der Eintritt zu den Gottesdiensten ist frei und unentgeltlich. Zur bloßen Besichtigung oder für nichtgottesdienstliche Veranstaltungen dürfen Gebühren erhoben werden (can. 1221).

2. Der Kirchenbau (cann. 1215, 1216)

Ohne ausdrückliche schriftliche Zustimmung des Diözesanbischofs darf eine Kirche nicht erbaut werden. Die Zustimmung darf er aber erst erteilen nach Anhörung des Priesterrates und der dem beabsichtigten Neubau benachbarten Kirchenrektoren; zudem ist verlangt, daß der Neubau dem Seelenheil förderlich ist und die Mittel zum Bau und zur Feier des Gottesdienstes vorhanden sind.

Zum Bau und der Wiederherstellung einer Kirche sind der Rat von Fachleuten einzuholen und die Regeln der sakralen Kunst zu beachten (vgl. hierzu: SC Art. 122–130; „Gestaltung und Ausstattung des Kirchenraumes für die Meßfeier" in: Allgemeine Einführung in das Römische Meßbuch Nr. 253–280).

Ordensgemeinschaften müssen auch dann die Erlaubnis des Ortsbischofs zum Bau einer Kirche an einem genau bestimmten Ort einholen, wenn sie dessen Zustimmung zur Errichtung einer neuen Niederlassung in der Diözese oder in einer Stadt schon erhalten haben.

3. Weihung (cann. 1217–1219)

Nach der Fertigstellung der Kirche ist sie gemäß den liturgischen Vorschriften möglichst bald zu weihen (dedicare) oder wenigstens zu benedizieren. Die Kirchen, vor allem aber Kathedralen und Pfarrkirchen, sollen nach dem feierlichen Kirchweihritus geweiht werden.

Jede konsekrierte Kirche muß ihren eigenen Titel haben, der nicht mehr geändert werden kann. Solche Titel können sein: die heiligste Dreifaltigkeit; der Herr Jesus Christus mit Nennung einer seiner liturgisch gefeierten Mysterien oder seines Namens; der Heilige Geist; die selige Jungfrau Maria mit einem ihrer liturgischen Titel; die heiligen Engel; jeder in das Römische Martyrologium oder in dessen approbierten Anhang aufgenommene Heilige, ein Seliger jedoch nur mit Genehmigung des Apostolischen Stuhls. Die Kirche soll nur *einen* Titel haben, außer es handelt sich um Heilige, die im Kalender gemeinsam aufgeführt werden (vgl. „Die Feier der Kirchweihe", Anm. 4).

In jeder rechtmäßig geweihten oder benedizierten Kirche können alle gottesdienstlichen Handlungen vorgenommen werden, wobei freilich die örtlichen Pfarrechte zu beachten sind.

4. Die Pflege der Kirche (can. 1220)

Alle dafür Verantwortlichen haben in den Kirchen für die Reinlichkeit und den Schmuck zu sorgen, die einem Gotteshaus gebühren, und alles fernzuhalten, was der Heiligkeit des Ortes abträglich ist. Außerdem sind sie für die Pflege und Sicherung der wertvollen Kunst- und Kultgegenstände verantwortlich.

5. Die Profanierung (can. 1222)

Wird in einer Kirche kein Gottesdienst mehr gefeiert und besteht auch künftig dafür keine Möglichkeit mehr, kann der Diözesanbischof sie für profane Zwecke freigeben.

Lassen sonstige triftige Gründe es geraten erscheinen, die Feier von Gottesdiensten in einer Kirche einzustellen, kann sie der Diözesanbischof ebenfalls, jedoch nach Anhörung des Priesterrates, für profan erklären, falls daraus nicht ein Nachteil für das Seelenheil erwächst; er bedarf dafür allerdings auch der Zustimmung derer, die an der Kirche legitime Rechte geltend machen können.

Mit der Profanierung einer Kirche verlieren aber die sich darin befindlichen Altäre nicht ihre Konsekration oder Benediktion (can. 1238 § 2).

Über Schändung und Entweihung der Kirche s. § 103, 5.

§ 105. Oratorien und Privatkapellen

(cann. 1223–1229)

1. Begriff (cann. 1223, 1224, 1226, 1227)

Unter *Oratorium* versteht man einen mit Erlaubnis des Ordinarius dem Gottesdienst gewidmeten Ort, der einer *bestimmten Gemeinschaft oder Personengruppe* zur Verfügung steht. Zu den Gottesdiensten können allerdings auch andere Gläubige mit Zustimmung des zuständigen Oberen zugelassen werden.

Im Gegensatz hierzu haben zu Kirchen *alle* Gläubigen freien Zutritt. Die Unterscheidung in öffentliche und halböffentliche Oratorien ist aufgegeben.

Die Genehmigung zur Errichtung eines Oratoriums durch den Ordinarius setzt voraus, daß er selber oder durch einen anderen den Ort besichtigt und für geziemend eingerichtet befunden hat. Wenn die Erlaubnis erteilt ist, darf das Oratorium ohne Genehmigung des Ordinarius nicht mehr zu profanen Zwecken benutzt werden.

b) Unter *Privatkapelle* (sacellum privatum) wird ein mit Erlaubnis des Ortsordinarius dem Gottesdienst gewidmeter Ort zum Nutzen *einer oder mehrerer natürlichen Personen* verstanden.

Die Bischöfe dürfen für sich eine Privatkapelle errichten; sie genießt die Rechte eines Oratoriums.

2. *Verwendung (cann. 1225, 1228)*

a) In Oratorien dürfen alle Gottesdienste gefeiert werden, die nicht von Rechts wegen oder durch Vorschriften des Ortsordinarius ausgenommen sind oder denen liturgische Vorschriften nicht entgegenstehen.

b) Außer in den bischöflichen Hauskapellen bedarf es zur Feier der heiligen Messe oder anderer gottesdienstlicher Handlungen in Privatkapellen der Erlaubnis des Ortsordinarius.

3. *Segnung (can. 1229)*

Es ist angebracht, daß Oratorien und Privatkapellen nach den Vorschriften der liturgischen Bücher benediziert werden. Sie dürfen aber jedenfalls nur zum Gottesdienst und nicht für andere häusliche Zwecke benutzt werden.

§ 106. Die Heiligtümer
(cann. 1230–1234)

1. *Begriff (cann. 1230, 1231, 1234)*

Unter einem Heiligtum (sanctuarium) versteht man eine Kirche oder einen anderen heiligen Ort, zu dem die Gläubigen häufig und in größerer Zahl aus Gründen der Frömmigkeit mit Approbation des Ortsordinarius pilgern. In Heiligtümern sollen den Gläubigen die Heilsmittel in reichem Maße angeboten, das Wort Gottes eifrig verkündigt, das liturgische Leben, vor allem durch die Feier der Eucharistie und Buße, gefördert und die anerkannten Formen der Volksfrömmigkeit gepflegt werden. Dazu gehört auch die sorgfältige Aufbewahrung und Aufstellung von Votivtafeln und Dokumenten der Frömmigkeit.

Nach can. 1230 bedarf es für ein anerkanntes Heiligtum im Sinne des kanonischen Rechts verschiedener Voraussetzungen: die Gläubigen müssen häufig an diesen Ort pilgern, d. h., es müssen eine gewisse Übung und Stetigkeit gegeben sein. Außerdem müssen die Gläubigen aus Gründen der Frömmigkeit, nicht aus Neugier, Sensationslust oder aus ästhetischen Gründen dorthin kommen. Vor allem aber ist die kirchliche Approbation erforderlich; damit soll Mißbrauch und Auswüchsen begegnet werden.

Handelt es sich um *nationale* Heiligtümer, bedarf es der Approbation der Bischofskonferenz; *internationale* müssen vom Apostolischen Stuhl approbiert sein.

2. Statuten (cann. 1232, 1233)

Heiligtümer haben Statuten, in denen der Zweck, die Zuständigkeit des Rektors, die Verfügung und Verwaltung des Vermögens geregelt sind. Die Statuten sind vom Ortsordinarius oder von der Bischofskonferenz oder vom Heiligen Stuhl zu approbieren, je nachdem, ob es sich um ein diözesanes, nationales oder internationales Heiligtum handelt.

Den Heiligtümern können Privilegien gewährt werden, wenn es die örtlichen Umstände, die Anzahl der Pilger und vor allem das Wohl der Gläubigen geraten erscheinen lassen.

§ 107. Die Altäre
(cann. 1235–1239)

1. Begriff (can. 1235)

Unter Altar versteht man den Tisch (mensa), auf dem das eucharistische Opfer gefeiert wird.

Man unterscheidet den *festen Altar* (altare fixum), der mit dem Fußboden verbunden ist und nicht bewegt werden kann, und den *beweglichen Altar* (altare mobile), der sich wegtragen läßt.

In jeder Kirche muß ein fester Altar sein; an anderen dem Gottesdienst gewidmeten Ort genügt ein beweglicher Altar.

2. Beschaffenheit (can. 1236)

Nach der kirchlichen Tradition soll der *feste Altar* aus Stein, möglichst sogar aus einem Block sein. Allerdings können nach dem Urteil der Bischofskonferenz auch andere würdige und solide

Materialien verwendet werden. Der Altarunterbau kann aus jedem Material sein. Der *bewegliche Altar* kann aus jedem soliden, dem liturgischen Geschehen angemessenen Material hergestellt werden.

3. Weihung (cann. 1237–1239)

Die festen Altäre müssen konsekriert (dedicata) sein; bei den beweglichen genügt auch die Benediktion. Durch die Weihe wird der Altar jedem profanen Zweck entzogen.

Nach altem Brauch können in den festen Altar Märtyrer- oder Heiligenreliquien eingelassen werden. Ein Leichnam darf unter dem Altar aber nicht aufbewahrt werden. Gegebenenfalls dürfte darauf die heilige Messe nicht zelebriert werden.

Hinsichtlich des Verlustes des Weihecharakters gilt can. 1212 (vgl. § 103, 5). Wenn freilich eine Kirche oder ein sonstiger heiliger Ort profaniert werden, verlieren die dort sich befindlichen festen wie beweglichen Altäre nicht ihre Konsekration oder Benediktion.

Zweiter Abschnitt: Heilige Zeiten

§ 108. Allgemeines
(cann. 1244–1245)

1. Festsetzung (can. 1244)

Die Festsetzung, Verlegung oder Aufhebung von Festtagen und Bußtagen für die ganze Kirche steht allein der höchsten kirchlichen Autorität zu. Der Diözesanbischof kann für sein Territorium solche Tage vorübergehend (per modum actus) vorschreiben.

2. Dispens (can. 1245)

Unbeschadet des Dispensrechtes der Diözesanbischöfe nach can. 87, kann der *Pfarrer* aus gerechtem Grund und entsprechend den Vorschriften des Diözesanbischofs in Einzelfällen von der Verpflichtung zur Einhaltung der Fest- und Bußtage dispensieren oder die Umwandlung in ein anderes frommes Werk gestatten.

311

Dasselbe Recht hat der Obere eines klerikalen Ordensinstituts oder einer klerikalen Gesellschaft des apostolischen Lebens päpstlichen Rechtes gegenüber den eigenen Untergebenen und den Bewohnern der Niederlassung.

§ 109. Die Festtage

(cann. 1246–1248)

1. Die gebotenen Festtage (can. 1246)

Am Herrentag feiert die Kirche gemäß apostolischer Überlieferung das Pascha-Mysterium; daher ist der Sonntag der *gebotene Urfesttag* (primordialis dies festus) für die gesamte Kirche.

Hinzu kommen noch folgende gebotenen Feiertage: Weihnachten, Erscheinung des Herrn, Christi Himmelfahrt, Fronleichnam, Hochfest der ohne Erbsünde empfangenen Jungfrau und Gottesmutter Maria (8. Dezember), Mariä Aufnahme in den Himmel (15. August), hl. Josef (19. März), St. Peter und Paul (29. Juni), Allerheiligen (1. November).

Die Bischofskonferenz kann mit Zustimmung des Apostolischen Stuhls einzelne gebotene Feiertage abschaffen oder auf den folgenden Sonntag verlegen.

2. Die Sonntagsheiligung (cann. 1247, 1248)

Die Sonn- und Feiertagspflicht besteht in der Mitfeier der heiligen Eucharistie und in der Enthaltung von jenen Tätigkeiten und Geschäften, die der Feier des Gottesdienstes, der dem Herrentag eigenen Freude und der angemessenen Erholung von Seele und Leib hinderlich sind.

Die Verpflichtung zur Mitfeier der Eucharistie erfüllt, wer an der heiligen Messe teilnimmt, wo immer sie in katholischem Ritus am Sonn- und Feiertag selber oder am Vorabend zelebriert wird.

Wo ein Priester zur Feier der heiligen Messe fehlt oder aus einem anderen Grund die Teilnahme an der Eucharistie nicht möglich ist, wird nachdrücklich empfohlen, daß die Gläubigen einen Wortgottesdienst in der Pfarrkirche oder an einem anderen heiligen Ort besuchen. Solche Wortgottesdienste (priesterlose Gottesdienste an Sonntagen) sind nach den Vorschriften des Diözesanbischofs zu halten. Die deutschen Bischöfe haben in ihren Diözesen hinsichtlich der Voraussetzungen, der

Gestaltung und der Leitung solcher Feiern Richtlinien und Anordnungen erlassen.

Auch das persönliche Gebet oder das Gebet in der Familie bzw. mehrerer Familien gemeinsam können eine Form der Sonntagsheiligung in den genannten Notfällen darstellen.

§ 110. Die Bußtage
(cann. 1249–1253)

1. Die Buße (can. 1249)

„Während aber Christus heilig, schuldlos, unbefleckt war (Hebr 7,26) und Sünde nicht kannte (2 Kor 5,21), sondern allein die Sünden des Volkes zu sühnen gekommen ist (vgl. Hebr 2,17), umfaßt die Kirche Sünder in ihrem eigenen Schoß. Sie ist zugleich heilig und stets der Reinigung bedürftig, sie geht immerfort den Weg der Buße und der Erneuerung" (LG Art. 8, Abs. 3). Daher sind alle Gläubigen kraft göttlichen Gebotes (ex lege divina) verpflichtet, auf je eigene Weise Buße zu tun. Das soll aber nicht nur ein individuelles Tun sein, sondern auch in Gemeinschaft geschehen und Gemeinschaft schaffen. Daher gibt es eigens *von der Kirche vorgeschriebene Bußtage,* an denen die Gläubigen sich in besonderer Weise dem Gebet widmen, Werke der Frömmigkeit und der Caritas vollbringen und sich selber durch getreue Erfüllung ihrer persönlichen Pflichten und durch Fasten und Abstinenz verleugnen.

2. Die Bußtage (can. 1250)

Für die gesamte Kirche sind Bußtage bzw. -zeiten: alle Freitage des Jahres und die ganze Fastenzeit (Österliche Bußzeit).

3. Fast- und Abstinenztage (cann. 1251, 1253)

a) An allen Freitagen des Jahres ist die Enthaltung von Fleischspeisen oder anderen von der Bischofskonferenz vorgeschriebenen Speisen zu beachten (Abstinenztage). Das Abstinenzgebot ist aufgehoben, wenn ein liturgisches Hochfest (solemnitas) auf einen Freitag fällt.

b) Fast- und Abstinenztage sind der Aschermittwoch und der Karfreitag.

Das Fastengebot schreibt vor, daß nur eine volle Mahlzeit am Tag eingenommen werden darf; zwei kleine Stärkungen sind außerdem gestattet.

Die Bischofkonferenz kann genauere Anweisungen hinsichtlich des Fastens und der Abstinenz erlassen sowie andere Formen der Buße (Werke der Frömmigkeit und der Caritas) anstelle von Fasten und Abstinenz vorschreiben.

In der „Weisung zur kirchlichen Bußpraxis" vom 20. 11. 1978 haben die deutschen Bischöfe diesbezüglich festgestellt: Aschermittwoch und Karfreitag sind „strenge Fasttage. Der katholische Christ begnügt sich an diesem Tag mit einer einmaligen Sättigung und verzichtet auf Fleischspeisen ... Alle Freitage, ausgenommen gebotene Feiertage, sind im Gedenken an das Leiden und Sterben des Herrn kirchliche Bußtage, an denen der Christ zu einem Freitagsopfer verpflichtet ist ... Dem Sinn dieses Freitagsopfers entspricht: Dienst am Nächsten, Gebet, Lesung der Heiligen Schrift, geistliche Lesung, Meditation, Anbetung, Teilnahme an der heiligen Messe oder eine spürbare Einschränkung. Die Enthaltung von Fleischspeisen bleibt sinnvoll, besonders wenn sie einen wirklichen Verzicht bedeutet. Das Ersparte sollte mit Menschen in Not brüderlich geteilt werden."

4. Die Normadressaten (can. 1252)

Zur *Abstinenz* sind alle verpflichtet, die das 14. Lebensjahr vollendet haben.

Das *Fastengebot* verpflichtet nach Vollendung des 18. Lebensjahres bis zum Beginn des 60. Lebensjahres.

Seelsorger und Eltern sollen aber darauf achten, daß auch die aufgrund ihres Alters zu Fasten und Abstinenz noch nicht Verpflichteten zu einem Leben im Geist der Buße erzogen werden.

FÜNFTES BUCH
DAS KIRCHLICHE
VERMÖGENSRECHT

(cann. 1254–1310)

§ 111. Einleitung
(cann. 1254–1258)

1. Begriff (can. 1257 § 1)

Unter Kirchenvermögen (bona ecclesiastica) sind die der Gesamtkirche, dem Apostolischen Stuhl oder einer öffentlichen juristischen Person in der Kirche gehörenden oder zugeordneten zeitlichen Güter (bona temporalia) zu verstehen. Dazu gehören:
a) bewegliche und unbewegliche körperliche Güter (bona corporalia), wie Gerätschaften, Grundstücke;
b) nichtkörperliche Güter (bona incorporalia), wie Forderungsrechte, Rechtsansprüche auf vermögenswerte Leistungen Dritter. Zum Kirchenvermögen zählen demnach nicht nur im Eigentum der Kirche stehende Sachen, sondern auch geldwerte Rechte dinglicher (Besitz, Nießbrauch) wie schuldrechtlicher Natur (Abgaben, Zehnten).

Außerdem werden unterschieden: *res sacrae* (heilige Sachen), die durch Konsekration oder Benediktion dem Gottesdienst gewidmet sind, und *res pretiosae* (kostbare Sachen), die wegen ihres Alters, ihrer künstlerischen Bedeutung oder des Materials, aus dem sie geschaffen sind, besonderen Wert haben.

2. Zweck (can. 1254 § 2)

Der Begriff des Kirchenvermögens wäre unvollständig bestimmt, wenn dabei allein auf Vermögenssubjekt und -objekt abgehoben würde; denn die Kirche kann als Kirche zeitliche Güter nur besitzen und verwalten, insofern sie einem ihr eigenen Zwecke dienen.

Als die dem Kirchenvermögen eigentümlichen Zwecke werden vorzugsweise genannt:
a) der Aufwand für die Feier des Gottesdienstes;

317

b) der angemessene Unterhalt der Geistlichen und Kirchenangestellten;
d) die Werke des Apostolates und der Caritas, besonders jene, die den Armen zugute kommen.

3. Grundsätze (cann. 1254 § 1, 1255–1258)

a) Die Kirche beansprucht das angeborene Recht (ius nativum), unabhängig von der staatlichen Gewalt zeitliche Güter zu erwerben, zu besitzen, zu verwalten und zu veräußern. Dieses Recht kommt ihr zu als dem neuen Gottesvolk, das auf dieser Welt das Reich Gottes aufrichten soll und sich dabei auch der Mittel dieser Welt bedienen muß. Dazu gehören materielle Güter, aber nur insoweit sie den der Kirche eigenen Zwecken (s. oben 2) dienen und zu deren Erreichung nötig sind.

Die Kirche lehnt also die Beschränkung ihres Eigentumsrechtes seitens des Staates als rechtswidrigen Eingriff in ihr ursprünglich zukommendes Recht ab. In den deutschsprachigen Ländern wird dieser Anspruch beachtet.

Das *Reichskonkordat* sichert den katholischen Kirchengemeinden, Kirchengemeindenverbänden, Diözesanverbänden, Bischöflichen Stühlen, Bistümern, Kapiteln, Orden und religiösen Genossenschaften sowie den unter Verwaltung kirchlicher Organe gestellten Anstalten, Stiftungen und Vermögensstücken der katholischen Kirche die Rechtsfähigkeit für den staatlichen Bereich zu (Art. 13).

b) *Vermögensfähig* sind die Gesamtkirche, der Apostolische Stuhl, die Teilkirchen und die öffentlichen wie privaten juristischen Personen.

Zum Kirchenvermögen im eigentlichen Sinne gehören freilich die Güter privater juristischer Personen nicht. Sie unterfallen daher in der Regel auch nicht dem allgemeinen Recht, sondern werden nach den jeweiligen Statuten verwaltet.

c) Was eine juristische Person rechtmäßig erwirbt, gehört ihr und wird auch von ihr verwaltet. Die Verfügungsgewalt wird durch den gesetzlichen Vertreter ausgeübt, der der obersten Autorität des Papstes untersteht; dieser hat die oberste Aufsicht über das gesamte Kirchenvermögen.

Die alte Streitfrage, wem das Kirchengut gehört (Gott, Kirchenpatron, Papst, Pfründeninhaber, Gesamt-, Einzelkirche), ist schon im CIC von 1917 zugunsten der sog. *Institutentheorie* entschieden worden. Der neue

CIC hat daran nichts geändert; denn die juristischen Personen sind zweifelsfrei die Rechtssubjekte des ihnen eigenen Vermögens. Dem Papst wird nur die ihm eigene oberste Hoheit auch in der Verwaltung des Kirchenvermögens zugesprochen.

Wenn in den Canones des Vermögensrechtes von „Kirche" (Ecclesia) die Rede ist, ist damit nicht nur die Gesamtkirche oder der Apostolische Stuhl, sondern jedwede kirchliche öffentliche juristische Person gemeint, sofern sich aus dem Zusammenhang oder der Natur der Sache nichts anderes ergibt.

§ 112. Der Vermögenserwerb

(cann. 1259–1272)

Vermögen kann auf mannigfaltige Weise erworben werden (durch Arbeit, Kauf, Schenkung, Erbschaft, Aneignung). Staat, Kommunen und ähnliche können zudem Abgaben, Gebühren, Steuern erheben.

Man unterscheidet *abgeleitete* (derivative) und ursprüngliche (originäre) Erwerbsarten. Die regelmäßige Form ist die abgeleitete durch Eigentumsübertragung (Grundstücke, bewegliche Sachen). Man spricht hier von Sukzession (Einzel- und Gesamtrechtsnachfolge). Zu den ursprünglichen Erwerbsarten gehören Aneignung herrenloser Sachen, Ersitzung, Verbindung, Vermischung, Verarbeitung, Fruchterwerb.

1. Grundsatz (can. 1259)

Die Kirche beansprucht für sich das Recht, irdische Güter auf jede nach dem natürlichen oder positiven (kirchlichen und staatlichen) Recht legitime Art und Weise zu erwerben. Der Staat ist demnach nicht berechtigt, ihr eine Erwerbsart vorzuenthalten oder zu beschneiden. Rechtswidrige Erwerbsmethoden sind nach can. 1259 ausdrücklich ausgeschlossen.

2. Die Erwerbsquellen (cann. 1260, 1261, 1263–1267)

a) Die Kirche hat das angeborene Recht, von den Gläubigen die zur Erfüllung der ihr eigenen Aufgaben erforderlichen Mittel zu verlangen. Diese Beiträge der Gläubigen müssen den vom Recht umschriebenen kirchlichen Zwecken dienen (Gottdienst, Unterhalt von Klerus und Kirchenangestellten, apostolische und karitative Werke).

319

Diesem Recht der Kirche korrespondiert die Pflicht (obligatio) der Gläubigen, die Kirche durch ihre Gaben zu unterstützen (vgl. can. 222 § 1). Der Diözesanbischof ist gehalten, die Gläubigen an diese Verpflichtung zu erinnern und sie auf geeignete Weise zu urgieren.

Den Gläubigen ist es unbenommen, der Kirche zeitliche Güter zukommen zu lassen. Zuwendungen, die den Oberen oder Verwaltern einer kirchlichen juristischen (auch privaten) Person gegeben werden, gelten immer als zugunsten dieser juristischen Person gemacht, solange nicht feststeht, daß es sich um eine persönliche Zuwendung handelt. Solche Zuwendungen dürfen nur aus gerechtem Grund zurückgewiesen werden. Die Nichtannahme bedarf der Zustimmung des Ortsordinarius, wenn es sich um höhere Werte handelt, die einer öffentlichen juristischen Person zukommen sollen, oder um Zuwendungen mit Auflagen und Bedingungen. Zuwendungen mit einer besonderen Zweckbestimmung dürfen lediglich zu diesem Zweck verwendet werden.

b) Der Diözesanbischof hat das Recht, entsprechend der Notwendigkeiten seines Bistums den seiner Leitung unterstehenden öffentlichen juristischen Personen eine *mäßige und ihren Einkünften entsprechende Abgabe* (tributum) aufzuerlegen.

Unter den gleichen Voraussetzungen ist dem Diözesanbischof bei dringender Notwendigkeit auch erlaubt, von natürlichen und juristischen Personen eine außerordentliche und mäßige Steuer zu erheben; dabei sind die partikulären Gesetze und Gewohnheiten zu beachten.

Bevor der Bischof eine solche Steuer einführt, muß er den diözesanen Rat für wirtschaftliche Angelegenheiten und den Priesterrat hören. Mit dieser Norm des can. 1263 ist das allgemeine Besteuerungsrecht des Diözesanbischofs statuiert. In der Bundesrepublik Deutschland muß der Bischof dieses Besteuerungsrecht nach den landesrechtlichen Gesetzen ausüben. Insbesondere bestehen in den Bistümern Organe (Kirchensteuervertretung, Kirchensteuerrat, Steuerverbandsvertretung), die bei der Festsetzung der Steuer, der Aufstellung des Haushaltsplanes und bei der Rechnungslegung mitwirken.

c) Für begünstigende Verwaltungsakte und für den Vollzug von Reskripten des Apostolischen Stuhles können *Gebühren* erhoben werden. Die Gebührenordnung ist von den Bischöfen einer Kirchenprovinz aufzustellen und vom Apostolischen Stuhl zu approbieren.

Den Bischöfen einer Provinz obliegt auch die Festlegung von *Gaben* (oblationes) für die Spendung von Sakramenten und Sakramentalien. Die Vornahme der geistlichen Handlung darf auf keinen Fall von der Leistung der Gabe abhängig gemacht werden, wie auch jedes Ansehen der Person unberücksichtigt bleiben muß; ebenso sind die Benachteiligung minderbemittelter Personen und jeder Anschein der Verquickung von Geschäft und geistlicher Handlung aufs strengste zu vermeiden.

d) In allen Kirchen und Oratorien, auch wenn sie zu klösterlichen Instituten gehören, aber tatsächlich dem Zugang der Gläubigen offenstehen, kann der Ortsordinarius *Sammlungen* für bestimmte pfarrliche, diözesane, nationale oder internationale Zwecke anordnen. Die Einnahmen dieser Sammlung sind ohne Abzug an die Diözesankurie weiterzugeben.

Für sonstige Sammlungen von privaten (natürlichen wie juristischen) Personen für fromme und kirchliche Zwecke oder Institute ist die schriftliche Genehmigung des eigenen Ordinarius oder des Ortsordinarius erforderlich. Davon ausgenommen sind Mendikantenorden (Bettelprivileg). Die Bischofskonferenz kann das Sammlungswesen umfassend und alle bindend ordnen.

3. Die Verjährung (cann. 1268–1270)

Hinsichtlich der Ersitzung und der Verjährung (praescriptio im doppelten Sinne) sind die cann. 197–199 (vgl. § 16) zu beachten. Außerdem gilt folgendes:

a) Die im privaten Eigentum stehenden *res sacrae* können von Privatpersonen ersessen, dürfen aber nicht zu profanen Zwecken gebraucht werden, solange sie die Konsekration oder Benediktion nicht verloren haben. Heilige Sachen, die einer kirchlichen öffentlichen juristischen Person gehören, können dagegen nur von einer anderen kirchlichen öffentlichen juristischen Person ersessen werden.

b) Für die Ersitzung und Verjährung gelten grundsätzlich die nach den staatlichen Gesetzen festgelegten Fristen. Can. 1270 nennt aber für bestimmte Tatbestände *eigene Fristen:*

Bei Liegenschaften (res immobiles) und kostbaren Sachen (res pretiosae) sowie bei persönlichen und dinglichen Klageansprüchen beträgt die Ersitzungsfrist hundert Jahre, wenn diese Sachen und Rechte dem Apostolischen Stuhl zustehen. Ist eine andere kirchliche juristische Person Eigentümer dieser Güter oder Inhaber solcher Rechte, beträgt die Frist dreißig Jahre.

4. Beiträge für die Gesamtkirche (can. 1271)

Die Bischöfe sollen in Hinblick auf Einheit und Caritas entsprechend den Möglichkeiten ihres Bistums zu den Mitteln beitragen, deren der Apostolische Stuhl nach den jeweiligen Umständen bedarf, um seinen Dienst für die Gesamtkirche ordnungsgemäß wahrnehmen zu können.

5. Die Benefizien (can. 1272)

Der CIC von 1917 hatte in 80 Canones das Pfründewesen eingehend geregelt. Der neue CIC strebt die Ablösung des gesamten Benefizialsystems an und überträgt den Bischofskonferenzen die Aufgabe, in Absprache und mit Genehmigung des Apostolischen Stuhls dafür die rechtliche Grundlage zu schaffen. Dabei sind selbstverständlich die wohlerworbenen Rechte Dritter wie auch staatskirchenrechtliche Interessen zu beachten. Die Erträgnisse und womöglich die Ausstattung der Benefizien sollen nach und nach einem diözesanen Institut zugeführt werden, das dem Unterhalt und der Versorgung der Geistlichen dient (vgl. can. 1274 § 1).

§ 113. Die Vermögensverwaltung
(cann. 1273-1289)

1. Die oberste Aufsicht (can. 1273)

Kraft seiner Primatialgewalt besitzt der Papst über das gesamte Kirchenvermögen oberstes Verwaltungs- und Verfügungsrecht (supremus administrator et dispensator). Tatsächlich aber beschränkt er sich auf die Vermögensverwaltung der Gesamtkirche und des Apostolischen Stuhls. Für einige Fälle sind Vorbehalte des Heiligen Stuhls vorgesehen: Veräußerungen von hohem Wert und von kostbaren Sachen (can. 1292 § 2; vgl. § 114, 3); Herabsetzung von Verbindlichkeiten aus Stiftungsmessen (can. 1308 § 1; vgl. § 115, II, 4).

2. Versorgungseinrichtungen (cann. 1274, 1275)

Da das Pfründewesen nach dem Wunsch des Gesetzgebers abgelöst werden soll, sind in den einzelnen Diözesen Einrichtungen (instituta) zu schaffen, in denen die Mittel für den Unterhalt und die soziale Vorsorge der im Dienst des Bistums stehenden Geistlichen gesammelt und verwaltet werden. Pfründeerträgnisse und -ausstattungen sind bei Ablösung des Benefizialsystems in diese Einrichtung einzubringen (vgl. can. 1272).

Außerdem soll ein gemeinsamer Fond (massa communis) errichtet werden, aus dem der Bischof seine Verpflichtungen gegenüber den kirchlichen Bediensteten erfüllen und die diözesanen Bedürfnisse befriedigen kann; dieser Fond soll zudem dem Finanzausgleich zwischen wohlhabenden und bedürftigen Diözesen dienen.

Nach den jeweiligen örtlichen Gegebenheiten können sich mehrere Diözesen oder auch alle Diözesen einer Bischofskonferenz zur Erfüllung der finanziellen Verpflichtungen zusammenschließen. In diesem Falle müßten sich die beteiligten Bischöfe auf gemeinsame Verwaltungsnormen einigen. Jedenfalls sollen alle derartigen Einrichtungen so beschaffen werden, daß sie auch nach staatlichem Recht Bestand haben.

3. Die Vermögensverwaltung durch den Ordinarius (cann. 1276 bis 1278)

a) Der Ordinarius hat das Aufsichtsrecht über die Güter der ihm unterstehenden öffentlichen juristischen Personen; dazu können weitere Rechte aus einem anderen Titel kommen. Er kann die Erfüllung dieses Aufsichtsrechtes auch dem Diözesanökonomen übertragen (vgl. can. 494). Zu diesem Zweck ist im Rahmen des allgemeinen und partikulären Rechtes und unter Beachtung bestehender Rechte, rechtmäßiger Gewohnheiten und sonstiger Umstände eine Vermögensverwaltungsordnung zu erlassen.

b) In jedem Bistum muß ein Rat für wirtschaftliche Angelegenheiten (consilium a rebus oeconomicis) eingerichtet werden (vgl. cann. 492, 493). Bevor der Diözesanbischof Vermögensverfügungen trifft, die für die Verhältnisse des Bistums von besonderer Bedeutung sind, muß er diesen Rat und das Kollegium der Konsultoren hören. Der Zustimmung dieser beiden Gremien bedarf er für außerordentliche Vermögensverfügungen und wenn das allgemeine Recht oder die Stiftungsurkunde diesen

Konsens ausdrücklich vorsehen. Es ist Sache der Bischofskonferenz festzustellen, was unter „außerordentlichen Vermögensverfügungen" zu verstehen ist.

Die Zustimmung der genannten Gremien ist nach dem allgemeinen Vermögensrecht erforderlich im Falle des can. 1292 § 1; die Anhörung nach can. 1310 § 2.

4. Organe der Vermögensverwaltung (cann 1279, 1280, 1283)

a) Die Verwaltung von Kirchenvermögen obliegt dem unmittelbaren Leiter der juristischen Person, der die Güter gehören, falls das Partikularrecht, die Statuten oder eine rechtmäßige Gewohnheit nichts anderes vorsehen. Der Ordinarius kann im Falle der Nachlässigkeit des Verwalters eingreifen.

Für die Verwaltung des Vermögens einer öffentlichen juristischen Person, die weder von Rechts wegen noch aufgrund der Stiftungsurkunde oder der Statuten einen Verwalter hat, muß der zuständige Ordinarius dazu geeignete Personen als Verwalter auf drei Jahre bestellen. Eine Weiterbeauftragung nach diesem Zeitraum ist möglich. Diese Aufgabe kann dem Diözesanökonomen übertragen werden (vgl. can. 494).

Vor Amtantritt haben die Vermögensverwalter vor dem Ordinarius oder seinem Beauftragten zu schwören, das Amt gut und getreu zu führen. Zudem müssen sie ein genaues Inventarverzeichnis in doppelter Fertigung mit Beschreibung und Wertangabe anlegen oder ein vorhandenes überprüfen und anerkennen. Ein Exemplar dieses Verzeichnisses ist im Verwaltungsarchiv, das andere im Archiv der Kurie aufzubewahren.

Etwaige Veränderungen sind in beiden Exemplaren zu vermerken.

b) Jede juristische Person muß einen Rat für wirtschaftliche Angelegenheiten oder wenigstens zwei Berater haben, die dem Vermögensverwalter bei seiner Amtsführung zur Seite stehen.

5. Die Vertretungsbefugnis (cann. 1281, 1282, 1288, 1289)

a) Der Verwalter als Vertretungsorgan kann nur im Rahmen der ordentlichen Verwaltung rechtswirksame Akte setzen. Zur Überschreitung dieses Rahmens ist die schriftliche Ermächtigung des Ordinarius erforderlich. Ohne diese Ermächtigung ist das Geschäft nichtig. Die Vertretungsvollmacht ist im Namen der Kirche auszuüben.

Der Begriff der „ordentlichen Verwaltung" ist gesetzlich nicht bestimmt. Soweit die Haushaltspläne oder Vermögensverwaltungsordnungen der Vertretungsvollmacht des Verwalters durch Beispruchsrechte Grenzen ziehen, stellt deren Nichtbeachtung sicherlich einen Verwaltungsexzeß dar und hat die Nichtigkeit des Verwaltungsaktes zur Folge. Falls eine Umschreibung der „ordentlichen Verwaltung" fehlt, hat der Diözesanbischof nach Anhörung des Rates für wirtschaftliche Angelegenheiten eine entsprechende Festlegung zu treffen.

b) Die juristische Person haftet nicht für nichtige Geschäfte ihres Verwalters, sofern und soweit sie daraus nicht einen Vorteil erlangt hat. Bei widerrechtlichen, aber gültigen Rechtsgeschäften haftet die juristische Person, kann aber für eventuellen Schaden beim Verwalter Regreß nehmen.

c) Zur Prozeßführung im Namen der juristischen Person bedarf der Verwalter der schriftlichen Genehmigung des eigenen Ordinarius.

d) Die Verwalter dürfen die übernommene Aufgabe nicht eigenmächtig niederlegen, auch wenn sie nicht kraft Amtes zur Vermögensverwaltung verpflichtet sind. Für Schaden, der aus einer eigenmächtigen Amtsniederlegung entstanden ist, sind sie regreßpflichtig.

6. Verwaltungsgrundsätze (cann. 1284–1287)

a) Die Vermögensverwalter haben ihre Aufgabe mit der Sorgfalt eines guten Hausvaters zu erfüllen. Dazu gehören die Vermeidung von Schaden, die gesetzes- und auftragsgemäße Geschäftsführung, die rechte Nutzung von Erträgnissen und Einkünften, die Erfüllung von Verpflichtungen, die nutzbringende Anlage von Überschüssen, die korrekte Buchführung, die alljährliche Rechnungslegung, die ordentliche Akten- und Archivführung.

b) Innerhalb der Grenzen der ordentlichen Ausübung ihrer Aufgabe haben die Verwalter das Recht, aus den beweglichen Sachen, die nicht zum Stammvermögen gehören, Schenkungen zu Zwecken der Frömmigkeit und der christlichen Caritas zu machen.

Bei Vermietung und Verpachtung sind die staatlichen Gesetze entsprechend den Prinzipien der Kirche genau einzuhalten. Bei Dienst- und Arbeitsverträgen muß ein gerechter und anständiger Lohn vereinbart werden.

c) Die kirchlichen Vermögensverwalter (Geistliche wie Laien), die der Leitungsvollmacht des Diözesanbischofs unterstehen,

sind dem Ordinarius zur jährlichen Rechnungslegung verpflichtet, die dem Rat für wirtschaftliche Angelegenheiten zur Prüfung übergeben wird.
Jede gegenteilige Gewohnheit ist abgeschafft.
Über die Verwendung der von Gläubigen der Kirche zugewendeten Güter ist entsprechend der partikulären Normen auch den Gläubigen gegenüber Rechenschaft abzulegen.

§ 114. Rechtsgeschäfte über das Kirchenvermögen

(cann. 1290–1298)

1. Verträge

Der (privatrechtliche) Vertrag ist ein Rechtsgeschäft, bei dem die Rechtsfolge durch übereinstimmende Willenserklärungen zweier oder mehrerer (natürlicher oder juristischer) Personen herbeigeführt wird.

Der Vertrag kommt durch Angebot und Annahme des Angebotes zustande. Verträge spielen im Rechtsleben eine große Rolle, besondere Bedeutung haben sie im Schuldrecht, wo sie zur Begründung eines Schuldverhältnisses dienen (Verpflichtungsvertrag).

Es gibt *einseitige* Verträge (Schenkung, Bürgschaft) oder – hauptsächlich – *gegenseitige* Verträge, bei denen die gegenseitigen Verpflichtungen zur Leistung voneinander abhängen (z. B. beim Kaufvertrag Verpflichtung des Verkäufers, die verkaufte Sache zu übergeben und zu übereignen, gegen die Verpflichtung des Käufers, den vereinbarten Kaufpreis zu bezahlen).

Man kann auch *entgeltliche* (Kauf) und *unentgeltliche* (Schenkung) Verträge unterscheiden.

Verträge sind grundsätzlich formfrei, doch ist bei manchen die Schriftform (z. B. Mietvertrag) oder notarielle Beurkundung (z. B. Grundstückskaufvertrag) erforderlich. Es besteht zur Begründung von Schuldverhältnissen grundsätzlich *Vertragsfreiheit* sowohl hinsichtlich des Abschlusses wie der inhaltlichen Gestaltung. Die im BGB vorgegebenen Vertragstypen (Kauf, Schenkung, Miete usw.) sind daher nicht zwingend. Allerdings ist die Vertragsfreiheit nicht unbeschränkt (Abschlußzwang bei Monopolbetrieben; sozial- und ordnungspolitische Gründe; Grundrechte und Verfassungsprinzipien; öffentlich-rechtliche Genehmigungsvorbehalte).

2. Das Vertragsrecht (can. 1290)

Der CIC kennt kein eigenes Vertragsrecht, sondern übernimmt die staatlichen Vorschriften, um die Rechtsverbindlichkeit der Rechtsgeschäfte in Vermögenssachen sicherzustellen. Daher ist die Rechtsordnung des Staates, in dessen Territorium das Rechtsgeschäft vorgenommen wird, hinsichtlich des Abschlusses wie der Erfüllung auch für die Kirche verbindlich, soweit sie nicht dem göttlichen Recht entgegensteht oder das kanonische Recht nicht etwas anderes vorsieht. Demnach gelten im deutschen Staatsgebiet hauptsächlich die Bestimmungen des BGB (in Österreich: des Allgemeinen Bürgerlichen Gesetzbuchs, ABGB; in der Schweiz: des Zivilgesetzbuchs, ZGB).

3. Veräußerung von Kirchenvermögen (cann. 1291–1294)

a) Das Kirchenvermögen ist seinem Zweck entsprechend (vgl. can. 1254 § 2) auf Dauer angelegt. Deswegen enthält der CIC einige Bestimmungen über die Veräußerung (alienatio) von kirchlichem Vermögen, denen Schutzfunktion zukommt. Das kanonische Recht ist grundsätzlich veräußerungsfeindlich und verlangt zur wirksamen Veräußerung von Kirchengut bestimmte Förmlichkeiten (hauptsächlich Beachtung von Genehmigungsvorbehalten). Daher gilt der *Grundsatz,* daß Güter, die zum rechtmäßigen Stammvermögen einer kirchlichen öffentlichen juristischen Person gehören und einen bestimmten, rechtlich festgesetzten Wert übersteigen, gültigerweise nur mit Genehmigung der zuständigen Autorität veräußert werden dürfen. Zum Stammvermögen gehören nur die auf längere Sicht angelegten Vermögenswerte, nicht die jederzeit verfügbaren Mittel wie etwa Erträgnisse oder Früchte. Es obliegt der Bischofskonferenz, für ihr Gebiet festzulegen, ab welchem *Mindestwert* eine Veräußerung überhaupt genehmigungspflichtig ist und ab welchem *Höchstwert* für die Genehmigung der Apostolische Stuhl zuständig ist (sog. Romgrenze). Diese Festlegung bedarf nicht mehr der Approbation des Apostolischen Stuhls.

Derzeit gelten im Gebiet der DBK als Höchstgrenze DM 500 000 für Veräußerungen und DM 1 000 000 für Darlehensaufnahmen (AfkKR 135, 1966, 593).

b) Für die Genehmigung ist zuständig:
  aa) Der *Apostolische Stuhl* bei der Veräußerung von

– Sachen, die den Wert der Höchstgrenze übersteigen;
– Votivgaben;
– kostbaren Sachen.

bb) Der *Diözesanbischof* ist zuständig bei Sachen, deren Wert zwischen Mindest- und Höchstgrenze liegt. Bevor dieser aber die Genehmigung erteilt, muß er die Zustimmung des Rates für wirtschaftliche Angelegenheiten, des Kollegiums der Konsultoren und der Beteiligten (Stifter, Patron, Erbe) einholen. Die Zustimmung derselben Gremien bzw. Personen benötigt der Diözesanbischof zur Veräußerung von Gütern des Bistums.

cc) Bei juristischen Personen, die nicht dem Diözesanbischof unterstehen, wird die Genehmigungskompetenz nach den jeweiligen Statuten geregelt.

Damit die kirchenrechtlichen Genehmigungsvorbehalte auch Außenwirkung, d. h. zivilrechtliche Relevanz haben, müssen die entsprechenden kirchlichen Satzungen zur Sicherheit des Rechtsverkehrs in staatlichen Organen publiziert werden (z. B. wurde die „Satzung über die Verwaltung des katholischen Kirchenvermögens im Erzbistum Freiburg badischen Anteils" vom 19. 9. 1958 mit Wirkung vom 1. 1. 1959 (ABl. für die Erzd. Freiburg 1958, 331 ff.) im Gesetzblatt für Baden-Württemberg 1959, 23 ff. veröffentlicht).

c) Damit Kirchengut zulässigerweise veräußert, d. h. die erforderliche Genehmigung erteilt werden kann, sind folgende Voraussetzungen erforderlich:

aa) es muß ein *gerechter Grund* vorliegen, z. B. eine dringende Notwendigkeit (Schuldentilgung, Kirchenbau), offensichtlicher Nutzen, Werke der Frömmigkeit oder Caritas (Sorge für Arme und Kranke) sowie andere bedeutsame pastorale Erfordernisse;

bb) es muß eine *schriftliche Schätzung* des zu veräußernden Gutes von Sachverständigen vorliegen; der Schätzwert darf bei der Veräußerung nicht unterschritten werden;

cc) andere zur Vermeidung von Schaden vorgeschriebene Bestimmungen der zuständigen Autorität sind zu beachten.

d) Der aus der Veräußerung erzielte Gelderlös ist zum Nutzen der Kirche vorsichtig anzulegen (Grundstücke, mündelsichere Wertpapiere u. a.) oder entsprechend dem Veräußerungszweck in kluger Weise zu verwenden.

4. *Andere Rechtsgeschäfte (cann. 1295, 1297, 1298)*

Die Bestimmungen über die Veräußerung von Kirchenvermögen (s. oben 3) gelten auch bei jedem anderen Rechtsgeschäft, das die Verschlechterung der Vermögenslage einer juristischen Person mit sich bringt. Dazu können gehören Kauf, Tausch, Verleihung, Schenkung, Verpachtung, Vermietung, Belastung und ähnliches. Die Statuten juristischer Personen sind den entsprechenden Vorschriften des allgemeinen Rechts anzugleichen. Die Bischofskonferenzen haben unter Beachtung der örtlichen Verhältnisse die Vermietung und Verpachtung von Kirchenvermögen, insbesondere die Genehmigungskompetenz, zu regeln. Verkauf, Verpachtung und Vermietung von Kirchenvermögen an Blutsverwandte oder Verschwägerte bis zum vierten Grad ist dem Vermögensverwalter nur mit schriftlicher Sondergenehmigung der zuständigen Autorität gestattet.

5. *Rechtswidrige Veräußerungen (can. 1296)*

Rechtswidrig ist eine Veräußerung, die ohne die vom Recht geforderten Förmlichkeiten (Zulässigkeitsvoraussetzungen, Genehmigung) erfolgt. Ist eine kanonisch rechtswidrige Veräußerung zivilrechtlich wirksam, ist es Sache der kirchlichen Autorität, unter Abwägung aller Umstände zu prüfen, ob zur Sicherstellung der Rechte der Kirche persönliche oder dingliche Klage erhoben werden soll. Die persönliche Klage würde sich gegen den rechtswidrigen Veräußerer auf Schadensersatz richten, die dingliche Klage gegen den Besitzer auf Herausgabe der Sache. Der Besitzer hätte Anspruch auf Schadensersatz gegen den Veräußerer.

§ 115. Fromme Verfügungen und Stiftungen
(cann. 1299–1310)

I. *Fromme Verfügungen*
(cann. 1299–1302)

1. *Begriff*

Unter frommer Verfügung (voluntas pia) versteht man eine Vermögenszuwendung zu einem kirchlichen Zweck; sie kann durch

Rechtsgeschäfte unter Lebenden (Schenkung) oder von Todes wegen (Testament, Vermächtnis, Erbvertrag) erfolgen.

2. Die Verfügungsfähigkeit (can. 1299)

Der CIC stellt den Grundsatz auf, daß jede nach dem Natur- oder Kirchenrecht zur freien Verfügung über ihre Güter fähige Person durch Rechtsgeschäfte unter Lebenden oder von Todes wegen Vermögenswerte frommen Zwecken zuwenden kann. Die Kirche wendet sich damit gegen staatliche Gesetze, die die Verfügungsfreiheit zuungunsten der Kirche willkürlich einschränken.

Die im can. 1299 § 1 genannte Verfügungsfähigkeit ist von der Geschäftsfähigkeit wohl zu unterscheiden. Nur der Geschäftsfähige kann die Verfügungsmacht ausüben.

Bei Verfügungen von Todes wegen zugunsten der Kirche müssen, soweit möglich, die Förmlichkeiten des staatlichen Rechtes eingehalten werden, damit die Durchsetzbarkeit auch im staatlichen Bereich gesichert ist. Sind diese Förmlichkeiten jedoch unterlassen oder nicht beachtet worden, sind die Erben an ihre Pflicht zu erinnern, den Willen des Erblassers zu erfüllen.

Bei Verfügungen von Todes wegen ist darauf zu achten, daß der letzte Wille des Erblassers eindeutig feststeht, damit die Erfüllungsverpflichtung nach can. 1299 § 2 angemahnt werden kann. Der letzte Wille steht beispielsweise nicht fest, wenn der Sterbende dem Beichtvater ohne Zeugen erklärt, er vermache der Kirche einen bestimmten Vermögenswert. Das gleiche gilt, wenn der Verstorbene früher einmal versprochen hat, der Kirche etwas zu vererben, das Versprechen dann aber – aus welchem Grund auch immer – in seinen letzten Willen nicht oder nicht eindeutig aufgenommen hat.

3. Die Verfügungsausführung (cann. 1300–1302)

Der Wille des Gebers (Stifters) ist bei Rechtsgeschäften unter Lebenden und bei Verfügungen von Todes wegen bei der Verwaltung wie bei der Verwendung des zugewendeten Vermögens sorgfältig zu erfüllen.

Der Ordinarius ist der Vollstrecker aller Verfügungen zu frommen Zwecken. Er kann und muß über die Einhaltung der Verpflichtungen wachen. Die von ihm beauftragten Vollstrecker sind ihm nach Ausführung ihres Auftrages Rechenschaft schuldig. Hiergegen verstoßende Klauseln in der letztwilligen Verfügung gelten als nicht beigefügt.

Werden jemandem Zuwendungen zu frommen Zwecken durch Rechtsgeschäft unter Lebenden oder testamentarisch *treuhänderisch* übergeben, ist der Ordinarius von dieser Treuhand zu unterrichten und über alle beweglichen und unbeweglichen Vermögensstücke mit den darauf ruhenden Lasten zu informieren. Schließt der Geber die Erfüllung dieser Verpflichtungen aus, darf die Treuhand nicht übernommen werden.

Ist die Treuhand einem Angehörigen einer Ordensgemeinschaft oder einer Gesellschaft des apostolischen Lebens übertragen, und handelt es sich um Zuwendung zugunsten eines Ortes, der Diözese, ihrer Einwohner oder frommer Einrichtungen, ist unter Ordinarius der Ortsordinarius zu verstehen. Handelt es sich um einen Angehörigen einer Ordensgemeinschaft oder einer Gesellschaft des apostolischen Lebens *päpstlichen Rechts,* gilt als Ordinarius der höhere Obere. Bei anderen Ordensangehörigen ist dessen Ordinarius proprius zuständig. Der Ordinarius muß auf die sichere Anlage der treuhänderisch übertragenen Güter und über die Ausführung der frommen Verfügung wachen.

Unter Treuhand versteht man ein Rechtsgeschäft, durch das dem Treuhänder Rechte zur Ausübung im eigenen Namen übertragen werden (Eigentum), bei deren Ausübung er aber im Verhältnis zum Treugeber gewissen Beschränkungen hinsichtlich der Zweckbestimmung oder Verwendung unterworfen ist. Treuhand unterscheidet sich von Stellvertretung dadurch, daß der Treuhänder in eigenem, nicht in fremdem Namen handelt.

4. Herabsetzung, Änderung, Umwandlung (can. 1310)

Die Herabsetzung, Änderung oder Umwandlung von Verfügungen der Gläubigen zu frommen Zwecken kann der Ordinarius einzig aus gerechtem und dringendem Grund vornehmen, falls der Stifter ihm diese Vollmacht eingeräumt hat.

Wenn die Erfüllung von Verbindlichkeiten wegen des verminderten Ertrages oder aus einem anderen Grund ohne Verschulden des Verwalters unmöglich geworden ist, kann der Ordinarius die Verpflichtungen reduzieren. Er muß jedoch sowohl die Beteiligten als auch den eigenen Rat für wirtschaftliche Angelegenheiten hören und den Stifterwillen so gut wie möglich beachten.

Die Reduktion von *Stiftungsmessen* fällt aber nicht unter diese Vollmacht.

Hierzu vgl. unten II, 4.

II. Fromme Stiftungen
(cann. 1303–1310)

1. Begriff (can. 1303)

Man unterscheidet selbständige und nichtselbständige Stiftungen.

a) *Selbständige fromme Stiftungen* (piae fundationes autonomae) sind mit eigener kirchlicher Rechtspersönlichkeit ausgestattete Vermögensmassen, deren Erträgnisse Werken der Frömmigkeit, des Apostolates oder der Caritas dienen.

b) *Nichtselbständige fromme Stiftungen* (piae fundationes non autonomae; Zustiftungen) sind zeitliche Güter, die in irgendeiner Form einer bereits bestehenden öffentlichen juristischen Person übergeben sind mit der Verbindlichkeit, auf längere, vom Partikularrecht zu bestimmende Zeit aus den jährlichen Erträgnissen die Feier von heiligen Messen oder sonstige kirchliche Funktionen oder Werke der Frömmigkeit, des Apostolats und der Caritas zu bestreiten.

Die nichtselbständigen Stiftungen haben demnach keine eigene Rechtspersönlichkeit, sondern stellen ein Sondereigentum der juristischen Person dar, die damit bedacht worden ist und durch die Annahme des Stiftungsgutes die Erfüllung der Stiftungsverbindlichkeit übernimmt.

Das Stiftungsrecht des CIC handelt von den nichtselbständigen Stiftungen.

2. Entstehen einer Stiftung (cann. 1304, 1306)

Die Annahme einer Stiftung setzt die schriftliche Genehmigung des Ordinarius voraus. Er darf diese nur erteilen, nachdem er sich vergewissert hat, daß die bedachte juristische Person neben den neuen Verpflichtungen auch den schon bestehenden nachkommen kann. Besonders ist darauf zu achten, daß die Einkünfte aus der Stiftung nach Maßgabe der Sitte des Ortes oder der Region den darauf lastenden Verbindlichkeiten entsprechen.

Weitere Bedingungen für die rechtmäßige Entstehung einer Stiftung sind im Partikularrecht zu regeln.

Über Stiftungen ist, auch wenn sie mündlich gemacht werden, eine Stiftungsurkunde anzufertigen, wovon ein Exemplar im Archiv der Kurie, das andere im Archiv der bedachten juristischen Person sicher zu verwahren ist.

3. Die Stiftungsverwaltung (cann. 1305, 1307, 1303 § 2)

Besteht die Stiftung aus Geld oder beweglichen Sachen, sind diese vorsichtig und nutzbringend und nach dem klugen Ermessen des Ordinarius anzulegen, der die Beteiligten und den eigenen Rat für wirtschaftliche Angelegenheiten hören muß. Für die gewissenhafte Erfüllung der Stiftungsverpflichtungen gelten dieselben Normen wie für fromme Verfügungen. Zudem ist alljährlich vom Verantwortlichen Rechenschaft über die Erfüllung abzulegen und ein Stiftungsverzeichnis zu führen und bekanntzumachen. Außer dem Meßstipendienbuch ist vom Pfarrer oder Kirchenrektor ein Stiftungsmessenbuch zu führen, in dem die einzelnen Verpflichtungen, deren Erfüllung und die erhaltenen Stipendien notiert werden müssen.

Nach Ablauf der für die Verbindlichkeiten einer nichtselbständigen Stiftung vorgesehenen Zeit fällt das Stiftungsvermögen an das im Bistum errichtete Institut zum Unterhalt des Klerus (can. 1274 § 1), falls die mit der Stiftung bedachte juristische Person dem Diözesanbischof unterstellt ist und der Stifterwille nicht ausdrücklich etwas anderes bestimmt; andernfalls direkt an die juristische Person.

4. Die Herabsetzung und Übertragung von Stiftungsmessen (cann. 1308, 1309)

a) Die Herabsetzung von Stiftungsmessen kann nur aus gerechtem und dringendem Grund und ausschließlich vom *Apostolischen Stuhl* vorgenommen werden.

b) Der *Ordinarius* kann bei vermindertem Stiftungsertrag die Meßverpflichtungen herabsetzen, wenn es in der Stiftungsurkunde ausdrücklich vorgesehen ist.

c) Der *Diözesanbischof* hat die Vollmacht, Meßverpflichtungen aus selbständigen Vermächtnissen oder anderen Stiftungen nach Maßgabe des im Bistum geltenden Meßstipendiensatzes herabzusetzen, wenn und solange der Ertrag aus dem Stiftungsvermögen vermindert ist und niemand aufgrund einer Verpflichtung zur Aufstockung des Vermögens gezwungen werden kann. Er hat zudem die Vollmacht, die Verbindlichkeiten oder Vermächtnisse hinsichtlich von heiligen Messen herabzusetzen, wenn der Ertrag zur Erfüllung des der bedachten kirchlichen Einrichtung eigenen Zweckes nicht mehr ausreicht. Demnach ist die

Reduktion von Meßverpflichtungen verschieden zu behandeln, je nachdem, ob es um eine Stiftung ausschließlich zur Feier von heiligen Messen oder um eine Stiftung mit einem anderen Zweck, dem auch noch eine Meßverpflichtung beigefügt ist, geht.

d) Dieselben Vollmachten wie der Diözesanbischof hat der *höchste Obere* (Generalobere) eines klerikalen Ordensverbandes päpstlichen Rechts.

e) Die unter a – d genannten Autoritäten besitzen außerdem die Vollmacht, aus einem angemessenen Grund Meßverpflichtungen auf einen anderen Tag, eine andere Kirche oder einen anderen Altar, als in der Stiftung festgelegt, zu übertragen.

SECHSTES BUCH
DAS STRAFRECHT

(cann. 1311–1399)

ERSTER TEIL
STRAFEN UND STRAFTATEN IM ALLGEMEINEN
(cann. 1311–1363)

§ 116. **Strafanspruch und Strafarten**
(cann. 1311, 1312, 1314, 1315 § 2, 1318)

1. Der Strafanspruch (can. 1311)

a) Die Kirche hat das ursprüngliche und eigene Recht, straffällig gewordene Gläubige mit Strafen zu belegen. Gläubige im Sinne des Strafrechtes sind nach can. 11 alle in der katholischen Kirche Getauften und in sie Aufgenommenen. Demnach fallen Angehörige nichtkatholischer Kirchen oder kirchlicher Gemeinschaften nicht unter die kanonische Strafgewalt, wohl aber solche Katholiken, die sich von der Kirche getrennt haben.

Die Kirche ist nach dem Willen ihres göttlichen Stifters das unter apostolischer Leitung stehende Volk Gottes, „das ihn in Wahrheit anerkennen und ihm in Heiligkeit dienen soll". Diese Heilsgemeinschaft hat Christus „mit seinem Geiste erfüllt und mit geeigneten Mitteln sichtbarer und gesellschaftlicher Einheit ausgerüstet" (vgl. LG Art. 9). Zu diesen Mitteln gehört das gesamte Recht der Kirche, näherhin auch die Vollmacht, dort strafend einzugreifen, wo durch das Verhalten einzelner der Heilsauftrag gefährdet oder die kirchliche Ordnung erheblich gestört wird. Die *Strafzwecke der Besserung und der Sühne* machen dies besonders deutlich. Auch bei der Ausübung der Strafgewalt darf die Kirche sich allein von der „salus animarum" leiten lassen.

Von Bedeutung für die *biblische Begründung* der kirchlichen Strafgewalt ist Mt 18,15–18, wo Vollmacht und Anweisung zum Vorgehen gegen den sündigen Bruder gegeben werden. Der Abschnitt betrifft die Gemeindedisziplin, zeigt aber auch das Bemühen um das sündige Gemeindeglied. Es werden hier förmliche Verfahrensschritte aufgezeigt, die schließlich, falls der Sünder nicht zu Buße und Umkehr findet, mit der Ausstoßung aus der Gemeinschaft kraft der Binde- und Lösegewalt beendet werden. Dieser Text stellt die Hauptquelle für die Existenzberechtigung des Bannes in der Kirche und damit des später weiterentwickelten kanonischen Strafrechtes dar.

Weitere hierfür wichtige Stellen im Neuen Testament sind: Joh 20,21–23; 15,1–8; Apg 5,1–11; 8,18–24; 1 Kor 4,21; 5,1–5; 1 Tim 1,18–20 mit 2 Tim 2,17; 1 Tim 5,19f.

337

Bei der Erhaltung der Ordnung in der Kirche und als äußeres Zwangsmittel zur Zurückführung Verirrter haben Androhung und Verhängung
von Kirchenstrafen ihren Sinn, sie dürfen aber den Geist des Evangeliums nicht verletzen und müssen stets mit dem übernatürlichen Ziel der
Kirche vereinbar sein (vgl. can. 1312 § 2). Da es zum Wesen der Kirchenstrafe gehört, daß den Gläubigen ein geistliches oder zeitliches Gut entzogen wird, darf sie nur wohlbedacht und mit größter Umsicht
angewendet werden (sobrie tamen magnaque circumspectione; Konzil
von Trient, Sess. XXV, Decr. de ref. gen., cap. III). Gerechtigkeit und kanonische Billigkeit sind die Maßstäbe der kirchlichen Strafverhängung.

b) Durch eine rechtmäßig verhängte Kirchenstrafe wird die
Rechtsausübung des Bestraften eingeschränkt. Entsprechend den
jeweiligen Strafwirkungen hat diese Rechtswirkung unterschiedliche Qualität. Niemals führt eine Kirchenstrafe aber zu einem
„Ausschluß" aus der Kirche, da die in der Taufe grundgelegte
Zugehörigkeit zur Kirche durch keinerlei Strafe berührt wird und
nicht rückgängig zu machen ist.

2. Strafarten (cann. 1312, 1314, 1315 § 2, 1318)

Das kanonische Strafrecht unterscheidet die Strafen nach ihrem
Zweck, nach der Form der Verhängung und nach dem gesetzlichen Strafmaß.

a) Nach dem Zweck der Strafe unterscheidet der CIC folgende Arten:

aa) *Besserungsstrafen* (poenae medicinales; Beugestrafen)
oder Zensuren.

Näheres s. cann. 1331–1335; § 119.

bb) *Sühnestrafen* (poenae expiatoriae)

Näheres s. cann. 1336–1338; § 120.

cc) *Strafsicherungsmittel* (remedia poenalia) und *Strafbußen*
(paenitentiae). Die ersten dienen meist der Vorbeugung gegen
Straftaten, die zweiten eher zur Unterstützung oder Verschärfung
verhängter Strafen.

Näheres s. cann. 1339, 1340; § 121.

b) Hinsichtlich der Form der Verhängung kennt der CIC:
aa) Die *Spruchstrafen* (poenae ferendae sententiae), die vom
zuständigen Oberen mit richterlicher Vollmacht durch Strafurteil
oder Strafverfügung verhängt werden. Nicht sämtliche mit

Spruchstrafen bewehrten Tatbestände müssen verfolgt werden. Der CIC unterscheidet zwischen fakultativer (puniri potest) und obligatorischer (puniatur) Strafverfolgung (vgl. can. 1315 § 3). Die meisten Kirchenstrafen sind Spruchstrafen.

bb) Die *Tatstrafen* (poenae latae sententiae), die mit Begehung der Tat (vollendete Erfüllung der objektiven und subjektiven Tatbestandsmerkmale) von selbst eintreten. Tatstrafen müssen ausdrücklich als solche im Gesetz oder Strafbefehl angedroht sein und dürfen nur angedroht werden gegen *Vorsatztaten,* die entweder ein größeres Ärgernis bewirken oder durch Spruchstrafen nicht wirkungsvoll verfolgt werden können.

c) Hinsichtlich des gesetzlichen Strafmaßes sind zu unterscheiden:

aa) *bestimmte Strafen,* die vom Gesetz für einen Straftatbestand angedroht werden. Sämtliche Tatstrafen sind naturgemäß bestimmte Strafen;

bb) *unbestimmte Strafen,* bei denen das Gesetz nur die Strafbarkeit eines Deliktes feststellt, das Strafmaß aber dem Richter überläßt. Das richterliche Strafmaß muß sich an den kanonischen Strafzwecken und dem übernatürlichen Charakter und Auftrag der Kirche sowie den Strafzumessungsgründen orientieren.

§ 117. Strafgesetz und Strafbefehl
(cann. 1313–1320)

1. Der Strafgesetzgeber (cann. 1315–1317)

Wer Gesetzgebungsvollmacht hat, kann auch Strafgesetze erlassen. Die Strafandrohung ist nicht nur möglich hinsichtlich der eigenen (Partikular-)Gesetze, sondern kann auch für das göttliche oder ein von höherer Instanz erlassenes kirchliches Gesetz erfolgen. Zudem ist es möglich – allerdings nur bei dringendster Notwendigkeit –, daß im Partikularrecht eine Strafandrohung des allgemeinen Rechts verschärft oder eine unbestimmte bzw. fakultative Strafe in eine bestimmte bzw. obligatorische umgewandelt wird.

Die Diözesanbischöfe sollen auf eine möglichst einheitliche Strafgesetzgebung innerhalb eines Staates oder einer Region achten.

Hierin wird die Eigenberechtigung des bischöflichen Amtes deutlich; denn als Mitglied des Bischofskollegiums hat der Bischof die Leitungsgewalt seiner Teilkirche originär erhalten, die er auch als *Straf*gesetzgeber in Verantwortung für sein Bistum und die Gesamtkirche wahrzunehmen hat. Strafgesetze dürfen nur insoweit erlassen werden, als sie zur Aufrechterhaltung der kirchlichen Disziplin erforderlich sind.

Eine einzige Strafe ist von der partikularrechtlichen Strafgesetzgebung *ausgenommen:* die Entlassung aus dem geistlichen Stand.

2. Der Strafbefehlsgeber (can. 1319)

a) Durch den Strafbefehl (Strafgebot) wird eine Strafe angedroht für den Fall, daß jemand ein rechtswidriges Handeln nicht aufgibt oder die Durchführung eines Auftrages verweigert.

Insoweit jemand kraft der Leitungsvollmacht im äußeren Bereich Verwaltungsbefehle erlassen kann, kann er durch Befehl auch bestimmte Strafen androhen; ausgenommen sind Sühnestrafen ohne zeitliche Begrenzung.

Über den Verwaltungsbefehl s. § 6.

b) Ein Strafbefehl darf nur nach reiflicher Überlegung und bei dringender Notwendigkeit zur Erhaltung der kirchlichen Disziplin erlassen werden; Zensuren, besonders die Exkommunikation, nur mit äußerster Zurückhaltung und allein gegen schwere Vergehen.

Bei der Androhung von Tatstrafen durch Befehl ist das bei § 116, 2b, bb Gesagte zu beachten.

3. Die Anwendung von Strafgesetzen (can. 1313)

Nach can. 18 sind Strafgesetze strikte zu interpretieren, das heißt, daß der gesetzliche Tatbestand in seinen objektiven Merkmalen genau beachtet und die subjektive Seite der Tat (Schuldformen) gründlich geprüft werden müssen. Die Anwendung von Strafnormen auf vergleichbare Fälle ist nicht gestattet (Analogieverbot).

Zum Schutz des Straftäters dienen außerdem folgende Bestimmungen: Wird nach Begehung der Tat das Strafgesetz geändert, ist das für den Täter günstigere anzuwenden. Wird durch ein nachfolgendes Gesetz ein früheres Strafgesetz oder wenigstens die angedrohte Strafe aufgehoben, ist dadurch die entsprechende verhängte Strafe sofort erlassen.

340

§ 118. Straftäter und Strafe
(cann. 1321–1330)

1. Die Straftat (can. 1321 § 1)

Eine Strafe kann nur verhängt werden gegen jemanden, der eine nach außen in Erscheinung getretene Verletzung eines Gesetzes oder Befehls (externa legis vel praecepti violatio) begangen hat, die ihm wegen Vorsatzes oder Fahrlässigkeit in erheblichem Maße zuzurechnen ist (graviter imputabilis). Der kanonische Begriff einer strafbaren Handlung hat demnach ein objektives (die äußere Gesetzesverletzung) und ein subjektives (schwere Zurechenbarkeit) Element. Rein innere Akte (im Denken, Wollen) oder nicht bzw. vermindert schuldhafte Handlungen (Unterlassungen) erfüllen diesen Deliktsbegriff nicht und dürfen daher auch nicht bestraft werden.

Der CIC von 1917 hatte ausdrücklich formuliert, daß es sich bei einem Delikt um die Verletzung eines Gesetzes *mit Strafdrohung* handeln müsse (vgl. can. 2195 § 1 CIC von 1917), während der CIC von 1983 nur allgemein von der Verletzung eines Gesetzes oder Befehls spricht. Der Grundsatz nullum crimen (nulla poena) sine lege poenali praevia ist in diesem Gesetzbuch nicht mehr so deutlich normiert wie in seinem Vorgänger. Das heißt aber nicht, daß dieses Axiom in der kirchlichen Strafrechtsordnung nicht mehr gelten würde. Vielmehr ist hierin eine systematische Klarstellung zu sehen, da die Generalklausel des can. 1399 in besonderen Ausnahmefällen eine Bestrafung auch ohne vorgängige Strafdrohung gestattet (vgl. S. 357).

2. Schuldformen (can. 1321 §§ 2, 3)

Strafrechtlich relevant ist nur schwere Schuld; was schwere Zurechenbarkeit ausschließt, befreit von jeder Strafe.

Die Schuldformen sind Vorsatz (dolus) und Fahrlässigkeit (culpa).

a) Unter *Vorsatz* versteht man die bewußte und gewollte (deliberate) Verletzung eines Gesetzes oder Befehls. Demnach gründet der Vorsatz in einem frei entschiedenen Akt des Willens, d. h. in dem positiven Willensentschluß, wodurch ein rechtswidriger Erfolg direkt angestrebt und eine Handlung gesetzt wird, die dem Gesetz zuwiderläuft.

b) Unter *Fahrlässigkeit* versteht der CIC die Außerachtlassung der nötigen Sorgfalt (omissio debitae diligentiae; sogenannte Tatfahrlässigkeit). Sie liegt vor, wenn der Täter trotz tatsächlicher oder wenigstens möglicher Voraussicht eines rechtswidrigen Erfolges die erforderliche Sorgfalt außer acht gelassen hat, diesen Erfolg zu verhindern.

c) Das kanonische Strafrecht sieht in der Regel nur die Bestrafung von *Vorsatztaten* vor. Die Strafbarkeit fahrlässig begangener Taten muß im Gesetz oder Befehl eigens erwähnt werden. Der CIC kennt keine Fahrlässigkeitsdelikte.

d) Bei nach außen in Erscheinung getretener Tatbestandsverwirklichung wird die *Zurechenbarkeit* (widerleglich) *vermutet,* wenn das Gegenteil nicht offensichtlich ist. Das heißt, daß im Strafprozeß beim Nachweis des objektiven Tatbestandes die Schuld des Täters so lange vermutet wird, bis er den Gegenbeweis geführt hat.

3. Deliktsunfähigkeit (can. 1322)

Wer dauernd (habituell) des Vernunftgebrauchs beraubt ist, kann eine strafbare Handlung nicht begehen. Das gilt auch, wenn er bei Begehung der Tat einen gesunden Eindruck erweckt hat.

4. Strafausschließungsgründe (cann. 1323, 1325)

Straffrei bleiben trotz Erfüllung des gesetzlichen Tatbestandes folgende Täter:

a) Wer das 16. Lebensjahr noch nicht vollendet hat.

b) Wer ohne Schuld in Unkenntnis darüber war, daß er ein Gesetz oder einen Befehl übertritt.

Unaufmerksamkeit und Irrtum (Tatbestands- oder Verbotsirrtum) sind der Unkenntnis gleichgestellt. Allerdings schützen vermeidbare oder geflissentliche Unkenntnis (ignorantia crassa vel supina vel affectata) nicht vor Strafe. Dasselbe gilt für Trunkenheit oder andere Beeinträchtigungen der Einsichtsfähigkeit wie auch für absichtliche Leidenschaft, die eigens zur Begehung oder Entschuldigung der Tat herbeigeführt wurden.

c) Wer unter dem Einfluß physischer Gewalt oder durch Zufall, der nicht vorauszusehen oder dem nicht zu begegnen war, gehandelt hat.

d) Wer unter dem Zwang (relativ) schwerer Furcht oder in einer Notlage oder bei drohendem schwerem Schaden gehandelt hat. Schuldloser Irrtum über diesen Tatbestand bewirkt ebenfalls die Straffreiheit.

Die Straffreiheit tritt aber nicht ein, wenn die Tat in sich schlecht ist oder sich zum Nachteil des Seelenheils auswirkt.

e) Wer in Notwehr oder Nothilfe gegen einen ungerechten Angreifer im zulässigen Rahmen gehandelt hat. Schuldloser Irrtum über diesen Tatbestand bewirkt auch Straffreiheit.

f) Wer bei der Tat des Vernunftgebrauchs entbehrte. Dieser Strafausschließungsgrund kann nicht geltend gemacht werden, wenn er absichtlich herbeigeführt wurde.

5. Strafmilderungsgründe (can. 1324)

Die im Gesetz oder Befehl angedrohte Strafe muß gemildert oder durch eine Strafbuße ersetzt werden in folgenden Fällen:

a) bei eingeschränktem Vernunftgebrauch;

b) bei fehlendem Vernunftgebrauch infolge schuldhaft herbeigeführter Trunkenheit oder sonstiger Geistesverwirrung;

c) bei Beeinträchtigung der freien Entscheidungs- und Willensfähigkeit infolge heftiger Leidenschaft. Absichtlich herbeigeführte oder genährte Leidenschaft ist aber kein Strafmilderungsgrund.

d) bei Strafmündigen (16. Lebensjahr) unter 18 Jahren;

e) bei (relativ) schwerer Furcht infolge Zwangs oder Notlage oder drohendem schwerem Schaden, sofern die Tat in sich schlecht war oder sich zum Nachteil des Seelenheils auswirkte;

f) bei Notwehr- oder Nothilfeexzeß;

g) bei schwerer und ungerechter Provokation;

h) bei schuldhaftem Irrtum über die unter 4 d und e genannten Strafausschließungsgründe;

i) bei schuldloser Unkenntnis über die verletzte Strafnorm (s. hierzu auch oben 4b im Kleindruck);

h) bei verminderter, aber dennoch schwerer Zurechenbarkeit.

Außerdem kann der Richter die Strafe herabsetzen, wenn durch andere Umstände die Schwere der Tat gemindert ist.

6. Strafverschärfungsgründe (can. 1326)

Der Richter kann die angedrohte Strafe in folgenden Fällen erhöhen:

a) Wenn der Täter trotz Verhängung oder Feststellung einer

343

Strafe weiterhin strafbar handelt und aus den Umständen auf einen bösen Vorsatz im hartnäckigen Verharren geschlossen werden muß.

War die Strafe bei der Vortat eine Tatstrafe, kann eine andere Strafe oder Strafbuße zur Verschärfung verhängt werden.

b) Wenn der Täter eine höhere kirchliche Stellung innehat oder sein Ansehen bzw. sein Amt zur strafbaren Handlung mißbraucht.

c) Wenn der Angeklagte bei der Vorsatztat den rechtswidrigen Erfolg vorausgesehen, aber nichts gegen dessen Eintritt unternommen hat (verstärkter Vorsatz).

In den Partikulargesetzen oder in einem Strafbefehl können noch weitere Strafausschließungs-, -minderungs- und -verschärfungsgründe festgesetzt werden (can. 1327).

7. Deliktsversuch und Rücktritt vom Delikt (cann. 1328, 1330)

a) Unter *Versuch* einer Straftat versteht man Handlungen oder Unterlassungen, die ihrer Natur nach zur Begehung eines Deliktes führen, das aber aus irgendeinem Grunde doch nicht vollendet wurde. Die Straftat ist unvollendet, wenn nicht alle objektiven Tatbestandsmerkmale erfüllt sind.

Waren die Handlungen oder Unterlassungen in sich zur Begehung der Tat nicht geeignet (Mordversuch mit einem nicht wirksamen Gift), spricht man von Versuch mit untauglichen Mitteln. Fehlte dem Gegenstand, auf den der Versuch gerichtet war, eine wesentliche Eigenschaft, handelt es sich um einen Versuch am untauglichen Objekt (nichtkonsekrierte Hostien sind für die Entweihung der heiligen Species nicht geeignet).

Tritt die Vollendung der Straftat nicht ein aus Gründen, die völlig außerhalb des Willens des Täters lagen, spricht man von einer fehlgeschlagenen Straftat (delictum frustratum). Gibt der Täter das strafbare Handeln oder Unterlassen freiwillig auf, liegt Rücktritt vom Versuch vor.

b) Der Versuch ist in der Regel strafbar. Es gilt folgendes:
Der *Deliktsversuch* wird mit Strafbußen oder Strafsicherungsmitteln bestraft.

Die *fehlgeschlagene Straftat* wird nicht mit der vom Gesetz für das vollendete Delikt vorgesehenen Strafe, sondern milder geahndet, wenn die Strafnorm nichts anderes vorsieht.

Beim *Rücktritt* vom Versuch bleibt der Täter straffrei. Sind aber aus dem Versuch Ärgernis, großer Schaden oder Gefahr entstanden, kann eine allerdings mildere als für das vollendete Delikt vorgesehene Strafe verhängt werden.

c) Eine Straftat, die tatbestandsmäßig in einer Erklärung oder einer anderen Kundgabe von Willensentschlüssen, Lehrmeinungen oder Erkenntnissen besteht (z. B. can. 1369), gilt als unvollendet, solange von der Bekundung niemand Kenntnis genommen hat.

8. Die Mittäterschaft (can. 1329)

Wenn in gemeinsamem Einverständnis ein Delikt von mehreren begangen wird und für den Hauptverantwortlichen (auctor principalis) eine Spruchstrafe angedroht ist, werden auch die Mittäter mit derselben oder einer anderen, aber gleichschweren Strafe belegt. Bei geringerer Schuld kann auch eine geringere Strafe verhängt werden.

Hätte ohne die Mitwirkung der Mittäter die Straftat gar nicht begangen werden können und ist dafür eine Tatstrafe angedroht, tritt diese auch bei den Mittätern ein. Falls die Mittäter mit der Tatstrafe nicht belegt werden können (z. B. Entlassung aus dem geistlichen Stand bei Laien), können Spruchstrafen verhängt werden.

Mittäterschaft liegt nicht vor, wenn der gesetzliche Straftatbestand ohnehin mehrere Täter verlangt.

§ 119. Die Besserungsstrafen (Zensuren)

(cann. 1331–1335)

Ein dem kirchlichen Strafrecht eigenes Zwangsmittel ist die sogenannte Zensur (Besserungs-, Beugestrafe), die die Exkommunikation (Kirchenbann), die Gottesdienstsperre (Interdikt) und die Dienstenthebung (Suspension) sein kann. Sie sind auf den Willen des Gesetzgebers zurückzuführen, den Gesetzesunterworfenen auch durch das Mittel der Strafe zur Umkehr zu bewegen und ihm damit zum Heil zu dienen. Die Besserungsstrafen, insbesondere die Exkommunikation, sollen maßvoll und nur für schwere Straftaten angedroht werden (vgl. can. 1318). Eine Zensur kann

wirksam nur nach vorheriger Vermahnung verhängt werden
(can. 1347).

Es liegt im Wesen der Zensur als Besserungsstrafe, daß sie erlassen werden *muß,* wenn der Bestrafte sich gebessert hat (vgl.
can. 1358; § 123, 5 a).

1. Die Exkommunikation (can. 1331)

a) Dem Exkommunizierten ist es *verboten,*

aa) mit einer Dienstfunktion an der Feier der heiligen Eucharistie oder anderen Gottesdiensten teilzunehmen (z. B. als Zele-
brant, Prediger, Lektor, Kommunionhelfer);

bb) Sakramente oder Sakramentalien zu spenden und zu empfangen;

cc) irgendwelche kirchlichen Ämter, Dienste oder Aufgaben
auszuüben oder Jurisdiktionsakte zu setzen.

b) Die *formell verhängte oder festgestellte* Exkommunikation
hat für den Verurteilten zudem folgende Wirkungen:

aa) Beabsichtigt er, dem Liturgieverbot (1, a, aa) zuwiderzu-
handeln, ist er davon abzuhalten oder der Gottesdienst zu meiden, falls ein triftiger Grund nicht entgegensteht.

bb) Trotz des Verbotes gesetzte Jurisdiktionsakte sind ungültig.

cc) Die Inanspruchnahme früher erteilter Privilegien ist verboten.

dd) Eine Würde oder ein Dienst in der Kirche können gültig
nicht übernommen werden.

ee) Die Einkünfte aus einer Würde, einem Amt, jedwedem
Dienst oder einem Versorgungsanspruch in der Kirche stehen
ihm nicht mehr zu.

2. Die Gottesdienstsperre (can. 1332)

Für den Interdizierten gelten die oben unter 1, a, aa und bb aufge-
zählten Verbote. Ist das Interdikt formell verhängt oder festgestellt, ist zudem das oben unter 1, b, aa Gesagte zu beachten.

Da die Gottesdienstsperre einen Teil der Strafwirkungen der Exkommunikation zur Folge hat, nennt man sie auch den „kleinen Kirchenbann".

3. Die Dienstenthebung (cann. 1333, 1334)

Die Dienstenthebung ist eine reine Klerikerstrafe. Der Umfang der angedrohten oder verwirkten Suspension wird im Strafgesetz bzw. -befehl oder im Strafurteil bzw. -dekret im Rahmen des geltenden Rechts umschrieben. Im Strafgesetz, nicht aber im Strafbefehl, kann die Dienstenthebung ohne Einschränkung angedroht werden; sie hat dann alle im folgenden genannten Wirkungen:
Sie verbietet
a) sämtliche Akte der Weihegewalt;
b) sämtliche Akte der Jurisdiktionsgewalt;
c) die Ausübung aller oder einzelner mit einem Amt verbundenen Rechte oder Dienste.

Im Gesetz oder Befehl kann auch normiert werden, daß ein durch (Feststellungs-)Urteil Suspendierter Jurisdiktionsakte gültig nicht mehr vornehmen kann.

Von den Verboten aus der Suspension werden nicht erfaßt: Ämter und Jurisdiktionsgewalt, die nicht unter der Hoheit des bestrafenden Oberen stehen; das aufgrund des Amtes zustehende Wohnrecht; bei Suspension als Tatstrafe die Verwaltung der Güter, die wesentlich zum Amt des Suspendierten gehören. Wenn die Suspension den Bezug bestimmter Einkünfte verbietet, ist der rechtswidrige (auch gutgläubige) Empfänger restitutionspflichtig.

4. Ausnahmeregelung (can. 1335)

Verbietet eine Besserungsstrafe die Spendung von Sakramenten oder Sakramentalien oder die Vornahme von Jurisdiktionsakten, ist dieses Verbot aufgehoben, falls dies zum Trost von Gläubigen in Todesgefahr erforderlich ist. Ist eine als Tatstrafe zugezogene Zensur nicht formell festgestellt, ist das genannte Verbot auch aufgehoben, wenn ein Gläubiger aus jedwedem gerechten Grund um die geistliche Handlung oder den Jurisdiktionsakt bittet.

Der Suspendierte kann in den genannten Fällen also die Sterbesakramente, auch das Bußsakrament spenden. Ist die Suspension als Tatstrafe verwirkt, kann der suspendierte Priester jemanden, der darum bittet, im Bußsakrament absolvieren, nicht aber von sich aus Beichtgelegenheit anbieten.

§ 120. Die Sühnestrafen

(cann. 1336–1338)

Der primäre Zweck einer Sühnestrafe (poena expiatoria) ist die Vergeltung einer Straftat. Während bei der Zensur der Besserungsgedanke, also die salus animarum des einzelnen, im Vordergrund steht, sind Sühnestrafen auf die Wiederherstellung der gestörten Rechtsordnung (ordo ecclesiasticus) gerichtet. Die Sühnestrafe entzieht ein geistliches oder zeitliches Gut, muß aber immer mit dem übernatürlichen Zweck der Kirche vereinbar sein (vgl. can. 1312 § 2). Sie kann auf Dauer (in perpetuum) oder auf genau bestimmte bzw. unbestimmte Zeit (in tempus praefinitum – indeterminatum) verhängt werden.

Außer den im CIC genannten Sühnestrafen können auch andere im jeweiligen Gesetz angedroht werden.

1. Die Sühnestrafen im einzelnen (cann. 1336–1338 §§ 1,2)

Can. 1336 § 1 nennt folgende Sühnestrafen:

a) *Aufenthaltsverbot oder Zwangsaufenthalt* (sog. Konfination) an einem bestimmten Ort oder in einem Gebiet.

Diese Strafe kann nur gegen Geistliche und Ordensleute verhängt werden; bei der Anweisung eines Zwangsaufenthaltsortes an Ordensleute sind die jeweiligen Konstitutionen zu beachten.
Für die Konfination ist die Zustimmung des Ordinarius des vorgesehenen Zwangsaufenthaltsortes erforderlich, es sei denn, es handelt sich um ein Haus, das eigens für die Strafverbüßung oder Besserung auch nichtdiözesaner Geistlicher eingerichtet ist.

b) *Entzug* einer Amtsgewalt, eines Amtes, eines Dienstes, eines Rechtes, einer Vollmacht, einer Vergünstigung, eines Titels, einer Auszeichnung, auch wenn diese nur ehrenhalber verliehen sind.

Die Weihegewalt kann nicht entzogen, wohl aber ihre Ausübung im ganzen oder in einzelnen Fällen verboten werden. Der Entzug akademischer Grade ist ausgeschlossen.

c) *Ausübungsverbot* der unter b) genannten Tatbestände allgemein oder *an einem bestimmten Ort oder außerhalb eines bestimmten Ortes*. Dieses Verbot kann aber nie mit Nichtigkeitswirkung ausgestattet werden.

348

Der unter b) und c) genannte Entzug bzw. das Ausübungsverbot können sich aber nur auf Sachverhalte beziehen, die der Gewalt des die Strafe verfügenden Oberen unterstehen (der Bischof kann beispielsweise einen päpstlichen Ehrentitel nicht entziehen).

d) *Strafweise Versetzung* auf ein anderes Amt.

e) *Entlassung* aus dem geistlichen Stand. Die Befreiung von der Zölibatsverpflichtung ist damit nicht verbunden (vgl. can. 291).

Nur die unter c) genannten Ausübungsverbote können als Tatstrafen angedroht bzw. verwirkt werden.

2. Ausnahmeregelung (can. 1338 § 3)

Für die oben unter 1, c genannten Verbote gilt dieselbe Ausnahmeregelung wie für Zensuren (vgl. can. 1335; § 119,4).

§ 121. Strafsicherungsmittel und Strafbußen
(cann. 1339, 1340)

Die Strafsicherungsmittel (remedia poenalia) dienen hauptsächlich als Vorbeugungsmaßnahmen gegen drohende Straftaten, während die Strafbußen (paenitentiae) eher strafunterstützend bzw. -verschärfend wirken. Beides sind nicht Strafen im strengen Sinne, haben aber doch strafähnlichen Charakter, insoweit sie die Ehre des Betroffenen berühren und ihm eventuell ein Übel auferlegen. Sie setzen ein schuldhaftes Verhalten voraus, wenn dasselbe als Vorbereitungshandlung oder nächste Gelegenheit zur Straftat auch noch keine strafbare Handlung darstellt.

1. Die Strafsicherungsmittel (can. 1339)

Strafsicherungsmittel sind Verwarnung (monitio) und Verweis (correptio).

a) Die *Verwarnung* kann ausgesprochen werden, wenn jemand in erhöhter Gefahr steht, eine Straftat zu begehen, oder wenn nach vorausgegangenen Ermittlungen der dringende Verdacht einer Straftat vorliegt.

Die Verwarnung hat vorbeugenden Charakter und wird vom Ordinarius oder einer anderen Person (z.B. Dekan) erteilt.

b) Der *Verweis* ist vorgesehen, wenn das Verhalten einer Person Ärgernis erregt oder eine ernste Störung der Ordnung hervorruft; er ist den persönlichen und tatsächlichen Umständen anzupassen.

Verwarnung und Verweis müssen in einem Dokument festgehalten werden, das im Geheimarchiv der Kurie aufzubewahren ist.

2. Die Strafbußen (can. 1340)

Eine Strafbuße kann nur im äußeren Bereich auferlegt werden und besteht in einem Werk der Gottesverehrung, der Frömmigkeit oder der Caritas (Gottesdienstbesuch, Gebete, Wallfahrten, Fasten, Almosen, Exerzitien u. a.).

Der Ordinarius kann nach eigenem klugen Ermessen eine Verwarnung oder einen Verweis auch mit einer Strafbuße verbinden.

Für geheime Verfehlungen kann eine öffentliche Strafbuße niemals auferlegt werden.

§ 122. Die Strafverhängung
(cann. 1341–1353)

1. Grundsatz (cann. 1341, 1347)

Der geistliche Charakter des kanonischen Strafrechts wird in dem Grundsatz sichtbar, daß der Ordinarius die Verhängung einer Strafe erst dann in Aussicht nehmen soll, wenn er zur Überzeugung gelangt ist, daß die brüderliche Zurechtweisung (fraterna correctio), ein Verweis oder sonstige pastorale Maßnahmen nicht ausreichen, das Ärgernis zu beseitigen, die Gerechtigkeit wiederherzustellen und den Beschuldigten zu bessern.

Eine *Besserungsstrafe* kann wirksam überhaupt nur verhängt werden, wenn der Beschuldigte vorher wenigstens einmal ermahnt worden ist, von seiner Verstocktheit abzulassen, und er eine angemessene Frist zur Besserung hatte.

Diese strafbefreiende Besserung liegt vor, wenn der Beschuldigte die Straftat aufrichtig bereut und sowohl Schaden wie Ärgernis wiedergutgemacht bzw. die Wiedergutmachung wenigstens ernsthaft zugesichert hat.

2. *Urteil oder Dekret (can. 1342)*

a) Wenn dem gemeingerichtlichen Strafprozeß gerechte Gründe entgegenstehen, kann eine Strafe auch auf dem außergerichtlichen Weg durch *Strafverfügung* (decretum) festgestellt oder verhängt werden.

Ausgenommen von der außergerichtlichen Straffeststellung oder -verhängung sind Strafen ohne zeitliche Befristung und alle Fälle, in denen Gesetz oder Befehl eine Strafverfügung verbieten.
Strafsicherung oder Strafbußen können in jedem Fall durch Dekret verfügt werden.

b) Soll eine Strafverfügung ausgesprochen werden, muß der Obere die für den Richter im Strafprozeß geltenden Normen hinsichtlich der Strafverhängung beachten; ausgenommen sind die Verfahrensvorschriften.

3. *Strafzumessungsgründe (cann. 1343–1345, 1349)*

Bei der Strafzumessung sind die gesetzlich festgestellten Strafausschließungs-, -milderungs- und -verschärfungsgründe zu beachten (vgl. cann. 1323–1326; § 118, 4–6). Außerdem gilt für die Bestimmung des Strafmaßes folgendes:
a) Bei *fakultativen Strafdrohungen* kann der Richter nach klugem und gewissenhaftem Ermessen die Strafe herabsetzen oder durch eine Strafbuße ersetzen.
b) *Strafaufschub* ist möglich, wenn durch den sofortigen Strafvollzug ein größeres Übel zu entstehen droht.
c) Von der Strafverhängung kann *Abstand genommen oder eine mildere Strafe* bzw. *eine Strafbuße ausgesprochen werden,* wenn der Beschuldigte sich gebessert und das Ärgernis beseitigt hat oder wenn er durch die staatliche Gewalt schon ausreichend bestraft ist bzw. voraussichtlich bestraft werden wird.
d) *Strafaussetzung* (nur bei Sühnestrafen) kann gewährt werden, wenn der bisher unbescholtene Täter erstmals straffällig wurde und das entstandene Ärgernis den Vollzug der Strafe nicht erfordert.

Der Richter hat eine *Bewährungsfrist* festzusetzen. Wird der Bestrafte innerhalb dieser Frist erneut straffällig, muß er eine angemessene Gesamtstrafe verbüßen, falls das erste Delikt inzwischen nicht verjährt ist.

e) Von der Bestrafung kann *Abstand genommen* werden, wenn der Täter in seinem Vernunftgebrauch beeinträchtigt war oder infolge Furcht, Notlage, Leidenschaft, Trunkenheit oder einer anderen Geistesverwirrung gehandelt hat. In diesem Fall muß der Richter davon überzeugt sein, daß die Besserung des Täters anderweitig eher zu erreichen ist.

f) Bei einer unbestimmten Strafdrohung darf der Richter schwere Strafen, insbesondere Zensuren, nur in besonders schweren Fällen, Strafen ohne zeitliche Befristung überhaupt nicht verhängen.

4. Verbrechensmehrheit (can. 1346)

Verbrechensmehrheit liegt vor, wenn durch eine einzige Handlung (Idealkonkurrenz; Tateinheit) oder durch mehrere selbständige Handlungen (Realkonkurrenz; Tatmehrheit) mehrere Straftatbestände erfüllt worden sind. Wenn die Häufung aller verwirkten Einzelstrafen (Kumulationsprinzip) zu groß erscheint, kann der Richter nach klugem Ermessen eine ermäßigte Gesamtstrafe bilden.

5. Die Maßnahmen (can. 1348)

Wurde der Beschuldigte von der Anklage freigesprochen oder eine Strafe nicht verhängt, kann der Ordinarius Ermahnungen oder andere pastorale Maßnahmen, gegebenenfalls auch Strafsicherungsmittel, im Interesse des Beschuldigten oder des öffentlichen Wohles vornehmen.

6. Strafwirkungen (cann. 1350–1352)

a) Die Strafe bindet den Verurteilten *überall,* wenn nicht ausdrücklich etwas anderes vorgesehen ist.

b) In *Todesgefahr* ist das strafweise Verbot des Sakramenten- oder Sakramentalienempfangs ausgesetzt.

c) Eine Tatstrafe, die nicht formell festgestellt oder am Aufenthaltsort des Täters nicht bekannt ist, braucht ganz oder teilweise nicht beachtet zu werden, insoweit dies nicht ohne Gefahr eines großen Ärgernisses oder für den guten Ruf geschehen kann.

Zum *Beispiel* darf ein Pfarrer, dem als Tatstrafe die Ausübung des Weihedienstes untersagt ist, die Gemeindemesse zelebrieren, falls deren Unterlassung seinem guten Ruf schaden würde oder Ärgernis entstünde.

352

d) Bei der Bestrafung eines Klerikers durch Entzug zeitlicher Güter ist darauf zu achten, daß er wenigstens den Notbedarf behält. Bei Ausstoßung aus dem Klerikerstand, wodurch auch der Anspruch auf Unterhalt erlischt, hat der Ordinarius für Abhilfe zu sorgen, falls der Bestrafte infolge der Strafe Not leidet.

7. *Berufung und Beschwerde (can. 1353)*

Die Berufung gegen ein Strafurteil oder die Beschwerde gegen eine Strafverfügung haben aufschiebende Wirkung.

§ 123. Der Erlaß von Strafen
(cann. 1354–1363)

Der CIC unterscheidet nicht mehr wie sein Vorgänger zwischen absolutio bei Zensuren und dispensatio bei Sühnestrafen, sondern spricht nur noch von remissio (Erlaß) der Strafen.

1. *Grundregeln (can. 1354)*

a) Wer von einem durch Strafe geschützten Gesetz oder von einem Strafbefehl dispensieren beziehungsweise befreien kann, kann auch die durch Übertretung solcher Gesetze verwirkten Strafen erlassen.

b) Strafgesetze oder Strafbefehle können die Vollmacht zum Straferlaß auch Dritten übertragen.

c) Apostolische Vorbehalte sind eng zu interpretieren.

2. *Straferlaß bei Strafgesetzen (can. 1355)*

a) Eine durch Gesetz angedrohte und durch Urteil bzw. Verfügung festgestellte bzw. verhängte Strafe, also nicht die reine Tatstrafe, kann, sofern sie nicht dem Apostolischen Stuhl vorbehalten ist, erlassen werden:

aa) vom *Ordinarius,* dessen Gericht die Feststellung oder Verhängung der Strafe vorgenommen oder der selbst oder durch einen anderen die Strafverfügung ausgesprochen hat;

bb) vom *Ordinarius* des Aufenthaltsortes des Verurteilten, allerdings nach Beratung mit dem unter aa) genannten Ordinarius.

b) Eine durch Urteil oder Strafverfügung nicht festgestellte

Tatstrafe kann, falls sie nicht dem Apostolischen Stuhl vorbehalten ist, der Ordinarius erlassen: seinen Untergebenen und dem Täter, der sich in seinem Hoheitsgebiet aufhält oder dort die Tat begangen hat.
Dieselbe Vollmacht haben sämtliche Bischöfe innerhalb des Bußsakramentes.
Zusammenstellung der dem Apostolischen Stuhl vorbehaltenen Strafen s. § 130, I, 1.

3. Straferlaß bei Strafverfügungen (can. 1356)

Eine Tat- oder Spruchstrafe aufgrund eines Strafbefehls, der nicht vom Apostolischen Stuhl ergangen ist, kann erlassen werden:
  a) vom Ordinarius des Aufenthaltsortes des Täters;
  b) ist die Strafe urteils- oder beschlußmäßig verhängt oder festgestellt worden, auch von dem Ordinarius, der das gerichtliche Strafverfahren veranlaßt bzw. selbst oder durch andere den Beschluß erlassen hat. Vor dem Straferlaß ist möglichst der Strafbefehlsgeber zu konsultieren.

4. Straferlaß durch den Beichtvater (can. 1357)

a) Die von selbst eingetretenen, formell aber nicht festgestellten Zensuren der Exkommunikation oder Gottesdienstsperre kann der Beichtvater im *inneren sakramentalen Bereich* vorläufig erlassen, wenn es für den Pönitenten zu hart ist, so lange in der Todsünde zu bleiben, bis der zuständige Obere zum Straferlaß angegangen werden kann. Der Beichtvater muß den Pönitenten aber verpflichten, innerhalb eines Monats an den zuständigen Oberen oder einen für den Straferlaß bevollmächtigten Beichtvater zu rekurrieren und dessen Anordnungen Folge zu leisten. Für die Zwischenzeit sind dem Pönitenten eine angemessene Buße und, soweit möglich, die Wiedergutmachung des Ärgernisses und des Schadens aufzuerlegen. Kommt der Pönitent seiner Rekursverpflichtung nicht nach, lebt die Strafe wieder auf. Der Rekurs kann auch durch den Beichtvater, aber ohne Namensnennung, geschehen.
  b) In *Todesgefahr* kann jeder Priester, auch wenn er keine Beichtvollmacht besitzt, von allen Zensuren erlaubter- und gültigerweise absolvieren (can. 976). Nach der Genesung des Pönitenten gilt die unter a) genannte Rekurspflicht, falls es sich um eine

formell festgestellte bzw. verhängte oder dem Apostolischen Stuhl vorbehaltene Zensur gehandelt hat (can. 1357 § 3).

Im Unterschied zur Bevollmächtigung des Beichtvaters bei Gewissensnotstand des Pönitenten (s. a) können in Todesgefahr *alle Zensuren* (auch die Suspension) erlassen werden und besteht Rekurspflicht nur *nach der Genesung des Pönitenten und nur für festgestellte bzw. verhängte* (also nicht von selbst eingetretene) *oder dem Apostolischen Stuhl vorbehaltene Strafen.*

c) Der *Bußkanoniker* hat die Vollmacht, im sakramentalen Bereich von den von selbst eingetretenen, aber nicht festgestellten Zensuren, ausgenommen die dem Apostolischen Stuhl vorbehaltenen, zu absolvieren (can. 508 § 1).

Zusammenstellung der dem Apostolischen Stuhl vorbehaltenen Strafen s. § 130, I, 1.

5. Voraussetzungen für den Straferlaß (cann. 1358–1360)

a) Eine Besserungsstrafe kann nur erlassen werden, wenn der Bestrafte seine Verstocktheit aufgegeben hat, d. h., wenn er die Tat bereut und sowohl den Schaden als auch das Ärgernis beseitigt hat oder ernsthaft zu beseitigen verspricht.

Sind diese Voraussetzungen erfüllt, darf der Erlaß einer Zensur nicht verweigert, es können aber Ermahnungen oder andere pastorale Maßnahmen (auch Strafsicherungsmittel) im Interesse des Straffälligen und des öffentlichen Wohls vorgenommen werden.

b) Liegen mehrere Strafen vor, gilt der Erlaß nur für die darin ausdrücklich genannten. Ein allgemeiner Straferlaß beseitigt alle Strafen, ausgenommen die im Gesuch böswillig verschwiegenen.

c) Der Straferlaß muß aus freien Stücken geschehen; ist er durch schwere Furcht erpreßt worden, hat er keine Wirkung.

6. Formen des Straferlasses (can. 1361)

a) Der Erlaß von Strafen kann auch einem Abwesenden und bedingungsweise erteilt werden. Im sakramentalen Bereich ist naturgemäß (wenigstens moralische) Anwesenheit erforderlich.

b) Im äußeren Bereich hat der Straferlaß *schriftlich* zu erfolgen, wenn nicht ein triftiger Grund dagegenspricht.

c) Es ist darauf zu achten, daß das Gesuch um Straferlaß und der Erlaß selber geheim bleiben, insoweit nicht der Schutz des guten Rufes des Bestraften oder die Beseitigung des Ärgernisses etwas anderes geraten erscheinen lassen.

7. Die Verjährung (can. 1362)

Die Strafklage erlischt in der Regel durch Verjährung nach drei Jahren.

Ausgenommen sind:

a) Straftaten, deren Verfolgung der Kongregation für die Glaubenslehre vorbehalten sind.

b) Strafverfahren wegen versuchter Eheschließung oder Konkubinats bzw. anderer Sittlichkeitsdelikte von Geistlichen und wegen Mordes, Menschenraub, Verstümmelung, Körperverletzung und Abtreibung (cann. 1394, 1395, 1397, 1398) verjähren erst nach fünf Jahren.

c) Partikularrechtliche Strafnormen können andere Verjährungsfristen festsetzen.

Die Verjährungsfrist beginnt mit dem Tag der Tatbegehung bzw. bei Dauer- und Gewohnheitsdelikten mit dem Tag, an dem das strafbare Verhalten aufgegeben wurde. Wurde innerhalb der gesetzlichen Verjährungsfrist ein rechtskräftiges Strafurteil dem Bestraften nicht zugestellt, verjährt die Strafvollzugsklage.

ZWEITER TEIL
DIE EINZELNEN STRAFTATEN
(cann. 1364–1399)

Der CIC faßt die einzelnen Straftatbestände in sechs Fallgruppen nach den geschützten Rechtsgütern zusammen und schließt eine Generalnorm an. Diese norma generalis des can. 1399 beschließt im CIC zwar den besonderen Teil des Strafrechts und damit das gesamte sechste Buch, wird hier aber zunächst behandelt.

Die Generalnorm

(can. 1399)

Eine Strafe kann in der Regel nur aufgrund eines bestehenden Strafgesetzes oder eines Strafgebotes verhängt werden. Das kanonische Strafrecht durchbricht aber das Axiom „nulla poena sine lege poenali praevia". Nach can. 1399 *kann eine gesetzlich nicht mit Strafe bedrohte* nach außen in Erscheinung getretene Verletzung eines göttlichen oder kirchlichen Gesetzes (externa violatio) mit einer *gerechten Strafe* (iusta poena) geahndet werden, wenn die besondere Schwere der Gesetzesverletzung und Vermeidung oder Beseitigung eines Ärgernisses dies dringend erfordern.

Diese dem heutigen Rechtsempfinden nicht leicht zugängliche Generalklausel ist im Zusammenhang mit dem geistlichen Charakter des Kirchenrechts zu sehen. Die Norm kann daher nur angewandt werden unter Beachtung der kanonischen Strafzwecke und wenn alle Tatbestandsmerkmale im strengen Sinne erfüllt sind: Es muß sich um eine *nach außen in Erscheinung getretene Gesetzesverletzung* handeln (was im übrigen Voraussetzung für jede Strafverhängung ist) und sowohl die *Schwere der Tat* als auch *das zu befürchtende oder entstandene Ärgernis* zur Bestrafung geradezu drängen (urgere). – Im Folgenden wird bei der Strafe erwähnt, ob die Strafverfolgung obligatorisch oder fakultativ ist.

§ 124. Straftaten gegen die Religion und die Einheit der Kirche
(cann. 1364–1369)

1. Apostasie, Häresie, Schisma (can. 1364)

Glaubensabfall, Irrglauben und Abtrünnigkeit sind die schwersten Vergehen gegen Gottesverehrung und Einheit der Kirche.

Der Tatbestand ergibt sich aus can. 751. Danach ist *Apostasie* die völlige Ablehnung des christlichen Glaubens durch einen Getauften. *Häresie* liegt vor, wenn jemand nach der Taufe zwar nicht vom Christentum abfällt, aber die eine oder andere geoffenbarte und von der Kirche mit Glaubensverpflichtung vorgelegte Wahrheit (veritas fide divina et catholica credenda) hartnäckig leugnet oder bezweifelt. *Schisma* ist gegeben, wenn jemand die Unterordnung unter den Papst oder die Gemeinschaft mit den ihm unterstellten Gliedern (Bischöfen) grundsätzlich verweigert.

Strafen:

a) Exkommunikation als Tatstrafe;

b) ipso iure Amtsenthebung nach can. 194 § 1 n. 2 (nur bei Apostasie und Schisma);

c) für *Geistliche* außerdem fakultativ: Aufenthaltsverbot oder Zwangsaufenthalt, Entzug oder Ausübungsverbot von Ämtern, Diensten usw. (vgl. can. 1336 § 1 nn. 1–3).

Bei langandauernder Verstocktheit oder schwerem Ärgernis noch andere Strafen (auch Entlassung aus dem geistlichen Stand).

2. *Communicatio in sacris (can. 1365)*

Es muß sich um eine *verbotene* Teilnahme an einem Gottesdienst handeln. Beispielsweise die nach can. 908 verbotene Interzelebration.

Obligatorisch; angemessene Strafe.

3. *Nichtkatholische Taufe und Kindererziehung (can. 1366)*

Der Tatbestand ist erfüllt, wenn die Eltern oder ihre Stellvertreter die Kinder Dritten zur nichtkatholischen Taufe oder Erziehung überlassen (tradunt).

Die Straftat liegt sicher nicht vor, wenn in einer konfessionsverschiedenen Ehe trotz des ernsthaften Versprechens des katholischen Partners gemäß can. 1125 n. 1 die Kinder nicht katholisch getauft oder erzogen werden, weil die Kräfte des Katholiken zur Verwirklichung des Versprechens nicht ausreichen. Möglicherweise ist der Tatbestand aber erfüllt, wenn ein Katholik das Versprechen unaufrichtig abgibt, um die Befreiung vom Eheverbot oder die Dispens von der kanonischen Formpflicht zu erhalten, aber keinerlei Mühen aufwendet, das Versprechen zu realisieren.

Obligatorisch; Strafdrohung: Zensur oder sonstige angemessene Strafe.

4. Verunehrung der konsekrierten Species (can. 1367)

Der Tatbestand verlangt die Verunehrung der konsekrierten Gestalten durch Wegwerfen oder durch Entwendung bzw. Zurückbehaltung zu sakrilegischen Zwecken.

Strafen:

a) dem Apostolischen Stuhl vorbehaltene Exkommunikation als Tatstrafe;

b) für *Geistliche* fakultativ noch andere Strafen (auch Entlassung aus dem geistlichen Stand).

5. Falscheid und Eidbruch (can. 1368)

Sowohl die Verletzung eines Aussageeides (Falscheid, Meineid) wie auch eines Versprechenseides (Eidbruch) vor einer kirchlichen Autorität (gerichtlich und außergerichtlich) sind strafbar. Eine Eidesverletzung vor einer weltlichen Instanz fällt nicht unter diesen Tatbestand.

Näheres zum Eid vgl. § 102, II.

Obligatorisch; unbestimmte Strafe.

6. Gotteslästerung, Verletzung der guten Sitten, Beleidigung von Religion und Kirche (can. 1369)

Diese Strafnorm erfaßt verschiedene Tatbestände:

a) *Gotteslästerung* (blasphemia) ist jedwede Beschimpfung oder Verhöhnung Gottes;

b) schwere Verletzung der guten Sitten;

c) Beleidigung, Anstiftung zu Haß oder Verachtung von Religion und Kirche.

Die Tat muß begangen werden in einem öffentlichen Schauspiel, in einer öffentlichen Rede oder in einer veröffentlichten Schrift oder mittels sonstiger Publikationsmittel.

Obligatorisch; angemessene Strafe.

§ 125. Straftaten gegen die kirchliche Autorität und die Freiheit der Kirche

(cann. 1370–1377)

1. Realinjurie gegen Geistliche und Ordensleute (can. 1370)

Die physische Gewaltanwendung gegen Geistliche und Ordensleute wird je nach dem Rang des Angegriffenen unterschiedlich bestraft.

a) Realinjurie gegen den Papst.

Strafe: dem Apostolischen Stuhl vorbehaltene Exkommunikation als Tatstrafe;

für *Geistliche* fakultativ noch eine andere Strafe entsprechend der Schwere der Tat (auch Entlassung aus dem geistlichen Stand).

b) Realinjurie gegen einen Bischof.

Strafe: Gottesdienstsperre als Tatstrafe; für *Geistliche* zudem Dienstenthebung als Tatstrafe.

c) Realinjurie gegen Geistliche oder Ordensleute zur Verächtlichmachung des Glaubens, der Kirche, der kirchlichen Vollmacht oder ihres Dienstes.

Obligatorisch; angemessene Strafe.

2. Ungehorsam gegen Lehrentscheide und andere Vorschriften (can. 1371)

In dieser Strafnorm sind drei Tatbestände zusammengefaßt:

a) das Lehren einer vom Papst oder einem allgemeinen Konzil verworfenen Lehre;

b) die hartnäckige Ablehnung einer vom authentischen Lehramt, wenn auch nicht als Glaubenssatz vorgelegten Lehre (vgl. can. 752);

c) Ungehorsam gegenüber rechtmäßigen Anordnungen und Verboten des Apostolischen Stuhls, des Ordinarius oder des Oberen.

Der Verurteilung muß eine fruchtlose Ermahnung zum Widerruf bzw. zum Gehorsam vorausgegangen sein.

Obligatorisch; angemessene Strafe.

3. Rekurs gegen Anordnungen des Papstes (can. 1372)

Der Rekurs gegen einen Akt des Papstes an ein allgemeines Konzil oder an das Bischofskollegium ist strafbar.
Obligatorisch; Strafandrohung: Zensur.

4. Anstiftung zu Feindseligkeit und Ungehorsam (can. 1373)

Dieser Tatbestand erfaßt
– die Anstiftung von Untergebenen zu Feindseligkeit und Haß gegen den Apostolischen Stuhl oder den Ordinarius wegen irgendwelcher Akte der kirchlichen Gewalt oder des kirchlichen Amtes und
– Aufwiegelung zum Ungehorsam gegen diese Amtsträger.
Obligatorisch; Strafandrohung: Gottesdienstsperre oder angemessene Strafen.

5. Zugehörigkeit zu kirchenfeindlichen Vereinigungen (can. 1374)

Wer einer Vereinigung angehört, die gegen die Kirche aufwiegelt, macht sich strafbar. Die Freimaurerei wird nicht mehr eigens genannt.
Obligatorisch; angemessene Strafe; für den Förderer oder Leiter solcher Vereinigungen obligatorisch: Gottesdienstsperre.

6. Verletzung der kirchlichen Freiheit (can. 1375)

Dieser Strafcanon umfaßt:
a) die Behinderung der Freiheit des kirchlichen Amtes, einer Wahl oder der kirchlichen Gewalt;
b) die Behinderung des rechtmäßigen Gebrauchs heiliger oder sonstiger kirchlicher Güter;
c) die Einschüchterung eines Wählers, eines Gewählten oder des Inhabers einer kirchlichen Gewalt bzw. eines kirchlichen Amtes.
Fakultativ; angemessene Strafe.

7. Entweihung (can. 1376)

Die Entweihung (Profanation) beweglicher und unbeweglicher heiliger Sachen ist unter Strafe gestellt.
Obligatorisch; angemessene Strafe.

8. *Widerrechtliche Veräußerung von Kirchengut (can. 1377)*

Wer ohne die vorgeschriebene Erlaubnis Kirchengut veräußert, macht sich strafbar.

Obligatorisch; angemessene Strafe.

§ 126. Amtsanmaßung und Amtsmißbrauch

(cann. 1378–1389)

1. Straftatbestände zum Schutz der Sakramente (cann. 1378 bis 1380, 1385, 1387, 1388)

a) Die „*absolutio complicis*" (nach can. 977 außer in Todesgefahr unwirksam), d. h. die Lossprechung von einer Sünde gegen das sechste Gebot, die der Beichtvater mit dem Pönitenten begangen hat, ist bedroht mit der dem Apostolischen Stuhl vorbehaltenen Exkommunikation als Tatstrafe.

b) „*Sollizitation*" ist die Verführung des Pönitenten durch einen Priester anläßlich oder im Zusammenhang mit der Beichte zu einer Sünde gegen das sechste Gebot.

Dabei kann es sich um eine Sünde mit dem Beichtvater oder mit Dritten handeln. Es ist gleichgültig, ob der Pönitent der Verführung nachgegeben hat oder nicht.

Obligatorisch; Strafe: nach der Schwere der Straftat mit Dienstenthebung, Verboten verschiedenster Art (z. B. der Amtsausübung), Entzug von Ämtern, Vollmachten und ähnlichem (z. B. Beichtjurisdiktion), in schweren Fällen auch Entlassung aus dem geistlichen Stand.

c) *Der direkte oder indirekte Bruch des Beichtgeheimnisses.* Der direkte Bruch ist die Bekanntgabe von dem Beichtgeheimnis unterliegenden Erkenntnissen, indem die Person des Pönitenten genannt wird oder aus den bekanntgemachten Umständen auf die Person geschlossen werden kann. Indirekt wird das Beichtsigill verletzt, wenn die Erkenntnisse aus der Beichte zum Nachteil des Pönitenten gebraucht werden.

Näheres vgl. § 71, III, 2.

Strafen:

a) bei direktem Bruch dem Apostolischen Stuhl vorbehaltene Exkommunikation als Tatstrafe;

b) bei indirektem Bruch nach der Schwere der Tat (obligatorische Strafverfolgung).

Auch der Dolmetscher oder andere, die aus einer Beichte Erkenntnisse von Sünden erlangt haben, sind an das Beichtgeheimnis gebunden (vgl. can. 983 § 2), bei dessen Bruch sie mit einer gerechten Strafe, die Exkommunikation nicht ausgenommen, zu bestrafen sind.

d) *Simulierte Spendung des Bußsakramentes* liegt vor, wenn
aa) ein Nichtpriester die sakramentale Absolution vortäuscht oder die Beichte hört;
bb) ein Priester ohne Absolutionsvollmacht zu absolvieren versucht oder die Beichte hört.
Strafen: Gottesdienstsperre als Tatstrafe; für *Priester* Dienstenthebung als Tatstrafe. Bei schweren Taten können (fakultativ) noch andere Strafen, die Exkommunikation nicht ausgeschlossen, hinzugefügt werden.

e) Wer sich als Nichtpriester anmaßt, die *Feier der heiligen Eucharistie vorzutäuschen,* wird mit Gottesdienstsperre als Tatstrafe bestraft.

f) Die Vortäuschung der Spendung anderer Sakramente als der Eucharistie und Buße ist mit einer gerechten Strafe zu bestrafen (obligatorisch).

g) *Simonie* bei Spendung und Empfang der Sakramente liegt vor, wenn das geistliche Gut im Austausch für ein weltliches Gut gespendet oder empfangen wird.
Obligatorisch; Strafe: Gottesdienstsperre oder Dienstenthebung.

h) *Meßstipendienmißbrauch* ist der gesetzeswidrige Gewinn aus Meßstipendien; der Tatbestand kann erfüllt sein durch Nichtpersolvierung gespendeter Messen, durch zu hohe Stipendienforderung, durch Weitergabe eines geringeren als des erhaltenen Betrages, durch Vereinnahme mehrerer Stipendien an einem Tag oder in einer heiligen Messe.
Obligatorisch; Zensur oder andere angemessene Strafe.

2. Vergehen in Ausübung des priesterlichen Dienstes (cann. 1382–1384)

a) *Rechtswidrige Bischofsweihe* liegt vor, wenn ein Bischof ohne päpstliches Mandat jemanden zum Bischof weiht oder wenn sich jemand derart zum Bischof weihen läßt.

Strafe: dem Apostolischen Stuhl reservierte Exkommunikation als Tatstrafe.

b) *Rechtswidrige Weihe* liegt vor, wenn ein Bischof einen ihm nicht Unterstellten ohne Weiheentlaßschreiben des zuständigen Bischofs zum Diakon oder Priester weiht.

Strafe: für den *Bischof* Weiheverbot für ein Jahr (obligatorisch); für den *Geweihten* eo ipso Suspension von der Ausübung der empfangenen Weihe.

c) Wer in anderen als den unter 1 a–h und 2 a–b genannten Fällen den priesterlichen Dienst oder ein anderes geistliches Amt gesetzeswidrig ausübt, kann (fakultativ) mit einer gerechten Strafe belangt werden.

3. *Amtsanmaßung und Amtsmißbrauch (cann. 1381, 1386, 1389)*

a) *Amtsanmaßung* liegt vor, wenn ein Kirchenamt rechtswidrig angenommen und ausgeübt (usurpatio) oder nach Entzug bzw. Beendigung dasselbe nicht aufgegeben wird.

Obligatorisch; angemessene Strafe.

b) *Amtsmißbrauch* kann durch Handeln oder Unterlassen geschehen.

Obligatorisch; Strafe: nach der Schwere des Vergehens, Amtsentzug nicht ausgenommen. Sehen Gesetz oder Verfügung im konkreten Fall eine bestimmte Strafe vor, ist diese zu verhängen.

Bei schuldhafter Nachlässigkeit in der Amtsausübung zum Nachteil Dritter ist eine gerechte Strafe zu verhängen (obligatorisch).

c) *Bestechung* liegt vor, wenn jemand einem kirchlichen Amtsträger einen Vorteil gewährt oder verspricht, um ihn zu einem gesetzeswidrigen Handeln oder Unterlassen zu bewegen (aktive Bestechung), oder wenn ein Amtsträger sich durch die Annahme solcher Vorteile oder Versprechen zu pflichtwidrigem Handeln oder Unterlassen bewegen läßt (passive Bestechung).

Obligatorisch; angemessene Strafe.

§ 127. Fälschungsdelikte (crimen falsi)
(cann. 1390, 1391)

1. Falschanzeige wegen Sollizitation (can. 1390 § 1)

Der Tatbestand ist erfüllt, wenn jemand einen Priester der Verführung innerhalb der Beichte (sollicitatio in confessione) beim kirchlichen Oberen schriftlich oder mündlich fälschlich bezichtigt.

Strafe: Gottesdienstsperre als Tatstrafe; für *Geistliche* zudem Dienstenthebung als Tatstrafe.

Die Sünde der Falschanzeige darf erst absolviert werden, wenn der Pönitent die Anzeige widerrufen und sich bereit erklärt hat, eventuell angerichteten Schaden wiedergutzumachen (vgl. can. 982).

2. Verleumdung (can. 1390 § 2)

Eine sonstige verleumderische Strafanzeige bei einem kirchlichen Oberen oder die Schädigung des guten Rufes können mit gerechter Strafe, Zensuren nicht ausgenommen, bestraft werden (fakultativ).

Der Verleumder kann zu angemessener Wiedergutmachung angehalten werden.

3. Dokumentenfälschung (can. 1391)

Hierunter fallen verschiedene Tatbestände:

a) bei öffentlichen kirchlichen Dokumenten: die Herstellung falscher, die Fälschung, Vernichtung und Unterdrückung echter Dokumente und der Gebrauch falscher oder unechter Dokumente;

b) bei anderen Dokumenten: der Gebrauch falscher oder gefälschter Dokumente in einer kirchlichen Angelegenheit;

c) falsche Angaben in einem öffentlichen kirchlichen Dokument.

Fakultativ; angemessene Strafe.

§ 128. Straftaten gegen Standespflichten
(cann. 1392–1396)

1. Verbotene Handelsgeschäfte (can. 1392)

Wenn Geistliche oder Ordensangehörige selbst oder durch andere zum eigenen oder fremden Vorteil ohne Genehmigung der zuständigen Autorität Handelsgeschäfte betreiben (vgl. can. 286), machen sie sich strafbar. Die Ständigen Diakone sind von der Verbotsnorm ausgenommen und können daher auch nicht straffällig werden.
Obligatorisch; Strafe nach der Schwere des Deliktes.

2. Versuchte Eheschließung (can. 1394)

a) Da mit den heiligen Weihen die Verpflichtung zur Enthaltsamkeit verbunden ist, werden Geistliche, die eine Ehe, auch eine nur standesamtliche, zu schließen versuchen, straffällig.
Strafe: Gottesdienstsperre als Tatstrafe.

Wenn trotz Verwarnung nicht Abstand genommen und dauernd Ärgernis gegeben wird, können nach und nach auch Vorteile und Rechte entzogen und die Entlassung aus dem geistlichen Stand ausgesprochen werden (fakultativ). Nach can. 194 § 1 n. 3 zieht die versuchte Eheschließung ipso iure die Amtsenthebung nach sich.

b) Wird das unter a) genannte Delikt von einem nichtgeweihten Ordensangehörigen mit ewigen Gelübden begangen, ist die Strafe: Gottesdienstsperre als Tatstrafe; zudem nach can. 694 § 1 n. 2 Entlassung aus dem Ordensinstitut.

3. Sittlichkeitsvergehen (can. 1395)

Der Canon unterscheidet zwei Tatbestände:
a) Konkubinat eines Geistlichen und andere äußere Sünden gegen das sechste Gebot mit der Folge eines andauernden Ärgernisses.

Konkubinat ist ein eheähnliches Geschlechtsverhältnis geschlechtsverschiedener Personen ohne Ehewillen.

Obligatorisch; Strafe: Dienstenthebung; nach fruchtloser Vermahnung nach und nach andere Strafe bis zur Entlassung aus dem geistlichen Stand (fakultativ).

b) Andere Vergehen von Geistlichen gegen das sechste Gebot unter Anwendung von Gewalt oder Drohung oder in öffentlich bekannter Weise oder mit einem Jugendlichen unter 16 Jahren.

Obligatorisch; angemessene Strafe, Entlassung aus dem geistlichen Stand nicht ausgenommen.

4. Verletzung der Residenzpflicht (can. 1396)

Es muß sich um eine schwere Verletzung der mit einem Kirchenamt verbundenen Residenzpflicht handeln (z. B. Diözesanbischof, can. 395 § 1; Pfarrer, can. 533). Das Aufenthaltsgebot für Geistliche in der eigenen Diözese (can. 283 § 1) steht nicht unter diesem Strafschutz.

Obligatorisch; angemessene Strafe, Amtsentzug nicht ausgeschlossen.

5. Nichtvollzug von Straffolgen (can. 1393)

Wer mit einer Strafe verbundene Folgen nicht beachtet oder nicht an sich vollzieht, kann mit gerechter Strafe belegt werden (fakultativ). Der Tatbestand gilt für Kleriker und Laien.

§ 129. Straftaten gegen Leben und Freiheit
(cann. 1397, 1398)

1. Mord und anderes (can. 1397)

Für Mord, gewaltsam oder hinterlistig durchgeführten Menschenraub, Freiheitsberaubung, Verstümmelung und schwere Körperverletzung sind angedroht folgende

Strafen: nach der Schwere der Tat die in can. 1336 genannten Verbote und Entzüge von Rechten usw. (obligatorisch).

Mord am Papst, einem Bischof oder Geistlichen ist mit den für Realinjurien an diesen Personen in can. 1370 vorgesehenen Strafen zu ahnden (obligatorisch).

2. Abtreibung (can. 1398)

Die procuratio abortus ist die vorsätzlich und erfolgreich herbeigeführte (effectu secuto) Tötung der lebenden, außerhalb des Mutterschoßes nicht lebensfähigen Leibesfrucht. Der Versuch oder die vereitelte Tat sind nicht strafbar.

Strafe: Exkommunikation als Tatstrafe.

§ 130. Zusammenstellung der Straftaten nach der Strafdrohung

I. Tatstrafen

1. Dem Apostolischen Stuhl reservierte Tatstrafen:

Verunehrung der konsekrierten Species (can. 1367): Exkommunikation.

Realinjurie gegen den Papst (can. 1370 § 1): Exkommunikation.

Absolutio complicis (can. 1378 § 1): Exkommunikation.

Bischofsweihe ohne päpstlichen Auftrag (can. 1382): Exkommunikation.

Bruch des Beichtgeheimnisses (can. 1388): Exkommunikation.

2. Nichtreservierte Tatstrafen:

Apostasie, Häresie, Schisma (can. 1364): Exkommunikation.

Realinjurie gegen einen Bischof (can. 1370 § 2): Gottesdienstsperre; Geistliche: Suspension.

Simulierte Meßfeier und Absolution (can. 1378 § 2): Gottesdienstsperre; Geistliche: Suspension.

Weihespendung ohne Entlaßschreiben (can. 1383): Weiheverbot und Suspension von Weiheausübung.

Falschanzeige wegen Sollizitation (can. 1390 § 1): Gottesdienstsperre.

Versuchte Eheschließung von Geistlichen und Ordensleuten (can. 1394): Dienstenthebung bzw. Gottesdienstsperre.

Abtreibung (can. 1398): Exkommunikation.

II. Urteilsstrafen

1. Obligatorische Strafverfolgung (puniatur)

Communicatio in sacris (can. 1365): angemessene Strafe.

Nichtkatholische Kindertaufe und -erziehung (can. 1366): Zensur oder angemessene Strafe.

Gotteslästerung etc. (can. 1369): angemessene Strafe.

Realinjurie gegen Geistliche und Ordensleute (can. 1370 § 3): angemessene Strafe.

Ungehorsam gegen Lehrentscheide etc. (can. 1371): angemessene Strafe.

Berufung an Konzil (can. 1372): Zensur.

Anstiftung zum Ungehorsam (can. 1373): Gottesdienstsperre oder angemessene Strafe.

Mitgliedschaft in kirchenfeindlicher Vereinigung (can. 1374): angemessene Strafe oder Gottesdienstsperre.

Profanation (can. 1376): angemessene Strafe.

Widerrechtliche Veräußerung von Kirchengut (can. 1377): angemessene Strafe.

Simulierte Sakramentenspendung (can. 1379): angemessene Strafe.

Simonistische Sakramentenspendung (can. 1380): Gottesdienstsperre und Suspension.

Amtsanmaßung (can. 1381): angemessene Strafe.

Meßstipendienmißbrauch (can. 1385): Zensur oder angemessene Strafe.

Bestechung (can. 1386): angemessene Strafe.

Sollizitation (can. 1387): Suspension, Verbote, Entzüge, Entlassung aus dem geistlichen Stand als angemessene Strafe.

Allgemeiner Amtsmißbrauch (can. 1389): angemessene Strafe.

Ausübung verbotener Handelsgeschäfte (can. 1392): angemessene Strafe.

Klerikerkonkubinat (can. 1395 § 1): Dienstenthebung.

Sittlichkeitsdelikte von Klerikern (can. 1395 § 2): angemessene Strafe.

Verletzung der Residenzpflicht (can. 1396): angemessene Strafe.

Delikte gegen Leben und Freiheit (can. 1397): angemessene Strafe.

2. Fakultative Strafverfolgung *(puniri potest)*

Apostasie, Häresie, Schisma bei Geistlichen (can. 1364 i. V. m. 1336 § 1): zusätzlich Verbote und Entzüge.

Verunehrung der konsekrierten Species durch Geistliche (can. 1367): zusätzlich angemessene Strafe bis zur Entlassung aus dem geistlichen Stand.

Meineid und Eidbruch (can. 1368): angemessene Strafe.

Behinderung der kirchlichen Freiheit (can. 1375): angemessene Strafe.

369

Unrechtmäßige Ausübung des priesterlichen Dienstes
(can. 1384): angemessene Strafe.

Verleumderische Falschanzeige und Rufschädigung (can. 1390
§ 2): angemessene Strafe.

Urkundenfälschung (can. 1391): angemessene Strafe.

Nichtbeachtung einer Strafe (can. 1392): angemessene Strafe.

SIEBTES BUCH
DAS PROZESSRECHT

(cann. 1400–1752)

ERSTER TEIL
DAS GERICHTSWESEN IM ALLGEMEINEN
(cann. 1400–1500)

§ 131. Einleitung
(cann. 1400–1403)

Die der Kirche von Christus übertragene Hirtengewalt schließt die richterliche Gewalt mit ein. Das Liebesgebot verlangt vom Christen, daß er Streitigkeiten mit dem Bruder auf gütliche Weise beilegt und zum ständigen Verzeihen bereit ist. Wegen der Schwäche der menschlichen Natur muß aber auch immer mit Versagen gerechnet werden, so daß eine Schlichtung des Streites durch Dritte unumgänglich wird. Die Liebe kann nicht losgelöst von der Gerechtigkeit gesehen werden. Weil sich die Kirche der Gerechtigkeit verpflichtet weiß, kann sie auf Gerichtsbarkeit nicht verzichten. Gerichtsbarkeit kann aber gerecht nur ausgeübt werden, wenn sie nach strengen Normen und Formen verläuft, die im Prozeßrecht ihre gesetzliche Grundlage haben. Das kanonische Prozeßrecht ist für alle kirchlichen Gerichte verbindlich; die Gerichte des Apostolischen Stuhles haben aber eigene Verfahrensnormen (can. 1402).

Im kirchlichen Gerichtswesen wird deutlich, daß Liebes- und Rechtskirche einander nicht ausschließen, vielmehr Liebe und Recht zwei korrespondierende Formen kirchlichen Leitens und Lebens sind. Das kirchliche Gerichtswesen dient der Erhaltung oder Wiederherstellung des Rechtsfriedens und der Rechtssicherheit, die fundamentale Voraussetzungen für das Tun der Wahrheit in Liebe sind.

Das Recht im objektiven Sinne kann unklar und unsicher sein, das Recht im subjektiven Sinne kann verweigert und verletzt werden. Zur Klärung und Entscheidung unsicherer Rechtsverhältnisse, zum Rechtsschutz also, muß der Rechtsweg offenstehen.

Aus dem Gesagten wird deutlich, daß das Verfahrensrecht (sogenanntes formelles Recht) für die Gerechtigkeit und das Rechtsleben von großer Bedeutung ist. Dennoch genügt im Rahmen dieser Erläuterungen die *kursorische Behandlung* wichtiger Bestimmungen.

1. Begriffe

Grundsätzlich kann der Rechtsschutz auf zwei Weisen gewährt werden: auf dem Gerichtsweg und dem Verwaltungsweg.

a) Der *Gerichtsweg* ist an strenge Verfahrensnormen gebunden und wird im Prozeß beschritten. In einem Prozeßverfahren werden Rechtsstreitigkeiten zwischen einem Kläger und einem Beklagten nach den prozeßrechtlichen Vorschriften vor dem zuständigen Gericht verhandelt und durch Gerichtsentscheid (in der Regel Urteil) beendet. Rechtliches Gehör und gesetzlicher Richter müssen immer gewährleistet sein, wie auch gegen Gerichtsentscheidungen Rechtsmittel (Beschwerde, Berufung) zur Verfügung zu stehen haben. Die Rechtssicherheit wird durch die Bestandskraft (Rechtskraft) einer Gerichtsentscheidung hergestellt.

b) Der *Verwaltungsweg* ist ebenfalls an gewisse Verfahrensnormen gebunden, bleibt aber von manchen zeitraubenden Förmlichkeiten frei und erweist sich daher im allgemeinen als der rascher zu begehende. Allerdings ist damit ein Mangel an rechtlichen Garantien, die im Rechtsweg gegeben sind, verbunden.

Die Entscheidung auf dem Verwaltungsweg ergeht durch Dekret, gegen das Rekurs (Beschwerde) an den Bischof oder die zuständige Kongregation möglich ist. Gegen die Entscheidung einer Römischen Kongregation kann die Apostolische Signatur angegangen werden, die in ihrer zweiten Sektion als Verwaltungsgericht tätig wird (vgl. hierzu § 135,2).

2. Prozeßarten (can. 1400)

Der CIC unterscheidet drei Arten von Prozessen: *Streit-, Straf-* und *Verwaltungsgerichtsprozesse.*

a) Im *Streitprozeß* (iudicium contentiosum) geht es um Streitigkeiten natürlicher oder juristischer Personen, die den Schutz gefährdeter Rechte (z. B. Eigentumsklage) oder die Verfolgung verletzter Rechte (z. B. Schadensersatzklage) oder die Feststellung rechtlich erheblicher Sachverhalte (z. B. Ehenichtigkeitsklage) betreffen.

b) Der *Strafprozeß* (processus poenalis) dient der Durchsetzung des Strafanspruchs der Kirche gegen einen Straftäter, sei es, daß die Strafe vom Gericht erst verhängt oder die eingetretene

Tatstrafe festgestellt wird (ad poenam irrogandam – decla-
randam).

c) Der *Verwaltungsgerichtsprozeß* (processus administrativus)
behandelt Streitigkeiten aus Verwaltungsakten.

Can. 1400 § 2 sieht für solche Streitigkeiten vor, daß die Sache entweder auf dem Beschwerdeweg an den Oberen oder an das Verwaltungsgericht (tribunal administrativum) gebracht werden könne. Der CIC kennt
aber keine Verwaltungsgerichtsbarkeit, sondern erwähnt nur die bei der
Apostolischen Signatur eingerichtete zweite Sektion für Verwaltungs-
streite besonderer Art (vgl. § 135, 2, b).

3. Umfang der kirchlichen Gerichtsbarkeit (cann. 1401, 1403)

Die Kirche nimmt für sich das eigene und ausschließliche Recht
zur gerichtlichen Entscheidung in folgenden Fällen in Anspruch:

a) in *Streitigkeiten,* die sich auf geistliche Sachen und die mit
ihnen zusammenhängenden Angelegenheiten beziehen;

b) in *Strafsachen,* wenn es sich um die Verletzung kirchlicher
Gesetze und um Handlungen (Unterlassungen) mit sündhaftem
Charakter (ratione peccati) handelt, sofern es um die Feststellung
der Schuld und die Verhängung von Kirchenstrafen geht.

c) Das Verfahrensrecht für den *Selig- und Heiligsprechungsprozeß* ist nicht mehr in den CIC aufgenommen, sondern in einem
eigenen päpstlichen Gesetz normiert (vgl. § 101, 1); soweit dieses
auf das allgemeine Recht verweist oder es sich aus der Natur der
Sache ergibt, gilt das Prozeßrecht des CIC.

§ 132. Der Gerichtsstand

(cann. 1404–1417)

Ein Gericht kann in einer Sache nur tätig werden, wenn es von
Gesetzes wegen dafür zuständig ist. Die Zuständigkeit des Gerichtes begründet den Gerichtsstand.

Man unterscheidet Sondergerichtsstände und ordentliche Gerichtsstände.

Ohne Gerichtsstand ist der Apostolische Stuhl („Prima Sedes a
nemine iudicatur", can. 1404).

1. Sondergerichtsstände (cann. 1405–1407 §§ 1, 2)

a) Beim *Papst* haben ihren Gerichtsstand:
  aa) die Staatsoberhäupter;
  bb) die Kardinäle;
  cc) die Legaten des Apostolischen Stuhls und in Strafsachen die Bischöfe.
Zudem alle Fälle, die der Papst vor sein Gericht zieht.
Damit ein Richter in diesen Fällen tätig werden kann, bedarf er eines Spezialmandats des Papstes.

b) Bei der *Römischen Rota* haben ihren Gerichtsstand:
  aa) die Bischöfe in Streitsachen (ausgenommen Klagen über Rechte und zeitliche Güter von durch den Bischof vertretenen juristischen Personen);
  bb) der Abtprimas oder Erzabt einer monastischen Kongregation und der Generalobere eines Ordensinstituts päpstlichen Rechts;
  cc) Diözesen und andere dem Papst unmittelbar unterstellte natürliche oder juristische Personen.

Jedes andere Gericht ist für die hier genannten Sondergerichtsstände *absolut unzuständig* mit der Folge, daß sein Urteil unter allen Umständen unheilbar nichtig wäre (vgl. can. 1620 n. 1). Sobald ein Richter seine absolute Unzuständigkeit erkennt, muß er sie (in jedem Stadium des Verfahrens) erklären (can. 1461). Im übrigen ist ein Gericht ohne ordentlichen Gerichtsstand aus cann. 1408–1414 *relativ unzuständig*. Prozeßführung und Urteil wären in diesen Fällen gültig, wenn vor der Streiteinlassung die Unzuständigkeit nicht geltend gemacht wird.

2. Anrufung des Apostolischen Stuhls (can. 1417)

Wie der Papst jede Sache an sich ziehen kann, so steht es wegen des Primates des Papstes jedem Gläubigen frei, seine Streit- oder Strafsache in jeder Instanz und jedem Stadium des Verfahrens vor den Heiligen Stuhl zu bringen. Diese Anrufung des Apostolischen Stuhls suspendiert nicht die Ausübung der Gewalt des Gerichtes, das sich der Sache schon vorher angenommen hat; es kann sogar ein endgültiges Urteil sprechen, solange der Apostolische Stuhl es nicht darüber verständigt hat, daß er die Sache an sich gezogen hat.

3. Ordentliche Gerichtsstände (cann. 1407 § 3 – 1414)

a) Zuständig ist in der Regel das Gericht des *Wohnsitzes* (Quasi-wohnsitzes) des *Beklagten,* nicht des Klägers (actor sequitur forum partis conventae). Hat der Beklagte mehrere Gerichtsstände, kann der Kläger einen davon wählen.

Der Wohnsitzlose hat seinen Gerichtsstand am Aufenthaltsort. Ist weder der Wohnsitz (Quasiwohnsitz) noch der tatsächliche Aufenthaltsort des Beklagten bekannt, ist das Gericht des Klägers zuständig, falls nicht ein anderes Gericht rechtmäßig in Frage kommt.

b) Neben dem Gerichtsstand des Beklagten gibt es gesetzliche Zuständigkeiten für Gerichte, die in Zusammenhang mit der zu behandelnden Sache stehen und dem Kläger die freie Wahl zwischen den jeweils zuständigen Gerichten gestatten.

Solche sogenannte konkurrierende Gerichtsstände sind das Gericht:

aa) der *belegten Sache* (ratione rei sitae), d. h. in dessen Gebiet die streitige Sache (Grundstück, Erbschaftsmasse) liegt, oder bei Klagen wegen einer widerrechtlichen Besitzentziehung (spolium);

bb) des *Vertrages* (ratione contractus), d. h. des Ortes, wo der Vertrag geschlossen wurde oder zu erfüllen ist, sofern die Vertragsparteien nicht einen anderen Gerichtsstand vereinbart haben.

Handelt es sich um nichtvertragliche Verpflichtungen, kann das Gericht angegangen werden, in dessen Bereich die Verpflichtung entstanden und zu erfüllen ist.

cc) des *Sachzusammenhangs* (ratione conexionis), d. h., die miteinander zusammenhängenden Sachen (z. B. Strafsache und Schadensersatz) sind vor einem einzigen Gericht und in einem einzigen Prozeß zu verhandeln, wenn keine gesetzliche Vorschrift (z. B. Sondergerichtsstand) entgegensteht.

dd) des *Tatortes* in Strafsachen;

ee) des Ortes der *Verwaltungsführung,* wenn es sich um Streitigkeiten aus einer Verwaltungstätigkeit handelt (z. B. Kirchenvermögensverwaltung);

ff) des *letzten Wohnsitzes, Quasiwohnsitzes oder Aufenthaltsortes des Erblassers,* wenn es sich um Streitigkeiten eines Erbes oder frommen Vermächtnisses handelt. Geht es aber nur um den Voll-

zug eines Vermächtnisses, gelten die ordentlichen Zuständigkeiten.
Nichtzuständigkeitseinreden sind nach can. 1460 zu behandeln.

4. Zuständigkeitskonkurrenz (cann. 1415, 1416)

Sind mehrere Gerichte für eine Sache zuständig, steht das Recht
der Prozeßführung dem Gericht zu, das den Beklagten zuerst
rechtmäßig vorgeladen hat.

Bei Kompetenzstreitigkeiten zwischen Gerichten mit demselben Berufungsgericht entscheidet das Berufungsgericht (z. B. für
Suffragangerichte das Metropolitangericht), andernfalls die Apostolische Signatur.

§ 133. Das Gericht erster Instanz
(cann. 1419–1437)

I. Die Richter (cann. 1419–1429)

1. Der Diözesanbischof (can. 1419)

In jedem Bistum übt der Diözesanbischof in allen vom Recht
nicht ausdrücklich ausgenommenen Fällen selbst oder durch andere die richterliche Gewalt aus.

Handelt es sich um Rechte oder zeitliche Güter einer vom Bischof vertretenen juristischen Person, entscheidet das Berufungsgericht als erste Instanz.

Aufgrund der hierarchischen Stellung des Diözesanbischofs kann es
auf der bischöflichen Ebene Gewaltentrennung im klassischen Sinne
nicht geben. Der Diözesanbischof besitzt als oberster Hirte seiner Diözese ordentliche, eigene und unabhängige richterliche Gewalt. Tatsächlich übt er dieselbe aber nur in den seltensten Fällen aus. Ja er ist sogar
verpflichtet, einen Vertreter (vicarius) für die Rechtsprechung zu ernennen. Auf der Ebene der vom Bischof bestellten Vertreter ist die Gewaltentrennung insoweit vorhanden, als das Amt des Generalvikars und des
Offizials in der Regel nicht von einer einzigen Person ausgeübt werden
darf (s. unten 2).

2. Der Offizial – vicarius iudicialis (can. 1420)

Jeder Diözesanbischof muß einen Offizial bestellen, der ordentliche (stellvertretende) richterliche Gewalt (potestas ordinaria iudicandi) besitzt und zusammen mit dem Bischof ein Gericht bildet. In Fällen, die der Bischof sich vorbehält, kann der Offizial nicht Richter sein.

Der CIC von 1983 hat für den Offizial die Bezeichnung „vicarius iudicialis" eingeführt, die seine Stellung als Stellvertreter des Bischofs ausdrückt und die Parallelität zum Amt des vicarius generalis und des vicarius episcopalis deutlich macht. Der vicarius generalis ist Stellvertreter des Diözesanbischofs generell in Verwaltungsangelegenheiten, sofern nicht einem vicarius episcopalis für eine genau umschriebene (und damit dem Generalvikar entzogene) Aufgabe dieses Stellvertreteramt übertragen ist. Der vicarius iudicialis ist Stellvertreter des Bischofs in Gerichtssachen.

Die Ämter des Offizials und des Generalvikars dürfen nicht von einer einzigen Person ausgeübt werden, ausgenommen in kleinen Bistumern oder dort, wo wenige Gerichtssachen zur Entscheidung anfallen.

Dem Offizial können *Vizeoffiziale* (vicarii iudiciales adiuncti) zur Unterstützung beigegeben werden.

Offizial und Vizeoffizial müssen Priester und gut beleumundet sein, den Doktorat oder wenigstens Lizentiat des kanonischen Rechtes besitzen und mindestens 30 Jahre alt sein.

Bei Eintritt der Sedisvakanz bleiben sie im Amt und können vom Diözesanadministrator nicht amtsenthoben werden, bedürfen aber der Bestätigung des neuen Bischofs.

Offizial, Vizeoffizial und die übrigen Diözesanrichter werden auf *bestimmte Zeit* berufen und dürfen nur aus rechtmäßigem und triftigem Grund abberufen werden (can. 1422).

3. Die Diözesanrichter – iudices dioecesani (can. 1421)

Der Bischof hat *Geistliche* (auch Diakone) als Diözesanrichter zu bestellen. Die Anzahl ist nicht festgelegt.

Die Bischofskonferenz kann gestatten, daß auch Laien (Männer und Frauen) als Richter bestellt werden, von denen je einer zur Bildung eines Kollegialgerichtes herangezogen werden kann, sofern ein Mangel an geeigneten Geistlichen besteht (suadente necessitate).

In diesem Zusammenhang stellt sich die Frage, ob „Laien" als erkennende Richter überhaupt tätig werden können, da nach can. 129 zur Übernahme von Jurisdiktionsgewalt allein Geistliche befähigt (habiles) sind, Laien aber bei der *Ausübung* dieser Vollmacht nach der Norm des Rechtes nur *mitwirken* (cooperari), also höchstens als beratende Richter fungieren können. Es ist aber zu bedenken, daß das Kollegialgericht *als Kollegium* Jurisdiktionsgewalt besitzt und diese als Spruchkörper ausübt, in dem der „Laienrichter" mitwirkt. Da die Mehrheit der Richter in einem Kollegialgericht aber Geistliche sein müssen, wäre dadurch der Grundnorm des can. 129 § 1 möglicherweise Rechnung getragen.

Eine Klärung der Kontroverse wird der Gesetzgeber herbeiführen müssen.

Die Diözesanrichter sollen unbescholten und Doktoren oder wenigstens Lizentiaten des kanonischen Rechts sein. Hinsichtlich Bestellung und Abberufung gilt für sie dasselbe wie für Offizial und Vizeoffizial (s. oben 2).

4. Beratende Beisitzer (can. 1424)

Der *Einzelrichter* kann bei jedem Prozeß zwei unbescholtene Geistliche oder Laien als beratende Beisitzer (assessores consulentes) beiziehen. Sie sind keine erkennenden Richter, sondern unterstützen den Einzelrichter durch ihren Rat.

5. Gemeinsame Gerichte (can. 1423)

Mehrere Diözesanbischöfe können mit Zustimmung des Apostolischen Stuhls an Stelle einzelner Diözesangerichte ein gemeinsames Gericht erster Instanz für ihre Bistümer errichten. Die Gerichtshoheit liegt in diesem Falle entweder beim Bischofskonvent der betroffenen Bischöfe oder bei einem von ihnen bestimmten Bischof.

6. Einzelrichter und Kollegialgericht (cann. 1425, 1426, 1429)

a) Der Einzelrichter wird tätig in allen nicht einem Kollegialgericht vorbehaltenen Fällen.

b) Dem Kollegialgericht mit *drei Richtern* sind reserviert:

aa) Streitprozesse über die Gültigkeit der *heiligen Weihe und des Ehebandes* (ausgenommen das Kurzverfahren in Ehesachen nach cann. 1686–1688);

bb) Strafprozesse über Delikte, die mit Entlassung aus dem

geistlichen Stand bestraft werden können, und bei Verhängung bzw. Feststellung der Exkommunikation.

Gemäß can. 1622 n. 1 leidet ein Urteil an (heilbarer) Nichtigkeit, wenn die gesetzlich vorgeschriebene Zahl von Richtern nicht vorhanden war.

cc) Der Bischof kann andere schwierige und wichtige Fälle einem Gericht von drei oder fünf Richtern übertragen.

c) Die Richter des Kollegialgerichtes werden vom Offizial nach einer festgesetzten Reihenfolge (per turnum) bestimmt, falls der Bischof im Einzelfall nichts anderes anordnet.

Wenn in erster Instanz die Bildung eines Kollegialgerichtes (etwa wegen Mangels an qualifizierten Personen) nicht möglich ist, kann die Bischofskonferenz, solange die Unmöglichkeit andauert, gestatten, daß der Diözesanbischof die Sache einem Einzelrichter überträgt. Dieser muß Geistlicher sein und sollte möglichst einen Assessor und Auditor (Vernehmungsrichter) hinzuziehen. In zweiter Instanz müßte auf jeden Fall ein Kollegialgericht tätig werden.

Die für ein Verfahren einmal bestimmten Richter dürfen vom Offizial nur aus schwerwiegenden Gründen, die in einem Beschluß genannt werden müssen, abgelöst werden.

d) Der Offizial bzw. der Vizeoffizial ist als primus inter pares, soweit möglich, Vorsitzender des Kollegialgerichts.

Er bestimmt einen der Richter zum Berichterstatter (Ponens, Relator), der in der Hauptverhandlung über die Sache referiert und das Urteil schriftlich absetzt.

Wichtige Prozeßhandlungen müssen kollegial vorgenommen werden; dazu gehören sicher ein Zwischenurteil und insbesondere das Endurteil, das mit der Mehrheit der Stimmen gefällt wird.

7. Prozesse mit Ordensleuten (can. 1427)

a) Bei Streitigkeiten zwischen Ordensleuten oder Niederlassungen aus demselben klerikalen Ordensinstitut päpstlichen Rechts ist der Provinzialobere Richter erster Instanz, falls die Konstitutionen nichts anderes vorsehen. Handelt es sich um ein Kloster eigenen Rechts, ist der lokale Abt erstinstanzlicher Richter.

b) Sind zwei verschiedene Provinzen desselben Instituts an dem Streit beteiligt, entscheidet der Generalobere oder sein Beauftragter als Richter erster Instanz bzw. der höhere Abt der monastischen Kongregation beim Streit zwischen zwei selbständigen Klöstern.

c) Handelt es sich um einen Prozeß zwischen natürlichen oder juristischen Personen verschiedener Ordensgemeinschaften oder zwischen Personen des gleichen klerikalen Ordensinstituts diözesanen Rechts oder eines laikalen Verbandes oder zwischen einem Ordensangehörigen und einem Weltgeistlichen bzw. einem Laien oder einer weltlichen juristischen Person ist in erster Instanz das Diözesangericht zuständig.

8. Der Vernehmungsrichter (can. 1428)

Der Einzelrichter oder der Vorsitzende des Kollegialgerichtes können aus den Diözesanrichtern oder aus einem anderen vom Bischof genehmigten Personenkreis einen Vernehmungsrichter (auditor) bestellen, der auftragsgemäß bei der Instruktion des Prozesses, insbesondere bei der Zeugenvernehmung mitwirkt. An der Urteilsfindung ist er aber nicht beteiligt. Die Auditoren können Geistliche wie Laien sein und müssen sich durch gute Sitten, Klugheit und Gelehrsamkeit auszeichnen.

II. Kirchenanwalt, Bandverteidiger, Notar
(cann. 1430–1437)

1. Der Kirchenanwalt (cann. 1430, 1431)

In jeder Diözese ist ein Kirchenanwalt (promotor iustitiae) zu bestellen, der in *Streitsachen* tätig wird, wenn nach dem Ermessen des Diözesanbischofs das öffentliche Wohl in Mitleidenschaft gezogen werden kann oder wenn von Gesetzes wegen bzw. aufgrund der Natur der Sache seine Beteiligung erforderlich ist. War er in der Vorinstanz beteiligt, wird vermutet, daß er auch in der nächsten Instanz notwendig ist.

In *Strafsachen* vertritt er die Anklage.

2. Der Bandverteidiger (cann. 1432, 1435, 1436)

Der Bandverteidiger (defensor vinculi) wirkt in Prozessen über die Nichtigkeit der Weihe und der Ehe (auch ihre Auflösung) mit und hat deren Gültigkeit zu verteidigen.

Der Diözesanbischof ernennt Amtsanwalt und Bandverteidiger (wohl-beleumundete Geistliche oder Laien mit dem Doktorat oder Lizentiat des kanonischen Rechts und durch Klugheit wie Gerechtigkeitssinn aus-gezeichnet) entweder allgemein oder für einzelne Fälle; aus gerechtem Grund kann der Bischof sie auch abberufen.

Beide Ämter können in einer Hand sein, allerdings kann in derselben Sache nicht ein und dieselbe Person beide Ämter vertreten.

3. Teilnahme am Prozeß (cann. 1433, 1434)

Bei Prozessen, in denen die Mitwirkung von Kirchenanwalt oder Bandverteidiger verlangt wird, sind diese zu laden, andernfalls sind die Akten ungültig, es sei denn, sie waren trotz fehlender La-dung anwesend oder haben vor der Urteilsfällung die Akten ein-gesehen und ihr Amt ausüben können.

Falls das Gesetz die Anhörung der Parteien durch den Richter vorschreibt, sind auch Kirchenanwalt und Bandverteidiger zu hö-ren, falls sie am Verfahren beteiligt sind.

4. Der Notar (can. 1437)

Bei jedem Verfahren muß ein Notar mitwirken; ohne seine Un-terschrift sind die Prozeßakten rechtsunwirksam. Die vom Notar ausgefertigten Urkunden genießen öffentlichen Glauben.

S. auch § 42, II, 1.

§ 134. Das Gericht zweiter Instanz
(cann. 1438–1441)

1. Die Zuständigkeit (cann. 1438–1440)

a) Das Metropolitangericht ist die Berufungsinstanz für die Suf-fragangerichte, falls nicht rechtmäßig an den Apostolischen Stuhl appelliert worden ist.

b) Für erstinstanzliche Entscheidungen des Metropolitange-richtes ist das Gericht Berufungsinstanz, das der Metropolit sich mit Billigung des Apostolischen Stuhls auf Dauer bestimmt hat (z. B. Würzburg für Bamberg; Rottenburg-Stuttgart für Freiburg; Münster für Köln; Augsburg für München-Freising; Fulda für Paderborn; Wien für Salzburg; Salzburg für Wien. In der

Schweiz sind zweite Instanz: Lausanne – Genf – Fribourg für Basel; Sion für Lausanne – Genf – Fribourg; St. Gallen für Chur; Lugano für Sion; Chur für Lugano; Basel für St. Gallen).

c) Für Prozesse mit Ordensleuten, die vor dem Provinzoberen geführt werden, ist der Generalobere zweite Instanz; für solche vor dem lokalen Abt der höhere Abt der monastischen Kongregation.

d) Für das nach can. 1423 für mehrere Bistümer gemeinsam gebildete Gericht muß die Bischofskonferenz mit Billigung des Apostolischen Stuhls das Gericht zweiter Instanz errichten. Sind sämtliche beteiligten Diözesen Suffraganbistümer einer Kirchenprovinz, ist das Metropolitangericht die zweite Instanz.

Außer im genannten Fall kann die Bischofskonferenz mit Billigung des Apostolischen Stuhls ein oder mehrere zweitinstanzliche Gerichte für ihren Bereich bilden. Die Gerichtshoheit liegt dann bei den Bischöfen der Konferenz oder bei dem von diesen bestimmten Bischof.

Die Unzuständigkeit eines nicht ordentlich errichteten Gerichtes zweiter Instanz ist absolut; ein Urteil wäre unheilbar nichtig (can. 1620 n. 1).

2. Zusammensetzung (can. 1441)

Das Gericht zweiter Instanz muß ebenso zusammengesetzt sein wie das erster Instanz. War in erster Instanz ein Einzelrichter tätig, muß im zweiten Rechtszug ein Kollegialgericht gebildet werden.

§ 135. Die päpstlichen Gerichte
(cann. 1442–1445)

Der Papst ist für die Gesamtkirche der oberste Richter und übt diese Gewalt entweder selber oder durch die ordentlichen Gerichte des Apostolischen Stuhls (Römische Rota, Apostolische Signatur) aus oder bestellt in Einzelfällen delegierte Richter (can. 1442).

1. Die Sacra Romana Rota (cann. 1443, 1444)

Die Römische Rota ist ordentliches Berufungsgericht und wird als Kollegialgericht tätig. Die Rota-Richter heißen Auditoren (derzeit 20). Der Dekan leitet den Gerichtshof als primus inter pares. Verfassung, Geschäftsordnung und Verfahrensweise sind eigens geregelt.

Die Entstehung der Rota (Kreis, Rad) reicht in das 13. Jahrhundert zurück; sie wurde von Pius X. im Jahre 1908 als kirchlicher Gerichtshof wiedererrichtet. Es ist nicht genau bekannt, woher die eigentümliche Bezeichnung stammt.

a) Die Römische Rota spricht in zweiter Instanz Recht in den Sachen, die von einem ordentlichen Gericht erster Instanz entschieden wurden und durch rechtmäßige Berufung an den Apostolischen Stuhl gelangt sind.

b) In dritter oder letzter Instanz entscheidet sie in Sachen, die von ihr selbst oder von anderen Gerichten schon behandelt wurden, aber noch nicht in Rechtskraft übergegangen sind.

c) Sie ist Gericht erster Instanz in den ihr nach can. 1405 § 3 (vgl. § 132, 1 b) von Gesetzes wegen zugewiesenen Fällen und in solchen, die ihr der Papst aus eigener Entscheidung oder auf Antrag der Parteien zuweist. Sie wird dann in der Regel auch als Berufungsgericht tätig, allerdings vor einem anderen Richter-Turnus.

Gegen Entscheidungen des Ordinarius kann nicht an die Rota appelliert oder rekurriert werden. Hierfür sind die Römischen Kongregationen zuständig (s. aber im Folgenden über die Apostolische Signatur 2, b, aa).

2. Supremum Signaturae Apostolicae Tribunal (can. 1445)

Die Apostolische Signatur ist einerseits der höchste Gerichtshof der Kirche und andererseits oberste Gerichtsverwaltungsbehörde. Sie ist ein Kollegialgericht von mehreren Kardinälen (derzeit 11) unter der Leitung des Kardinalpräfekten.

Der Name stammt daher, daß seit dem frühen Mittelalter die Entscheidungen (Gnaden- und Rechtssachen) dieser Behörde vom Papst unterzeichnet werden mußten. Pius X. hat sie 1908 als obersten Gerichtshof erneuert.

a) Als *oberster Gerichtshof* ist die Apostolische Signatur zuständig

aa) für Nichtigkeitsbeschwerden, für die Wiedereinsetzung in den vorigen Stand und für andere Beschwerden gegen Rota-Urteile;

bb) für Beschwerden in Personenstandssachen, deren erneute Verhandlung die Rota ablehnt;

cc) für Befangenheitseinreden und andere Beschwerdefälle gegen Rota-Richter;

dd) für Kompetenzkonflikte zwischen Gerichten, die kein gemeinsames Obergericht haben.

b) Als *Verwaltungsgericht* ist sie zuständig

aa) für Streitigkeiten über kirchliche Verwaltungsakte, die rechtmäßig an sie gelangen.

Der Rechtsweg ist folgender: Gegen Verwaltungsakte des Ordinarius gibt es kein Rechtsmittel an ein Verwaltungsgericht, sondern nur die Beschwerde (Rekurs) an die zuständige Römische Kongregation. Gegen deren Entscheidung kann dann der Rechtsweg an die zweite Sektion der Apostolischen Signatur beschritten werden, die als Verwaltungsgericht tätig wird und endgültig entscheidet.

bb) Sie ist außerdem zuständig für andere Verwaltungsstreitigkeiten, die ihr vom Papst oder den Dikasterien der Römischen Kurie zugewiesen werden, und

cc) für Kompetenzstreitigkeiten zwischen den Römischen Dikasterien.

c) Als *oberster Gerichtsverwaltungsbehörde* obliegen ihr:

aa) die Überwachung der gesamten kirchlichen Gerichtsbarkeit und eventuelle Beanstandungen gegen Anwälte oder Prozeßvertreter;

bb) die Zuweisung von Sondergerichtsständen (delegierte Gerichte dritter oder vierter Instanz);

cc) die Zustimmung für die Errichtung eines gemeinsamen erstinstanzlichen Gerichtes für mehrere Diözesen und dessen Berufungsinstanz.

§ 136. Die Gerichtsordnung

(cann. 1446–1475)

Der CIC behandelt unter dem Titel „De disciplina in tribunalibus servanda" in fünf Kapiteln die Pflichten des Richters und der übrigen Gerichtsbeamten (cann. 1446–1457), die Reihenfolge der Erkenntnisse (cann. 1458–1464), die Termine und Fristen (cann. 1465–1467), den Gerichtsort (cann. 1468, 1469), die Verhandlungsweise und Aktenführung (cann. 1470–1475).

1. Die Aufgaben des Richters (cann. 1446–1457)

Der Gesetzgeber ermahnt die Bischöfe, unter Wahrung der Gerechtigkeit die Gläubigen zur gütlichen Einigung von Streitigkeiten anzuhalten. Auch der angegangene Richter soll die Parteien, wenn Hoffnung auf friedliche Beilegung des Streites besteht, zur außergerichtlichen Lösung der Sache ermahnen und selbst dazu beitragen. Einen Streit um das Privatwohl der Parteien soll er mit einem Vergleich oder durch ein Schiedsgericht beizulegen suchen. (vgl. cann. 1713–1716; § 154).

Der zuständige Richter darf aber dem rechtmäßig Rechtsuchenden seinen Beistand nicht versagen, andernfalls würde er sich strafbar machen. Er hat allerdings die Klage zurückzuweisen, wenn die geforderten Prozeßvoraussetzungen nicht erfüllt sind. Er muß unbefangen und unparteiisch sein; die Parteien können ihn wegen Befangenheit ablehnen (exceptio suspicionis). Er darf nicht Recht sprechen in einer Sache, an der er selbst interessiert ist (durch nahe Verwandtschaft und Schwägerschaft, Vormundschaft, Pflegschaft, freundschaftlichen Verkehr, Feindschaft, Vorteil oder Nachteil). Er und die Gerichtsbeamten dürfen anläßlich des Prozesses keinerlei Geschenke annehmen.

In Streitsachen rein privaten Charakters gilt die *Verhandlungsmaxime,* d. h., der Richter kann nur auf Parteiantrag hin tätig werden und den Prozeß fortführen. Es steht ihm nicht zu, die Beweismittel oder Einreden selbst vorzubringen oder zu ergänzen.

Die *Offizialmaxime* gilt in Streitsachen, die das öffentliche Wohl der Kirche oder das Seelenheil betreffen, und in Strafsachen. In diesen Fällen ist der Richter berechtigt und verpflichtet, die vorgebrachten Beweise und Einreden gegebenenfalls zu ergänzen.

Der Richter hat dafür zu sorgen, daß die Prozesse so bald als möglich zu Ende geführt werden, damit sie in erster Instanz nicht länger als ein Jahr und in zweiter Instanz nicht länger als sechs Monate dauern.

Alle Gerichtspersonen müssen den Eid ablegen, ihr Amt getreu zu verwalten, und sind zur Wahrung des Amtsgeheimnisses verpflichtet.

2. Termine und Fristen (cann. 1465–1467)

Das Gesetz oder der Richter setzen für gewisse Handlungen *Termine* fest, d. h. einen bestimmten Zeitpunkt (z. B. 30. Juni, 15.00 Uhr), oder *Fristen,* d. h. einen Zeitraum (z. B. innerhalb 30 Tagen), an denen oder innerhalb dessen die Handlung vorzunehmen ist. Auch die Parteien können Termine oder Fristen vereinbaren.

Gesetzlich festgelegte Fristen können nicht verlängert, wohl aber auf Ansuchen der Parteien verkürzt werden.

Vom Richter festgesetzte oder von den Parteien vereinbarte Fristen können aus gerechtem Grund vor ihrem Ablauf nach Anhörung oder auf Ansuchen der Parteien vom Richter verlängert, aber nur mit Zustimmung der Parteien verkürzt werden. Der Richter soll aber eine Verschleppung des Verfahrens vermeiden. Fällt ein angesetzter Termin auf einen Gerichtsferientag, gilt ohne weiteres der nächste Nichtferientag als Termin.

3. Der Gerichtsort (cann. 1468, 1469)

Der Sitz des Gerichtes soll möglichst an einem bestimmten Ort fest eingerichtet sein. Das Gericht hat nur innerhalb seines Territoriums Jurisdiktion. Dieses Prinzip erleidet folgende Ausnahmen: Wenn der Richter aus dem Territorium vertrieben oder dort an der Ausübung seiner richterlichen Tätigkeit behindert ist. In diesen Fällen kann er nach Unterrichtung des Diözesanbischofs auch außerhalb des Gerichtsbezirks tätig werden. Beweiserhebungen kann er zudem aus gerechtem Grund und nach Anhörung der Parteien außerhalb seines Territoriums durchführen, allerdings nur mit Genehmigung des betroffenen Ortsbischofs und an dem von diesem bestimmten Ort.

4. Besonderheiten des kanonischen Prozesses (can. 1470)

Zu den Besonderheiten des kanonischen Prozesses gehört der grundsätzliche Ausschluß der Öffentlichkeit von den Gerichtsverhandlungen. Nur solche Personen sind zugelassen, deren Anwesenheit vom Gesetz vorgesehen ist oder der Richter für erforderlich hält.

Außerdem gilt in der Regel das *Schriftlichkeitsprinzip* nach dem Grundsatz: Quod non est in actis, non est in mundo.

388

Die Prozeßakten werden unterschieden in *acta causae,* die die Sache selber betreffen (z. B. Aussageprotokolle, Dokumente, Urteil), und *acta processus,* die die Prozeßhandlungen beinhalten (z. B. Ladungen, Anträge, Zustellung). Sie sind schriftlich abzufassen.

§ 137. Die Parteien
(cann. 1476–1490)

I. Kläger und Beklagter
(cann. 1476–1480)

1. Parteifähigkeit (cann. 1476, 1477)

Parteifähig sind alle Personen, d. h., *jeder Getaufte oder Ungetaufte* kann als Kläger vor Gericht auftreten; jeder rechtmäßig Beklagte muß sich vor Gericht verantworten. Die Parteifähigkeit des CIC geht demnach über den Kreis der Normadressaten des can. 11 hinaus.

Kläger (actor) wie Beklagter (pars conventa) können sich bei der Prozeßführung durch einen Prozeßvertreter oder Anwalt vor Gericht vertreten lassen, soweit nicht das Gesetz oder das Gericht das persönliche Erscheinen verlangen.

2. Prozeßfähigkeit (can. 1478)

Prozeßfähig ist, wer selbst oder durch einen selbst bestellten Vertreter Prozeßhandlungen vornehmen oder entgegennehmen kann.

Die Vertretung nichtprozeßfähiger Personen ist wie folgt geregelt:

a) *Minderjährige und Geisteskranke* werden vor Gericht durch die Eltern, Vormünder und Pfleger vertreten.

Wenn ein Interessenkonflikt zwischen dem Vertretenen und dem Vertreter besteht oder der Vertreter die Interessen des Vertretenen nicht ausreichend wahrnehmen kann, ist ein eigener Vertreter vom Gericht zu bestellen. In geistlichen und damit zusammenhängenden Sachen können Minderjährige mit Vernunftgebrauch ohne Zustimmung der Eltern oder des Vormundes klagen und sich verantworten. Dabei können sie selbständig handeln, wenn sie das 14. Lebensjahr vollendet haben; sonst bedürfen sie eines vom Gericht bestellten Pflegers.

b) *Entmündigte und Geistesschwache* werden in der Regel durch ihre Pfleger vertreten; in Strafsachen aber können sie sich selber verantworten.

Ein von staatlicher Seite bestellter Vormund oder Pfleger kann, möglichst nach Anhörung des Diözesanbischofs des Vertretenen, vom Richter zugelassen werden. Fehlt ein Vormund oder Pfleger oder ist ihm die Vertretungsbefugnis zu verweigern, bestellt der Richter einen solchen.

c) *Juristische Personen* sind parteifähig, handeln aber vor Gericht durch ihren gesetzlichen Vertreter. Beim Fehlen eines solchen oder bei dessen nachlässiger Vertretungsführung kann der Ordinarius oder sein Beauftragter die ihm unterstellte juristische Person vertreten.

II. Prozeßvertreter und Anwälte
(cann. 1481–1490)

1. Begriff

Der *Prozeßvertreter* (procurator) ist bevollmächtigter Parteivertreter im Prozeß. Was er tut, gilt als für die Partei getan.

Der *Anwalt* (advocatus) berät die Partei rechtskundig und arbeitet Schriftsätze aus, kann aber Prozeßhandlungen für die Partei nicht vornehmen.

2. Bestellung (cann. 1481, 1482, 1484–1487)

In *Streitsachen* ist es den Parteien freigestellt, einen Beistand beizuziehen oder den Prozeß selber zu führen. Bei Streitsachen *Minderjähriger oder um das öffentliche Wohl* ist der Partei, die keinen Beistand hat, vom Richter ein Pflichtvertreter beizugeben; ausgenommen sind Ehesachen.

In *Strafsachen* besteht für den Angeklagten Anwaltszwang (Wahl- oder Pflichtverteidiger).

Gewöhnlich kann nur ein Prozeßvertreter, wohl aber können mehrere Anwälte bestellt werden. Die Aufgaben beider sind miteinander vereinbar; es ist üblich und ratsam, einen Anwalt auch als Prozeßvertreter zu beauftragen. Beide bedürfen einer authentischen Vollmacht; zu bestimmten Prozeßhandlungen bedarf der Prokurator sogar eines Spezialmandats.

Beiden kann vom Mandanten die Vertretungsvollmacht *entzogen* werden. Der Mandatsentzug bedarf zu seiner Wirksamkeit der Mitteilung an die Beauftragten und nach der Streitfestlegung auch an das Gericht und die Gegenpartei. Auch der Richter kann aus triftigem Grund von sich aus oder auf Antrag der Partei das Mandat entziehen.

3. Voraussetzungen für den Auftrag (can. 1483)

Prozeßvertreter und Anwälte müssen volljährig und gut beleumdet sein.

Der *Anwalt* muß außerdem *katholisch* sein, falls der Diözesanbischof nicht etwas anderes gestattet, und *Doktor des kanonischen Rechts oder darin wirklich erfahren.* Der Anwalt muß (allgemein oder für den Einzelfall) vom Bischof zugelassen werden. Der Prozeßvertreter bedarf keiner Zulassung.

§ 138. Klage und Einrede
(cann. 1491–1500)

Ein Recht kann auf doppelte Weise geschützt werden (can. 1491):
– durch *Klage* (actio).
– durch *Einrede* (exceptio).

1. Begriff (cann. 1492–1495)

a) Jedes Recht im subjektiven Sinne kann durch eine *Klage* geltend gemacht werden; sie nimmt die Rechtsschutzgewährung des Gerichtes in Anspruch. *Klagehäufung* ist möglich, d. h., ein Kläger kann verschiedene Ansprüche, die sich auf denselben Gegenstand beziehen und einander nicht widersprechen, in mehreren Klagen geltend machen, falls das Gericht für die Verhandlung aller Ansprüche zuständig ist.

Der Beklagte kann mit einer *Widerklage* die Aufhebung oder wenigstens die Minderung des klägerischen Anspruchs anstreben. Die Widerklage ist innerhalb von dreißig Tagen nach der Streiteinlassung zu erheben (can. 1463 § 1).

Alle Klageansprüche *verjähren* nach Ablauf der gesetzlichen Verjährungsfrist, ausgenommen sind Personenstandsklagen (Nichtigerklärung von Ehe oder Weihe).

Straftaten verjähren mit Ausnahme einiger Tatbestände nach drei Jahren; eine Strafverfolgung ist nach Ablauf der gesetzlichen

Frist unzulässig. Die Frist beginnt mit dem Tag, an dem die Straftat begangen wurde oder bei Dauer- und Gewohnheitsdelikten am Tag der Beendigung des deliktischen Handelns (vgl. can. 1362).

b) Die *Einrede* ist das prozessuale Abwehrmittel des Beklagten gegen den Kläger. Sie ist ihrer Natur nach von unbegrenzter Dauer.

Der Beklagte macht z. B. geltend, die Forderung sei verjährt oder das Gericht sei unzuständig oder der Richter befangen. Einreden sind in der Regel vor der Streiteinlassung vorzubringen und in einem Zwischenverfahren zu entscheiden.

2. Klagearten (cann. 1496–1500)

Die *Sicherungsklage* kann auf die Zwangsverwahrung einer Sache, auf das Verbot der Rechtsausübung oder die Sicherung einer Forderung gerichtet sein. Der Kläger muß allerdings Gründe dafür glaubhaft machen, daß er ein Recht auf die einbehaltene Sache hat und aus der Nichtherausgabe für ihn ein Schaden zu entstehen droht bzw. daß der Gläubigeranspruch zu Recht besteht.

Bei einer *Besitzklage,* die auf die Tatsache des Besitzes einer Sache gerichtet ist, sind die Normen des Zivilrechts zu beachten.

Die *Nichtigkeitsklage* ist auf die Feststellung der Nichtigkeit einer Rechtshandlung von Anfang an gerichtet (z. B. Ehenichtigkeitsklage).

ZWEITER TEIL
DAS STREITVERFAHREN
(cann. 1501–1670)

§ 139. Die Eröffnung des Prozesses
(cann. 1501–1525)

1. Die Klageschrift – libellum (cann. 1501–1506)

Der Prozeß wird eingeleitet mit der Einreichung der Klageschrift durch den Kläger beim zuständigen Gericht. Ihr Inhalt muß den gesetzlichen Vorschriften entsprechen.

Die Klageschrift muß enthalten: die Nennung des angerufenen Gerichts, das Klagebegehren, die Begründung mit wenigstens allgemeiner Angabe des Sachverhalts und der Beweismittel, Anschrift des Klägers oder seines Prozeßvertreters, Datum und Unterschrift; außerdem die Anschrift des Beklagten.

Die *mündliche* Einreichung der Klage kann unter bestimmten Voraussetzungen gestattet werden.

Nach Eingang der Klageschrift hat der Einzelrichter oder der Vorsitzende des Kollegialgerichts die Zuständigkeit des Gerichtes und die aktive Prozeßführungsbefugnis des Klägers zu prüfen und möglichst bald (längstens innerhalb von 30 Tagen) über Zulassung oder Ablehnung der Klage zu entscheiden.

Eine Klage kann nur abgelehnt werden bei Unzuständigkeit des Gerichts, bei zweifelsfreier Prozeßführungsunfähigkeit des Klägers, bei unvollständiger Klageschrift, bei offensichtlicher Unbegründetheit des Klagebegehrens. Eine zurückgewiesene fehlerhafte oder unvollständige Klageschrift kann der Kläger verbessern und erneut vorlegen.

Gegen die Ablehnung kann der Kläger innerhalb von 10 Tagen (Nutzfrist) entweder beim Berufungsgericht oder beim Richterkollegium Beschwerde (Rekurs) einlegen, über die schnellstens zu entscheiden ist.

2. Die Vorladung vor Gericht (cann. 1507–1512)

a) Wird die Klage vom Richter zugelassen, müssen die Parteien zur Streitfestlegung vorgeladen werden (vocatio in ius; citatio) nach dem Grundsatz: audiatur et altera pars.

In der Vorladung, die unverzüglich erfolgen muß, bestimmt der Richter, ob der Beklagte selbst vor Gericht erscheinen muß oder ob eine schriftliche Stellungnahme genügt.
Ohne die rechtmäßige Vorladung sind sämtliche Prozeßakte nichtig.

Die Vorladung braucht allerdings nicht stattzufinden, wenn die Parteien tatsächlich zur Verhandlung der Sache vor dem Richter erschienen sind. Diese Tatsache ist vom Aktuar in den Akten zu vermerken.
Die Vorladung wie auch andere Beschlüsse, Prozeßakte oder Urteile werden zugestellt durch die Post oder auf einem anderen sicheren Weg.

Verweigert der Beklagte die Annahme der Vorladung, gilt er als rechtmäßig geladen. Ist der Beklagte beschränkt rechts- oder geschäftsfähig, erfolgt die Vorladung an seinen Vormund, Pfleger oder Prozeßvertreter.

Wenn die rechtmäßig geladene Partei ohne ausreichende Begründung nicht vor Gericht erscheint bzw. nicht schriftlich antwortet, wird sie vom Richter für *abwesend* erklärt und das Verfahren weitergeführt (vgl. can. 1592 § 1; § 141, 2).

b) Nach rechtmäßiger Vorladung bzw. nach dem Erscheinen der Parteien vor Gericht treten folgende Wirkungen ein:

aa) Die Streitsache ist nicht mehr unbefangen (integra), sondern streitig, sie darf beispielsweise nicht mehr veräußert werden.

bb) Die Zuständigkeit des befaßten Richters oder Gerichtes ist so befestigt, daß ein anderes Gericht oder eine Verwaltungsbehörde nicht mehr tätig werden oder angegangen werden können.

cc) Die Jurisdiktion eines delegierten Richters ist so befestigt, daß sie weiter besteht, auch wenn der Delegierende seine Vollmacht verliert.

dd) Verjährung und Ersitzung werden unterbrochen.

ee) Die Sache ist *rechtshängig* (lis pendere incipit), daher gilt: lite pendente, nihil innovetur. Dadurch ist jede Veränderung an der Streitsache, die zum Nachteil einer Partei gereicht, verboten.

3. Die Streitfestlegung (cann. 1513–1516)

Die Streitfestlegung ist die genaue Umschreibung des Prozeßgegenstandes, die durch den Richter entsprechend dem Klagebegehren und den gegnerischen Einlassungen vorgenommen wird. Dabei sind neben den schriftlichen auch eventuelle mündliche Parteienvorträge zu beachten. In schwierigen Fällen sind die Parteien zur genauen Festlegung der zu entscheidenden Sache vom Richter vorzuladen (sog. concordatio dubiorum). Im Strafprozeß erfolgt die Streitfestlegung aufgrund der Klageschrift des Kirchenanwalts.

Der Streitfestlegungsbeschluß ist den Parteien zu eröffnen; diese können innerhalb von zehn Tagen eine Änderung beantragen. Eine Abänderung des Streitgegenstandes ist nur aus triftigem Grund auf Antrag einer Partei und nach Anhörung der übrigen Beteiligten möglich.
Nach der Streitfestlegung hört der Besitzer einer Sache auf, gutgläubig zu sein.

Der Richter soll den Parteien eine angemessene Frist zur Vorlage der Beweise einräumen. Erst nach der Streitfestlegung beginnt in der Regel die Beweiserhebung (can. 1529).

4. Der Rechtszug – litis instantia (cann. 1517–1525)

Mit der Vorladung der Parteien ist das Prozeßverhältnis begründet und beginnt der Rechtszug.
Das Verfahren endet mit der Urteilsverkündung, gegebenenfalls durch weitere Instanzen, oder auf andere gesetzlich festgelegte Weise (Erlöschen des Rechtszuges, Klagerücknahme).

Der Rechtszug erlischt von Rechts wegen, wenn die Parteien ohne Verhinderungsgrund innerhalb von sechs Monaten keine Rechtshandlung mehr gesetzt haben.
Der Kläger kann in jedem Stadium des Prozesses die Klage zurücknehmen. Die Rücknahme muß schriftlich erfolgen, unterschrieben sein und dem Beklagten mitgeteilt und von ihm (wenigstens stillschweigend) angenommen werden. Sie muß zudem vom Richter zugelassen werden.
Wie der Kläger auf den Rechtszug können Kläger und Beklagte auf einzelne oder alle Prozeßhandlungen verzichten.
Beim Tod einer Partei gilt folgendes:
Tritt der Tod *vor Verfügung des Aktenschlusses* ein, wird das Verfahren ausgesetzt, bis die Erben, der Rechtsnachfolger oder ein sonstwie rechtmäßig Interessierter die Sache wiederaufnimmt. Beim Tod einer Partei *nach Verfügung des Aktenschlusses* wird der Prozeß fortgeführt; an Stelle des Verstorbenen werden der Prozeßvertreter bzw. die Erben oder der Rechtsnachfolger geladen. Diese Vorschrift gilt auch für Ehenichtigkeitsprozesse (can. 1675 § 2).

§ 140. Die Beweiserhebung
(cann. 1526–1586)

I. Allgemeines
(cann. 1526–1529)

1. Die Beweisführung (can. 1526)

Es gilt der Grundsatz: Wer eine Behauptung aufstellt, muß sie beweisen.

Keines Beweises bedürfen:
– Rechtsvermutungen;
– Tatsachen, die von einer Partei behauptet und von der anderen eingeräumt werden, falls nicht das Gesetz (z. B. in Ehenichtigkeitsverfahren) oder der Richter trotzdem den Beweis verlangen.

2. Die Beweismittel (cann. 1527–1529)

Sämtliche erlaubten Beweismittel, die der Wahrheitsfindung dienen, können herangezogen werden.

Falls eine Partei oder Zeugen die Aussage *vor Gericht* verweigern, können sie auch durch einen vom Richter bestimmten Laien gehört oder ihre Erklärungen vor einem öffentlichen Notar oder auf andere rechtmäßige Weise abgegeben werden.

Als Beweismittel dienen:
a) die Parteieneinlassungen;
b) Urkunden;
c) Zeugenaussagen;
d) Sachverständigengutachten;
e) richterlicher Augenschein;
f) gesetzliche Vermutungen.

II. Die Parteieneinlassungen
(cann. 1530–1538)

1. Die Vernehmung durch den Richter (cann. 1530–1534)

Der Richter kann zur leichteren Wahrheitsfindung immer auch die Parteien vernehmen, die zur wahrheitsgemäßen Aussage verpflichtet sind und in Verfahren von öffentlichem Interesse vereidigt werden müssen, wenn nicht ein triftiger Grund dagegen spricht.

Die Parteien, der Kirchenanwalt und der Bandverteidiger können gegeneinander Behauptungen (positiones) aufstellen, worüber die Partei vernommen wird.

2. Das Geständnis (cann. 1535–1538)

a) Das *gerichtliche Geständnis* (confessio iudicialis) ist die mündliche oder schriftliche Bejahung einer Tatsache *vor dem zuständigen Richter,* die eine Partei zu ihren Ungunsten von sich aus oder auf Befragen des Richters bekundet. Ein solches Geständnis befreit die andere Partei von der Beweislast, falls es sich um eine Privatsache ohne öffentliches Interesse handelt.

In Sachen, die das öffentliche Wohl berühren, können das gerichtliche Geständnis und andere Parteieneinlassungen Beweiskraft haben zusammen mit anderen Umständen, die der Richter zu würdigen hat. Vollen Beweis erbringen sie freilich nur, wenn sie von weiteren Beweismitteln bekräftigt werden.

b) Das *außergerichtliche Geständnis* (confessio extraiudicialis) ist vom Richter unter Abwägung der Umstände zu würdigen.

III. Die Zeugenaussagen
(cann. 1547–1573)

Der Zeugenbeweis ist in jedem Verfahren möglich (can. 1547).

1. Zeugnispflicht und Zeugnisverweigerung (can. 1548)

Die vom Richter rechtmäßig geladenen Zeugen sind zum Erscheinen und zur wahrheitsgetreuen Aussage verpflichtet.

Von der Pflicht zur Zeugenaussage sind *befreit:*

a) die Geistlichen hinsichtlich der Kenntnisse, die sie in Ausübung ihres Dienstes erlangt haben (s. auch unten 2, b, bb);

b) die zum Amtsgeheimnis verpflichteten weltlichen Beamten, Ärzte, Hebammen, Anwälte, Notare sowie die durch vertrauliche Beratung zum Schweigen verpflichteten Personen hinsichtlich des dem Amts- und Berufsgeheimnis unterliegenden Wissens;

c) alle Personen, die infolge des Zeugnisses für sich, ihre nächsten Blutsverwandten oder Verschwägerten Rufschädigung, grobe Belästigungen oder andere schwere Nachteile befürchten müssen.

2. Die Zeugnisfähigkeit (cann. 1549, 1550)

Zur Zeugenschaft fähig ist jeder, der durch Gesetz nicht ausdrücklich ganz oder teilweise davon ausgenommen ist. Es gilt folgendes:

a) *Jugendliche unter 14 Jahren und Geistesschwache* (mente debiles) dürfen als Zeugen nicht zugelassen werden; eine Anhörung ist möglich, wenn der Richter beschlußmäßig den zu erwartenden Nutzen feststellt.

b) *Zeugnisunfähig* (incapaces) sind:

aa) die Parteien und ihre Vertreter, der Richter und seine Gehilfen, der Anwalt oder andere Beistände der Parteien;

bb) Priester hinsichtlich aller aus der sakramentalen Beichte bekanntgewordenen Vorgänge, selbst wenn sie vom Beichtgeheimnis entbunden worden sind; nicht einmal das, was anläßlich einer Beichte von Dritten vernommen worden ist, darf als Indiz verwendet werden.

3. Die Zeugeneinvernahme (cann. 1558–1561, 1563–1571)

a) Die Zeugeneinvernahme hat am Sitz des Gerichtes zu geschehen, falls der Richter nicht etwas anderes anordnet.

Entgegen dieser Vorschrift können folgende Personen den Ort der Vernehmung selber bestimmen: Kardinäle, Patriarchen, Bischöfe und alle, denen dieses Sonderrecht vom staatlichen Gesetz eingeräumt ist.

Für Kranke, weit entfernt wohnende oder sonstige Personen, die nicht oder nur schwerlich vor Gericht erscheinen können, bestimmt der Richter den Vernehmungsort.

Der Richter kann auch außerhalb seines Gerichtsbezirks Vernehmungen durchführen mit Genehmigung des betreffenden Diözesanbischofs und an dem von diesem bestimmten Ort (can. 1469 § 2).

b) Die Zeugeneinvernahme nimmt der Richter oder sein Beauftragter bzw. der Vernehmungsrichter vor. Es muß ein Notar zugegen sein. Die Zeugen sind einzeln zu vernehmen.

Haben die anwesenden Parteien oder Kirchenanwalt oder Bandverteidiger wie auch die Anwälte Fragen an den Zeugen, müssen sie diese dem Richter vorschlagen, der sie an den Zeugen stellt. Die Antworten sind vom Notar zu protokollieren. Es können auch Magnetophongeräte benutzt werden. Das Protokoll bzw. die Tonbandaufzeichnung sind dem Zeugen zur Kenntnis zu bringen mit der Möglichkeit, Korrekturen, Verbesserungen usw. anzubringen. Zeuge, Richter und Notar müssen das Protokoll unterzeichnen.

4. Die Vereidigung (can. 1562)

Der Richter hat die Zeugen auf die wahrheitsgetreue Aussage nachdrücklich hinzuweisen und in Verfahren, die das öffentliche Wohl berühren, zu vereidigen. Verweigert der Zeuge den Eid, wird er unvereidigt vernommen.

Der Meineid ist strafbar (can. 1368).

5. Die Beweiswürdigung (cann. 1572, 1573)

a) Die freie Beweiswürdigung steht dem Richter zu. Er kann Glaubwürdigkeits- und Leumundszeugnisse einholen. Bei der Würdigung der Zeugenaussagen hat er zu berücksichtigen:
– die persönlichen Verhältnisse und die sittliche Lebensführung des Zeugen;
– ob der Zeuge aus eigenem Wissen die Aussage gemacht (de visu, de auditu proprio) oder nur seine Meinung, das Hörensagen (fama) oder von anderen Gehörtes (de auditu ab aliis) kundgetan hat;
– ob der Zeuge fest bei seinen Aussagen bleibt oder unsicher ist;
– ob die Zeugenaussagen übereinstimmen und von anderen Beweiselementen bestätigt werden.

b) Ein Zeuge allein schafft keinen vollen Beweis, es sei denn, es handelt sich um einen *testis qualificatus,* der über etwas aussagt, von dem er in Ausübung seines Amtes Kenntnis erlangt hat, oder die näheren Umstände sprechen für die Richtigkeit der einen Zeugenaussage.

IV. Die übrigen Beweismittel
(cann. 1539–1546, 1574–1586)

1. Der Urkundenbeweis (cann. 1539–1546)

In allen Prozessen werden zum Beweis sowohl öffentliche (kirchliche und weltliche) als auch private (Briefe, Verträge, Testamente) Urkunden zugelassen, die naturgemäß unterschiedliche Beweiskraft besitzen. Sie müssen entweder im Original oder in einer beglaubigten Abschrift vorgelegt werden. Zur Vorlage von Urkunden ist niemand verpflichtet, wenn für ihn oder nahestehende Dritte daraus Nachteile zu befürchten sind.

2. Die Sachverständigen – periti (cann. 1574–1581)

Sachverständigengutachten sind als Beweismittel heranzuziehen, wenn es das Gesetz vorschreibt oder der Richter anordnet. Die Sachverständigen werden nach Anhörung oder auf Vorschlag der Parteien vom Richter bestellt. Wer nicht Zeuge sein kann, kann auch als Sachverständiger nicht zugelassen werden.

3. Der richterliche Augenschein – recognitio iudicialis (cann. 1582, 1583)

Wenn der Richter es für die Wahrheitsfindung erforderlich hält, kann er einen Ortstermin oder Augenschein beschlußmäßig anordnen. Das Ergebnis ist dokumentarisch festzuhalten.

4. Die Vermutungen (cann. 1584–1586)

Eine *Vermutung* liegt vor, wenn ein an sich unsicherer Sachverhalt aufgrund einer feststehenden Tatsache als wahr oder unwahr angenommen wird. Der Gegenbeweis ist möglich.

a) Von einer *gesetzlichen* Vermutung (praesumptio iuris) spricht man, wenn das Gesetz sie aufstellt; sie bindet den Richter so lange, bis der Gegenbeweis zweifelsfrei erbracht ist.

Beispiel: Jede Ehe ist bis zum Beweis des Gegenteils als gültig zu betrachten (can. 1060); bis zum Beweis des Gegenteils wird vermutet, daß bei der Abgabe des Ehekonsenses der innere Wille mit der äußeren Willenserklärung übereinstimmt (can. 1101 § 1); der Vollzug der Ehe wird vermutet, wenn die Eheleute nach der Eheschließung zusammengewohnt haben (can. 1061 § 2).

Wer eine gesetzliche Vermutung für sich hat, ist der Beweislast enthoben; die Gegenpartei kann aber den Gegenbeweis antreten.

b) Die *richterliche* Vermutung (praesumptio hominis) folgert aus einem bestimmten Sachverhalt einen anderen Sachverhalt (Indizienbeweis). Der Richter darf sie nur aufgrund einer sicheren und bestimmten Tatsache aufstellen; sie muß zudem mit der Streitsache im Zusammenhang stehen.

Die richterliche Vermutung spielt beim Indizienbeweis im Eheprozeß eine wichtige Rolle. Die Umstände, auf die sie sich stützt, müssen sicher erwiesene bestimmte Tatsachen sein. In der Regel genügt ein indizierender Umstand allein nicht zum Beweis.

Beispiel: Der Richter vermutet *Nichtverpflichtungswillen,* wenn die Nachkommenschaft von den Brautleuten vollständig abgelehnt oder der eheliche Verkehr dauernd und hartnäckig kontrazeptiv vollzogen wurde. Andererseits wird bei Ausschluß der Nachkommenschaft auf Zeit *Nichterfüllungswille* und damit die Gültigkeit der Ehe präsumiert.

Wenn die Braut vor dem Hochzeitstag erwiesenermaßen starke und anhaltende Abneigung gegen den Bräutigam gezeigt und am Hochzeitstag deutliche Zeichen von Traurigkeit gegeben hat, kann darin ein Indiz für schwere Furcht gesehen werden.

§ 141. Zwischenverfahren
(cann. 1587–1597)

1. Begriff (cann. 1587–1591)

Von einem Zwischenverfahren (causa incidens) spricht man, wenn nach Prozeßbeginn eine Frage, die in der Klageschrift nicht ausdrücklich enthalten ist, entschieden werden muß, weil sie derart zum Prozeßgegenstand gehört, daß sie vor der Entscheidung in der Hauptsache gelöst werden muß.

Dazu können gehören die Ablehnung von Zeugen oder die Nichtzulassung von Beweismitteln.

Für das Zwischenverfahren gelten besondere Verfahrensvorschriften. Es kann schriftlich oder mündlich bei dem für die Entscheidung in der Hauptsache zuständigen Gericht beantragt werden, das schnellstens über die Zulassung zu befinden hat. Nach dem Ermessen des Gerichtes kann darüber auch durch Zwischenurteil (per sententiam interlocutoriam) oder durch Beschluß (per decretum) entschieden werden. Ist eine urteilsmäßige Behandlung vorgesehen, gelten in der Regel die Verfahrensnormen für den mündlichen Streitprozeß (vgl. § 149). Zwischenurteil oder Beschluß können vor Beendigung des Hauptverfahrens aus gerechtem Grund nach Anhörung der Parteien aufgehoben oder abgeändert werden.

Gegen Entscheide dieser Art, die nicht die Wirkung eines Endurteils haben, kann nur zusammen mit dem Endurteil Berufung eingelegt werden (can. 1629 n. 4).

Unter den Zwischenverfahren behandelt der CIC das Nichterscheinen der Parteien (De partibus non comparentibus; cann. 1592–1595) und den Eintritt eines Dritten in den Rechtsstreit (De interventu tertii in causa; cann. 1596, 1597).

Hier genügt wegen der Bedeutsamkeit in Eheprozessen, das Nichterscheinen der Parteien zu behandeln.

2. Die Abwesenheitserklärung (cann. 1592–1595)

a) Wenn der *Beklagte* der Vorladung vor Gericht ohne zureichende Entschuldigungsgründe nicht Folge leistet und auch nicht schriftlich zur Streitfrage Stellung nimmt, wird er vom Richter durch Dekret für *„abwesend"* (absens) erklärt und der Prozeß bis zur endgültigen Entscheidung weitergeführt. Vor diesem richterlichen Beschluß muß freilich feststehen, daß dem Beklagten die Vorladung rechtmäßig zugestellt worden ist.

Bekundet der Beklagte noch vor der Entscheidung die Bereitschaft zur Mitwirkung im Verfahren, können seine Einlassungen und Beweismittel im Rahmen der Verfahrensnormen zugelassen werden, falls damit nicht eine geflissentliche Prozeßverschleppung verbunden ist. Nach der Endentscheidung kann der für abwesend Erklärte das Urteil anfechten; er kann sogar Nichtigkeitsbeschwerde einlegen, falls er nachweist, daß er rechtmäßig am Erscheinen verhindert war und ohne sein Verschulden die entsprechende Mitteilung unterblieben ist.

b) Wenn der *Kläger* ohne Entschuldigungsgründe nicht erscheint, wird nach nochmaliger erfolgloser Ladung sein Verzicht auf den Rechtszug vermutet (vgl. cann. 1524, 1525).

§ 142. Der Abschluß des Verfahrens
(cann. 1598–1606)

1. Die Akteneinsicht (can. 1598)

Nach Beendigung der Beweiserhebungen muß der Richter bei sonstiger Nichtigkeit des Verfahrens den Parteien und ihren Beiständen in der Kanzlei des Gerichtes Akteneinsicht gewähren. In Sachen, die das öffentliche Wohl betreffen, kann der Richter zur Vermeidung schwerster Gefahren Akten von der Offenlegung ausnehmen. Das Recht der Verteidigung ist aber stets sorgfältig zu beachten.

2. Der Aktenschluß (cann. 1599, 1600)

Falls die Parteien nach der Akteneinsicht neue Beweisanträge nicht mehr stellen oder die vom Richter für die Beibringung neuer Beweismittel angesetzte Frist verstrichen ist oder der Richter die Sache für ausreichend instruiert erklärt, wird durch Gerichtsbeschluß der Aktenschluß (conclusio in causa) verfügt.

Nach Aktenschluß kann nur unter folgenden Voraussetzungen noch einmal Beweis erhoben werden:
– in reinen *Privatprozessen,* sofern die Parteien zustimmen;
– in den *übrigen Prozessen,* sofern ein triftiger Grund dafür vorhanden ist und keine Gefahr des Betruges oder der Beeinflussung besteht;
– in *allen Prozessen,* sofern bei Unterlassung weiterer Beweiserhebungen ein offensichtlich ungerechtes Urteil im Sinne von can. 1645 § 2 nn. 1–3 zu erwarten ist.

Dokumente können nach Aktenschluß noch eingereicht werden, falls dies der interessierten Partei ohne eigenes Verschulden vorher nicht möglich war.

Die nachträglich erhobenen Beweise oder eingereichten Urkunden sind offenzulegen.

3. Die Verteidigung (cann. 1601–1606)

Nach dem Aktenschluß hat der Richter den Parteien eine angemessene Frist zur Abfassung der Einwendungen (animadversiones) und Verteidigungen (defensiones) einzuräumen, die in der Regel schriftlich vorzulegen sind.

Auf die Schriftsätze können die Parteien jeweils einmal antworten, falls der Richter aus triftigem Grund weitere Entgegnungen nicht zuläßt. Das letzte Wort haben immer der Kirchenanwalt und der Bandverteidiger, falls sie am Verfahren beteiligt sind; im Strafverfahren der Angeklagte.

§ 143. Der Richterspruch
(cann. 1607–1618)

1. Begriff (can. 1607)

Ein Gerichtsverfahren wird entweder durch ein *Endurteil* (sententia definitiva) in der Hauptsache oder durch ein *Zwischenurteil* (sententia interlocutoria) bei Zwischenverfahren entschieden. Außerdem kann das Gericht auch durch Beschlüsse Entscheidungen treffen.

2. Die moralische Gewißheit (can. 1608)

Für die Urteilsfällung muß der Richter die sog. moralische Gewißheit (moralis certitudo) über die zu entscheidende Sache besitzen, d.h eine Gewißheit, die jeden vernünftigen Zweifel ausschließt. Kann er diese Gewißheit nicht gewinnen, muß er entscheiden, daß das Recht des Klägers nicht feststeht („non constare de iure actoris") und der Beklagte vom klägerischen Anspruch freigesprochen ist. Eine Ausnahme hiervon machen jene Streitsachen, die sich einer besonderen Rechtsgunst erfreuen (favor iuris). So gilt eine Ehe für gültig, solange das Gegenteil nicht mit moralischer Gewißheit erwiesen ist (vgl. can. 1060).

Die moralische Gewißheit gewinnt der Richter aus den Akten und dem darin enthaltenen Beweismaterial. Es gilt der Grundsatz der freien Beweiswürdigung entsprechend der eigenen Gewissensentscheidung (s. § 140,5).

3. Das Kollegialgericht (cann. 1609, 1610)

Bei einer Entscheidung durch das Kollegialgericht gilt:

a) Den Termin für die Beratung der Richter setzt der Vorsitzende fest; sie findet in der Regel am Sitz des Gerichtes statt.

b) Die Richter bringen ihre schriftlichen Voten mit und geben sie später zu den geheimen Akten.

c) Der Berichterstatter (ponens) trägt zuerst den Fall vor; daraufhin legen die übrigen Richter ihre Auffassung dar.

Unter Leitung des Vorsitzenden folgt die Urteilsberatung, die sich hauptsächlich auf den entscheidenden Teil des Urteils bezieht. Die Richter können im Verlauf der Beratung bzw. bei der Abstimmung von ihrer ursprünglichen Auffassung abgehen. Es ist zulässig, daß das Gericht die Entscheidung auf eine zweite Sitzung (innerhalb einer Woche) verschiebt.

d) Die Urteilsausfertigung ist Sache des Berichterstatters.

4. Inhalt und Form des Urteils (cann. 1611, 1612)

a) Das Urteil muß den Streit entscheiden, d. h. dem klägerischen Antrag stattgeben oder ihn abweisen und die aus der Entscheidung sich ergebenden Verpflichtungen der Parteien und ihre Erfüllung festlegen, die rechtlichen und sachlichen Urteilsgründe darlegen und die Prozeßkosten festsetzen.

b) Das Urteil wird nach Anrufung des Namens Gottes gesprochen. Es muß enthalten: Angaben über den Richter (das Gericht), den Kläger, den Beklagten, den Prozeßvertreter mit Namen und Anschriften; eine kurze Darstellung des Sachverhalts mit den Parteienanträgen und Streitfragen; den dispositiven Teil und die Urteilsgründe; es schließt mit der Angabe des Ortes und des Datums seiner Fällung und ist vom Richter (bzw. von allen Richtern) und vom Notar zu unterzeichnen.

5. Die Urteilsverkündung (cann. 1614, 1615)

Das Urteil soll so bald als möglich mit Rechtsmittelbelehrung verkündet werden. Es kann den Parteien ausgehändigt oder durch die Post zugestellt werden.

6. Die Gerichtsbeschlüsse (can. 1617)

Gerichtsbeschlüsse müssen, sofern sie nicht rein verfahrensrechtlicher Natur sind, wenigstens allgemein begründet sein.

§ 144. Die Nichtigkeitsbeschwerde
(cann. 1619–1627)

Ein Richterspruch kann angefochten werden, weil formelle Fehler unterlaufen sind.

Hat sich bei der Abfassung des Urteils ein Fehler eingeschlichen, kann das Gericht das Urteil durch einen Beschluß berichtigen oder ergänzen.

Widerspricht eine Partei, wird die Sache durch Beschluß in einem Zwischenverfahren entschieden. Das Dekret ist am Ende des Urteils zu vermerken (can. 1616).

Ist eine Prozeßhandlung in einem reinen Privatprozeß nichtig, wird sie durch das Urteil geheilt, falls die dagegen Beschwerde führende Partei nicht vor der Urteilsfällung vorstellig geworden ist, obgleich sie davon wußte.

Gegen nichtige Urteile gibt es das Rechtsmittel der *Nichtigkeitsbeschwerde* (querela nullitatis).

1. Gründe für die Urteilsnichtigkeit (cann. 1620, 1622)

Man unterscheidet *unheilbare und heilbare* Nichtigkeitsgründe.

a) Ein Urteil leidet an unheilbarer Nichtigkeit:

aa) wenn es von einem absolut unzuständigen Richter gefällt worden ist (vgl. § 132, 1);

bb) wenn es von einem Richter ohne richterliche Gewalt gefällt worden ist (z. B. vom Offizial, obwohl der Bischof sich die Sache vorbehalten hatte);

cc) wenn der erkennende Richter unter Zwang oder schwerer Furcht geurteilt hat;

dd) wenn das Gericht ohne förmlichen Klageantrag oder ohne einen Beklagten geurteilt hat;

ee) wenn einer der Parteien die Prozeßführungsfähigkeit fehlte;

ff) wenn der Prozeßvertreter ohne rechtmäßiges Mandat tätig war;

gg) wenn einer Partei das Verteidigungsrecht versagt wurde;

hh) wenn der Streit nicht wenigstens teilweise entschieden wurde.

b) Ein Urteil leidet an heilbarer Nichtigkeit:

a) wenn das Gericht nicht mit der vorgeschriebenen Zahl von Richtern besetzt war;

bb) wenn die Begründung fehlt;

cc) wenn es nicht rechtmäßig unterschrieben ist;

dd) wenn Ort und Datum nicht genannt sind;

ee) wenn eine Prozeßhandlung nichtig und nicht rechtmäßig saniert ist;

ff) wenn es gegen eine am Erscheinen rechtmäßig gehinderte Partei ergangen ist.

2. Die Einlegung der Nichtigkeitsbeschwerde (cann. 1621, 1623 bis 1627)

a) Ein *unheilbar nichtiges Urteil* kann durch Einrede immer oder durch Klage innerhalb von zehn Jahren nach Verkündung vor dem erkennenden Richter angefochten werden.

b) Die Nichtigkeitsbeschwerde gegen *heilbar nichtige Urteile* kann von den Parteien, dem Kirchenanwalt oder dem Bandverteidiger innerhalb von drei Monaten nach Urteilsverkündung eingelegt werden bei dem Richter, der das Urteil gefällt hat. Demnach wechselt die Instanz nicht; bei Besorgnis der Befangenheit muß aber ein anderer Richter desselben Gerichts bestimmt werden.

Die Nichtigkeitsbeschwerde kann auch zusammen mit der Berufung innerhalb der dafür festgesetzten Frist geltend gemacht werden.

Der Richter selber kann ein von ihm gefälltes nichtiges Urteil von Amts wegen innerhalb von drei Monaten zurückziehen oder berichtigen.

Nach Fristablauf ist die Nichtigkeit geheilt.

Die Nichtigkeitsbeschwerde wird nach den Normen des mündlichen Streitverfahrens (vgl. § 149) verhandelt.

§ 145. Die Berufung

(cann. 1628–1640)

1. Das Berufungsrecht (can. 1628)

Jede durch ein Urteil sich beschwert fühlende Partei wie auch der Kirchenanwalt oder Bandverteidiger haben das Berufungsrecht an das Obergericht.

2. Ausschluß der Berufung (can. 1629)

Die Berufung ist indessen in folgenden Fällen ausgeschlossen:

a) gegen ein Urteil des Papstes oder der Apostolischen Signatur;

b) gegen ein nichtiges Urteil, falls nicht gleichzeitig Nichtigkeitsbeschwerde eingelegt wird;

c) gegen ein rechtskräftiges Urteil;

d) gegen einen Gerichtsbeschluß oder ein Zwischenurteil ohne Wirkung eines Endurteils, falls nicht gleichzeitig gegen das Endurteil appelliert wird;

e) gegen ein Urteil oder einen Beschluß, für die das Gesetz schnellstens eine Erledigung vorschreibt (z. B. Befangenheitseinrede, can. 1451; Beschwerde gegen Klageablehnung, can. 1505 § 4).

3. Die Form der Berufung (cann. 1630–1635)

Die Berufung muß mündlich zu Protokoll des Notars oder schriftlich innerhalb von fünfzehn Tagen nach Urteilsverkündung (Zustellung) bei dem erkennenden Gericht (iudex a quo) eingelegt und innerhalb eines Monats beim Berufungsgericht (iudex ad quem) verfolgt werden.

Zur Berufungsverfolgung muß das Obergericht um Abänderung des Urteils angegangen und eine Urteilsabschrift zusammen mit der Berufsbegründung beigefügt werden.

Sind die Berufungsfristen ungenutzt verstrichen, erlischt das Berufungsrecht.

4. Die Wirkung der Berufung (can. 1638)

Wenn gegen ein Urteil Berufung eingelegt worden ist, kann es nicht vollstreckt werden.

5. Der Gegenstand der Berufung (can. 1639)

Ausgenommen in Ehenichtigkeitsprozessen kann in der Berufungsinstanz ein neuer Klagegegenstand nicht eingeführt werden; vom Obergericht kann daher das angefochtene Urteil nur bestätigt oder abgeändert werden.

Neue Beweiserhebungen sind zulässig.

§ 146. Die Rechtskraft und Vollstreckung des Urteils
(cann. 1641–1644, 1650–1655)

1. Die Rechtskraft (cann. 1641, 1643, 1644)

Ein Urteil ist rechtskräftig und vollstreckbar,
    a) wenn in der gleichen Sache zwei übereinstimmende Urteile ergangen sind;
    b) wenn innerhalb der gesetzlichen Frist Berufung nicht eingelegt wurde;
    c) wenn die Berufungsinstanz erloschen ist oder die Berufung zurückgenommen wurde;
    d) wenn es sich um ein Endurteil handelt, gegen das Berufung ausgeschlossen ist (vgl. § 145, 2).

Urteile in *Personenstandssachen* (Ehe, Weihe) gehen niemals in Rechtskraft über. Sie können trotz mehrerer gleichlautender Urteile zu jeder Zeit angefochten werden, allerdings müssen neue und schwerwiegende Beweise oder Gründe innerhalb von dreißig Tagen nach Einlegung der Berufung vorgelegt werden. Das Berufungsgericht hat dann innerhalb von dreißig Tagen durch Dekret über die Zulassung der Berufung zu entscheiden. Die Anrufung des Obergerichts suspendiert die Vollstreckung des Urteils nicht, falls nichts anderes vom Gesetz oder Obergericht bestimmt wird.

2. Die Urteilsvollstreckung (cann. 1650, 1651, 1653)

Ein rechtskräftiges Urteil kann vollstreckt werden. Der erkennende Richter oder das angerufene Berufungsgericht können unter bestimmten Voraussetzungen auch bei noch nicht rechtskräftigem Urteil eine vorläufige Vollstreckung anordnen. Die Urteilsvollstreckung wird in einem eigenen Beschluß des Diözesanbischofs (oder seines Beauftragten), dessen Gericht in erster Instanz geurteilt hatte, verfügt.

§ 147. Die Wiedereinsetzung in den vorigen Stand
(cann. 1645–1648)

1. Begriff und Zulässigkeit (cann. 1645, 1648)

Gegen ein rechtskräftiges Urteil gibt es kein Rechtsmittel mehr. Falls sich aber die *offenkundige Ungerechtigkeit* eines Urteils herausstellt, kommt das außerordentliche Rechtsmittel der Wiedereinsetzung in den vorigen Stand (restitutio in integrum) in Betracht, d. h. die Wiederherstellung der rechtlichen Stellung der Parteien wie vor der Urteilsfällung; es kann also in der Sache neu verhandelt werden.

Offensichtlich ungerecht ist ein Urteil ausschließlich in folgenden Fällen:

a) wenn das Urteil sich auf Beweise stützt, die sich später als falsch erweisen und daher das Urteil nicht tragen;

b) wenn nachträglich Dokumente bekannt werden, die neue und eine gegenteilige Entscheidung fordernde Tatsachen zweifelsfrei erweisen;

c) wenn das Urteil infolge Arglist einer Partei zum Nachteil der anderen ergangen ist;

d) wenn eine Gesetzesvorschrift offensichtlich nicht beachtet wurde;

e) wenn ein aufhebendes Berufungsurteil gegen ein schon rechtskräftiges Urteil ergangen ist.

2. Zuständigkeit (can. 1646)

Dieses Rechtsmittel muß bei dem Richter, der das Urteil gefällt hat, bzw. in den Fällen d) und e) beim Berufungsgericht eingelegt werden, und zwar innerhalb von drei Monaten nach Kenntniserlangung des begründenden Umstandes.

3. Wirkung (can. 1647)

Der Antrag auf Wiedereinsetzung in den vorigen Stand hemmt nur die noch nicht begonnene Vollstreckung des Urteils. Der Richter hat aber dafür zu sorgen, daß der Antragsteller schadlos gehalten wird, falls seinem Antrag entsprochen wird.

§ 148. Die Gerichtskosten

(can. 1649)

Der Bischof als Gerichtsherr hat eine Ordnung zu erlassen:
– für die von den Parteien zu tragenden Verfahrenskosten;
– für die Honorare der Prozeßvertreter, Anwälte, Sachverständigen und Dolmetscher sowie für Auslagenerstattung an die Zeugen;

– über Armenrecht und Prozeßkostenhilfe;
– über eventuellen Schadensersatz seitens der unterlegenen oder mutwillig prozessierenden Partei;
– über den Prozeßkostenvorschuß und eventuelle Kautionsleistungen.

Gegen die Kostenentscheidung im Urteil gibt es keine eigene Berufung, sondern nur die Beschwerde (innerhalb von fünfzehn Tagen) an das erkennende Gericht.

Anträge auf Armenrecht oder Prozeßkostenhilfe müssen zu Beginn des Prozesses gestellt werden (can. 1464).

§ 149. Das mündliche Streitverfahren

(cann. 1656–1670)

Neben dem ordentlichen Streitverfahren (vgl. §§ 139–148) sieht das Prozeßrecht für bestimmte Fälle einen außerordentlichen Prozeßgang vor: das mündliche Streitverfahren (processus contentiosus oralis), das freilich sämtliche wesentlichen Verfahrenselemente (Klageerhebung, Streitfestlegung, Beweiserhebung, Parteiendiskussion und Verteidigung, Urteil, Rechtsmittel) kennt, aber weitgehend von *Mündlichkeit* und gesetzlich vorgeschriebenen *kürzeren Fristen* gekennzeichnet ist, wodurch eine kürzere Prozeßdauer erreicht werden soll.

Dieses Verfahren kann freilich nur angewandt werden in den vom Gesetz nicht ausgeschlossenen Fällen (can. 1656 § 1). Da es in erster Instanz nur für Verfahren vor dem Einzelrichter vorgesehen ist (can. 1657), darf bei Streitmaterien, für die ein Kollegialgericht vorgeschrieben ist (can. 1425), nicht nach diesem außerordentlichen Verfahren verhandelt werden. Bei Ehenichtigkeits- oder Weihenichtigkeitsprozessen ist das außerordentliche Verfahren nicht anwendbar (cann. 1690, 1710). Zudem müssen die Parteien mit der Anwendung dieser Normen einverstanden sein. Bei einem rechtswidrig durchgeführten mündlichen Verfahren sind die Prozeßhandlungen nichtig (can. 1656 § 2; hinsichtlich der Konsequenzen vgl. cann. 1619, 1622 n. 5). Falls das Berufungsgericht zu der Überzeugung gelangt, daß die außerordentlichen Prozeßnormen in einem gesetzlich ausgeschlossenen Fall angewendet wurden, muß es das Urteil für nichtig erklären und die Sache an das Untergericht zurückverweisen (can. 1669).

Das Gesetz sieht den mündlichen Prozeß ausdrücklich vor bei Zwischenverfahren, Nichtigkeitsbeschwerden und Ehetrennungsverfahren (cann. 1590 § 1, 1627, 1693 § 1).

1. Allgemeines (can. 1670)

Außer den im folgenden dargestellten Sondernormen sind die Vorschriften des ordentlichen Prozesses zu beachten. Der Richter kann freilich im Einzelfall zur Beschleunigung des Prozesses Verfahrensvorschriften, die nicht zur Gültigkeit erforderlich sind, unter Angabe der Gründe durch Dekret außer Kraft setzen.

2. Die Klageschrift (cann. 1658–1660)

a) Außer den nach can. 1504 im ordentlichen Verfahren verlangten Erfordernissen muß die Klageschrift enthalten:
– die klagebegründenden Tatsachen, kurz, vollständig und übersichtlich zusammengefaßt;
– Beweise für die Klagebehauptung, wenigstens solche, die der Richter rasch erheben kann;
– Beweisdokumente, wenigstens in beglaubigter Abschrift.

Falls der Richter die Klage für begründet hält, muß er die Klageschrift innerhalb von drei Tagen dem Beklagten eröffnen (was auch als Vorladung gilt), der wiederum seine Entgegnung mit Beweisanträgen innerhalb von fünfzehn Tagen dem Gericht vorlegen kann. Bei einer eventuellen Einrede der Gegenpartei ist dem Kläger eine Frist zur Entgegnung einzuräumen.

3. Die Streitfestlegung (can. 1661)

Der Termin zur Streitfestlegung darf nicht später als dreißig Tage nach den unter 2 genannten Fristen anberaumt werden. Die Parteien können bis drei Tage vor der Streitfestlegung kurze Schriftsätze einreichen.

4. Die Beweiserhebung (cann. 1663–1666)

Die Beweiserhebung erfolgt in einer (oder mehreren) eigenen Sitzung(en); die Aussagen der Parteien, Zeugen usw. sind vom Notar mit Beschränkung auf das Wesentliche zu protokollieren. Bei den Einvernahmen können die Parteien oder deren Anwälte anwesend sein.

5. Die Sachbesprechung (can. 1667)

Die Sachbesprechung findet im Anschluß an die Beweiserhebung in derselben Sitzung mündlich statt.

6. Das Urteil (can. 1668)

Falls nach der Sachbesprechung keine weiteren Erhebungen mehr erforderlich sind und der Urteilsfällung nichts mehr im Wege steht, fällt der Richter sofort für sich die Entscheidung und verliest umgehend vor den Parteien den dispositiven Teil des Urteils. Das ganze Urteil mit den Entscheidungsgründen ist den Parteien spätestens innerhalb von fünfzehn Tagen zuzustellen.

Der Urteilsspruch kann in schwierigen Fällen oder aus einem anderen gerechten Grund auch erst bis zu fünf Tagen nach der letzten Beweiserhebung erfolgen.

DRITTER TEIL
BESONDERE PROZESSE
(cann. 1671–1731)

§ 150. Das Ehenichtigkeitsverfahren
(cann. 1671–1691)

Ein Ehenichtigkeitsprozeß muß nach den Sondernormen der cann. 1671–1691 und den allgemeinen Vorschriften des ordentlichen Streitverfahrens durchgeführt werden. Das mündliche Verfahren nach cann. 1656–1670 ist ausgeschlossen (cann. 1690, 1691).

I. Das ordentliche Ehenichtigkeitsverfahren
(cann. 1671–1685)

1. Das zuständige Gericht (cann. 1671–1673)

Ehesachen von Getauften unterstehen der kirchlichen Gerichtsbarkeit. Hinsichtlich der rein bürgerlichen Wirkungen sind in der Regel die Zivilgerichte zuständig.

Für Ehenichtigkeitsverfahren ist, ausgenommen in dem Apostolischen Stuhl vorbehaltenen Fällen, zuständig:

a) das Gericht des Eheschließungsortes (forum celebrationis matrimonii);

b) das Gericht des Wohnsitzes oder Quasiwohnsitzes der nichtklagenden Partei (forum domicilii vel quasidomicilii partis conventae);

c) das Gericht des Wohnsitzes des Klägers unter der Voraussetzung, daß beide Parteien sich im Bereich derselben Bischofskonferenz aufhalten und der Offizial des Wohnsitzes der nichtklagenden Partei, nachdem er diese angehört hat, seine Zustimmung erteilt (forum domicilii actoris);

d) das Gericht, in dessen Territorium tatsächlich die meisten Beweise zu erheben sind unter der Voraussetzung, daß der Offizial des Wohnsitzes der nichtklagenden Partei nach vorheriger Anfrage, ob sie Einwendungen zu erheben hat, seine Zustimmung erteilt (forum probationum).

2. Das Klagerecht (cann. 1674, 1675)

Fähig zur Klageerhebung sind nur:
  a) die Ehegatten (ohne Einschränkung);
  b) der Kirchenanwalt, insofern die Nichtigkeit bekannt ist und die Ehe nicht konvalidiert werden kann.

Nach dem Tod eines Ehegatten kann Nichtigkeitsklage nicht mehr erhoben werden, es sei denn, die Feststellung der Nichtigkeit einer Ehe ist für die Entscheidung einer anderen Streitfrage (zum Beispiel Erbauseinandersetzung) vor dem kirchlichen oder weltlichen Gericht unerläßlich.

Stirbt eine Partei während des Prozesses, ist nach can. 1518 zu verfahren (vgl. § 139, 4).

3. Das Vorgehen des Gerichtes (cann. 1676, 1677)

Bevor der Richter die Klage zuläßt, soll er sich mit pastoralen Mitteln um die Konvalidierung der Ehe und die Aussöhnung der Ehegatten bemühen.

  a) Nach Annahme der Klageschrift eröffnet der Gerichtsvorsitzende oder der Berichterstatter der nichtklagenden Partei die Vorladung vor Gericht gemäß can. 1508.

  b) Fünfzehn Tage nach dieser Eröffnung legt der Vorsitzende oder der Berichterstatter (innerhalb von zehn Tagen) von Amts wegen die Streitfrage durch Dekret fest und teilt sie den Parteien mit, falls eine Partei nicht eine eigene Sitzung zur Streitfestlegung beantragt hat.

  Die Streitfrage muß auch die Angabe des Nichtigkeitsgrundes (der Nichtigkeitsgründe) enthalten.

  c) Zehn Tage nach Mitteilung der Streitfrage wird durch Dekret die Instruktion der Sache angeordnet, falls die Parteien nicht widersprechen.

4. Die Beweiserhebung (cann. 1678–1680)

  a) Der Ehebandverteidiger, die Vertreter der Parteien (nicht die Parteien selber) haben das Recht, bei den Vernehmungen anwesend zu sein; zudem dürfen sie auch vor der Offenlegung Einsicht in die Prozeßakten nehmen.

  b) Falls ausreichende Beweise fehlen, soll der Richter die Zeugen auch über die Glaubwürdigkeit der Parteien befragen, damit er deren Einlassungen neben sonstigen Indizien und Beweisstützen sachgemäß würdigen kann.

c) Bei Prozessen wegen Impotenz oder Konsensmangel infolge Geisteskrankheit sind Sachverständige hinzuzuziehen, falls deren Mitwirkung nicht offensichtlich ohne Nutzen ist.

5. Nichtvollzug der Ehe; Berufung (cann. 1681–1683)

a) Falls im Verlauf der Beweiserhebung ein wohlbegründeter Zweifel am Vollzug der Ehe auftritt, kann das Gericht das Nichtigkeitsverfahren mit Zustimmung der Parteien aussetzen und die Beweise für ein Inkonsummationsverfahren ergänzen und gegebenenfalls die Prozeßakten zusammen mit einem Dispensgesuch des (der) Ehegatten und einem Votum sowohl des Gerichtes wie des Bischofs an den Apostolischen Stuhl weiterleiten.

b) Das Urteil, das die Nichtigkeit der Ehe *erstmals* feststellt, ist von Amts wegen innerhalb von zwanzig Tagen nach seiner Verkündung mit den Prozeßakten und gegebenenfalls mit der Berufung der Parteien an das Appellationsgericht zu schicken.

c) Ist das Nichtigkeitsurteil *in erster Instanz* ergangen, hat das Berufungsgericht unter Würdigung der Bemerkungen des Ehebandverteidigers und gegebenenfalls der Parteien durch Dekret zu entscheiden, ob es das erstinstanzliche Urteil in den wesentlichen Punkten bestätigt oder die Sache in einem ordentlichen Prozeß im zweiten Rechtszug verhandelt. Die Bestätigung eines affirmativen Urteils durch Dekret ist unzulässig, wenn erst die zweite Instanz oder folgende Instanzen im Gegensatz zur ersten affirmativ entschieden haben.

Wird in der Berufungsinstanz ein neuer Nichtigkeitsgrund geltend gemacht, kann das Gericht darüber als erste Instanz entscheiden.

6. Vollzug des Urteils (cann. 1684, 1685)

a) Wenn zwei die Ehenichtigkeit feststellende Entscheidungen vorliegen, können die Parteien sofort nach Verkündung der zweiten Entscheidung eine neue Ehe eingehen, falls im Urteil selbst oder in einem gesonderten Dekret oder vom Ortsordinarius ein Eheverbot nicht ausgesprochen worden ist und ein sonstiger Grund der Eheschließung nicht entgegensteht.

b) Die Vollzugsreiferklärung des Urteils ist vom Offizial sofort dem Ordinarius des Eheschließungsortes mitzuteilen, der den Eintrag der Ehenichtigkeitserklärung und gegebenenfalls eines Eheverbotes im Ehe- und Taufbuch zu veranlassen hat.

7. Verpflichtungen nach der Ehenichtigkeitserklärung (can. 1689)

Im Urteil ist nachdrücklich daran zu erinnern, daß die Partner trotz der Ehenichtigkeitserklärung weiterhin moralische und rechtliche Verpflichtungen füreinander und für die Kinder (Unterhalt und Erziehung) haben und erfüllen müssen.

II. Das summarische Verfahren
(cann. 1686–1688)

1. Der Dokumentenbeweis (can. 1686)

Nach Eingang der Klageschrift kann der Offizial oder sein Beauftragter unter Außerachtlassung der Förmlichkeiten des ordentlichen Prozesses, aber nach Ladung der Parteien und unter Mitwirkung des Ehebandverteidigers *die Nichtigkeit der Ehe durch Urteil feststellen,* falls durch authentische Dokumente sicher feststeht, daß bei der Eheschließung ein trennendes Ehehindernis oder ein Mangel in der rechtmäßigen Form vorgelegen haben, und ebenso sicher nachgewiesen ist, daß Dispens vom Ehehindernis oder der Eheschließungsform nicht erteilt worden war.

Das Verfahren kann auch angewandt werden, wenn bei einer Eheschließung durch Stellvertreter ein gültiger Auftrag nicht vorgelegen hat.

2. Die Berufung (cann. 1687, 1688)

a) Der Ehebandverteidiger muß gegen das Urteil Berufung einlegen, wenn nach seiner Überzeugung die Nichtigkeitsgründe nicht ausreichend bewiesen sind. Die sich beschwert fühlende Partei hat das Rechtsmittel der Berufung ebenfalls.

b) Der Berufungsrichter entscheidet unter Mitwirkung des Ehebandverteidigers und nach Anhörung der Parteien, ob das Urteil der Vorinstanz zu bestätigen oder die Sache zur Verhandlung in einem ordentlichen Prozeß an die erste Instanz zurückzuverweisen ist.

§ 151. Das Ehetrennungsverfahren

(cann. 1692–1696)

Unter Trennung der Ehegatten versteht man die Aufhebung der ehelichen Lebensgemeinschaft, zu der die gültige Eheschließung berechtigt und verpflichtet (vgl. can. 1135). Im Unterschied zur Eheauflösung bleibt das Eheband bestehen und eine erneute Eheschließung ausgeschlossen. Gründe für eine solche Trennung sind in den cann. 1152, 1153 genannt (vgl. § 96).

1. Die Zuständigkeit (cann. 1692, 1694)

Über die Trennung getaufter Ehegatten kann der Diözesanbischof durch Dekret oder der Richter durch Urteil entscheiden.

Die Zuständigkeit wird wie bei Ehenichtigkeitsverfahren begründet (vgl. can. 1673; § 150, 1).

Falls die kirchliche Entscheidung im zivilen Bereich keine Wirkung hat oder eine zivilrechtliche Entscheidung das göttliche Recht nicht verletzt, kann der Diözesanbischof des Aufenthaltsortes der Ehegatten unter Beachtung der jeweiligen Umstände die Anrufung des staatliches Gerichtes gestatten.

Das deutsche Recht kennt die bloße Aufhebung der ehelichen Lebensgemeinschaft nicht; die Ehescheidung ist ein gerichtliches Gestaltungsurteil das eine erneute zivilrechtliche Eheschließung ermöglicht. Die Ehescheidung des bürgerlichen Rechtes kann demnach mit einer Ehetrennung im kanonischen Sinne nicht gleichgesetzt werden.

2. Das Verfahren (cann. 1693, 1695, 1696)

Da die Trennung der Ehegatten auch das öffentliche Wohl betrifft, ist am Verfahren immer der Kirchenanwalt beteiligt.

Das Verfahren erfolgt in der Regel nach den Normen des mündlichen Streitverfahrens.

Bevor der Richter die Sache zur Verhandlung annimmt, soll er sich nach Möglichkeit um die Aussöhnung der Eheleute bemühen.

§ 152. Das Inkonsummationsverfahren
(cann. 1697–1706)

1. Das Antragsrecht (can. 1697)

Allein die Ehegatten oder einer von ihnen, auch gegen den Willen des anderen, haben das Recht, ein Gesuch um Dispens von der nichtvollzogenen Ehe zu stellen (vgl. auch can. 1142)

2. Die Zuständigkeit (cann. 1698–1700)

a) Nur der *Papst* kann die Dispens von der nichtvollzogenen Ehe gewähren.

b) Der *Apostolische Stuhl* entscheidet über die Tatsache des Nichtvollzugs und das Vorliegen gerechter Gründe für die Dispensgewährung.

c) Der *Diözesanbischof* des Wohnsitzes oder Quasiwohnsitzes des Bittstellers ist zuständig für die Annahme des Gesuchs und die Durchführung des Untersuchungsverfahrens.

Er überträgt die Ermittlungen für dauernd oder im Einzelfall dem Gericht seines oder eines fremden Bistums oder einem geeigneten Priester. Bei besonderen Schwierigkeiten ist der Apostolische Stuhl zu befragen.

Gegen eine Ablehnung des Bittgesuchs steht die Beschwerde an den Apostolischen Stuhl offen.

3. Das Untersuchungsverfahren (cann. 1701–1703)

a) Am Untersuchungsverfahren muß immer der Ehebandverteidiger beteiligt werden.

b) Ein Vertreter für die Ehegatten ist nicht zugelassen, wohl aber in schwierigen Fällen ein rechtskundiger Beistand.

c) Bei den Ermittlungen sind beide Gatten zu hören und nach den Normen des ordentlichen Streitverfahrens bzw. des Ehenichtigkeitsprozesses Beweise zu erheben.

d) Die Offenlegung der Akten erfolgt in der Regel nicht.

e) Der Ehebandverteidiger hat animadversiones pro vinculo vorzulegen.

4. Der Abschluß des Untersuchungsverfahrens (cann. 1704, 1705)

a) Nach Beendigung der Ermittlungen gehen die Akten mit einem Bericht des Untersuchungsrichters an den Diözesanbischof, der ein Votum super rei veritate hinsichtlich der Tatsache des Nichtvollzugs wie auch der Gründe und der Opportunität für die Dispens erstellt.

b) Bischöfliches Votum und Ermittlungsakten mit den Animadversiones des Bandverteidigers gehen dann an den Apostolischen Stuhl (Sakramentenkongregation), der gegebenenfalls näher bezeichnete Beweisergänzungen verlangen kann.

Falls der Apostolische Stuhl den Nichtvollzug für nicht erwiesen erachtet, kann dem rechtskundigen Beistand am Gerichtssitz Einsicht in die Akten (ohne das bischöfliche Votum) gewährt werden, damit er prüfen kann, ob es gewichtige Gründe für eine erneute Vorlage bei der Römischen Kurie gibt.

5. Vollzug der Entscheidung (can. 1706)

Das Reskript über die Dispensgewährung erhält der Bischof, der es den Parteien eröffnet und gleichzeitig einen entsprechenden Eintrag im Ehe- und Taufbuch veranlaßt.

§ 153. Das Weihenichtigkeitsverfahren

(cann. 1708–1712)

Die Ungültigkeit einer Weihe kann auf der rechtlichen Unfähigkeit oder auf einem Willensmangel des Weihespenders oder des Empfängers oder auf einem wesentlichen Mangel des Ritus beruhen. Nur aus diesen Gründen kann die Gültigkeit einer Weihe durch Klage angefochten werden.

Eine gültige Weihe kann nicht für ungültig erklärt werden. Hinsichtlich der Befreiung von den Weiheverpflichtungen s. § 25,3.

1. Das Klagerecht (can. 1708)

Das Recht, die Gültigkeit einer Weihe durch Klage anzufechten, steht dem *Geistlichen* selber oder dem *Ordinarius* zu, dem der Geistliche untersteht oder in dessen Diözese er geweiht worden ist.

Nach Einreichung der Klageschrift ist dem betroffenen Geistlichen die Ausübung der Weihe von Rechts wegen verboten (can. 1709 § 2).

2. Die Zuständigkeit (can. 1709)

Die Klageschrift muß an die zuständige Kongregation der Römischen Kurie gerichtet werden, die entscheidet, ob sie selber das Verfahren durchführt oder ob sie es einem von ihr bestimmten Gericht überträgt.

3. Das Verfahren (cann. 1710, 1711)

Das Verfahren bei der Kongregation richtet sich nach den dort geltenden Normen. Ist ein Gericht mit der Durchführung beauftragt, gelten das allgemeine Prozeßrecht und die Vorschriften des ordentlichen Streitverfahrens entsprechend. Der Bandverteidiger hat dieselben Rechte und Pflichten wie im Ehenichtigkeitsprozeß.

4. Das Urteil (can. 1712)

Liegen zwei die Ungültigkeit der Weihe feststellende Urteile vor, verliert der Geistliche sämtliche besonderen Klerikerrechte und ist von allen Weiheverpflichtungen befreit (vgl. auch cann. 290 n. 1, 291).

§ 154. Vergleich und Schiedsgericht
(cann. 1713–1716)

1. Vergleich und Schiedsspruch (cann. 1713–1715)

a) Zur Vermeidung von Prozessen sind der Vergleich oder die Beilegung des Streites durch den Spruch eines oder mehrerer Schiedsrichter (Schiedsgericht) geeignete Mittel.
Die Regeln für diesen Weg der Aussöhnung wählen die Parteien selber, oder es gilt ein entsprechendes Gesetz der Bischofskonferenz bzw. das zivile Verfahrensrecht.
b) Vergleich oder Schiedsverfahren sind *nicht möglich* in Sachen, die das öffentliche Wohl berühren (z. B. Ehesachen, Weihesachen, Strafsachen) oder die nicht in der freien Verfügung der Parteien stehen.

Bei kirchlichen Vermögensangelegenheiten sind gegebenenfalls die Förmlichkeiten für die Veräußerung von Kirchengut zu beachten.

2. Schiedsspruch und ziviles Recht (can. 1716)

Falls das zivile Recht einen Schiedsspruch nur nach richterlicher Bestätigung anerkennt, bedarf er auch zur Wirksamkeit im kirchlichen Bereich der Bestätigung durch den zuständigen kirchlichen Richter. Läßt das staatliche Recht die Anfechtung eines Schiedsspruchs vor dem ordentlichen Gericht zu, kann der Schiedsspruch auch vor dem zuständigen kirchlichen Gericht angefochten werden.

Das schiedsrichterliche Verfahren ist im deutschen Recht in den §§ 1025–1048 ZPO geregelt; es kann mit einem Schiedsspruch oder Schiedsvergleich abgeschlossen werden. Aus bestimmten Gründen kann beim ordentlichen Gericht auf Aufhebung des Schiedsspruchs geklagt werden.

§ 155. Der Strafprozeß
(cann. 1717–1731)

Eine Strafe kann sowohl durch Dekret (Strafverfügung) außergerichtlich auf dem Verwaltungswege als auch durch Urteil im gemeingerichtlichen Strafprozeß verhängt werden. Bei einer Strafverhängung durch Verfügung sind grundsätzlich die gesetzlichen Vorschriften für die gerichtliche Strafverhängung zu beachten (can. 1342 § 3).

Zum Ganzen s. § 122.

I. Das Vorverfahren
(cann. 1717–1719)

1. Die Ermittlungen (can. 1717)

Sooft der Ordinarius den begründeten Verdacht hat, daß eine Straftat begangen worden ist, hat er selbst oder durch eine geeignete Person (Priester oder Laie) über die *Tat, die Umstände und die Zurechenbarkeit* vorsichtige Ermittlungen anzustellen, wobei freilich die Schädigung des guten Rufes jedes Beteiligten zu vermeiden ist.

Der Ermittelnde hat die Rechte und Pflichten eines Vernehmungsrichters, kann aber in dem Strafprozeß, der später möglicherweise in dieser Sache geführt wird, nicht als Richter tätig sein.

Wenn die Ermittlungen überflüssig sind, weil etwa die Tat offenkundig ist und neue Erkenntnisse nicht zu erwarten sind, kann darauf verzichtet werden.

2. Die Entscheidung des Ordinarius (can. 1718)

Wenn das Ermittlungsergebnis vorliegt, hat der Ordinarius durch Dekret zu entscheiden:

a) Ob ein Verfahren zur Verhängung oder Feststellung einer Strafe eingeleitet werden kann.

Entsprechend dem Ermittlungsgegenstand ist dabei zu prüfen, ob überhaupt ein (gesetzlicher) Straftatbestand in Frage steht, ob die Umstände nicht offensichtliche Strafausschließungsgründe (can. 1323) erkennen lassen oder die Tat zweifelsfrei nicht zurechenbar ist. Allerdings darf diese Entscheidung des Ordinarius das Urteil nicht vorwegnehmen.

b) Ob sich ein Strafverfahren überhaupt empfiehlt, auch wenn die erforderlichen Voraussetzungen vorliegen; denn nach can. 1341 soll der Ordinarius vor Einleitung eines verwaltungs- oder gemeingerichtlichen Strafverfahrens prüfen, ob nicht durch eine brüderliche Zurechtweisung oder durch eine Verwarnung bzw. andere pastorale Mittel das Ärgernis ausreichend behoben, die Gerechtigkeit wiederhergestellt und der Beschuldigte gebessert werden kann.

c) Ob, wenn ein Verfahren durchzuführen ist, der Verwaltungs- oder der gemeingerichtliche Weg zu beschreiten ist.

Bevor der Ordinarius das Dekret erläßt, muß er zwei Richter oder sonstige Rechtskundige hören. Das Dekret kann später bei Vorliegen neuer Erkenntnisse vom Ordinarius auch widerrufen oder abgeändert werden.

d) Wenn aus der Straftat Schadensersatzansprüche entstanden sind, hat der Ordinarius vor Erlaß des Dekretes zu prüfen, ob es angezeigt erscheint, diese Frage mit Zustimmung der Parteien selbst oder durch die in seinem Auftrag ermittelnde Person nach billigem Ermessen zu entscheiden.

Die Ermittlungsakten und das Dekret des Ordinarius werden im Geheimarchiv der Kurie verwahrt, falls sie im Strafprozeß nicht benötigt werden.
Über die Vernichtung von Strafakten s. can. 489 § 2.

II. Das Hauptverfahren

(cann. 1720–1728)

1. Das verwaltungsgerichtliche Verfahren (can. 1720)

a) Hat sich der Ordinarius für das verwaltungsgerichtliche Verfahren entschieden, muß er dem Beschuldigten die Anklage mit den Beweisen bekanntmachen und ihm Verteidigungsmöglichkeit einräumen.

b) Das Beweismaterial und sämtliche sonstigen Argumente sind dann zusammen mit zwei Assessoren eingehend zu prüfen.

c) Wenn die Straftat zweifelsfrei erwiesen und nicht verjährt ist, hat der Ordinarius die rechtlich und sachlich wenigstens kurz begründete Strafverfügung unter Beachtung der Vorschriften über die Strafverhängung (cann. 1342–1350) zu erlassen.

2. Das gemeingerichtliche Strafverfahren (cann. 1721–1728)

Soweit nicht das hier erläuterte Sonderrecht gilt und aus der Natur der Sache sich nichts anderes ergibt, sind die allgemeinen Prozeßnormen und die Vorschriften über das ordentliche Streitverfahren anzuwenden. Das Strafprozeßrecht sieht für das gemeingerichtliche Verfahren folgendes Sondergut vor:

a) Die Ermittlungsakten sind dem *Kirchenanwalt* zu übergeben, der die Anklageschrift nach den allgemeinen Vorschriften für die Klageschrift (cann. 1502, 1504) zu erstellen hat.

b) Die Verhandlung der Sache kann mündlich oder schriftlich geschehen. Der Angeklagte darf nicht zu einem Geständnis gezwungen oder vereidigt werden. Jedenfalls hat er oder sein Verteidiger, den er frei wählen kann oder der ihm vom Richter bestellt wird, das letzte Wort.

c) Die Anklage kann in jedem Stadium des Prozesses vom Kirchenanwalt im Auftrag oder mit Zustimmung des zuständigen Ordinarius zurückgezogen werden. Wenn der Angeklagte eine Weiterführung des Prozesses verlangt, ist die Rücknahme der Anklage unwirksam.

Der Richter ist befugt, während des ganzen Verfahrens durch Urteil festzustellen, daß der Angeklagte die Tat offensichtlich nicht begangen hat und freizusprechen ist.

d) Der Ordinarius kann, um Ärgernis zu vermeiden, die Freiheit der Zeugen zu gewährleisten und den gerechten Ablauf des

Verfahrens sicherzustellen, nach Anhörung des Kirchenanwalts und nach Vorladung des Angeklagten diesem gewisse Verbote auferlegen.

e) Der Angeklagte kann gegen das Urteil *Berufung* einlegen. Dieses Recht steht ihm auch zu, wenn auf eine Strafverhängung allein verzichtet wurde, weil im Gesetz nur eine fakultative Strafverfolgung vorgesehen ist oder die Voraussetzungen der cann. 1344, 1345 vorliegen.

Der Kirchenanwalt hat auch Berufungsrecht.

III. Die Wiedergutmachungsklage
(cann. 1729–1731)

Wer durch eine Straftat Schaden erlitten hat, kann im erstinstanzlichen Strafverfahren als Nebenkläger den Schadensersatz geltend machen.

Der Richter kann, um das Strafverfahren nicht ungebührlich zu verzögern, zunächst allein in der Strafsache ein Urteil fällen, muß dann aber über die Schadensersatzklage entscheiden, auch wenn das Strafurteil angefochten wurde oder ein Freispruch erfolgte, durch den der Schadensersatzanspruch nicht verlorengegangen ist.

Eine *Berufung* gegen die Entscheidung in der Schadensersatzsache ist auch dann möglich, wenn eine Berufung gegen das Strafurteil ausgeschlossen ist.

VIERTER TEIL
VERFAHRENSORDNUNGEN FÜR DIE VERWALTUNG

§ 156. Rechtsmittel gegen Dekrete und Verwaltungsakte
(cann. 1732–1739)

Gegen Dekrete und Verwaltungsakte gibt es das Rechtsmittel der Beschwerde (Rekurs) an den jeweiligen Oberen. Das Rechtsmittel steht grundsätzlich gegen alle außergerichtlichen Verwaltungsakte des äußeren Forums zur Verfügung, ausgenommen gegen solche des Papstes oder eines Allgemeinen Konzils (can. 1732).

Eine *gerichtliche Nachprüfung* kirchlicher Verwaltungsakte ist nur eingeschränkt möglich, da es eine Verwaltungsgerichtsbarkeit auf diözesaner oder nationaler Ebene nicht gibt. Allein bei der Apostolischen Signatur ist ein Verwaltungsgericht besonderer Art eingerichtet, in dessen Kompetenz die Behandlung von Rekursen gegen Entscheidungen der Römischen Kongregationen fällt, sofern Rechtsverletzungen geltend gemacht werden (vgl. § 135, II).

Da Meinungsverschiedenheiten und Auseinandersetzungen wegen Entscheidungen oder Maßnahmen der Verwaltung nicht zu vermeiden sind, sieht der CIC noch andere Möglichkeiten zur Beilegung von Streitigkeiten vor, ehe formell Beschwerde eingelegt wird.

1. Die gütliche Einigung (can. 1733 § 1)

Es ist sehr wünschenswert, daß Streitigkeiten wegen eines Dekretes oder eines Verwaltungsaktes dadurch beigelegt werden, daß der Vertreter der Verwaltung und der Betroffene sich beraten, um eine gütliche Einigung herbeizuführen. Die Vermittlung Dritter kann dabei hilfreich sein.

2. Der Vermittlungsrat (can. 1733 §§ 2,3)

a) Die Bischofskonferenz kann beschließen, daß in jeder Diözese ein Amt oder ein Rat auf Dauer eingerichtet wird, dessen Aufgabe es ist, zur Beilegung solcher Konflikte beizutragen.

Falls die Bischofskonferenz die Einrichtung eines solchen Rates nicht anordnet, kann auch der Diözesanbischof für sein Bistum einen solchen einsetzen.

b) Der Vermittlungsrat soll vor allem tätig werden, wenn ein Gesuch um Rücknahme eines Dekretes oder Verwaltungsaktes eingereicht worden und die Beschwerdefrist noch nicht abgelaufen ist. Wurde Beschwerde eingelegt, soll der Obere, der darüber zu entscheiden hat, die Betroffenen zu einer gütlichen Einigung auf diesem Wege anhalten, solange dafür Hoffnung besteht.

3. Das Gesuch um Rücknahme oder Abänderung eines Verwaltungsaktes (cann. 1734, 1735)

a) Bevor Beschwerde eingelegt wird, *muß* der Betroffene innerhalb einer Nutzfrist von zehn Tagen ein schriftliches Gesuch um Rücknahme oder Abänderung des Verwaltungsaktes an die Person richten, die die Entscheidung getroffen hat. Dieses Gesuch schließt immer auch die Bitte um Aussetzung des Vollzugs des Verwaltungsaktes mit ein. Die Frist für die Beschwerde wird durch dieses Gesuch unterbrochen. Bei der Behandlung dieses Gesuchs soll der Vermittlungsrat tätig werden.

b) Die Vorschrift gilt nicht:

aa) bei Beschwerden an den Bischof gegen Verwaltungsakte von ihm unterstellten Autoritäten;

bb) bei Beschwerden gegen ein Dekret, das über einen recursus hierarchicus entscheidet, falls diese Entscheidung nicht vom Bischof getroffen wurde;

cc) bei Beschwerden wegen *Untätigbleiben* einer gesetzlich zum Handeln verpflichteten Autorität (can. 57) oder dessen, der um Rücknahme seines Entscheides ersucht wurde (can. 1735).

c) Die *Frist* für die Beschwerde läuft erneut von dem Tag an, an dem dem Gesuchsteller der Beschluß über die Rücknahme oder Abänderung der früheren Entscheidung bzw. der Ablehnung seines Gesuchs eröffnet wird. Falls innerhalb von dreißig Tagen eine Verwaltungsentscheidung über das Gesuch um Rücknahme oder Abänderung nicht ergeht, läuft die Rekursfrist ab dem dreißigsten Tag.

4. Der Vollzug eines Verwaltungsaktes bei Rücknahmegesuch (can. 1736)

Handelt es sich um Entscheidungsgegenstände, bei denen der recursus hierarchicus den Vollzug des Verwaltungsaktes suspendiert, hat auch ein Gesuch um Rücknahme oder Abänderung des Verwaltungsaktes (s. oben 3 a) Suspensivwirkung.

In den übrigen Fällen suspendiert das Gesuch den Vollzug nicht, es sei denn, die zuständige Verwaltungsbehörde würde nach Eingang des Rücknahme- oder Abänderungsgesuchs innerhalb von zehn Tagen die Aussetzung des Vollzugs anordnen.

Falls eine solche Anordnung nicht erfolgt, kann eine entsprechende Bitte an den hierarchischen Vorgesetzten gerichtet werden, der allein aus triftigem Grund und mit Rücksicht auf das Seelenheil den Vollzug suspendieren kann.

Falls später Beschwerde eingelegt wird, ist erneut über den Vollzug zu entscheiden. Wird die Beschwerde unterlassen, wird die Aussetzungsanordnung unwirksam.

5. Die Beschwerde (cann. 1737–1739)

a) Wer sich durch einen Verwaltungsakt beschwert fühlt, kann aus jedem gerechten Grund an den zuständigen hierarchischen Vorgesetzen Beschwerde (Rekurs) einlegen. Dabei ist aber can. 1734 §§ 1,2 (s. oben 3 a) zu beachten.

Die Nutzfrist für den Rekurs beträgt in der Regel fünfzehn Tage. Ausnahmen s. oben 3, c.

b) Auch wenn die Beschwerde den Vollzug eines Dekretes oder Verwaltungsaktes nicht von Gesetzes wegen suspendiert, kann der Vorgesetzte aus triftigem Grund und mit Rücksicht auf das Seelenheil die Aussetzung der Ausführung anordnen.

c) Der Beschwerdeführer hat das Recht, einen Anwalt oder Prozeßvertreter zu beauftragen; ein solcher kann ihm auch bestellt werden. Eine mündliche Besprechung der Angelegenheit ist möglich.

d) Die Entscheidung über die Beschwerde ist möglich als: Bestätigung des Verwaltungsaktes, Nichtigerklärung, Aufhebung, Widerruf oder gegebenenfalls Verbesserung, Neuentscheidung (subrogatio), Abänderung (obrogatio).

§ 157. Die Amtsenthebung des Pfarrers
(cann. 1740–1747)

Der investierte Pfarrer ist zwar nicht mehr wie früher unabsetzbar (inamovibel), genießt aber doch eine gewisse Stabilität, die einen besonderen Rechtsschutz genießt. Der Diözesanbischof kann einen Pfarrer seines Amtes nur entheben, wenn die Amtsführung (auch ohne sein Verschulden) sich zum Schaden auswirkt (noxium) oder wenigstens wirkungslos (inefficax) ist (can. 1740).

Zum Beispiel: Schwerer Schaden oder Verwirrung in der kirchlichen Gemeinschaft infolge der Amtsführung des Pfarrers; Unerfahrenheit oder dauernde körperliche bzw. geistige Erkrankung, die seine Amtsführung nachhaltig behindern; Verlust des guten Rufes und Ablehnung seitens der Pfarrangehörigen, die in absehbarer Zeit nicht behoben werden können; Vernachlässigung oder Verletzung der Amtspflichten trotz Ermahnung; schlechte Vermögensverwaltung (can. 1741).

Falls der Diözesanbischof einen Pfarrer seines Amtes zu entheben beabsichtigt, hat er wie folgt vorzugehen.

1. Untersuchung und Beratung (can. 1742 § 1)

In einer Untersuchung muß das Vorliegen ausreichender Gründe für die Amtsenthebung festgestellt werden. Daraufhin hat der Bischof die Sache mit *zwei Pfarrern* zu besprechen. Diese Pfarrer müssen Mitglieder des Priesterrates und von diesem auf Vorschlag des Bischofs auf Dauer gewählt sein.

2. Aufforderung zum Verzicht (cann. 1742 § 1, 1743, 1744 § 1, 1745)

a) Hält nach dieser Beratung der Bischof die Amtsenthebung für erforderlich, hat er den betroffenen Pfarrer unter Angabe der Gründe (Gültigkeitserfordernis) in väterlicher Weise zum Verzicht auf die Pfarrei innerhalb von fünfzehn Tagen aufzufordern.

b) Der Pfarrer kann uneingeschränkt oder nur bedingungsweise verzichten. Eine eventuelle Bedingung ist annahmebedürftig seitens des Bischofs.

Verzichtet der Pfarrer nicht, wiederholt der Bischof seine Aufforderung mit einer weiteren Nutzfrist.

c) Wenn der Pfarrer die Gründe für die Amotion bestreitet

429

und unzureichende Gegengründe vorbringt, muß der Bischof ihm Akteneinsicht gewähren und ihn zu einer schriftlichen Entgegnung und zur Vorlage eventueller Beweise auffordern. Die Untersuchung kann dann noch ergänzt werden; das Ergebnis ist erneut mit den unter 1 genannten Pfarrern zu beraten.

3. Die Amtsenthebung (cann. 1744 § 2, 1745 n. 3)

Die Amtsenthebung erfolgt durch bischöfliches Dekret,
– wenn der Pfarrer der zweiten Aufforderung zum Verzicht nicht nachgekommen ist oder darauf nicht geantwortet hat;
– wenn er ohne Angabe von Gründen den Verzicht abgelehnt hat;
– wenn der Bischof sich nach Prüfung der Gegenargumente und nach Beratung mit den beiden Pfarrern dafür entscheidet.

4. Die Wirkungen der Amtsenthebung (cann. 1746, 1747)

a) Nach der Amtsenthebung ist der Betroffene entweder in ein anderes Amt einzuweisen oder zu pensionieren.

b) Der amovierte Pfarrer darf sein Amt nicht mehr ausüben und hat das Pfarrhaus umgehend zu räumen. Einem erkrankten Pfarrer kann der Bischof die Nutzung des Pfarrhauses für die Dauer der Erkrankung gestatten.

c) Legt der amovierte Pfarrer Beschwerde gegen das bischöfliche Dekret ein, treten die genannten Wirkungen zwar ein, aber der Pfarrei kann bis zur rechtskräftigen Entscheidung nur ein Pfarradministrator zugewiesen werden.

§ 158. Die Versetzung des Pfarrers
(cann. 1748–1752)

Aus den in der Einleitung zu § 157 genannten Gründen ist auch die Versetzung eines Pfarrer nicht ohne weiteres möglich.

1. Die Bitte um Zustimmung zur Versetzung (cann. 1748, 1749)

a) Wenn das Seelenheil oder die Notwendigkeit bzw. der Nutzen der Kirche die Versetzung eines Pfarrers (auch wenn er gute Arbeit leistet) auf eine andere Pfarrei oder ein sonstiges kirchliches

Amt nötig erscheinen lassen, muß der Bischof ihm die Versetzung schriftlich vorschlagen und ihn um Zustimmung bitten.

b) Falls der Pfarrer die Zustimmung ablehnt, muß er seine Gründe schriftlich darlegen.

2. Die Beratung (can. 1750)

Überzeugen die Gegenargumente den Bischof nicht, hat er sich mit den beiden in § 157, 1 genannten Pfarrern zu beraten. Hält er die Versetzung danach immer noch für erforderlich, muß er seine Ermahnungen an den betroffenen Pfarrer wiederholen.

3. Die Versetzung (can. 1751 § 1)

Lehnt der Pfarrer die Versetzung weiterhin ab und hält sie der Bischof trotzdem für notwendig, erfolgt die Zwangsversetzung durch Dekret.

4. Die Wirkungen der Versetzung (cann. 1751, 1752)

Im Versetzungsdekret wird die Frist festgesetzt, nach deren Ablauf die Pfarrei vakant sein soll. Während dieser Frist kann der Pfarrer noch die Zustimmung zur Versetzung geben. Im übrigen treten dieselben Wirkungen wie bei der Amtsenthebung eines Pfarrers ein (vgl. § 157, 4).

Bei der Versetzung eines Pfarrers muß die aequitas canonica beachtet werden und die

salus animarum, quae in Ecclesia
suprema semper lex esse debet (can. 1752).

Wichtige Anschriften

I. Staatssekretariat

Segretaria di Stato
Palazzo Apostolico Vaticano
I-00120 CITTÀ DEL VATICANO

Consiglio per gli Affari Pubblici
della Chiesa
Palazzo Apostolico Vaticano
I-00120 CITTÀ DEL VATICANO

II. Kongregationen

Sacra Congregazione per la Dottrina
della Fede
Piazza del S. Ufficio, 11
Palazzo della Sacra Congregazione
per la Dottrina della Fede
I-00193 ROMA

Sacra Congregazione per i Vescovi
Piazza Pio XII, 10
Palazzo delle Congregazioni
I-00193 ROMA

Sacra Congregazione per le Chiese
Orientali
Via della Conciliazione, 34
Palazzo dei Convertendi
I-00193 ROMA

Sacra Congregazione per i Sacra-
menti e il Culto Divino
Piazza Pio XII, 10
Palazzo delle Congregazioni
I-00193 ROMA

Sacra Congregazione per il Clero
Piazza Pio XII, 3
Palazzo delle Congregazioni
I-00193 ROMA

Sacra Congregazione per i Religiosi
e gli Istituti Secolari
Piazza Pio XII, 3
Palazzo delle Congregazioni
I-00193 ROMA

Sacra Congregazione per l'Evange-
lizzazione dei Popoli o „De Pro-
paganda Fide"
Piazza di Spagna, 48
Palazzo di Propaganda Fide
I-00193 ROMA

Sacra Congregazione per le Cause
dei Santi
Piazza Pio XII, 10
Palazzo delle Congregazioni
I-00193 ROMA

Sacra Congregazione per l'Educa-
zione Cattolica
Piazza Pio XII, 3
Palazzo delle Congregazioni
I-00193 ROMA

III. Gerichtshöfe

Supremo Tribunale della Segnatura
Apostolica
Piazza della Cancelleria, 1
Palazzo della Cancelleria Apostolica
I-00186 ROMA

Sacra Romana Rota
Piazza della Cancelleria, 1
Palazzo della Cancelleria
I-00186 ROMA

Sacra Penitenzieria Apostolica
Piazza della Cancelleria, 1
Palazzo della Cancelleria
I-00186 ROMA

IV. Sekretariate

Segretariato per l'Unione dei
Cristiani
Via dell'Erba, 1
I-00193 ROMA

Segretariato per i non Cristiani
Via dell'Erba, 1
I-00193 ROMA

Segretariato per i non Credenti
Piazza S. Calisto, 16
I-00153 ROMA

*V. Apostolische Nuntiaturen für den
deutschsprachigen Raum*

Für die Bundesrepublik Deutsch-
land
Apostolische Nuntiatur
Turmstraße 29
5300 BONN 2
Telefon: 02 28/37 69 01/37 69 02

Für die Schweiz
Apostolische Nuntiatur
Thunstraße 60
CH-3000 BERN
Telefon: 00 41-31/44 60 40

Für Österreich
Apostolische Nuntiatur
Theresianumgasse 31
A-1040 WIEN IV
Telefon: 00 43-2 22/65 13 27

*VI. Sekretariate der Bischofskon-
ferenzen der Bundesrepublik
Deutschland, der Schweiz und
Österreichs und Berlins*

Für die Bundesrepublik Deutschland
Sekretariat der Deutschen Bischofskonferenz
Kaiserstraße 163
5300 BONN 1

Sekretariat der Berliner Bischofs-
konferenz
Französische Straße 34
DDR-1080 BERLIN

Für die Schweiz
Sekretariat der Schweizer Bischofs-
konferenz
Avenue du Moléson 30
CH-1700 FRIBOURG

Für Österreich
Sekretariat der Österreichischen
Bischofskonferenz
Rotenturmstraße 2
A-1010 WIEN

Sachregister

434